KB206879

헤게모니와
사회주의 전략

HEGEMONY AND SOCIALIST STRATEGY Towards a Radical Democratic Politics
by Ernesto Laclau & Chantal Mouffe
ⓒ Ernesto Laclau and Chantal Mouffe 2001

Korean Translation Copyright ⓒ 2012, Humanitas Publishing Company
Korean edition is published by arrangement with Verso through GUY HONG AGENCY.
All rights reserved.

이 책의 한국어판 저작권은 GUY HONG AGENCY를 통해 Verso와의 독점 계약으로 후마니타스에 있습니다. 저작권법에 의해 한국 내에서 보호를 받는 저작물이므로 무단전재와 무단복제를 금합니다.

헤게모니와 사회주의 전략 급진 민주주의 정치를 향하여

1판 1쇄 펴냄 2012년 5월 7일
1판 2쇄 펴냄 2013년 1월 7일

지은이 | 에르네스토 라클라우·샹탈 무페
옮긴이 | 이승원

펴낸이 | 박상훈
주간 | 정민용
편집장 | 안중철
책임편집 | 이진실
편집 | 최미정, 윤상훈
제작·영업 | 김재선, 박경춘

펴낸 곳 | 후마니타스(주)
등록 | 2002년 2월 19일 제300-2003-108호
주소 | 서울 마포구 합정동 413-7번지 1층(121-220)
편집 | 02-739-9929, 9930 제작·영업 | 02-722-9960 팩스 | 02-733-9910
홈페이지 | www.humanitasbook.co.kr

인쇄 | 천일문화사 031-955-8100
제본 | 일진제책사 031-908-1407

값 18,000원
ⓒ 이승원, 2012

ISBN 978-89-6437-156-5 93300

이 도서의 국립중앙도서관 출판시도서목록(CIP)은 e-CIP 홈페이지(http://www.nl.go.kr/ecip)에서 이용하실 수 있습니다.(CIP제어번호: CIP2012002017)

헤게모니와 사회주의 전략

급진 민주주의 정치를 향하여
-제2판-

에르네스토 라클라우·샹탈 무페 **지음**
이승원 **옮김**

후마니타스

차례

일러두기

1. 한글 전용을 원칙으로 했다. 고유명사의 우리말 표기는 국립국어원의 외래어 표기법을 따랐다. 그러나 관행적으로 굳어진 표기는 그대로 사용했으며, 필요한 경우 한자나 원어를 병기했다.
2. 인용문 가운데 국내에 번역된 문헌이 있는 자료들은 국역본을 참조했다. 다만, 번역은 본문의 맥락을 고려해 별도의 표시 없이 수정했다.
3. 별도의 '옮긴이' 표시가 없더라도 본문의 대괄호([   ])는 모두 옮긴이의 첨언이다. 다만, 각주의 옮긴이 첨언의 경우에는 [옮긴이] 표기를 했다.

『헤게모니와 사회주의 전략』은 1985년 처음 출간된 이후 줄곧 영미권뿐만 아니라 다른 지역에서도 수많은 이론·정치적 논의의 중심에 있었다. 그 이후 지금까지 현대 세계에는 많은 변화들이 있었다. 그중 새롭게 전개된 가장 중요한 사건들을 꼽자면, 냉전의 종언과 소비에트 체제의 붕괴를 언급하는 것만으로도 충분할 것이다. 여기에 우리는 사회적·정치적 정체성들을 구성하는 새로운 패러다임의 근간에서 발생한 극적인 사회구조의 전환[변형, 변화]transformations을 덧붙여야 할 것이다. 이 책이 처음 쓰인 1980년대 초와 현재의 커다란 시대적 간극을 인식하기 위해서는, 당시 유로 코뮤니즘이 여전히 레닌주의와 사회민주주의를 넘어서는 실행 가능한 정치 기획으로 보였지만, 그 이후로 좌파의 지적 반성이 새로운 사회운동[신사회운동], 다문화주의, 경제의 지구화와 탈영토화, 그리고 탈근대성의 문제와 연관된 일련의 쟁점들을 둘러싸고 전개되었다는 사실을 떠올려 보기만 해도 된다.

홉스봄의 말을 빌리자면, '짧은 20세기'는 1990년대 초에 끝나 버렸으며 오늘날 우리는 본질적으로 새로운 질서의 문제에 직면해 있다고 할 수 있다.

이런 커다란 시대적 변화에도 불구하고, 우리는 그리 최근에 쓰인 것이 아닌 이 책을 다시 꼼꼼히 읽어 내려가면서, 이 책에서 개진한 지적·정치적 관점들에 대해 문제를 제기할 필요가 거의 없다는 사실에 우리 스스로도 놀랐다. 책이 출간된 이후로 일어난 일들은 대부분 이 책에서 이미 제시된 유형을 거의 비슷하게 따르고 있었으며, 당시 우리가 주로 관심을 가졌던 쟁점들은 현재의 논의에서 더욱 중요해졌다. 심지어 우리는 최근 정치적 주체성, 민주주의, 지구화된 경제의 동향 및 그 정치적 귀결에 대한 논쟁들을 이끌어 온 여러 지적 장치들보다 당시 그람시적 모체 matrix와 헤게모니라는 중심 범주에 근간을 두었던 우리의 이론적 관점이 현대의 쟁점들을 연구하는 데 훨씬 더 적합한 방식으로 발전했다고까지 말할 수 있다. 바로 이것이 이 책의 2판을 소개하면서 우리가 이론적으로 개입한 몇 가지 주요 지점들을 다시 정리하고, 이 책의 정치적 결론들 가운데 몇 가지를 최근의 민주주의 논의 경향에 맞서 제시하려는 이유이다.

먼저『헤게모니와 사회주의 전략』의 지적 기획과 이론적 관점부터 이야기해 보자. 1970년대 중반에 마르크스주의의 이론화는 분명히 막다른 골목에 도달해 있었다. 이례적으로 풍요롭고 창조적인 시기였던 1960년대 이후, 그와 같은 이론의 확장 ─ 알튀세르주의를 진앙지로 해서, 또한 그람시와 프랑크푸르트학파 이론가들에 대한 새로운 관심과 함께 나타난 ─ 은 너무나도 명백한 한계에 다다랐다. 현대자본주의의 현실은 마르크스주의가 자신의 범주로 적법하게 포함할 수 있는 대상으로부터 점차 벗어나고 있었다. 이는 '최종 심급에서의 결정'이나 '상대적 자율성' 같은 통념들notions을 둘러싸고 발생한 필사적인 곡해를 기억하는 것만으로도 충분하다. 이런 상황은 대체로 변화를 부정하면서 설득력 없이 교조적인 엄폐물로 후퇴하거나, 새로운 경향들에 대한 묘사적 분석을 기존의 이론적 본체에 임시방편적으로 — 이론과 통합하지 않고 그저 병렬적으로 — 덧붙이는 두 가지 태도를 낳았다.

마르크스주의의 전통을 다루는 우리의 방식은 이런 태도들과는 전적으로 달랐으며, 이는 '침전'sedimentation과 '재활성화'reactivation라는 후설적인 구분을 통해 표현될 수 있을 것이다. 침전된 이론적 범주들이 자신들이 처음 도입되었던 과정을 은폐하는 것이라면, 재활성화의 계기는 그 과정을 다시 드러나게 하는 것이다. 우리는 후설과는 반대로 이런 재활성화를 통해 마르크스적 범주들이 확립하고자 한 종합이 처음부터 우연적이었음을 보여 주어야 한다. 우리는 '계급'과 세 쌍의 수준들(경제적인 것, 정치적인 것, 이데올로기적인 것) 또는 생산력과 생산관계의 모순과 같은 통념들을 침전된 물신들로 다루기보다는 이것들의 담론적 작동을 가능케 한 전제 조건들을 복원하려 했으며, 현대자본주의에서 이 통념들의 연속성이나 단절성에 관한 문제들을 자문해 보았다. 이런 작업의 결과, 우리는 마르크스주의적 이론화의 영역은 마르크스-레닌주의가 마르크스주의의 역사로 제시한 획일적인 복장 도착자transvestite보다 훨씬 더 양의적ambivalent이고 다양하다는 것을 깨닫게 되었다. 레닌주의가 **이론적으로** 계속해서 마르크스적 다양성의 영역을 형편없이 빈곤하게 만들어 왔다는 점은 분명히 언급되어야 한다. 제2인터내셔널 말기에 마르크스주의의 담론성이 작동하고 있던 영역 — 특히 오스트리아-마르크스주의Austro-Marxism — 은 지식인 문제, 민족적 의제, 노동 가치론의 내적 부정합성, 사회주의와 윤리의 관계 등으로 점차 다양화되었지만, 국제 노동자 운동이 분열하고 이후 그 운동의 혁명 진영이 소비에트의 경험을 중심으로 재조직화되면서 이런 창조적 과정은 단절되었다. 제3인터내셔널의 쉽볼렛shibboleths[1] 전반을 넘어서지 못한 이론-정치적 지평을 공고화하는 데 자신의 뛰어난 지적 역량을 쏟아부어야 했던 루카치의 기막힌 경우는 극단적이긴 하지만 결코 예외적인 사례가 아니다. 우리는 후기 자본주의라는 조건에서 사회주의 전략이 직면한 수많은 문제들은 이미 오스트리아-마르크스주의의 이론화 작업 속에 맹아적으로 담겨 있었지만, 양차 대전 사이에 단절되었다는 사실을 지적할 필요가 있다. 무솔리니 치하의 감옥에서 집필 활동을 했던 그람시만이 예외적으로 '진지전'war of position, '역사적 블록', '집합의지', '헤게모니', '지적·도덕적 지도력'과 같은 개념들을 갖춘 새로운 무기고를 생산하는 새로운 시작점이라 할 수 있으며, 그의 이런 개념들이 바로 이 책에 담긴 우리 성찰의 출발점이다.

이런 일련의 새로운 문제들과 전개 과정에 비추어 마르크스주의 범주들을 다시 끌어내는(재활성화하는) 작업은, 필연적으로 이 범주들의 탈구축[해체]deconstruction ─ 즉, 그와 같은 범주들의 가능성의 조건들 가운데 일부를 전치시키고, 범주의 적용으로 특징지어졌던 일체의 것을 초월하는 새로운 가능성을 발전시키는 것 ─ 으로 나아갈 수밖에 없다. 우리는 비트겐슈타인의 작업을 통해 규칙의 적용 단계가 규칙 그 자체의 일부이기 때

---

1 [옮긴이] 어떤 특정 집단이나 당파의 특유한 말투, 관습, 복장, 구호 등을 의미한다. 『구약성서』 사사기 12장에 따르면, 길르앗 사람들은 sh(ʃ)를 발음하지 못하는 에브라임 사람들을 가려내기 위해 '쉽볼렛(shibboleth)'을 발음하도록 해 '십볼렛(sibboleth)'이라 하면 처형했다고 한다.

문에 '규칙의 적용'이라는 것은 따로 없다는 것을 알게 되었다. 오늘날의 문제들에 비추어 마르크스주의 이론을 재독해한다는 것은 필연적으로 그 이론의 중심 범주들에 대한 탈구축을 수반한다. 이것이 이른바 우리의 '포스트-마르크스주의'이다. 이런 이름표는 우리가 고안해 낸 것이 아니었다. 그것은 단지 이 책의 서론에서 (이름표로서가 아니라) 주변적으로 등장할 뿐이다. 그러나 우리가 했던 작업의 특징이 그런 이름표로 일반화되어 왔기 때문에, '포스트-마르크스주의'가 하나의 지적 전통을 넘어서는 과정일 뿐만 아니라 그것을 재전유하는 과정으로 적절히 해석되기만 한다면, 우리는 이에 반대하지 않을 것이다. 그리고 이런 과제를 발전시키는 과정에서, 그것[포스트-마르크스주의]이 마르크스주의 내부의 역사로서만 파악될 수는 없다는 점을 지적하는 것이 중요하다. 수많은 사회적 적대들antagonisms, 즉 현대사회를 이해하는 데 핵심적인 수많은 쟁점들은 마르크스주의 외부에 존재하는 담론성의 영역들에 속해 있으며, 마르크스주의적 범주들 내에서는 재개념화될 수 없다 ─ 특히, 사회적 적대들은 그 현존 자체가 하나의 폐쇄적 이론 체계로서의 마르크스주의에 대해 문제를 제기하는 것이며, 사회 분석을 위한 새로운 출발점의 선결 조건이기 때문이다.

이 지점에서 우리가 특히 강조하고 싶은 것은, 연구 영역의 존재적ontic 내용에서의 실질적인 변화는 새로운 존재론적ontological 패러다임을 낳는다는 것이다. 알튀세르는 플라톤 철학의 배후에 그리스 수학이 있었고, 17세기 합리주의의 배후에 갈릴레이 물리학이, 칸트 철학의 배후에 뉴턴의 이론이 있었다고 말하곤 했다. 이를 초월적transcendental 방식으로 이야기해 보자면, 엄밀한 존재론적 질문은 실체들entities이 어떻게 존재해야 하며, 그 결과 특수한 영역의 객관성이 어떻게 가능한가를 묻는다. 새로운 대상 영역을 포함시키는 작업과, 객관성의 일반 영역 내에서 일정한 시간에 사유할 수 있는 것을 제어하는 존재론적 범주들 사이에는 피드백 과정이 존재한다. 예를 들어, 프로이트주의에 함축된 존재론은 생물학적 패러다임과는 다르며 양립할 수 없다. 이런 관점에서 우리는 마르크스주의에서 포스트-마르크스주의로의 이행에서 나타나는 변화가 존재적일 뿐만 아니라 존재론적이라고 확신한다. 지구화되고 정보가 지배하는 사회의 문제는, 마르크스주의적 담론성의 영역을 제어하는 헤겔적 존재론과 자연주의적 존재론이라는 두 가지 패러다임 내에서는 사유될 수 없다.

우리의 연구 방식은 정치적 접합의 계기를 특권화하는 작업에 기반을 두며, 우리의 관점에서 정치 분석 작업의 주요 범주는 헤게모니이다. 이 경우, 우리의 초월적 질문을 다시 제기하자면 이렇다. 헤게모니 관계가 가능해지려면 실체들 사이의 관계는 어떠해야 하는가? 그 조건은 바로 특수한particular 사회 세력이 근본적으로 자신과는 통약 불가능한 총체성의 대표[재현]representation를 자임하는 것이다. 정치 공동체가 도달할 수 있는 형식은 바로 이와 같은 '헤게모니적 보편성'의 형식뿐이다. 이런 관점에서 우리의 분석은 보편성에 따라 사회 영역에서 직접적인, 즉 헤게모니적으로 매개되지 않은 표현을 찾아내려는 분석들, 그리고 일부 포스트모더니즘에서처럼 사유 대상들 사이에 어떤 매개도 없이 특수성들particularities을 추가하기만 하는 분석들과는 변별화differentiation되어야 한다. 그러나 헤게모니적 대표 관계가 가능해지려면, 그 존재론적 위상이 정의되어야 한다. 우리의 분석에서, 담론적 공간 — 즉, 물리주의적이거나 자연주의적인 패러다임 내에서 엄밀하게 사유될 수 없는 대표 관계를 가능케 하는 공간 — 으로 이식되는 사회적인 것이라는 통념이 매우 중요해지는 지점이 바로 여기다. 다른 저작[2]에서 우리는 '담론'이라는 범주가 분석철학, 현상학, 구조주의라는 20세기의 세 가지 주요 지적 흐름들로 거슬러 올라가는 현대 사상의 계보를 갖고 있음을 보여 주었다. 이 세 가지 흐름에 따르면, 20세기는 직접성이라는 미망Illusion, 즉 사물 그 자체 ─ 지시 대상, 현상, 기호 각각 ─ 에 대해 담론적 매개 없이 접근 가능하다는 미망과 더불어 시작했다. 하지만 세 가지 흐름 모두에서, 이런 직접성이란 미망은 어느 시점에선가 해소되면서 이런저런 형태의 담론적 매개로 대체되어야 했다. 이는 후기 비트겐슈타인의 작업과 더불어 분석철학에서, 하이데거의 실존론적 분석과 더불어 현상학에서, 포스트-구조주의자들의 기호에 대한 비판과 더불어 구조주의에서 이루어진다. 또한 우리가 보기에 이는 검증주의verificationism의 이행 과정 ─ 포퍼에서 쿤을 거쳐 파이어아벤트Paul Feyerabend에 이르는 ─ 과 더불어 인식론에서, 그리고 고전 마르크스주의의 완벽한 계급 정체성들을 변증법적이지 않은 매개 방식을 통해 구성된 헤게모니적 정체성들로 대체했던 그람시의 작업과 더불어 마르크스주의에서 발생한 일이다.

이런 흐름들이 모두 우리의 사상에 어느 정도 자양분을 제공했지만, 우리가 이론적 성찰의 주요 자원을 발견한 지형은 포스트-구조주의이며, 포스트-구조주의 가운데서도 탈구축解體론과 라캉의 이론이 헤게모니에 대한 우리의 접근법을 정식화하는 데 결정적으로 중요했다. 탈구축론에

---

2 [옮긴이] 이에 대해서는 다음의 저작들을 참조. E. Laclau, *New Reflections on the Revolution of Our Time*, London: Verso, 1990; E. Laclau, "Discourse", Robert Goodin, Philip Petit and Thomas Pogge eds., *The Blackwell Companion to Contemporary Political Philosophy*, Oxford: Blackwell, 1993; E. Laclau, *Emancipation(s)*, London: Verso, 1996.

서는 결정 불가능성undecidability이라는 통념이 중요했다. 데리다의 작업에서 볼 수 있듯이, 결정 불가능한 것들이 이전에는 구조적 결정에 의해 제어된다고 생각했던 영역으로 스며든다면, 헤게모니는 결정 불가능한 지형에서 이루어진 결정에 관한 이론으로 볼 수 있다. 좀 더 깊은 우연성의 수준들은 헤게모니적 — 즉, 우연적 — 접합을 요구하는데, 이는 달리 말해, 재활성화의 계기는 오직 자기 자신에서만 그 자원과 동기를 찾는 정치적 설립institution 행위를 복원하는 것임을 의미한다. 이와 무관하지 않은 이유로, 라캉 이론은 헤게모니 이론을 정식화하는 데 결정적인 도구를 제공한다. 따라서 누빔점point de capiton(우리의 용어로는 결절점nodal point) 내지 주인 기표라는 범주는 일정한 담론 영역 내에서 '보편적' 구조화 기능을 떠맡는 특수한 요소에 대한 통념(실제로, 그 영역이 어떻게 조직화되어 있든, 이는 그와 같은 기능의 결과일 뿐이다)을, 그와 같은 기능을 사전에 결정하는 요소 그 자체의 특수성 없이, 수반한다. 비슷한 방식으로, 주체화 이전의 주체라는 통념은 '동일시'[정체화]identification라는 범주의 중심성을 확립하며, 이런 의미에서 정치 영역 외부에서 구성되는 실체들 — '계급 이해'와 같은 — 에 의존하는 것이 아니라, 정치적 접합들에 전적으로 의존하는 헤게모니적 이행들을 사고할 수 있게 한다. 실제로 정치적-헤게모니적 접합들은 소급적으로 자신들이 대표한다고 주장하는 이해관계들을 창출한다.

'헤게모니'는 다음 두 가지 측면에서 볼 때 그것이 가능한 명확한 조건을 가지고 있다. 첫 번째는 어떤 관계가 헤게모니적인 것으로 인식되는가라는 관점의 측면이고, 두 번째는 헤게모니적 주체의 구축construction이라는 전망의 측면이다. 첫 번째 측면의 경우, 이미 언급한 구조적 결정 불가능성의 차원이 바로 헤게모니의 조건이다. 사회적 객관성이 자신의 내적 법칙을 통해 어떤 구조적 배열이 존재하는지를 결정한다면(사회에 대한 순수 사회학적 개념화[개념 구상, 관점]conception에서처럼), 우연적인 헤게모니적 재접합들이 일어날 여지는 없을 것이다 — 이런 경우, 사실상 자율적 활동으로서의 정치 역시 불가능하게 된다. 헤게모니가 작동하기 위한 요건은 다음과 같다. 즉, 그 요소들이 자신들의 본성으로 말미암아 한 가지 유형으로 배열되도록 사전에 결정되지는 않지만, 그럼에도 불구하고, 그 요소들은 외적이거나 접합적인 실천의 결과로서 융합되어야 한다. 이런 점에서, 본원적original 설립 행위의 가시성 — 그들의 종별적 우연성 속에서 — 이 모든 헤게모니 구성체의 요건이다. 그러나 우연적 접합을 말하는 것은 '정치'의 중심적 차원을 표명하기 위한 것이다. 사회의 구조화에서 이런 정치적 계기를 특권화하는 것이 우리 연구 방식의 핵심적인 지점인 것이다. 우리는 이 책에서 헤게모니라는 범주가 역사적으로 어떻게 정교화되어 왔는지를 보여 주고 있다. 즉, 이 책은 러시아의 뒤늦은 자본주의적 발전으로 말미암아 나타난 민주주의 과제와 [이 과제를 수행할] 행위자 사이의 구조적 탈구dislocation에 의해 가능해진 자율적인 정치적 개입의 문제를 다루기 위해, 러시아 사회민주당에서 헤게모니라는 범주가 처음으로 어떻게 정교화되었는지를 보여 주고 있다. 그 후 이 범주가 '불균등 결합 발전'이라는 통념을 통해 제국주의 시대의 일반적인 정치적 조건으로까지 어떻게 확장되었는지를 보여 준다. 그리고 그람시에 이르러 어떻게 이 헤게모니적 차원이 역사적 행위자의 주체성(단순히 계급적 행위자로 머물러 있기를 중단한)을 구성하는 것이 되었는지를 보여 준다. 이런 우연성의 차원과 이에 따른 정치적인 것의 자율화는 현대 세계, 즉 헤게모니적 재접합들이 그람시의 시대보다 더욱 일반화된 선진 자본주의라는 조건에서 훨씬 더 명백하게 나타난다고 할 수 있다.

헤게모니적 주체성에 관한 우리의 논변은 최근 몇 년 사이 상당히 중요해진 보편주의와 특수주의particularism의 관계에 관한 논쟁과 맞닿아 있다. 의심할 여지없이 헤게모니적 관계는 보편주의의 차원을 갖고 있지만, 그것은 매우 특수한 유형의 보편주의로, 그 주요 특징들을 지적하는 것이 중요하다. 그것은 홉스의 『리바이어던』Leviathan에서처럼 계약적 결정의 결과가 아닌데, 이는 헤게모니적 연결은 헤게모니적 주체들의 정체성을 변형하기 때문이다. 그것은 헤겔의 '보편 계급'이라는 통념에서처럼, 공적 영역과 필연적으로 연결된 것도 아닌데, 이는 헤게모니적 재접합들이 시민사회의 수준에서 시작되기 때문이다. 마지막으로, 그것은 보편 계급으로서의 프롤레타리아트라는 마르크스주의적 통념과도 일치하지 않는데, 국가의 소멸이나 정치의 종언에 이르는 궁극적인 인류 화해의 결과가 아니기 때문이다. 그와 반대로 헤게모니적 연결이란 구성적으로 정치적이다.

그렇다면 헤게모니에 내재하는 종별적 보편성은 무엇인가? 그것은, 우리가 이 책에서 주장하듯이, 차이의 논리와 등가의 논리 사이의 종별적 변증법으로부터 나온다. 사회적 행위자들은 사회조직을 구성하는 담론들 내에서 변별적인 위치position를 점유한다. 이런 의미에서 그들은 모두, 엄밀히 말하면, 특수성들이다. 다른 한편, 사회 내에는 내적 경계[전선]frontier들을 창출하는 사회적 적대들이 존재한다. 예를 들어, 일련의 특수성들은 억압 세력들에 맞서 자신들 사이에 등가 관계를 수립한다. 하지만 그것은, 등가적 연결이라는 단순히 변별적인 특수주의를 넘어, 사슬chain의 총체성을 대표할 필요가 있다. 이 대표의 수단은 무엇인가? 우리가 주장하듯, 자신의 본체가 분열되는 단 하나의 특수성으로, 그것은 자신의 특수성을 유지한 채 그것(등가 사슬의 특수성)을 넘어 보편성을 대표하는 것으로 자신의 본체를 변형시키기 때문이다. 어떤 일정한 특수성이 자신과 전혀 통약 불가능한 보편성의 대표를 자임하는 이런 관계를 우리는 헤게모니적 관계라고 부른다. 그 결과 그것의 보편성은 오염된 보편성이다. ① 헤게모니적 관계는 보편성과 특수성 사이의 이런 해소할 수 없는 긴장 속에서 존속한다. ② 헤게모니적 보편성이라는 헤게모니적 관계의 기능은 영구히 획득되는 것이 아니며, 반대로 항상 가역적이다. 우리가 분명히 여러 측면에서 그람시적 직관을 급진화하고 있긴 하지만, 조합주의적 계급과 헤게모니적 계급이라는 그람시의 구별에도 이와 같은 생각이 내포되어 있다고 생각한다. 오염된 보편성이라는 우리의 통념은 보편성에 대한 하버마스의 개념화와 다른데, 그에게 보편성은 그 어떤 헤게모니적 접합과도 독립적인 그 자신의 내용을 갖고 있기 때문이다. 그러나 그것은 또 다른 극단 — 이는 리오타르Jean-François Lyotard의 특수주의에서 가장 순수하게 표상된다. 여기서 그는 사회를 통약 불가능한 다원적인 언어 게임들로 개념화하는데, 이 언어 게임들의 상호작용은 모든 정치적 재접합을 불가능하게 만드는 손상tort으로만 간주될 수 있을 뿐이다 — 을 피하고 있다.

그 결과, 우리는 보편성을 정치적 보편성으로 보며, 그리고 이런 의미에서 보편성은 사회 안의 내적 경계들에 의존한다고 생각한다. 여기서 우리는 이 책의 가장 중심적인 주장을 이끌어 낼 수 있는데, 이는 적대 개념과 연결되어 있다. 우리는 실재적 대립들(칸트의 현실 대립Realrepugnanz)이나 변증법적 모순이 우리가 '사회적 적대'라고 부른 종별적 관계를 해명할 수 없는 이유에 대해 설명해 왔다. 우리의 논점은 적대들이 객관적인 관계가 아니라, 모든 객관성의 한계들을 드러내는 관계라는 것이다. 사회는 그런 한계들을 둘러싸고 구성되어 있으며, 그것들은 적대적 한계들이다. 여기서 적대적 한계라는 통념은 글자 그대로 이해되어야 한다 — 즉, 적대적 관계들을 통해 스스로를 실현하는 '이성의 간지'는 존재하지 않는다. 또한 자신의 규칙 체계에 적대들을 복속시키는 일종의 최상위 게임이 존재하는 것도 아니다. 우리가 정치적인 것을 상부구조가 아니라 사회적인 것의 존재론이라는 위상을 갖는 것으로 보는 이유가 바로 여기에 있다.

이런 논변으로부터 우리는 다음과 같은 점을 도출할 수 있다. 사회적 분할은 정치의 가능성 속에 내재되어 있으며, 우리가 이 책의 마지막 부분에서 주장하는 것처럼, 바로 민주주의 정치의 가능성 속에 내재되어 있다는 것이다.

우리는 이 점을 강조하고 싶다. 적대란 바로 우리의 연구 방법이 이론적 수준과 정치적 수준 모두에서 현재적 적실성relevance을 가질 수 있도록 하는 중심 개념이다. 이는 역설적으로 들릴지도 모른다. 이 책의 출간 이후 15년간 일어난 근원적인 전환들의 주요 결과 가운데 하나가 바로 좌파 정치 담론에서 적대라는 통념의 말소였다는 점을 고려해 본다면 말이다. 그러나 이를 진보라고 보는 이들과는 달리, 우리는 여기에 주요 문제가 있다고 생각한다. 어떻게 그리고 왜 이런 일이 일어났는지 살펴보자. 누군가는 소비에트 모델의 붕괴가 민주적 사회주의 정당들에 새로운 추진력[자극]을 주어, 마침내 그들이 사회주의 기획의 부정적 이미지(그들의 오랜 적대자들이 제시해 왔던)로부터 자유로워질 수 있기를 희망했을 수도 있다. 하지만 공산주의를 향한 다양한 현실 사회주의 모델들이 실패하면서 불신에 빠지게 된 것은 바로 사회주의 관념이다. 사회민주주의는 새 생명을 얻기는커녕 혼란에 빠져들었다. 우리가 지난 10년간 목격해 온 것은 사회주의 기획의 개조가 아니라 신자유주의의 승리였으며, 그 헤게모니는 좌파의 정체성에까지 심오한 효과를 발휘할 정도로 널리 스며들었다. 심지어 좌파의 기획은 우리가 이 책을 쓰고 있었던 1980년대 초반보다 오늘날 훨씬 더 심각한 위기에 처해 있다고도 할 수 있다. '현대화'를 빙자해, 점점 더 많은 수의 사회민주주의 정당들이 스스로를 '중도 좌파'라고 완곡하게 재정의하면서 자신들의 좌파 정체성을 폐기해 왔다. 그들은 좌파와 우파라는 관념은 진부해졌고, 필요한 것은 '급진적 중도' 정치라고 외치고 있다. '제3의 길'로 제시되는 것의 기본적인 교리는, 공산주의의 소멸, 정보사회의 출현 그리고 지구화 과정과 관련된 사회경제적 전환과 더불어, 적대들이 사라졌다는 것이다. 이제 경계 없는 정치, 즉 사회 성원 모두가 지지하는 해결책을 찾을 수 있는 '상생의 정치'가 가능하다는 것이다. 이는 정치가 더는 사회적 분할을 둘러싸고 구조화되는 것이 아니며, 정치적 문제가 그저 기술적인technical 것이 되었음을 함의한다. 이런 새로운 정치의 이론가들인 울리히 벡과 앤서니 기든스에 따르면, 이제 우리는 우리 대 그들이라는 대적 관계의adversarial 정치 모델을 더는 적용할 수 없는 '성찰적 현대화'라는 조건 아래 살고 있다. 그들은 우리가 완전히 다른 방식으로 정치를 구상해야 하는 새로운 시대에 진입했다고 단정한다. 이들에게 급진 정치는 '생활'과 관련된 문제에 관심을 기울이고, 개인과 집단의 능동적 정치 참여를 촉진하는 '발생적인'generative 것이어야 한다. 또한 민주주의는 서로에게 귀를 기울이며 논쟁적인 쟁점들을 해결하는 '대화'의 형태로 구상되어야 한다는 것이다.

오늘날 '민주주의의 민주화'에 대해 많은 말들이 오가고 있다. 원칙적으로 그런 관점에 잘못된 것은 없으며, 얼핏 보면 '급진적이고 다원적인 민주주의'라는 우리의 생각과 비슷한 것으로 보인다. 그러나 여기에는 결정적인 차이가 있다. 즉, 우리는 우리가 주창했던 민주주의의 급진화 과정이 [그것이 일어나는 지형의] 위상학에 영향을 미치지 않는 중립적인 지형 내에서 일어나는 일이 아니라, 기존의 권력관계를 의미심장하게 변화시키는 일이라고 보았기 때문이다. 우리에게 그 목표는 새로운 헤게모니의 확립이었으며, 이는 정치적 경계들의 소멸이 아니라 그것의 새로운 창출을 요구한다. 마침내 좌파가 다원주의와 자유민주주의 제도들의 중요성을 받아들이게 된 점은 분명 긍정적인 일이지만, 문제는 그것이 현존 헤게모니 질서를 전환하려는 시도를 포기함을 의미한다는 잘못된 신념을 동반했다는 데 있다. 그에 따라 합의가 신성시되고 좌우 경계가 흐릿해졌으며 중도로의 움직임이 나타났다.

그러나 이는 공산주의의 붕괴로부터 잘못된 결론을 이끌어 내는 것이다. 물론 자유민주주의가 혁명을 통해 완전히 새로운 사회를 창출하기 위해 파괴되어야 할 적이 아니라는 점을 이해하는 것은 분명 중요하다. 이는 실제로 우리가 민주주의의 '급진화'라는 용어로 좌파의 기획을 재정의할 필요가 있다고 강조하면서 이 책에서 논증했던 것이다. 우리가 보기에 '현존하는' 자유민주주의의 문제는 모두의 자유와 평등이란 원리 속에서 결정화된crystallized 그 구성적 가치들에 있는 것이 아니라, 그 가치들의 작동을 재정의하고 제한하는 권력 체계에 있다. '급진적이고 다원적인 민주주의'라는 우리의 기획이 '민주주의 혁명'을 심화하는 새로운 단계로, 평등과 자유를 위한 민주주의 투쟁들을 더 넓은 범위의 사회적 관계들로 확장하는 것으로 이해되어야 할 필요가 바로 여기에 있다.

그러나 우리는, 민주적인 정치에 적절한 패러다임으로서, 정치에 대한 자코뱅적인 친구-적 모델을 폐기하는 것이 민주주의를 중립적 지형에서 발생하는 여러 이해관계들 사이의 단순한 경쟁으로 파악하는 자유주의적 모델의 채택으로 귀결되어야 한다고는 결코 생각하지 않는다 — 설사 '대화'의 차원이 강조된다 해도 말이다. 하지만 현재 수많은 좌파 정당들은 민주주의 과정을 이런 방식으로 그리고 있다. 그들이 권력관계의 구조를 파악할 수 없는 이유, 심지어 새로운 헤게모니의 확립 가능성을 상상조차 할 수 없는 이유가 바로 여기에 있다. 그 결과, 우파적 변형태든 좌파적 변형태든 사회민주주의에 항상 존재해 온 반자본주의적 요소는 이제 현대화된 판본에서 완전히 제거되었다. 그에 따라 현 경제 질서에 대한 대안은 그들의 담론 속에 결여되어 있으며, 현 경제 질서만이 유일하게 실행 가능한 것으로 간주된다 — 마치 시장경제와의 총체적 단절이 가진 미망적 성격을 인정한다면 필연적으로 시장의 힘에 대한 다양한 조절 양식의 가능성을 사전에 배제해야 하는 것처럼, 나아가 이를 인정할 경우 마치 시장 논리의 총체적 수용 외에는 어떤 대안도 없음을 의미한다는 것처럼 말이다.

'대안적 교의는 없다'는 것을 통상적으로 정당화하는 것은 지구화이며, 또한 사회민주주의적 재분배 정책을 늘 반복해서 반대하는 논변에 따르면 신자유주의 이외의 어떤 것도 허용하지 않는 전 지구적 시장 세계에서 유일하게 현실적인 정책은 정부의 엄격한 긴축재정뿐이다. 이런 논변은 수년간 신자유주의적 헤게모니의 결과로 창출되어 온 이데올로기 지형을 당연시하면서 정세적 상황을 역사적 필연성으로 전환한다. 정보화 혁명이 전적으로 추동한다고 하는 지구화의 힘은 그 정치적 차원과 분리되어 우리 모두가 복종해야 하는 숙명으로 나타난다. 그리하여 우리에게 들리는 말은, 좌파적이거나 우파적인 경제정책은 더는 존재하지 않으며 오직 좋거나 나쁜 정책만 존재한다는 것이다!

헤게모니적 관계에 입각해 사유한다는 것은 이런 인식상의 오류들과 단절하는 일이다. 실제로 이 책에서 정교하게 다듬어진 헤게모니 범주를 통해 이른바 '지구화된 세계'를 면밀히 조사해 보면, 현 정세가 자연스럽고 가능한 유일한 사회 질서이기는커녕 권력관계의 일정한 배치configuration를 표현하고 있다는 점을 이해하는 데 도움이 될 것이다. 자본주의적 법인 기업과 민족국가 사이의 관계가 근원적으로 전환한 것은 바로 일부 특정 사회 세력에게 헤게모니가 이동한 결과이다. 이런 헤게모니는 도전받을 수 있다. 좌파는 단순히 신자유주의 질서를 좀 더 인간적인 방식으로 관리하려고 할 것이 아니라, 신뢰할 수 있는 대안을 정교하게 다듬기 시작해야 한다. 물론 이를 위해서는 새로운 정치적 경계를 그려 내야 하고, 대적자adversary를 정의하지 않고는 급진적인 정치도 없다는 점을 승인해야 한다. 다시 말해서 적대의 제거가 불가능함을 인정해야 하는 것이다.

이 책에서 전개된 이론적 관점은 또 다른 방식으로도 정치적인 것의 중심성을 복원하는 데 기여할 수 있다. 즉, 현재 진보 정치의 가장 유망하고 세련된 전망으로 제시되고 있는, 하버마스와 그의 추종자들이 제기해 온 '심의 민주주의' 모델의 결점을 전면에 부각시키는 것이다. 우리가 주창하는 급진 민주주의에 대한 개념화와 그들이 옹호하는 개념화 사이에는 실제로 일부 유사점이 있기 때문에, 우리와 그들의 접근법을 대조하는 것은 유용하다. 그들과 우리는 모두 선호 집합적 민주주의 모델을 비판한다. 왜냐하면 이 모델은 민주주의 과정을 단지 채택된 정책을 실행할 지도자를 선출하는 투표에 기재된 이해와 선호의 표현으로 환원해 버리기 때문이다. 그들과 우리는 또한 선호 집합적 민주주의 모델의 민주주의 정치에 대한 빈곤한 개념화를 반대한다. 왜냐하면 민주주의 정치에서 정치적 정체성들은 미리 주어진 것이 아니라, 공적 영역에서의 논쟁을 통해 구성되고 재구성되기 때문이다. 우리는 정치란 이미 존재하는 이해관계들을 기록하는 데 있는 것이 아니라, 정치적 주체를 형성하는 결정적인 역할을 수행한다고 주장한다. 이런 논제에서 우리는 하버마스주의자들과 한편이다. 더구나 우리는 민주주의 사회가 포함하고 있는 수많은 상이한 목소리들에 주의를 기울이고 민주주의 투쟁의 영역을 확장해야 한다는 점에서 그들에게 동의한다.

하지만 각자가 어떤 관점에서 어떤 이론적 틀을 가지고 각각의 개념들을 제시하고 있는가에 따라 그들과 우리 사이에는 중요한 분기점이 존재한다. 적대라는 통념이 우리의 작업에서 수행하는 중심적인 역할로 말미암아, 우리는 최종적인 화해, 일종의 합리적 합의, 모두를 포괄하는 '우리'의 가능성을 배제한다. 우리가 보기에, 합리적 논쟁이 이루어지는 배타적이지 않은 공적 영역[공론장]이란 개념적으로 불가능하다. 우리의 관점에서 갈등과 분할은, 불행히도 제거될 수 없는 방해물도 아니고, 조화의 완전한 실현을 불가능하게 하는 경험적 장애물도 아니다. 그와 같은 [완전한] 조화는 달성될 수 없다. 왜냐하면 우리는 우리의 합리적 자아에 따라 행동하기 위해 우리의 특수성들을 완전히 버릴 수는 없기 때문이다 ― 그럼에도 조화는 우리가 달성하기 위해 애쓰는 이상을 구성한다. 실제로 우리는 갈등과 분할이 없다면 다원적인 민주주의 정치도 불가능할 것이라고 단언한다. 언젠가는 갈등을 최종적으로 해결할 수 있다는 믿음은 ― 이것이 마치 합리적 합의라는 규제적 관념에 대한 점근적asymptotic 접근 방식인 것처럼 보일지라도 ─ 민주주의 기획에 필수적인 지평을 제공하기는 커녕 그것을 위태롭게 만든다. 갈등을 그런 식으로 이해할 경우 다원적 민주주의는 '자가당착적 이상'이 된다. 왜냐하면 그것이 실현되는 순간, 동시에 그것이 해체될 것이기 때문이다. 합의의 모든 형태가 헤게모니적 접합의 결과이며, 그것이 항상 자신의 완전한 실현을 방해하는 '외부'를 갖고 있다는 점을 승인하는 것이 민주주의 정치에 대단히 중요하다고 우리가 강조하는 이유도 여기에 있다. 하버마스주의자들과 달리, 우리는 이런 점이 민주주의 기획을 손상시키는 것이 아니라 바로 그 가능성의 조건이라고 생각한다.

우리가 구상하는 좌파를 위한 가장 긴급한 과제에 관해 마지막으로 한마디 하고 싶다. 최근에 일부는 이렇게 외치고 있다. "계급투쟁으로 돌아가라." 그들은 좌파가 문화적 쟁점들과 너무 밀접하게 동일화되어 왔으며 경제적 불평등에 대항하는 투쟁을 포기해 왔다고 주장한다. 그들에 따르면, 지금은 '정체성 정치'에 대한 강박을 떨쳐 버리고 노동계급의 요구에 다시 귀 기울여야 하는 때이다. 이런 비판을 우리는 어떻게 생각해야 할까? 오늘날 우리는 우리 성찰의 배경이자 우리가 좌파에게 '새로운 운동들'의 투쟁을 고려하지 않는다고 비판했던 국면과는 정반대의 정세에 있는 것일까? 좌파 정당들이 노동자들을 희생시키고 주로 중간계급들과 관계를 맺으며 발전해 온 것은 사실이다. 그러나 이는 신자유주의에 대한 대안을 구상해 내지 못한 무능력과 '유연성'이라는 명령을 무비판적으로 수용했기 때문이지, '정체성'이라는 쟁점에 심취했기 때문이 아니다. 그해법은 '현실' 정치로 돌아가기 위해 '문화' 투쟁을 포기하는 것이 아니다. 이 책의 중심적인 신념 가운데 하나는, 여러 종속 형태들에 대항하는 다양한 민주주의 투쟁들 사이에 등가 사슬을 창출해야 한다는 것이다. 우리는 남성 우월주의, 인종주의, 성적 차별에 대항하고 환경을 보존하려는 투쟁들이 새로운 좌파 기획에서 노동자들의 투쟁과 접합될 필요가 있다고 주장했다. 최근에 유행하는 용어법으로 말하자면, 우리는 좌파가 '재분배'와 '인정'recognition이라는 쟁점을 모두 다뤄야 한다고 강조했다. 이것이 우리의 '급진적이고 다원적인 민주주의'가 의미했던 바이다.

오늘날 이와 같은 기획은 그 어느 때보다도 유효하다. 물론 이를 실현하기가 더 쉬워졌다고 말하는 것은 아니다. 사실상 민주주의의 '급진화'를 고민하기보다, 민주주의를 방어하는 일이 때로는 가장 선차적인 것처럼 보이기도 한다. 공산주의적 대적자에 대한 민주주의의 승리는 그 제도를 강화하기는커녕 약화하는 데 이바지해 온 것처럼 보인다. 민주주의 과정에 대한 불만은 걱정스러울 정도로 커졌고, 정치 계급에 대한 냉소주의는 의회 체계에 대한 시민들의 기본적인 신뢰를 훼손시킬 정도로 만연해 있다. 분명히 자유민주주의 사회의 현 정치 상황에 대해 즐거워 할 근거는 전혀 없다. 일부 국가들에서 이런 상황은 우파 포퓰리스트적[인민주의적] 참주 선동가들에 의해 교묘하게 이용되고 있으며, 외르크 하이더Jörg Haider와 실비오 베를루스코니Silvio Berlusconi 같은 사람들의 성공은 그런 수사학이 매우 유의미한 추종자들을 확보할 수 있다는 것을 입증하고 있다. 좌파가 헤게모니 투쟁을 포기하고 중심부 장악을 고집하는 한, 이런 상황이 역전될 수 있는 희망은 거의 없다. 확실히 우리는 전 지구적으로 자신의 권력을 강제하려는 초국적 법인 기업들의 시도에 대한 일련의 저항들이 출현하고 있는 것을 막 목도하고 있다. 그러나 사회적 관계를 조직하는 다른 방법, 시장의 횡포에 맞서 정치의 중심성을 복원하는 방법에 대한 전망이 없다면, 그런 운동들은 방어적인 상태에 머물러 있을 것이다. 민주주의 투쟁들 사이에 등가 사슬을 구축하려 할 경우, 반드시 경계를 확립하고 대적자를 정의해야 하지만 이것만으로는 충분하지 않다. 또한 무엇을 위해 싸우고 있는지, 어떤 사회를 건설하길 원하는지에 대해서도 알아야 한다. 이를 위해 좌파는 권력관계의 본성과 정치의 동역학에 관해 적합한 인식을 획득해야 한다. 문제는 새로운 헤게모니의 구축이다. 따라서 우리의 구호는 이것이다. "헤게모니 투쟁으로 돌아가라."

에르네스토 라클라우, 샹탈 무페

2000년 11월

서론

오늘날 좌파 사상은 갈림길에 서있다. 과거의 '명확한 진리들' ― 고전적 형태의 분석과 정치적 계산들, 갈등하는 세력들의 본성, 좌파의 투쟁과 목표가 가진 의미 등 ― 은 그런 진리들이 구성되었던 기반을 허물어트리며 쇄도하고 있는 역사적 변환[변이]mutations에 의해 심각한 도전을 받고 있다. 분명히 이런 변화들 가운데 몇몇은 실패이자 실망에 해당한다. 즉, 부다페스트에서 프라하와 폴란드의 쿠데타에 이르기까지, 카불에서 베트남과 캄보디아에 이르는 공산주의의 연이은 승리까지, 사회주의와 그에 이르는 길을 이해하는 모든 방식에 대한 의문은 점점 더 커져 갔다. 이는 전통적으로 좌파의 지적 지평을 구성해 온 이론적·정치적 토대에 대한 신랄하면서도 없어서는 안 될 비판적 사고를 다시금 일깨웠다. 그러나 이것이 전부는 아니다. 이론적 재성찰을 긴급한 과제로 만드는 이런 변환의 밑바닥에는 새로운 실정적 현상들이 깔려 있다. 즉, 새로운 페미니즘의 부상, 인종적·민족적·성적 소수자들의 저항운동, 주변화된 주민들이 전개하는 반제도적 생태 투쟁, 반핵 운동, 주변부 자본주의국가에서의 이전과는 다른 사회 투쟁들 — 이 모든 것들은 사회적 갈등성이 광범위한 영역으로 확장되고 있음을 의미한다. 그리고 이는 좀 더 자유롭고, 민주적이며, 평등한 사회를 향한 진전을 가능하게 하는 잠재력을 창출한다. 그러나 어디까지나 그것은 잠재적인 것일 뿐이다.

이와 같은 투쟁들의 증식은 무엇보다도 합리적이고 조직화된 사회구조 — 즉, 사회'질서' — 에 대한 사회적인 것의 '잉여'surplus로 스스로를 나타낸다. 수많은 목소리들, 특히 자유-보수주의 진영에서 나오는 목소리들은, 평등주의적 위험으로 말미암아 서구 사회가 통치성의 위기와 붕괴의 위협에 직면해 있다고 줄기차게 주장한다. 하지만 새로운 형태의 사회 갈등은 우리가 이 책의 본론에서 대화를 나누고자 하는 이들에게 좀 더 친숙한 이론적·정치적 틀들을 위기에 빠뜨리기도 했다. 위기에 빠진 이론적·정치적 틀들이란 좌파의 고전적 담론들, 그리고 좌파가 사회 변화의 행위자, 정치 공간의 구조화, 역사적 전환이 시작되는 특권적 지점 등을 파악하는 특징적인 양식들이다. 지금 위기에 처해 있는 것은, 노동계급의 존재론적 중심성, 한 사회의 유형을 다른 유형으로 이행시키는 본질적인 계기인 대문자 혁명Revolution의 역할, 그리고 정치의 계기를 무의미하게 만드는 완벽하게 단일하고 동질적인 집합의지에 대한 미망적 전망 등에 기반을 둔 사회주의에 대한 일체의 개념화이다. 현시대 사회 투쟁들의 다원적이고 다채로운 성격들은 결국 그런 정치적 상상의 마지막 정초foundation마저 없애 버렸다. [이런 정치적 상상 속에서] '사회'는 '보편적' 주체들로 채워져 있고 단일한 대문자 역사History를 중심으로 건설되었기에, 일정한 계급 위치들을 토대로 지적으로 완전히 파악될 수 있는 명료한 구조로 상정되었으며, 정치적 성격[인물]character의 정초 행위를 통해 합리적이며 투명한 질서로 재구성될 수 있다고 보았다. 오늘날 좌파는 그런 자코뱅식 상상이 해체되는 마지막 장면을 목격하고 있다.

따라서 오늘날의 사회 투쟁들에서 나타나는 바로 그 풍부함과 다원성plurality이 이론적 위기를 발생시켰다. 우리의 담론이 위치할 곳은 바로 이론적인 것과 정치적인 것 사이에서 발생하는 이런 양 방향적 움직임의 중간 지점이다. 우리는 언제나 자신의 담론성의 조건들에 대한 무지를 먹고 사는 인상주의적이고 사회학적인 기술주의descriptivism가 위기로 말미암아 만들어진 이론적 공백을 메우는 일이 없도록 노력해 왔다. 우리의 목표는 정확히 그 반대였다. 즉, 일견 이런 위기의 수많은 측면들의 특권적 응축-점들로 보이는 일정한 담론적 범주들에 초점을 맞추고, 이런 다양한 [역사의] 굴절이 가진 여러 측면들 속에서 역사의 가능한 의미를 해명하는 것이었다. 온갖 담론적 절충주의나 동요는 처음부터 배제되었다. 고전주의 시대를 여는 '선언'에서 이야기되었듯이, 새로운 영토에 들어섰을 때는 다음과 같은 사실을 잘 알고 있는 "나그네들"의 선례를 따라야 한다. "숲에서 길을 잃은 나그네가 우왕좌왕하면서 이 방향 저 방향으로 왔다 갔다 하거나 혹은 한 자리에 그냥 머물러 있는 것이 아니라, 처음에는 비록 그저 우연하게 한 방향을 선택했을지라도 특별한 이유가 없으면 그 방향으로 계속 걸어가는 태도를 본받으려 했다. 이렇게 하면 나그네는 자신이 원했던 장소로 곧장 가지는 못할지라도 적어도 숲 한가운데 있는 것보다는 확실히 나은 어떤 장소에 결국 도착할 것이기 때문이다."[1]

우리의 분석에서 지표가 되어 준 요소는 마르크스주의적 정치 이론화의 담론적 표면이자 근본적인 결절점으로 간주되는 헤게모니 개념에서의 전환들이었다. 우리는 '헤게모니' 개념의 이면에 마르크스주의 이론의 기본 범주들을 보완하는 정치적 관계의 유형 그 이상의 어떤 것이 숨어 있다는 중요한 결론에 도달했다. 실제로 헤게모니 개념은 그런 범주들과 양립할 수 없는 사회적인 것의 논리를 도입한다. 역사와 사회를 개념적으로 설명 가능한 법칙들을 중심으로 구성된 명료한 총체성들로서 제시하는 고전적 마르크스주의의 합리주의와 대면해, 헤게모니 논리는 본질적인 혹은 '형태론적인'morphological 유효성이 한순간도 문제시되지 않았던 진화론적 패러다임 내의 정세적 불균형을 설명하기 위해 보완적이고 우연적인 작동으로 제시되었다(이 책의 중심 과제 가운데 하나는 이런 우연성의 종별적 논리를 결정하는 것이다). 레닌에서 그람시까지 이 개념의 적용 범위가 점차 넓어지면서, 우연적 접합들의 영역 또한 넓어졌으며, '역사적 필연성' 범주 — 고전 마르크스주의의 초석이었던 — 는 이론의 지평으로 철회되었다. 마지막 두 장에서 주장하겠지만, '헤게모니' 개념에 함축되어 있는 사회적인 것의 논리의 확장과 결정을 통해 — 그람시를 넘어서는 방향으로 — 우리는 급진 민주주의 기획에 기초한 새로운 좌파 정치의 윤곽을 그릴 수 있을 뿐만 아니라, 우리 시대 사회 투쟁들이 가지는 종별성 속에서 이 투쟁들을 사고할 수 있는 안정된 정박지를 얻게 될 것이다.

답해야 할 문제가 하나 남아 있다. 왜 우리는 이런 과제를 고전적 마르

---

1 R. Descartes, "Discourse on Method", in *Philosophical Works* Vol. 1(Cambridge 1968), p. 96 [『방법서설』, 이현복 옮김, 문예출판사, 1997, 175-176쪽].

크스주의의 다양한 담론적 표면들에 대한 비판과 탈구축을 통해 제기해야만 하는가? 우선 '실재적인 것'the real이 아무런 매개mediation 없이 나타날 수 있도록 하는 하나의 담론이나 하나의 범주 체계는 존재하지 않는다고 할 수 있다. 마르크스주의 범주들 내에서 탈구축적으로 작업하면서, 우리는 결코 '보편적 역사'를 쓰고 있다고, 우리의 담론을 단일하고 단선적인 지식 과정의 계기로 각인시키고 있다고 주장하지 않을 것이다. 규범적 인식론의 시대가 종언을 고한 것처럼, 보편적 담론들의 시대도 끝이 났다. 이 책에서 제시하는 것과 유사한 정치적 결론들을 매우 상이한 담론 구성체들로부터 — 예컨대, 기독교의 일정한 형태로부터, 또는 사회주의적 전통과는 거리가 먼 자유 지상주의적 담론들로부터 — 대략 비슷하게 도출할 수도 있을 것인데, 이들 가운데 그 어떤 것도 사회의 유일한 진리 — 사르트르가 말하듯, "우리 시대의 뛰어넘을 수 없는 철학"[2] — 이길 열망할 수 없다. 하지만 바로 그런 이유 때문에 마르크스주의는 이런 새로운 정치 개념을 정식화할 수 있도록 해주는 전통 가운데 하나인 것이다. 우리에게 이런 출발점의 유효성은 마르크스주의가 단지 우리 자신의 과거를 구성하고 있다는 사실에 기초할 뿐이다.

마르크스주의 이론이 내세우는 유효성이나 그 유효성의 범위를 축소함으로써, 우리는 그 이론에 깊이 내재한 어떤 것, 즉 대문자 역사의 본질이나 기반이 되는 의미를 자신의 범주들을 통해 포착하려는 마르크스주의의 일원론적 열망과 단절할 수 있을까? 이에 대한 답변은 당연히 그렇다는

---

2 [옮긴이] 『변증법적 이성비판 1: 실천적 총체들의 이론』(박정자 외 옮김, 나남, 2009) 18-19쪽.

것이다. '보편 계급'이라는 존재론적으로 특권적인 입장에 기초한 모든 인식론적 특권을 포기해야만, 마르크스주의 범주들이 현재 어느 정도 유효한지에 대해 진지하게 토론할 수 있을 것이다. 이런 점에서 우리는 이제 포스트-마르크스주의 지형에 위치하고 있다고 아주 솔직하게 말해야 한다. 마르크스주의가 정교하게 발전시킨 주체성 및 계급에 대한 개념화도, 자본주의 발전의 역사적 과정에 대한 마르크스주의적 전망도, 그리고 말할 것도 없이 적대들이 사라진 투명한 사회로서의 공산주의 개념도 더는 유지될 수 없다. 그러나 이 책의 지적 기획이 포스트-마르크스주의라면, 그것은 또한 포스트-마르크스주의이기도 하다. 마르크스주의 내부에서 구성된 일정한 직관과 담론적 형태들을 발전시키고, 나머지들을 억제하거나 제거함으로써, 우리는 우리의 관점에서 급진적이며, 자유 지상주의적이고 다원적인 민주주의를 위한 투쟁에 유용한 도구일 수 있는 헤게모니 개념을 구축해 왔다. 여기서 그람시에 대한 준거는, 일부 비판적인 측면이 있기는 하지만, 가장 중요하다. 이 책에서 우리는 제2인터내셔널 당시 마르크스주의 담론성의 다양성과 풍성함을 복원하기 위해 노력했는데, 이런 다양성과 풍성함은 스탈린 시기와 그의 사후에 '마르크스-레닌주의'라는 황폐화되고 획일화된 이미지에 의해 흔적조차 없이 지워져 버렸으며, 오늘날에는 정반대의 징후이긴 하지만, 일정한 '반反마르크스주의' 형태들에 의해 거의 손상되지 않은 채 재생산되고 있기 때문이다. '역사 유물론'을 영광스럽고 동질적이며 반박 불가능한 것으로 옹호하는 자들과 신철학 Nouveaux Philosophes[3]에 따른 반마르크스주의 지식인들이 전혀 깨닫지 못하는 것이 있다. 그것은 바로 그들의 변호나 독설이 모두 그 본질적인 결정에 있어서 여전히 스탈린주의적 상상에 속하는 교의의 역할과 통일성의 정도에 대한 순진하고 초보적인 개념화에 똑같이 뿌리를 내리고 있다는 사실이다. 그와 반대로 마르크스주의 문헌들에 대한 우리의 연구 방식은 그 문헌들의 다원성을 복원하고, 그 문헌들의 내적 구조와 풍요로움을 구성하며 정치 분석을 위한 준거 지점으로서 마르크스주의 문헌들이 살아남을 수 있도록 보장하는 수많은 담론적 시퀀스sequences — 상당할 정도로 이질적이며 모순적인 — 를 포착하려 했다. 위대한 지적 전통을 넘어서는 일은 갑작스런 붕괴의 형태가 아니라, 공통의 수원지에서 발원하는 강물이 다양한 지류들로 퍼져 나가고 또 다른 수원지들에서 흘러내려 온 흐름들과 뒤섞이는 방식을 통해서 이루어지는 것이다. 이것이 바로 고전적 마르크스주의의 영역을 구성했던 담론들이 신좌파의 사고를 형성하는 데 도움을 줄 수 있는 방식일 것이다. 즉, 그 담론들 가운데 일부 개념들은 계승되고, 또 일부는 변화시키거나 포기함으로써, 그리고 사회적인 것의 다원성이 형성되는 해방 담론의 무한한 상호 텍스트성 속에서 그 개념들이 희석되면서 말이다.

---

3 [옮긴이] 1970년대 베르나르 앙리 레비(Bernard Henri Levy), 앙드레 글룩스만(André Glucksmann) 등이 주도한 프랑스 철학 사조로, 마르크스주의와 전체주의에 대한 비판을 주요 목표로 삼았다.

우리의 작업은 '헤게모니' 개념의 계보를 추적하는 것에서 시작할 것이다. 여기서 강조해야 할 점은 이 계보가 처음부터 충분한 실정성positivity을 부여받은 개념의 계보는 아니라는 것이다. 푸코의 표현을 사용해 어느 정도 자유롭게 말하자면, 사실상 우리의 목적은 '침묵의 고고학'을 확립하는 것이라 말할 수 있다. 헤게모니 개념은 새로운 유형의 관계를 그것의 종별적 정체성 속에서 정의하기 위해서가 아니라, 역사적 필연성의 사슬에서 벌어진 틈을 메우기 위해 나타난 것이다. '헤게모니'는 부재하는 총체성, 그리고 이런 본원적 부재를 극복하면서 여러 투쟁들에 의미를 제공하고 역사적 세력들에게 충분한 실정성을 부여하는 다양한 재구성과 재접합 시도들을 암시한다. 이 개념은 (지질학적 의미에서) 단층fault과 균열fissure을 메우고 우연성을 극복해야 하는 맥락에서 등장한다. '헤게모니'는 정체성의 위풍당당한 전개가 아니라 위기에 대한 대응인 것이다.

러시아 사회민주당 내에서 제한된 정치적 효과의 영역을 다루기 위해 요청된 것이라는 보잘것없는 기원에서조차, '헤게모니' 개념은 이미 '정상적인' 역사 발전이라고 여겨져 왔던 것의 위기와 붕괴에 대한 일종의 우연적 개입을 암시한다. 이후 레닌주의와 더불어, 이 개념은 제국주의 시대에 계급투쟁이 발생하는 우연적이고 '구체적인 상황들'에 필요한 새로운 정치적 계산의 근본원리가 된다. 마침내 그람시와 더불어, 이 용어는 전술적·전략적 용법을 넘어서는 새로운 유형의 중심성을 획득했다. '헤게모니'가 구체적인 사회구성체에 존재하는 바로 그 통일성을 이해하는 핵심 개념이 된 것이다. 그러나 이 용어가 확장될 때마다 우리가 잠정적으로 '우연적인 것의 논리'라고 부를 수 있는 것도 확대되었다. 이 표현은 제2인터내셔널 마르크스주의의 주춧돌이었던 '역사적 필연성' 범주가 파열fracture되어 사회적인 것의 설명적 지평으로 철회되면서 등장한 개념이다. 이런 위기의 진전 속에서 등장한 대안들 — 헤게모니 이론은 이런 위기에 대한 다양한 대응 가운데 하나일 뿐이다 — 이 우리의 연구 대상이다.

로자 룩셈부르크의 딜레마

'기원'으로 돌아가려는 온갖 유혹은 떨쳐 버리자. 그저 시간 속의 한 계기로 뛰어들어 헤게모니 논리가 채우려 시도할 공백의 현존을 찾아내 보자. 다양한 방향에서 기획되는 이런 자의적인 시작은 위기의 진행 과정은 모를지라도, 적어도 위기의 여러 차원을 보여 줄 것이다. 사회적인 것의 새로운 논리가 스스로를 드러내는 곳은 바로 '역사적 필연성'이라는 깨진 거울 속의 복잡하고 굴곡진 반영들 속에서이다. 이 사회적인 것의 새로운 논리는 역사적 필연성이 표명하는 용어들의 문자성에 의문을 제기함으로써만 사고될 수 있을 뿐이다.

1906년 로자 룩셈부르크는 『대중 파업, 정당, 노동조합』을 출간했다. 이 책 — 우리의 주제를 발전시키는 데 중요한 모든 애매성들ambiguities과 핵심 영역들을 이미 보여 주고 있는 — 에 대한 간략한 분석을 통해 우리는 최초의 준거점을 얻게 될 것이다. 로자 룩셈부르크는 종별적인 주제, 즉 정치적 수단으로서의 대중 파업이 가진 효과성efficacy과 중요성을 다루고 있다. 하지만 로자는 이 주제를 통해서 사회주의적 대의에 있어 핵심적인 두 가지 문제, 즉 노동계급의 통일성과 유럽에서의 혁명 경로라는 문제를 성찰하고 있다. 이 책에서 대중 파업은 제1차 러시아혁명에서 지배적인 투쟁 형태로서 그것이 가지는 종별적 메커니즘뿐만 아니라, 독일에서도 가능한 노동자 투쟁의 기획 가운데 하나로도 고찰된다. 로자 룩셈부르크의 테제는 잘 알려진 대로 다음과 같다. 대중 파업의 효과성에 대한 독일에서의 논쟁은 정치 파업에만 집중되어 있지만, 러시아의 경험은 대중 파업의 정치적인 차원과 경제적인 차원이 상호작용하면서 서로를 부단히 심화시켜 준다는 것을 증명해 주었다. 차르 국가라는 억압적인 맥락에서, 부분적 요구를 위한 그 어떤 운동도 운동 그 자체의 내부에만 국한되어 머물러 있을 수 없었으며, 불가피하게 저항의 표본이자 상징으로 전화되어 다른 운동들을 자극하고 태동시켰다. 이런 운동들은 예기치 못한 지점에서 출현했고, 예측할 수 없는 형태로 확장되고 일반화되는 경향이 있었으며, 따라서 정치 지도부 내지 노동조합 지도부의 통제와 조직화 역량을 넘어서 있었다. 이것이 룩셈부르크의 '자발주의'가 의미하는 것이다. 경제투쟁과 정치투쟁의 통일성 ─ 즉, 노동계급의 통일성 ─ 은 이런 운동의 피드백과 상호작용의 결과이다. 그러나 이 운동은 혁명 과정에 다름 아니다.

로자 룩셈부르크가 주장하듯이, 러시아에서 독일로 가면 상황은 매우 달라진다. 독일에서는 다양한 범주의 노동자들, 다양한 운동들의 상이한 요구들, 그리고 경제투쟁과 정치투쟁 사이에서의 파편화[단편화]fragmentation가 지배적인 경향이었다. "노동과 자본 사이의 부분적이고 사소한 갈등은 오직 혁명 시기의 타오르는 분위기에서만 전체적인 폭발로 성장할 수 있다. 독일에서는 노동자와 고용주 사이의 가장 폭력적이고 잔인한 격돌이 일상적으로 일어나고 있지만 개별 공장의 범위를 넘어서는 투쟁은 일어나지 않는다. …… 이 중 어떤 경우도 …… 갑작스레 공동의 계급 행동으로 변화하지 않는다. 또한 정치적 색채가 분명할지라도 대중 파업이 고립되어 전개된다면, 전면적인 폭풍을 불러일으키지 못한다."[1] 이런 고립과 파편화는 우연적인 사건이 아니다. 이것은 자본주의국가가 만들어 낸 구조적 효과이며, 자본주의국가는 오직 혁명적 상황에서만 극복될 수 있다. "사실상 정치투쟁과 경제투쟁의 분리와 독립이 역사적으로 결정된다 해도 이것은 의회 시기의 인위적인 산물일 뿐이다. 한편으로 부르주아 사회의 평화롭고 '정상적인' 과정에서 경제투쟁은 각각의 기업에서 수많은 개

---

1 R. Luxemburg. *The Mass Strike, the Political Party and the Trade Unions*, London(n. d.), p. 48["대중파업론", 『룩셈부르크주의』, 편집부 옮김, 풀무질, 2002, 195쪽].

별 투쟁들로 나눠지고 각각의 생산 단위에서 해소된다. 다른 한편으로 정치투쟁은 대중 자신의 직접행동이 아니라, 부르주아 국가 형태에 따른 대의제 방식으로 입법부에 의해 주도된다."[2]

　이런 조건이라면, 그리고 러시아에서 혁명이 발발한 것이 러시아의 상대적 후진성, 정치적 자유의 부재, 혹은 러시아 프롤레타리아트의 빈곤 등과 같은 요소들에 의해 설명될 수 있었다면, 서구에서의 혁명 전망은 무기한 연기되는 것은 아니었을까? 여기서 로자 룩셈부르크의 답변은 하나의 특징적인 경로를 상정하면서 설득력을 잃고 주춤거리게 된다. 그녀는 러시아 프롤레타리아트의 가장 선진적인 부분은 취약하지 않았고 조직적 발전이 있었다는 것을 보여 주는 동시에, 독일 노동자계급의 다양한 부문에서도 [러시아와 같은] 취약한 영역이 존재하고 조직이 부재함을 보여 줌으로써 러시아와 독일 프롤레타리아트 사이의 차이를 최소화하려 한다. 그러나 독일에 남아 있는 이렇듯 고립된 후진성이란 무엇인가? 그것은 자본주의가 팽창하면서 없어지게 될 잔여 부분이 아닌가? 그렇다면 무엇이 혁명적 상황의 출현을 보증했다는 것인가? 우리의 질문 ― 로자 룩셈부르크가 그녀의 책 어디에서도 정식화하지는 않지만 ― 에 대한 답변은 몇 쪽 뒤에서 돌연 분명하게 나타난다. "(사회민주주의자들은) 지금 그리고 언제나 사물의 발전을 촉진해야 하며, 사건을 가속화하려고 노력해야 한다. 하지만 이것은 아무 때나 임의로 대중 파업 '구호'를 갑자기 유포한다고 해서 할 수 있는 일이 아니라, 광범위한 프롤레타리아트에게 그런

---

2 같은 책, pp. 73-74["대중파업론", 228쪽].

혁명적 시기의 불가피한 도래, 이를 가능케 하는 내적 사회적 요인들, 그리고 그 정치적 결과를 명확히 이해시킬 때 가능하다."[3] 따라서 "자본주의 발전의 필연 법칙"이 독일에서 일어날 미래의 혁명적 상황을 보증하게 된다. 이제 모든 게 분명하다. 즉, 독일에서는 성취해야 할 부르주아 민주주의적 변화가 더는 존재하지 않았기 때문에(원문 그대로 그녀의 말에 따르면), 혁명적 상황의 도래는 사회주의적 방향으로 귀결될 수밖에 없을 것이다. 절대주의 체제에 대항해 투쟁하고 있지만 성숙한 세계 자본주의가 지배하는 역사적 맥락으로 말미암아 그 투쟁을 부르주아 단계에 안착시킬 수 없었던 러시아 프롤레타리아트는 유럽 프롤레타리아트의 전위였으며, 독일 노동계급에게 그 미래를 제시했다. 베른슈타인에서 그람시까지 유럽 사회주의에서 매우 중요한 전략적 논쟁점이었던 동유럽과 서유럽의 차이라는 문제는 여기서 폐기되면서 해소되었다.[4]

　　이런 주목할 만한 시퀀스의 다양한 계기들을 분석해 보자. 계급 통일성의 구성적 메커니즘과 관련해, 로자 룩셈부르크의 입장은 분명하다. 즉, 자본주의사회에서 노동계급은 필연적으로 파편화되고, 노동계급의 통일

---

3 같은 책, pp. 64-65. 강조는 원문["대중파업론", 216쪽].
4 베른슈타인은 독일에서의 대중 파업에 대한 논쟁(『정치적 대중파업과 독일 사회민주당의 상황』*Der Politische Massenstreik und die politische Lage der Sozialdemokratie in Deutschland*)에 개입하면서 동구와 서구 사이의 기본적인 차이점 ─ 서구에서는 시민사회가 복잡하고 저항적이었던 반면, 러시아에서는 국가가 취약했다는 점 ─ 을 지적했으며, 이것은 이후 그람시의 논의에서 핵심이 되었다는 점에 주목하는 것이 중요하다. 이 논쟁에 대한 개괄로는 M. Salvadori, "La socialdemocrazia tedesca e la rivoluzione russa del 1905. Il dibattito sullo sciopero di massa e sulle differenze fra Oriente e Occidente", in E. J. Hobsbawm et al., eds., *Storia del marxismo*, Milan 1979, vol. 2, pp. 547-594 참조.

성은 오직 혁명 과정을 통해서만 재구성된다는 것이다. 그러나 이런 혁명적 재구성의 형식은 그 어떤 기계적 설명과도 관련이 없는 종별적 메커니즘으로 구성되는데, 바로 여기서 자발주의가 작동한다. 물론 누군가는 다음과 같이 생각할 수도 있다. 즉, 자발주의 이론이 채택하는 형식의 복잡성[복합성, 복합체]complexity과 다양성을 고려할 때, '자발주의' 이론은 혁명이 전개되는 방향을 예측할 수 없다는 점을 단순히 확언할 뿐이라는 것이다. 그럼에도 불구하고 이런 설명은 불충분하다. 왜냐하면 분석자 혹은 정치 지도자의 관점에서는, 분산된 투쟁에 내재하는 복잡성과 다양성뿐만 아니라, 복잡성과 다양성을 기초로 혁명적 주체의 통일성을 구성하는 작업이 문제가 되기 때문이다. 이는 우리가 로자 룩셈부르크가 제시한 자발주의의 의미를 확정하려 할 때, 투쟁 형태의 다원성뿐만 아니라 투쟁들 사이에 수립되는 관계와 그에 따른 통일화 효과에 관심을 기울여야 한다는 것을 보여 준다. 그리고 여기서 통일화의 메커니즘은 분명하다. 즉, 혁명적인 상황에서는 각각의 고립된 투쟁이 가지는 문자성을 고정하는 것이 불가능해지는데, 왜냐하면 각각의 투쟁들은 그 자신의 문자성을 넘어서 범람하면서, 대중의 의식 속에서 체제에 대한 좀 더 광범위한 투쟁의 계기를 대표하게 되기 때문이다. 그리고 노동자들의 계급의식 — 자신의 역사적 이해관계를 중심으로 구성된 포괄적 의식으로서의 — 은 안정적인 시기에는 '잠재적'이고 '이론적'인 반면, 혁명적인 상황에서는 '활성화'되고 '실천적'이 된다. 말하자면 혁명적 상황에서 모든 동원의 의미는 [문자성의] 분열로서 나타난다. 왜냐하면 각각의 동원은 자신의 요구가 가진 문자적인 의미와는 상관없이 전체로서의 혁명 과정을 대표하기 때문이다. 그리고 이런 총체화의 효과는 일부 투쟁들이 다른 투쟁들을 과잉 결정하게 될 때 가시화된다. 그러나 이 과잉 결정은 상징적인 것의 전형적인 특징, 즉 기의가 기표를 넘어서 범람하는 과정일 뿐이다.[5] 따라서 계급의 통일성은 상징적 통일성이다. 의심할 바 없이 이것이 로자 룩셈부르크의 분석에서 가장 돋보이는 부분이며, 제2인터내셔널의 정통 마르크스주의 이론가들(이들에게 계급의 통일성은 경제 토대의 법칙에 따라 형성된다)과의 가장 큰 차이점을 보여주는 대목이다. 그 시대의 다른 많은 텍스트들이 '구조적' 이론화의 계기를 넘어서는 우연적인 것에 역할을 부여했으나, 어떤 텍스트도 로자 룩셈부르크처럼 이런 우연성의 독특한 메커니즘을 규정하고, 그것의 실천적 효과의 범위를 인지하는 데까지 나아가지는 못했다.[6]

한편으로 로자 룩셈부르크의 분석은, 노동조합이나 정치 지도부가 이런 투쟁들에 대해 행사할 수 있는 통제력과 계획 능력을 모두 파괴할 정도로까지, 적대의 지점들과 투쟁의 형식들 — 지금부터 우리는 이를 주체 위치라고 부를 것이다 — 을 다수화multiplication했다. 다른 한편으로 그녀의 분석은 이런 투쟁들을 통일하는 구체적 메커니즘으로서 상징적 과잉 결정을 제시했다. 그러나 바로 여기서 문제가 시작된다. 왜냐하면 로자 룩

---

5 T. Todorov, *Théories du symbole*, Paris 1977, p. 291[『상징의 이론』, 이기우 옮김, 한국문화사, 1995, 331쪽] 참조. "단일한 기표가 하나 이상의 기의를 내포할 경우, 좀 더 단순하게 말한다면 기의가 기표보다 풍부할 때에는 언제나 응축이 있다. 위대한 독일의 신화학자 크로이저(F. Creuzer)는 이미 상징적인 것을 '존재와 형태 간의 상호 부적합성, 그리고 표현에 비해 내용이 풍부해 흘러넘치게 되는 현상'이라는 식으로 정의했다."

6 로자 룩셈부르크의 저작은 대중 파업의 메커니즘에 대한 가장 뛰어난 이론적 정교화이긴 하지만, 대중 파업을 모든 독일 신좌파(Neue Linke) 투쟁의 근본 형태로 제시하고 있다. 예를 들어 A. Pannekoek, "Marxist Theory and Revolutionary Tactics", in D. A. Smart ed., *Pannekoek and Gorter's Marxism*, London 1978, pp. 50-73 참조.

셈부르크에게서, 이런 과잉 결정 과정은 매우 엄밀한 통일성, 즉 **계급 통일성**을 구성하기 때문이다. 그런데 자발주의 이론에는 그녀의 결론을 논리적으로 뒷받침할 만한 것이 아무것도 존재하지 않는다. 그와는 반대로, 자발주의 논리는 결과적으로 단일한 주체라는 형태가 결정되지 않은 채 남아 있어야 한다는 점을 함의하고 있는 것처럼 보인다. 차리즘 국가의 경우, 적대 지점들과 다양한 투쟁들의 과잉 결정의 조건이 억압적인 정치적 상황이라면, 왜 계급적 한계를 뛰어넘어 부분적으로 통일된 주체들(그것의 근본적인 결정이 인민적이거나 민주적인)의 구축으로 나아갈 수 없는 것일까? 로자 룩셈부르크의 텍스트에서조차 — 모든 주체는 계급 주체라고 보는 저자의 교조적 경직성에도 불구하고 — 계급 범주를 넘어서는 모습이 여러 지점에서 나타난다. "1905년 봄 내내 그리고 한여름까지 자본에 대항하는 모든 프롤레타리아의 끊임없는 경제 파업이 제국 곳곳에서 결렬하게 벌어졌다. 이 투쟁은 한편으로 거의 모든 프티부르주아·자유주의 전문 직업인, 상업 노동자, 기술자, 배우들과 예술 집단의 구성원들을 사로잡았고, 다른 한편으로 하인과 하급 경찰들, 심지어 룸펜 프롤레타리아 층으로까지 번져 갔다. 이와 함께 이 투쟁은 도시에서 농촌으로 번져 갔고, 심지어 병영의 철문마저 두드렸다."[7]

우리가 던진 질문의 의미를 좀 더 명확히 해보자. 만일 노동계급의 통일성이 혁명적 과잉 결정 과정 밖에서 구성되는 하부구조적 소여[주어진 사실]datum라면, 혁명적 주체의 계급적 성격에 관한 질문은 제기되지 않을

---

7 R. Luxemburg, p. 30["대중파업론", 171쪽].

것이다. 그렇다면 정치투쟁과 경제투쟁 둘 다 투쟁 그 자체에 앞서 선험적으로 구성된 계급 주체의 대칭적인 표현이 되는 것이다. 그러나 만일 통일성이 이런 과잉 결정 과정[의 결과]이라면, 정치적 주체성과 계급 위치가 필연적으로 중첩되는 이유에 대한 별도의 설명이 제시되어야 한다. 로자 룩셈부르크가 그 이유를 제시하지 않았음에도 불구하고 ─ 사실 그녀는 이 문제를 인식조차 못했다 ─ 그녀의 사상적인 배경을 살펴보면 그녀가 어떤 대답을 내놓을지 짐작할 수 있다. 그녀는 아마도 자본주의 발전의 객관적인 법칙이 가진 필연적 성격을 확언함으로써 이 문제에 답했을 것이다. 즉, 자본주의가 발전하면서 중간 부문과 농민이 점점 프롤레타리아화하고, 이에 따라 부르주아와 프롤레타리아 사이의 적대가 점점 전면화될 것이라는 것이다. 결과적으로 자발주의 논리가 지닌 혁신적인 효과들은 처음부터 엄격하게 제한되어 있는 것으로 보인다.[8]

---

8 최근, 수많은 연구들은 룩셈부르크적 자발주의가 가지고 있는 숙명론적인 성격과 비숙명론적인 성격에 대해 논의해 왔다. 그러나 우리가 볼 때, 이런 연구들은 자본주의의 기계적 붕괴와 계급의 의식적 개입 사이에 존재하는 대안과 같은 상대적으로 부차적인 문제를 과도하게 강조해 왔다. 자본주의가 자동으로 붕괴한다는 주장은 너무나도 터무니없는 주장이어서, 우리가 아는 한 어느 누구도 이를 주장한 바 없다. 결정적인 문제는 그것이 아니라 반자본주의 투쟁의 주체가 자본주의적 생산관계 내에서 자신의 온전한 정체성을 구성하는지, 그렇지 않은지에 대한 판단의 문제이다. 이 문제에 관한 한, 로자 룩셈부르크의 입장은 명백히 긍정적이다. 이런 이유로, 사회주의의 불가피성에 대한 그녀의 진술들은 노먼 제라스가 주장하듯이 (N. Geras, *The Legacy of Rosa Luxemburg*, London 1976, p. 36 참조) 그 시대의 수사학이나 심리적 필요에 따른 것이라기보다는, 오히려 그녀의 이론적·전략적 구조들에 의미를 제공하는 결절점이라고 할 수 있다. 로자 룩셈부르크에 따르면, 사회주의의 도래는 전적으로 자본주의 발전의 논리에 토대를 두고 설명되어야 하기 때문에, 노동계급만이 혁명적 주체일 수 있다(노동계급의 혁명적 결정의 토대로서 마르크스의 궁핍화 이론에 교조적으로 집착했던 로자 룩셈부르크에 대해서는 G. Badia, "L'analisi dello sviluppo capitalistico in Rosa Luxembrug", Feltrinelli Institute, *Annali*, Milan, p. 252 참조).

그 효과들은 명백히 한정적인데, 이는 그 효과들이 작용하는 영역이 극도로 제한되어[울타리로 엄격히 둘러싸여]circumscribed 있기 때문이다. 나아가 두 번째 그리고 더 중요한 이유는, 자발주의의 논리와 필연성의 논리가 일정한 역사적 상황을 설명하는 두 개의 분명하고 실정적인 원리들로서 서로 수렴하지 않고, 그 효과들의 상호 제한limitation을 통해 작용하는 반정립적 논리들로 기능하기 때문이다. 두 논리가 갈라서는 지점을 주의 깊게 살펴보자. 자발주의의 논리는 분명 모든 문자적 의미의 붕괴disruption를 통해서 작동하므로 상징적인 것의 논리라고 할 수 있다. 필연성의 논리는 문자적인 것의 논리이다. 즉, 필연성의 논리는 모든 우연적 변이를 제거한 의미를 확립하는 고정화를 통해서 작동한다. 왜냐하면 고정화란 엄밀히 말해 필연적[필수적]이기 때문이다. 그러나 이 경우 두 논리의 관계는 경계들의 관계로, 이는 어느 한쪽 방향으로 확장될 수는 있으나, 분석에 도입된 환원 불가능한 이원론을 결코 극복할 수는 없다.

실제로 우리는 여기에서 이중의 공백이 출현하는 것을 보게 된다. 필연성의 범주에서 보면, 두 논리의 이원성은 결정 가능한 것과 결정 불가능한 것 사이의 대립과 합쳐진다. 즉, 이런 이원성은 필연성의 범주가 작동하는 한계를 가리킬 뿐이다. 그러나 자발주의의 관점에서 봐도, 똑같은 일이 발생한다. 즉, '역사적 필연성'의 영역이 상징적인 것의 작용에 대한 한계로 나타나는 것이다. 사실 그 한계limits란 제한이다. 효과의 제한이라는 종별성이 즉각적으로 분명하게 드러나지 않는다면, 그 이유는 그 각각이 있는 그대로, 즉 완전히 서로에게 부정적인 역으로 간주되지 않고, 각각 그 자신의 영역에서 유효한 두 개의 실정적이고 상이한 설명적 원리들이 합류confluence하는 것으로서 간주되기 때문이다. 이로 말미암아 이원론에 의해 만들어진 이중의 공백은 보이지 않게 된다. 그러나 공백을 보이지 않게 하는 것이 그 공백을 메우는 것은 아니다.

이런 이중의 공백이 변화하는 형식을 검토하기 전에, 이중의 공백 안에 잠시 머물면서, 그것이 허용하는 유일한 게임을 실행해 볼 수 있다. 그 게임이란 서로 대립하는 두 개의 논리를 분리하는 경계를 이동시키는 것이다. 역사적 필연성에 상응하는 영역을 넓힐 경우 나타나는 결과는 다음과 같이 잘 알려진 두 가지 대안 가운데 하나이다. 즉, 자본주의가 그 자체의 필연적 법칙에 따라 프롤레타리아화를 초래하고 위기에 처하게 되거나, 아니면 이런 필연적 법칙이 예상대로 작동하지 않는 것이다. 로자 룩셈부르크적 담론의 논리에 따르면, 후자의 경우 상이한 주체 위치들 사이의 파편화가 자본주의국가의 '인위적 산물'이기를 그치고 불변하는 현실이 된다. 이것은 모든 경제주의적이고 환원주의적 개념화가 본질적으로 가지고 있는 영합zero-sum 게임이다. 하지만 그 경계를 반대 방향으로, 즉 정치적 주체가 자신의 필연적인 성격인 계급 본성을 상실하게 되는 지점까지 이동시켜 볼 경우, 전혀 상상적이지 않은 광경이 우리 눈앞에 펼쳐진다. 엄격한 계급적 경계선들boundaries에 구속되지 않는 정치적 정체성이 구축되면서 나타난 제3세계 사회 투쟁들이 보여 준 본원적인 과잉 결정 형식들, 일정한 계급적 접합의 필연성에 대한 미망을 여지없이 깨뜨려 버리는 파시즘의 출현, 그리고 지난 20, 30년간 끊임없이 사회 경제적 구조의 범주들을 가로질러 새로운 형태의 정치적 주체성이 등장하는 모습을 보여 주었던 선진 자본주의국가들에서 일어난 새로운 형태의 투쟁이 바로 이에 해당하는 것들이다. '헤게모니' 개념은 파편화의 경험과 상이한 투쟁들 및 주체 위치들 사이의 접합이 가지는 비결정성indeterminacy이 지배하는 맥락에서 출현할 것이다. 헤게모니 개념은 '필연성'의 범주가 사회적인 것의 지평으로 철회되는 정치-담론적 세계 내에서 사회주의적 답변을 제공해 줄 것이다. 헤게모니 이론은 자유의지/결정론, 과학/윤리, 개인/집단, 인과론/목적론 등 이원론의 증식을 통해 본질주의적 일원론의 위기를 해결하려는 시도들에 맞서, 일원론/이원론적 양자택일을 가능하게 했던 지형을 전치시킬 수 있는 답변의 기초를 마련해 줄 것이다.

로자 룩셈부르크를 마무리하기 전에 마지막으로 한 가지 언급할 것이 있다. 그녀의 담론에서 '필연적 법칙'이 생산하는 효과들을 제한한다는 것은 다른 중요한 방향으로도 기능한다. 즉, 선진 자본주의에서 '관찰 가능한 경향들'로부터 도출될 수 있는 정치적 결론들을 제한하는 기능도 한다. 이론의 역할은 파편화와 분산이라는 관찰 가능한 경향을 정교하게 만드는 것이 아니라, 그런 경향들이 일시적이라는 점을 확실하게 하는 것이다. 이론과 실천 사이의 균열은 위기의 명백한 징후이다. 이런 위기 — 마르크스주의적 정통 교의의 출현은 이 위기에 대한 오직 한 가지 답변만을 제시하고 있다 — 가 우리 분석의 출발점인 것이다. 그러나 위기에 처하게 된 패러다임을 확인하기 위해 이 시작에 앞서 해야 할 것이 있다. 이를 위해 독일 사회민주당의 매우 중요한 선언문인 [1891년] 에르푸르트 강령 Erfurt Programme에 대한 카우츠키의 1892년 주석이라는 대단히 명확하고 체계적인 자료를 참조해 보려고 한다.[9]

---

9 K. Kautsky, *The Class Struggle*, New York 1971[『에르푸르트 강령』, 서석연 옮김, 범우사, 2004].

위기, 영도[10]

『계급투쟁』은 이론, 역사, 전략의 불가분한 통일성을 제시하는 카우츠키의 대표적인 저서 가운데 하나다.[11] 물론 오늘날의 관점에서 보면 이 책은 지극히 순진하고 단순하다. 그러나 우리는 이런 단순성의 다양한 차원을 검토해야만 한다. 왜냐하면 이를 통해 [카우츠키적인] 패러다임의 구조적 특징과 세기의 전환기에 그 패러다임이 위기에 처한 이유를 이해할 수 있기 때문이다.

카우츠키의 패러다임은 일차적인[주요한] 그리고 문자 그대로의 의미에서 단순하다. 왜냐하면 카우츠키는 아주 분명하게 사회구조와 그 구조 내

---

10 [옮긴이] 여기서 영도(Degree Zero)는 대체로 두 가지 의미를 가지고 있는 것으로 보인다. 먼저, 일반적인 의미에서의 분기점을 가리키는 것으로, 이론과 현실 사이의 불일치로 발생한 위기로 말미암아, 정통 마르크스주의적 패러다임에 따른 이론화가 더 이상 가능하지 않은 상황을 의미한다. 이런 맥락에서, 저자들은 정통 마르크스주의적 패러다임의 위기 이전에 쓰인 텍스트들과 위기 이후에 쓰인 텍스트들을 통해, 이론과 현실 사이의 불일치가 어떤 방식으로 다뤄지는지를 검토하고 있다. 다른 한편으로, 영도는 롤랑 바르트가 『글쓰기의 영도』(김웅권 옮김, 동문선, 2007)에서 말하는 글쓰기의 상태를 의미하기도 하는데, 이는 어떤 정치적 입장이나 이데올로기에 복무함으로써 현실을 가감하거나 은폐하는 것이 아니라, 어느 쪽으로도 기울어지지 않은 정치적 0°의 상태에서 현실의 모습을 있는 그대로 드러냄으로써 그 모순과 부조리가 드러나도록 하는 방식 혹은 태도를 말한다(바르트는 이런 방식의 글쓰기를 '하얀 글쓰기'라 부르며, 이런 글쓰기의 상태를 '글쓰기의 영도'라고 규정한다). 이런 맥락에서, 저자들은 위기 이전과 이후의 텍스트들이 각각 이론과 현실 사이의 간극을 메우기 위해 어떤 논리들을 사용하며, 현실을 어떻게 가감하고 있는지, 즉 각각의 이론이 가진 한계와 불일치를 드러내고자 한다.

11 "수정주의와의 모든 투쟁에서 그(카우츠키)가 목표로 삼았던 것은 강령이라는 통념을 확정적인 정치적 요구들 — 투쟁의 종별적 국면에서 당의 주도권을 확립하게 될 정치적 요구들, 그리고 수시로 수정될 수 있는 요구들 — 의 복합체가 아니라, 이론과 정치의 불가분한 블록으로 지켜 내는 것이었다. 이런 이론과 정치의 블록 안에서 이론과 정치는 각각의 자율성의 영역을 상실하고, 마르크스주의는 프롤레타리아트의 이데올로기가 된다"(L. Paggi, "Intellettuali, teoria e partito nel Marxismo della Seconda Internazionale", Introduction to M. Adler, *Il socilismo e gli intellettuali*, Bari 1974).

부의 적대들이 점점 단순화되는 이론을 개진했기 때문이다. 자본주의사회가 발전함에 따라 자산과 부는 점차 일부 기업의 수중에 집중되며, 매우 다양한 사회계층과 직업적 범주들의 급속한 프롤레타리아화와 더불어 노동계급은 점차 궁핍해져 간다. 이런 궁핍화는, 그리고 그 근원에 있는 자본주의 발전의 필연적 법칙은 노동계급 내부의 영역들과 기능들의 진정한 자율화를 방해한다. 즉, 경제투쟁을 통해서는 보잘것없고 불안정한 성과만을 얻을 수 있을 뿐이며, 이로 말미암아 노동조합은 정치권력의 획득을 통해 프롤레타리아트의 위치를 실질적으로 변화시킬 수 있는 당 조직에 사실상 종속되고 만다. 자본주의사회의 구조적 계기와 심급들 또한 그 어떤 형태의 상대적 자율성도 가지고 있지 못하다. 예를 들어, 국가는 가장 조야한 도구주의의 측면에서 설명된다. 따라서 카우츠키적 패러다임의 단순성은 무엇보다 자본주의사회에 구성적인 구조적 차이들의 체계를 단순화하는 것으로 이루어진다.

그러나 카우츠키적 패러다임은 이차적인(부차적인) 의미에서도 단순하다. 이 부분은 잘 언급되지 않지만, 우리의 분석에서는 대단히 중요하다. 여기서 핵심은 패러다임이 관련된 구조적 차이들의 수를 감소시킨다는 점이 아니라, 그런 차이들을 총체성 내의 정확한 장소로 이해되는 단일한 의미 각각에 귀속시키는 것을 통해 고정한다는 점이다. 일차적인 의미에서 보면, 카우츠키의 분석은 단지 경제주의적이고 환원주의적일 뿐이었다. 그러나 만일 이것이 유일한 문제였다면, 그 문제의 교정책은 단지 정치적인 것과 이데올로기적인 것의 '상대적 자율성'을 도입하고, 사회적인 것의 위상학 내에서 심급들을 다수화시키는 것을 통해 그 분석을 더욱 복잡하게 만드는 것으로 충분할 것이다. 그러나 그렇다 할지라도 이렇게 다수화된 심급들 또는 구조적 계기들 각각은 카우츠키 패러다임의 심급들과 마찬가지로 고정되고 단일한 정체성을 갖게 될 뿐이다.

이런 의미의 단일성unicity을 분명히 밝히기 위해, 카우츠키가 경제투쟁과 정치투쟁의 관계를 어떻게 설명하고 있는지 살펴보도록 하자. "때로는 정치투쟁을 경제투쟁에 대립시킴으로써 프롤레타리아트가 어느 한쪽에만 집중해야 한다고 공언하는 사람이 있다. 그러나 사실상 이 둘은 분리될 수 없다. 경제투쟁은 정치적 권리를 요구하는데, 이 권리는 하늘에서 떨어지는 것이 아니다. 정치적 권리를 획득하고 유지하기 위해서는 가장 단호한 정치투쟁이 필요하다. 정치투쟁은, 최종 분석에서, 경제투쟁인 것이다."[12] 로자 룩셈부르크 역시 이 두 가지 투쟁의 통일성을 확언했다. 하지만 그녀는 애초부터 다양성에서 출발했으며, 통일성을 통일화, 즉 별개의 요소들 사이의 과잉 결정 ─ 그 어떤 형태의 고정된, 선험적 접합도 없는 ─ 의 결과로 보았다. 반면 카우츠키의 출발점은 통일성이다. 즉, 노동계급은 경제적 계산에 따라 정치 영역에서 투쟁한다. 하나의 투쟁에서 다른 투쟁으로의 이동은 순전히 논리적인 이행을 통해서 가능하다. 로자 룩셈부르크의 경우 각각의 투쟁은 한 가지 이상의 의미 ─ 우리가 살펴본 것처럼, 각각의 투쟁이 가진 의미는 이차적인 상징적 차원에서 배가된다 ─ 를 갖고 있었다. 게다가 투쟁의 의미는 고정되지도 않았다. 왜냐하면 각각의 투쟁은 가변적인 접합에 의존하기 때문으로, 그녀의 자발주의적 시각에서 이와 같은 가변적 접합은 그 어떤 선험적 결정(우리가 시사했던 한

---

12 K. Kautsky, pp. 185-186[『에르푸르트 강령』, 262-263쪽].

계 내에 있는)도 거부한다. 반면 카우츠키는 사회적 적대 또는 요소들을, 자본주의적 생산양식의 논리에 의해 이미 고정되어 있는, 종별적인 구조적 위치로 환원함으로써 단순화했다. 『계급투쟁』에 정리되어 있는 자본주의의 역사는 순수한 내재성의 관계들로 구성되어 있다. 우리는 폐쇄된 패러다임이 가지는 내적 합리성과 명료성[인지 가능성]intelligibility으로부터 조금도 어긋남 없이 노동계급에서 자본가로, 경제 영역에서 정치 영역으로, 매뉴팩처 단계에서 독점자본주의로 이행할 수 있다. 분명 자본주의는 외재적인 사회적 현실에 작용하는 것으로 제시되지만, 그런 사회적 현실은 자본주의와 접촉하면서 쉽게 사라진다. 자본주의는 변화하지만, 이 변화는 자본주의의 내적인 경향성과 모순들의 전개일 뿐이다. 여기에서 필연성의 논리는 그 무엇으로도 제한되지 않는다. 이것이 바로 『계급투쟁』을 위기 이전의 텍스트로 만든다.

마지막으로, 단순성은 세 번째 차원 — 이론 그 자체의 역할을 가리키는 — 에서도 나타난다. 만일 초기 카우츠키 저작을 그 이전 또는 이후의 마르크스주의 전통에 속해 있는 다른 텍스트들과 비교해 본다면, 우리는 그의 저작이 다소 놀라운 특색을 가지고 있음을 발견하게 된다. 즉, 이 텍스트는 역사의 기저적underlying 의미를 해명하기 위한 개입이 아니라, 모두가 보고 있는 투명한 경험의 체계화 및 일반화로 제시되고 있다. 해독해야 할 어떤 사회적 상형문자도 없기 때문에, 노동운동의 이론과 실천은 완벽히 일치하게 된다. 계급 통일성의 구성과 관련해, 애덤 셰보르스키는 카우츠키 텍스트의 특이성peculiarity을 지적한 바 있다. 마르크스가 『철학의 빈곤』Poverty of Philosophy 시기부터 노동계급의 경제적 위치insertion와 정치적 조직화 사이의 통일성을 미완의 과정 — 즉자적 계급과 대자적 계급

사이의 구별을 통해 채우려 했던 간극 — 으로 제시했던 반면, 카우츠키
는 마치 노동계급이 그 통일성을 이미 완성한 것처럼 주장하고 있다는 것
이다. "카우츠키는 1890년 무렵까지 프롤레타리아가 하나의 계급으로 형
성되는 것을 기정사실로 믿는 것처럼 보였다. 프롤레타리아는 이미 하나
의 계급으로 형성되어 있으며, 미래에도 그렇게 남아 있으리라는 것이다.
조직된 프롤레타리아는 자신의 역사적 소명만을 추구하면 되고, 당은 단
지 그런 역사적 사명의 실현에 참여할 수 있을 뿐이었다."[13] 마찬가지로,
카우츠키는 점점 더 심해지는 프롤레타리아화와 궁핍화, 자본주의의 피
할 수 없는 위기, 또는 사회주의의 필연적 도래를 언급하면서, 이를 분석
을 통해 밝혀진 잠재적 경향성이 아니라, 처음 두 사례는 경험적으로 관
찰될 수 있는 현실들로, 그리고 세 번째 경우는 단기적 이행으로 말하고
있는 것처럼 보인다. 필연성이 그의 담론에서 지배적 범주임에도 불구하
고, 그 범주의 기능은 경험을 넘어선 의미를 보장하는 것이 아니라, 경험
그 자체를 체계화하는 것이다.

　이런 낙관론과 단순성의 기초가 되는 요소들의 결합이 계급 구성의 보
편적 과정의 일부로 제시됨에도 불구하고, 그것은 단지 독일 노동계급이
라는 매우 종별적인 역사적 구성체의 가장 좋은 모습만을 재현한 것에 불
과했다. 첫째, 독일 노동계급의 정치적 자율성은 다음 두 가지 실패의 결
과였다. 하나는 1849년 이후 그 자신을 자유민주주의 운동의 헤게모니

---

13 A. Przeworski, "Proletariat into a Class, The Process of Class Formation from Karl Kautsky's
The Class Struggle to Recent Controversies", *Politics and Society*, 7, 1977.

세력으로 확립하려 했던 독일 부르주아의 실패이고, 다른 하나는 비스마르크 국가로 노동계급을 통합하려는 라살레주의자들의 조합주의적 시도의 실패였다. 둘째, 1873년에서 1896년 사이의 대공황과 그에 따른 모든 계층의 경제적 불안정은 자본주의의 임박한 붕괴와 프롤레타리아 혁명의 도래에 대한 낙관론을 불러일으켰다. 셋째, 노동계급의 구조적 복잡성은 낮은 수준에 있었다. 노동조합들은 이제 갓 등장하고 있었고, 정치적으로나 재정적으로 당에 종속되어 있었다. 게다가 20년간 이어진 불황으로 말미암아, 노동조합 활동을 통해 노동조건을 향상시킬 수 있으리라는 전망은 한계에 봉착한 것으로 보였다. 1890년에 만들어진 독일 노동조합 집행위원회General Commission of the German trade unions만이 지역 노동조합 세력의 저항과 사회민주당에 대한 전반적인 회의에도 불구하고 노동운동에 대한 헤게모니를 어렵게 행사할 수 있었다.[14]

이런 조건에서 노동계급의 통일성과 자율성, 그리고 자본주의 체계의 붕괴는 사실상 경험적 사실로 비쳤다. 이런 점들로 말미암아 카우츠키적 담론이 수용되었던 것이다. 그러나 사실 그런 상황은 엄격히 독일적 — 기

---

14 예를 들어, 1893년에 개최된 독일 사회민주당의 쾰른 당대회(Cologne Congress)에서 [독일 노동조합 집행위원회 위원장] 레기엔(K. Legien)은 [사회민주당 기관지인] 『전진』(*Vorwärts*)의 주장에 이의를 제기했다. 『전진』에 따르면, "정치권력을 장악하려는 투쟁은 모든 계기에서 여전히 가장 중요하다. 반면 경제투쟁에서는 노동계급이 언제나 심하게 분열되어 있으며, 희망이 없으면 없을수록, 그런 분열은 더욱 심해지고 치명적이 된다. 분명 소규모 투쟁 역시 그 이점이 있지만, 당의 최종적인 목표에 비추어 볼 때 부차적인 중요성만을 가질 뿐이다." 레기엔은 다음과 같이 질문했다. "당 기관에서 나온 그런 주장을 가지고 과연 무관심한 노동자들을 운동으로 이끌 수 있겠습니까? 저는 매우 회의적입니다." 벤베누티(N. Benvenuti)가 편집한 당과 노동조합 사이의 관계에 대한 자료인 *Partito e Sindicati in Germania : 1880~1914*, Milan 1981, pp. 70-71에서 인용.

껏해야 자유주의 부르주아들이 취약한 일부 유럽 국가들에서나 전형적이었을 뿐 — 이었고, 강력한 자유주의 전통을 가졌거나(영국), 민주적-자코뱅 전통을 가졌거나(프랑스), 인종적이고 종교적인 정체성이 계급 정체성보다 지배적인 나라(미국)의 노동계급 형성 과정과는 전혀 맞지 않았다. 그러나 마르크스주의의 정본Vulgate[15]에 따르면, 역사는 사회적 적대가 점점 더 단순화되는 과정을 향해 나아가기 때문에, 독일 노동운동의 극단적인 고립과 대립화 과정은 그와 비교해 불충분한 근사치에 불과했던 다른 민족적[일국적] 상황들이 수렴해 나아가야 할 패러다임이라는 명성을 획득할 것이었다.[16]

대공황의 종료와 더불어 이 패러다임의 위기가 시작되었다. '조직 자본주의'organized capitalism[17]로의 이행과 1914년까지 지속되었던 뒤이은 호황은 '자본주의의 일반적 위기'에 대한 전망을 불확실하게 했다. 이런 새로운 조건 아래에서, 노동조합의 성공적인 경제투쟁과 더불어 노동자들

---

15 [옮긴이] vulgate는 로마 가톨릭의 표준 라틴어 성서로 흔히 불가타 성서로 불린다. editio vulgata(공동 번역)에서 유래된 말로, 성서 번역본의 정본으로 사용되었다.

16 계급 통일성 문제에 대한 이와 같은 접근 방식이 여전히 일부 역사 편찬 전통을 지배하고 있다. 이에 따르면, 패러다임에서 일탈한 사례들은 패러다임의 완벽한 유효성을 훼손하는 우연적인 '방해물' 혹은 '장애물'로 개념화된다. 예컨대, 마이크 데이비스(Mike Davis)는 매우 자극적이고 흥미로운 논문("Why the US Working Class is Different", *New Left Review* 123, Sept.~Oct. 1980)에서, 미국 노동계급 형성 과정의 종별성들을 보여 주면서, 이를 정상적인 유형에서 벗어난 — 그러나 결국에는 어떤 역사적 계기에서 실현될 — 일탈 현상으로 개념화했다.

17 [옮긴이] 1915~20년대 중반에 출간된 루돌프 힐퍼딩의 논문들에서 도입된 개념으로, 제1차 세계대전 과정과 그 이후에 나타난 자본주의사회의 변화를 규정하기 위해 등장했다. 소유의 집중, 금융 자본에 의한 수직적 통합, 생산의 카르텔화, 조직된 노동조합과 노동자들에의 참정권 확대 등을 특징으로 한다.

은 독일 사회민주당 내에서 자신들의 조직적 힘과 영향력을 공고화할 수 있었다. 그러나 이 순간 당 내에서는 노동조합과 정치적 지도부 사이에 끊임없는 긴장이 나타나기 시작하면서, 결국 노동계급의 통일성과 사회주의적 결정[규정]determination이 점점 문제시되었다. 사회의 모든 부문에서는 영역들의 자율화 — 이는 어떤 유형의 통일성도 오직 불안정하고 복잡한 형태의 재접합을 통해서만 이루어질 수 있다는 것을 의미했다 — 가 발생했다. 이 새로운 관점에서 볼 때, 카우츠키의 1892년 패러다임이 가진 다양한 구조적 계기들의 외견상 논리적이고 단순한 시퀀스에 심각한 의문점이 발생했다. 게다가 이론과 강령 사이의 관계는 총체적으로 밀접한 관계였기 때문에, 정치적 위기는 이론적 위기에서 배가되었다. 1898년에 토마시 마사리크Tomáš G. Masaryk가 만들어 낸 표현이 곧바로 대중화되었다. "마르크스주의의 위기."

세기의 전환에서 제1차 세계대전에 이르기까지, 모든 마르크스주의 논쟁의 배경이 되었던 이 위기는, 두 가지 기본적 계기에 의해 지배되어 온 것처럼 보인다. 하나는 사회적인 것의 불투명성, 그리고 점차 조직화되는 자본주의의 복잡성과 반격에 대한 새로운 자각이며, 다른 하나는, 고전적 패러다임에 따르면 통일되어 있어야 했을, 사회적 행위자들이 가진 상이한 위치의 파편화였다.[18] 라브리올라는 수정주의 논쟁 초기에 라가르델Hubert Lagardelle에게 쓴 편지의 유명한 구절에서 다음과 같이 말했다. "정말

---

18 우리가 '파편화'와 '분산'을 언급할 때에는, 이것이 언제나 분산되고 파편화된 요소들의 통일성을 상정하는 담론에 준거한다는 점을 분명히 해야 한다. 만일 이 '요소'들이 어떤 담론에도 준거하지 않은 채 검토된다면, 이 요소들에 '분산'이나 '파편화' 같은 용어를 적용한다는 것은 아무런 의미도 가질 수 없다.

이지, 논쟁에 대한 이런 모든 소문의 이면에는 심각하면서도 본질적인 문제가 하나 있네. 몇 년 전까지만 해도 열렬하고, 생생하며, 조숙했던 희망들—과도하다 할 정도로 엄밀한 세부 사항과 윤곽에 대한 기대들—이 이제는 경제적 관계가 만들어 내는 가장 복잡한 저항과 어느 때보다도 더 난해하게 얽혀 있는 정치 세계와 부딪치고 있다네."[19]

이것을 그저 일시적인 위기로 파악했다면 잘못이었을 것이다. 반대로 마르크스주의는 마침내 그 시기에 자신의 순수성을 상실하고 말았다. 마르크스주의 범주들의 패러다임적 시퀀스가 점점 더 비전형적인atypical 상황들의 '구조적 압력'에 종속되면서, 사회적 관계들을 마르크스주의 범주들에 내재적인 구조적 계기들로 환원하는 것은 한층 더 어렵게 되었다. 중단[휴지]caesurae과 불연속의 증식으로 말미암아 지극히 일원론적인 것으로 생각되었던 담론의 통일성이 붕괴하기 시작했다. 그때부터, 마르크스주의의 문제는 이런 불연속들을 사고하는 것과 동시에, 분산되고 이질적인 요소들의 통일성을 재구성하는 형식을 발견해 내는 것이 되었다. 상이한 구조적 계기들 간의 이행은 그것들의 본원적인 논리적 투명성을 상실하고, 우연적이고 따라서 어렵게 구축되는 관계들에 따라다니게 마련인 불투명성을 드러낸다. 이 패러다임의 위기에 대한 상이한 대응들이 가지는 종별성은 이런 관계적 계기들—그 본성이 덜 분명해지는 만큼 그 중요성은 증가한다—을 인식하는 방식에 있다. 이것이 지금 우리가 분석해야 하는 것이다.

---

19 A. Labriola, *Saggi sul materialismo storico*, Rome 1968, p. 302.

.

위기에 대한 첫 번째 대응 : 정통 교의의 형성

카우츠키와 플레하노프가 구성한 마르크스주의의 정통 교의orthodoxy는 고전 마르크스주의의 단순한 연장이 아니다. 그것은 이론에 새로운 역할을 부여하는 것을 특징으로 하는 매우 특수한 굴절inflection을 수반한다. 이론은 관찰 가능한 역사적 경향들을 체계화—카우츠키의 1892년 텍스트처럼—하는 대신에, 이런 역사적 경향들이 결국은 마르크스주의 패러다임이 제시했던 사회적 접합 유형과 일치하게 될 것이라는 점을 보증하는 역할을 한다. 달리 말해, 정통 교의는 마르크스주의 이론과 독일 사회민주당의 정치적 실천 사이에서 커져 가는 괴리를 기반으로 구성된다. 이런 괴리를 극복하기 위한 지형을 제공하고 현존하는 경향들의 일시적인 성격과 미래 노동계급의 혁명적 재구성을 보장하는 것이 바로 마르크스주의 '과학'이 보증하는 하부구조의 운동 법칙이다.

이와 관련해, 당과 노동조합 사이의 관계에 대한 카우츠키의 입장을 검토해 보자. 그의 입장은 노동조합운동 이론가들과의 논쟁 속에 표현되어 있다.[20] 카우츠키는 독일 노동계급 내에서 나타나고 있는 강력한 파편화 경향들을 완벽하게 인식하고 있었다. 노동귀족의 출현, 조합원과 비조합원 사이의 대립, 상이한 임금을 받는 노동자들 사이에서 나타나는 이해관계의 충돌, 노동계급을 분할하려는 부르주아들의 의도적인 정책, 자신들을 독일 사회민주당 세력들과 분리시켜 버린 교회 포퓰리즘에 종속된 가

---

20 이 문제에 대한 카우츠키의 주요 저술들은 벤베누티가 편집한 *Partito e Sindicati*에 수록되어 있다.

톨릭 노동 대중의 현존 등이 그것이다. 마찬가지로 그는 직접적인 물질적 이해관계가 우세할수록, 파편화 경향이 더욱 강화될 것이라는 사실, 그리고 그럴 때 순수한 노동조합운동은 노동계급의 통일성 또는 사회주의적 결정[규정] 가운데 어떤 것도 보증할 수 없다는 사실 또한 의식하고 있었다.[21] 노동계급의 통일성이나 사회주의적 결정이라는 것은 노동계급의 직접적인 물질적 이해관계가 최종 목표Endziel, 즉 최종적인 사회주의적 목표에 종속될 때에만 공고해질 수 있으며, 이는 다시 경제투쟁이 정치투쟁에 종속되고 따라서 노동조합이 당에 종속되는 것을 전제로 한다.[22] 그러나 당은 오로지 과학 — 즉, 마르크스주의 이론 — 의 저장고일 때만 이런 총체화하는 심급을 대표할 수 있다. 노동계급이 사회주의적 목표[지도]direction를 따르지 않는다는 명백한 사실 — 이는 영국 노동조합주의의 예를 통해 잘 알 수 있으며, 이런 흐름은 20세기가 되자 더는 간과할 수 없게 되었다 — 로 말미암아 카우츠키는 지식인에게 새로운 특권적 역할을 부여했으며, 이는 이후 레닌의 『무엇을 할 것인가』What is to be Done[최호정 옮김, 박종철

---

21 "따라서 노동조합의 본성은 처음부터 결정되어 있지 않다. 노동조합은 계급투쟁의 도구가 될 수 있지만, 족쇄가 될 수도 있다." Kautsky in Benvenuti, p. 186.
22 "당은 …… 자본주의적 착취를 영원히 폐지하는 최종 목표에 도달하려고 애쓴다. 이런 최종 목표와 관련해, 노동조합의 활동은, 중요하고도 필요 불가결한 것임에도 불구하고, 시시포스의 노동 — 쓸모없는 노동이라는 의미에서가 아니라 결코 종결될 수 없고 언제나 다시 출발해야 하는 노동이라는 의미에서 — 으로 정의될 수 있다. 이런 모든 것으로부터 다음과 같은 결론이 따라 나온다. 강력한 사회민주당이 존재하거나 무시할 수 없는 존재로 간주되는 곳에서는, 노동조합보다 사회민주당이 계급투쟁에 필요한 노선을 확립하고, 당에 직접적으로 소속되어 있지 않은 개별적인 프롤레타리아 조직들이 따라야만 할 지침을 제시할 가능성이 훨씬 크다. 이런 방식을 통해 계급투쟁에 없어서는 안 될 통일성이 보장될 수 있다." Kautsky in Benvenuti, p. 195.

출판사, 1999]에 중대한 영향을 미치게 되었다. 이런 지적 매개는 그 효과에서 한계가 있는데, 스피노자적 정식에 따르면, 그것의 유일한 자유는 필연성에 대한 인식으로 구성되기 때문이다. 그러나 그것은, 일원론적으로 인식된 필연성의 사슬에 단순히 준거할 수 없는, 어떤 접합적인 연계nexus의 출현을 수반한다.

계급 정체성 안에서 벌어진 균열, 즉 노동자들의 상이한 주체 위치들 사이에서 점점 커져 가는 분리dissociation는 마르크스주의 과학이 보장하는, 다가올 경제적 토대의 운동을 통해서만 넘어설 수 있었다. 결과적으로 모든 것은 마르크스주의 과학의 예측 능력과 그 예측의 필연적 성격에 의존한다. 그 어느 때보다 필연성 범주가 가진 독성이 커져 감에도 불구하고, '필연성' 범주가 공언되어야 했던 것은 결코 우연이 아니다. 잘 알려져 있듯이, 제2인터내셔널은 '필연성'을 마르크스주의와 다윈주의의 결합에 기초한 자연적 필연성으로 이해했다. 다윈주의의 영향은 대체로 헤겔적 변증법에 대한 속류 마르크스주의적 대체물로 제시된다. 그러나 사실상 정통 교의적 개념화 속에서 헤겔주의와 다윈주의는 전략적 요건을 충족시킬 수 있는 혼성물hybrid을 형성하기 위해 결합했던 것이다. 자연도태는 처음부터 미리 예정된 하나의 방향으로 일어나지 않기 때문에, 다윈주의만으로는 '미래를 보장'할 수 없다.[23] 헤겔적 유형의 목적론이 다윈주의

---

23 Lucio Colletti, *Tramonto dell'idologia*, Rome 1980, pp. 173-176의 언급을 참조. 자크 모노 (Jacques Monod)는 『우연과 필연』(*Le hasard et la nécessite*)(Paris 1970, pp. 46-47)[조현수 옮김, 궁리, 2010, 262-263쪽]에서 다음과 같이 말했다. "마르크스와 엥겔스는 그들의 거대한 사회 이론 체계를 자연 자체의 법칙들 위에 근거 지을 것을 원했던 나머지, 스펜서 이상으로 '물활론적 투영'에 더욱 명확

— 그것과는 총체적으로 양립할 수 없는 — 에 더해져야만, 진화론적 과정이 미래의 이행에 대한 보장물로 제시될 수 있다.

이처럼 계급 통일성을 불가항력적인 법칙의 작용이 보장하는 미래의 통일성으로 개념화하는 것은 다음과 같은 다양한 수준들에 영향을 미친다. 즉, 다양한 주체 위치들에 귀속되는 접합의 유형, 패러다임에 동화될 수 없는 차이들을 다루는 방식, 그리고 역사적 사건들에 대한 분석 전략 등이 그것이다. 첫 번째로, 혁명 주체가 생산관계의 수준에서 자신의 계급 정체성을 확립한다면,[24] 다른 수준들에서 혁명 주체는 그 수준의 외부에 현존하는 것일 수밖에 없으며, 따라서 그 주체는 '이해관계의 대표'라는 형식을 띠어야만 한다. 정치 지형은, '이해관계'라는 형식 아래에서 인식된 정체성을 또 다른 수준에서 확립하는 행위자들 사이의 투쟁의 지형인 한, 상부구조일 수밖에 없다. 따라서 이런 본질적인 정체성은, 노동계급이 개입하는 다양한 형태의 정치적이고 이데올로기적인 대표와 관련된, 불변의 사실로서 영원히 고정되었다.[25]

하고 의식적으로 호소했다. …… 세계의 진화를 지배하는 가장 일반적인 법칙들은 변증법적 질서라는 헤겔의 공준은, 오직 정신만을 항구적 현실로 인정하는 체계 내에서만 그 자리를 찾을 수 있다. …… 그러나 이런 주관적 '법칙들'을 보존하며, 순수 물질적인 우주의 법칙들로 만드는 것은, 바로 물활론적 투영을 가장 명백한 방식으로 수행하는 것이며, '객관성'이라는 공준을 포기하는 출발점이다."

24 이것은 우리가 앞에서 주장했던 것, 즉 카우츠키에게 직접적인 물질적 이해관계는 계급의 통일성과 정체성을 구성할 수 없다는 것과 모순되지 않는다. 여기서 요점은, 분리된 계기로서의 '과학적' 심급이, 생산과정으로의 노동자들의 삽입이 가진 총체적 함의를 결정한다는 것이다. 따라서 과학은 상이한 계급 분파들이 자신들의 부분성 속에서 충분히 의식하지 못하는 자신들의 이해관계를 인식하고 있다.

25 이해관계의 명확성과 투명성이 전략들의 문제를 '합리적 선택'의 이상적인 조건으로 환원하는 상황 속에서, 이는 [정치적] 계산의 문제를 명백히 단순화한다. 미셸 드 세르토(Michel de Certeau)는 최근 다음

다음으로, 이 환원주의적 문제틀은 자신의 범주들에 동화될 수 없는 차이들을 다루기 위해 두 가지 유형의 추론 — 우리는 이를 **외양으로부터의 논증**과 **우연성으로부터의 논증**이라 부를 수 있다 — 을 사용했다. 외양으로부터의 논증이란 스스로를 다르게 드러내는 모든 것은 정체성으로 환원될 수 있다는 것이다. 이는 다음과 같은 두 가지 형식을 띨 수 있다. 즉, 외양이란 단지 [본질을] 은폐하기 위한 책략에 불과하다. 또는 외양은 본질을 발현manifestation하는 필연적인 형식이다(첫 번째 형식의 예를 들자면, "민족주의는 부르주아의 이익을 은폐하는 장막이다." 두 번째 형식의 예를 들자면, "자유주의국가는 자본주의의 필연적인 정치형태이다."). 우연성으로부터의 논증은 다음과 같다. 어떤 사회적 범주나 부문은 일정한 형태의 사회에 중심적인 정체성들로 환원될 수 없을지도 모른다. 그러나 이 경우, 역사 발전의 근본적인 노선에 비해 그것이 가지는 바로 그런 주변성으로 말미암아 우리는 그것을 부적절한 것으로 기각할 수 있다(예를 들어, "자본주의는 중간계급과 농민을 프롤레타리아화하기 때문에, 중간계급과 농민을 무시할 수 있으며, 부르주아와 프롤레타리아 사이의 갈등에 관한 전략에 집중할 수 있다"). 따라서 우연성으로부터의 논증에서 보면, 정체성은 통시적 총체성 속에서 재발견된다. 즉, 각 단계가 필연적인 법칙에 따라 연속적으로 진행되는 과정에서 사회는 단

과 같이 말했다. "[권력과] 의지를 가진 주체(소유자, 기업, 도시, 과학 제도)가 '환경'으로부터 분리될 때 가능해지는 힘 관계의 계산을 '전략'이라고 부른다. …… 정치적·경제적·과학적 합리성은 이런 전략 모델에 근거해 구축된다. 이와 대조적으로, 그 자신의 어떤 것에 의존할 수 없는, 따라서 가시적인 총체성으로 타자를 구별하는 경계에 의존할 수 없는 '계산'을 전술이라고 부른다." *L'invention du quotidien*, Paris 1980, vol. pp. 20-21. 이 구분에 비추어 보면, 카우츠키적인 주체의 '이해관계'가 투명한 한, 모든 [정치적] 계산은 분명히 전략적 성격을 지닌다.

계별로 성숙하며, 이에 따라 현재의 사회적 실재는 필연적이거나 우연적인 현상들로 분화되는 것이다. 따라서 역사는 추상적인 것이 계속해서 구체화되는 과정이며, 그 과정의 의미와 방향 모두를 나타내는 패러다임적 순수성을 향한 접근 과정인 것이다.

마지막으로, 현재를 분석하는 정통 교의의 패러다임은 승인recognition 전략을 상정한다. 마르크스주의가 역사의 불가피한 경로를 그것의 본질적인 결정들 속에서 인식할 수 있다고 주장하는 한, 실제 사건에 대한 이해는 선험적으로 고정되어 있는 시계열 속의 한 계기로 그 사건을 동일시하는 것을 의미할 따름이다. 따라서 그런 논의는 다음과 같다. y나라에서 x년에 발생한 혁명은 부르주아 민주주의 혁명인가? 또는 사회주의로의 이행은 이런저런 나라에서 어떤 형태를 취해야 하는가?

위에서 분석한 효과들의 세 가지 영역은 다음과 같은 공통점이 있다. 즉, 구체적인 것이 추상적인 것으로 환원된다는 점이다. 다양한 주체 위치들은 어떤 단일한 위치의 발현들로 환원되고, 차이들의 다원성은 우연적인 것으로 환원되거나 기각된다. 그리고 현재의 의미는 선험적으로 정해져 있는 연속적인 단계들에서 그것이 차지하고 있는 장소를 통해 드러난다. 정확하게 말해서, 구체적인 것이 추상적인 것으로 이처럼 환원되기 때문에, 정통 교의에서 역사, 사회, 그리고 사회적 행위자들은 자신들을 통일하는 원리로 작동하는 본질을 가진다. 그리고 이런 본질은 직접적으로 볼 수 있는 것이 아니기 때문에, 매개하는 체계의 수준이 아무리 복잡하다 해도 사회의 표면 혹은 외양은 반드시 모든 구체적인 존재의 궁극적 의미를 가리키는 기저적 실재와 구별되어야 한다.

분명한 것은 자본주의의 [발전] 경로에 대한 이런 전망으로부터 전략적 관점이 도출될 수 있었다는 것이다. 이 전략의 주체는 당연히 노동자 정당이다. 카우츠키는 '인민 정당'popular party이라는 수정주의적 통념을 강력히 거부했는데, 그의 관점에서 보면, 그것은 당 내부로 다른 계급의 이해관계를 전이시켜, 결과적으로 운동이 혁명적 성격을 상실하도록 만들 것이기 때문이었다. 그러나 그의 입장은, 일체의 타협과 동맹을 거부했다는 점에서 급진적으로 보일 수도 있지만, 근본적으로는 보수적인 전략의 장식물에 불과하다.[26] 그의 급진주의는 정치적 주도권[정치의 적극적 역할]political initiatives을 요구하지 않는 과정에 의존하기 때문에 무저항주의와 기다림으로 귀결될 뿐이다. 선전과 조직화는 당의 두 가지 기본 — 사실상 유일한 — 과제였다. [하지만 카우츠키의 이론 속에서] 선전은 사회주의의 대의로 새로운 부문들을 포섭함으로써 좀 더 광범위한 '인민의 의지'를 창출해 나가는 것이 아니라, 무엇보다도 노동계급의 정체성을 강화하기 위한 것이었다. 조직화와 관련해, 조직의 확장은 수많은 전선들에서 정치 참여의 폭을 확장하는 것이 아니라, 노동계급이 자기중심적으로 분리되어 살아가는 게토의 구축을 의미했다. 이와 같은 운동의 점진적 제도화는 자본주의 체제의 최종적 위기가 부르주아 자신의 노고에 의해 도래할 것이며, 그동안 노동계급은 적절한 시기에 개입할 준비만 하고 있으면 된다는 전망과 잘 맞아떨어졌다. 1881년 이래 카우츠키는 계속해서 "우리의 임무는 혁명을 조직하는 것이 아니라 혁명을 위해 우리 스스로를 조직하는 것이다. 혁명을 만들어 내는 것이 아니라 그것을 이용하는 것이다"라고 주장했다.[27]

---

26 E. Matthias, *Kautsky e il kautskismo*, Rome 1971 참조.

명백히, 카우츠키에게 동맹은 근본적인 전략적 원칙을 표상하지 않았다. [물론] 구체적인 상황들에서, 다양한 동맹이 경험적 전술의 수준에서 가능했다. 하지만 장기적으로 볼 때, 혁명이 순수하게 프롤레타리아적 성격을 가지게 될 것처럼, 노동계급은 반자본주의적인 투쟁에서 고립된 위치만을 차지하고 있었다. 다른 부문의 내적 모순에 대한 카우츠키의 분석은 그런 부문들과 장기적인 민주주의적·반자본주의적 동맹을 수립하는 것이 불가능하다는 것을 분명하게 보여 준다. 농민에 대한 분석에서, 그는 농민 부문이 해체 과정에 있기 때문에 결국 그들의 이해관계를 노동계급이 방어하는 것은 경제가 진보하는 일반적 경로에 반하는 반동적인 정책이라는 것을 증명하려고 시도한다. 마찬가지로, 제국주의에 대한 카우츠키의 분석에서, 중간계급은 금융자본과 군국주의의 이데올로기적 지배 아래에서 점차 통일되고 있었다. 카우츠키는 이와 같은 정치적이고 이데올로기적인 장악력이 노동자들의 고립을 한층 악화시키고 있으며, 따라서 자본의 공세에 맞서 노동계급이 중간 부문을 설득해 반자본주의적 대의로 나아갈 수 있도록 역공세를 취해야 함을 한순간도 깨닫지 못하고 있었다. 그는 중간 부문이 점차 반동화하는 것을 객관적이고 불변하는 과정에 상응하는 것으로 분석하면서, 자신의 사고방식을 폐쇄적으로 만들었다. 같은 이유에서, 그는 노동자들의 고립을 사회주의에 대한 위협으로 보지 않았는데, 이는 결국 주어진 역사법칙으로 말미암아 모든 부르주아

---

27 Symmachos (K. Kautsky), "Verschwörung oder Revolution?", *Der Sozialdemokrat*, 20/2/1881, Hans-Joef Steinberg, "Il parito e la formazione dell'ortodossia marxista", in Hobsbawm et al., vol. 2, p. 190에서 재인용.

계급의 음모가 무력하다는 것이 밝혀질 것이기 때문이다.

카우츠키가 프롤레타리아 투쟁을 어떻게 인식하고 있는지에 대한 좋은 예는 그의 '지구전'war of attrition 개념에서 발견할 수 있다. 이 지구전은 특정한 전술이 아니라, 1860년대 이래 노동계급이 수행해 온 정치적 행위들의 총체성을 가리키는 것이다. 지구전에는 다음과 같은 세 가지 측면이 포함되어 있다. ① 이미 구성된 노동계급의 정체성. 이 정체성은 점차 반대 세력의 권력을 침식하지만, 투쟁 과정에서 크게 바뀌지 않는다. ② 노동계급과 마찬가지로 이미 구성된 부르주아의 정체성. 이 정체성은 자신의 지배 역량을 증가시키거나 축소시키는 일은 있어도, 어떤 환경에서도 자신의 본성을 변화시키지는 않는다. ③ 사전에 고정된 — 다시 말해서 '불변의 법칙'인 — 발전 노선. 이 노선은 지구전에 직접적인 경향성을 제공한다. 이런 전략은 그람시의 '진지전'[28]에 비유되어 왔지만, 현실에서 양자는 전혀 다르다. 진지전은 헤게모니 개념을 전제로 하며, 우리가 살펴보겠지만 이는 그 발전이 단선적이고 미리 결정되어 있다는 관념, 그리고 무엇보다도 그 성격이 사전에 구성되어 있는 카우츠키식 주체와는 양립할 수 없다.

정통 마르크스주의 교의가 이론에 부여한 역할로 말미암아 우리는 역설에 직면한다. 한편으로, 계급의 '현재 의식'과 '역사적 사명' 사이의 간극이 확대됨에 따라 — 이 간극은 오직 외적인 정치적 개입을 통해서만 메

---

28 Perry Anderson, "The Antinomies of Antonio Gramsci", *New Left Review* 100, Nov. 1976. Jan. 1977 참조

워질 수 있다 — 이론의 역할은 더욱 커지게 된다. 그러나 다른 한편으로, 정치적 개입을 뒷받침하는 이론이 필연적이고 기계적인 결정에 대한 의식으로 제시되기 때문에, 역사적 세력들의 구성이 이론적 매개에 의존할수록, 분석은 더욱 결정론적이고 경제주의적이게 된다. 이는 카우츠키보다 플레하노프에게서 훨씬 더 명백하게 나타난다. 러시아에서는 자본주의 발전의 초보성으로 말미암아 부르주아 문명을 창출하는 데 실패했으며, 그 결과 러시아의 현실은 서구에서 발전한 자본주의와의 비교를 통해서만 그 의미가 밝혀질 수 있었다. 따라서 러시아 마르크스주의자들에게, 러시아의 사회현상은 그 현상을 초월해 오직 자본주의적 서구 안에서만 충분히 그리고 분명하게 독해될 수 있는 텍스트의 상징이었다. 이는 이론이 서구보다 러시아에서 비교할 수 없을 정도로 더 중요했음을 의미한다. 즉, 역사의 '필연 법칙'이 보편적으로 유효하지 않다면, 파업, 시위, 축적 과정 등과 같은 일시적인 현실은 사라질 우려가 있었기 때문이다. 굴리엘모 페레로[29]와 같은 개량주의자들은 마르크스주의가 일관적이고 동질적인 이론적 장을 구성했다는 정통 교의의 주장에 야유를 보낼 수 있었다. 결국 [정통] 교의가 절충적이고 불규칙적이라면, 이는 프롤레타리아 제도들의 총체가 승인한 사회적 실천의 물질성에 거의 영향을 미치지 못한다 — 수정주의 논쟁에서 이런 실천은 이론과 외재성의 관계를 수립해 나가기 시작했다. 그러나 이것이 플레하노프의 입장일 수는 없었다. 왜냐하면 그가 대면하고 있는 현상들은, 자연 발생적으로 정확한[올바른] 방향을 가

---

29 Guglielmo Ferrero, *L'Europa giovane. Studi e viaggi nei paesi del Nord,* Milan 1897, p. 95.

리키고 있는 것이 아니라, 그 의미가 어떤 해석 체계 내로의 삽입에 의존하고 있는 현상들이기 때문이다. 사회적인 것의 의미가 이론적인 정식화에 의존하면 할수록, 정통 교의에 대한 방어는 더욱 더 정치적인 문제로 바뀌어 갔다.

이런 점들을 염두에 둔다면, 마르크스주의적 정통 교의의 원칙들이 카우츠키보다는 플레하노프에게서 훨씬 더 엄격하게 정식화되어 있다는 것은 놀라운 일이 아니다. 일례로, 잘 알려져 있듯이 플레하노프는 '변증법적 유물론'이라는 말을 만들어 냈다. 게다가 그는 토대와 상부구조의 엄격한 분리를 초래한 급진적 자연주의에 대해서도 책임이 있다. 이런 엄격한 분리 속에서 상부구조는 단지 토대의 필연적 표현들의 하나의 결합에 다름 아닌 것으로 간주될 뿐이다. 게다가, 플레하노프의 경제적 토대 개념은 사회 세력들의 그 어떤 개입도 허용하지 않는다. 즉, 경제적 과정은 과학기술로 인식되는 생산력에 의해 완벽하게 결정된다.[30] 이런 엄격한 결정으로 말미암아 그는 사회의 심급들을, 그 효과성이 감소하는 정도에 따라 엄격히 위계화할 수 있었다. 즉, "① 생산력의 상태, ② 이런 생산력이 조건 지어진 경제 관계, ③ 주어진 경제적 '토대'에 위에서 발생한 사회-정치적 체계, ④ 부분적으로는 현재의 경제적 조건에 의해 결정되고, 부분적으로는 그런 정초로부터 발생한 전체 사회-정치 체계에 의해 결정되는 사회적 인간의 심성, ⑤ 그런 심성의 특성을 반영하는 여러 가지 이데올로기."[31] 『사

---

30 Andrew Arato, "L'antinomia del marxismo classico : marxismo e filosofia", in Hobsbawm et al., vol. 2, pp. 702-707 참조.

31 G. Plekhanov, *Fundamental Problems of Marxism*, New York 1969, p. 80[『맑스주의의 근본

회주의와 정치투쟁』*Socialism and Political Struggle*과『우리의 차이』*Our Differences*에서 플레하노프는 같은 방식으로 러시아의 혁명 과정이 경유해야 할 엄격한 연속적인 단계를 정식화했고, 이렇게 하면서 '불균등 결합 발전'을 전략의 영역에서 제거했다. 초기 러시아 마르크스주의 ― 표트르 스트루베 Peter[Pyotr] Struve의 '합법적 마르크스주의'에서 플레하노프라는 중심점을 경유해 레닌의『러시아에서의 자본주의 발전』*Development of Capitalism in Russia*에 이르기까지 ― 의 분석은 모두 종별성들에 관한 연구를 말소하는 경향이 있었다. 이들은 종별성들이란 모든 사회가 경유하게 되는 자본주의의 추상적 발전이라는 본질적 실재의 피상적 외양이거나 우연적인 형태에 불과하다고 말한다.

이제 정통 교의를 마지막으로 고찰해 보자. 앞서 살펴보았듯이, [정통 마르크스주의] 이론은 최종 목적과 현재의 정치적 실천 사이에서 점점 더 커져가는 괴리가 대립물의 일치화 coincidentia oppositorum 과정을 통해 미래의 어느 시점에서 해소될 것이라고 주장했다. 그러나 이런 재구성의 실천을 전적으로 그런 미래로 넘길 수는 없었기 때문에, 현 시점에서 어떤 식으로든 파편화 경향에 대항하는 투쟁이 수행되어야 했다. 그러나 이런 투쟁은 자본주의 법칙에 의해 그때에 자연 발생적으로 도출되지 않는 접합의 형태들을 수반하기 때문에, 기계적 결정주의와는 다른 사회적 논리 ― 즉, 정치적 주도권의 자율성을 복구해 줄 공간 ― 의 도입을 필요로 했다. 미흡하게나마, 이런 공간이 카우츠키에게는 존재하고 있었다. 즉, 이 공간이 노동계급과

문제』, 민해철 옮김, 거름, 1987, 117쪽.

사회주의 사이의 외재성의 관계를 구성하는데, 이 외적인 관계로 말미암아 지식인의 정치적 매개를 요구한다. 여기에 '객관적인' 역사 결정론으로 단순히 설명될 수 없는 하나의 연결 고리가 존재한다. 이 공간은, 매일매일의 실천과 최종 목적 사이의 분열을 극복하기 위해, 무저항주의와 단절하고 현재의 정치적 효과를 성취하기 위해 부단히 노력하는 경향들로 말미암아 필연적으로 더욱 넓어졌다.[32] 로자 룩셈부르크의 자발주의, 그리고 더 일반적으로 신좌파의 정치적 전략을 통해 이를 확인할 수 있다. 정통 마르크스주의 내에서도 매우 창조적인 경향들은 '필연성의 논리'가 가진 효과를 제한하려고 시도했다. 그러나 이런 경향들은 결국 정치적 실천의 측면에서 전례 없이 그 어떤 효과도 생산해 내지 못하는 '필연성의 논리'와 그 어떤 종별성도 규정하지 않아서 그 자체를 이론화할 수 없는 '우연성의 논리' 사이에 존재하는 항구적인 이원론에 빠질 수밖에 없었다.

이런 '게임을 시작'하려 했던 부분적인 시도들에 의해 만들어진 이원론의 두 가지 예를 들어보자. 첫 번째는 라브리올라의 **형태론적 예견**morphological prediction 개념이다. 그는 다음과 같이 언급했다. "(『공산당 선언』의) …… 역사적 예측은, 과거나 현재의 묵시록과 예언들이 전형적으로 그렇듯이, 연대기적 날짜나 사회적 배열의 예정된 상을 함의하지 않는다. 이는 현재

---

32 필연성의 논리와 무저항주의 사이의 이와 같은 관계를 정통 교의에 대한 비판가들은 분명하게 인식했다. 소렐은 다음과 같이 주장했다. "민주적 사회주의자들의 저작을 읽어 보면, 이들이 미래를 자기들 마음대로 처분할 수 있다는 확신을 갖고 있다는 사실에 놀라게 된다. 민주적 사회주의자들은 세계가 불가피한 혁명을 향해 나아가고 있다고 알고 있으며, 이 혁명의 일반적인 귀결에 대해서도 알고 있다. 이들 가운데 일부는 자신들의 이론에 대한 이와 같은 신념으로 인해 결국 무저항주의에 빠지게 된다." Georges Sorel, *Saggi di critica del marxismo,* Palermo 1903, p. 59.

에도 여전히 마찬가지다. …… 비판적 공산주의 이론에서, 그[역사적] 과정의 한 계기에서, 그 경로가 불가피한 이유를 발견하고, 그 과정의 돌출된 지점에서 스스로에게 빛을 비추며, 자신의 운동 법칙을 드러내는 것은 바로 사회 전체이다. 『공산당 선언』이 제일 먼저 암시하고 있는 예견은 예상이나 약속과 같은 성질을 띤 연대기적인 것이 아니다. 그것은 형태론적이며, 내가 보기에 모든 것을 간명하게 표현하는 말 한마디인 것이다."[33] 라브리올라는 여기서 두 가지 싸움을 벌이고 있었다. 첫 번째 싸움은 마르크스주의에 비판적인 경향들 ― 크로체Benedetto Croce, 젠틸레Giovanni Gentile ― 을 직접 겨냥하고 있는데, 이들은 사건의 비체계적인 성격을 근거로 역사는 예측 불가능하다고 주장하면서, 단일한 질서란 오직 역사가의 의식 속에서만 가능하다고 보았다.[34] 이런 입장들에 대해 라브리올라는 역사법칙의 객관적 성격을 강조했다. 그러나 그것은 **형태론적인** 것이었다 ― 즉, 역사법칙의 유효성이 인정되는 영역은 특정한 근본적 경향들로 국한되었다. 나아가 라브리올라는 일반적 경향들을 역사적 삶의 표면에서 즉각적으로 알 수 있는 사실들로 전환시키는 독단론과 두 번째 싸움을 벌였다. 이제 이런 두 개의 전투가 수행되는 방식은 이원론을 도입할 수밖에 없다는 점이 분명한데, 이는 라브리올라에게서 서사로서의 역사 발전과 형태론으로서의 역사 발전의 대립이라는 표현으로 나타난다. 그리고 좀 더 일

---

33 Antonio Labriola, "In memoria del Manifesto dei Comunisti", in *Saggi del materialismo storico,* pp. 34-35.
34 수정주의 논쟁에 대한 라브리올라의 개입에 대해서는 **Roberto Racinaro,** *La crisi de marxismo nella revisione de fine secolo,* Bari 1978 참조.

반적으로는, 역사를 설명하는 엥겔스의 변증법적 패러다임이 가진 역량의 감소로 나타난다.[35] 게다가 이런 이분법은 우리가 로자 룩셈부르크에서 발견했던 것과 동일한 이중의 공백을 만든다. 왜냐하면 '서사적' 요소들은, 자신의 내적 필연성을 가진 어떤 실정적인 것이 아니라 형태론적 필연성과는 반대되는 우연적인 것으로서, '형태론적인' 요소들과 대립되기 때문이다. 바달로니에 따르면, "사건들의 현실적 전개는 (라브리올라에게서) 복잡하고 예측 불가능한 변화vicissitudes를 야기할 수 있지만, 그럼에도 불구하고 중요한 것은 이런 변화에 대한 이해는 일반적 가설(계급 모순과 그것의 점진적 단순화) 안에서만 발생할 것이라는 점이다. 따라서 프롤레타리아는 비결정적인 역사적 시간이 아니라 부르주아 사회구성체의 위기가 지배하는 특유의 역사적 시간 속에 놓여 있는 것이다."[36] 달리 말하면, '형태론적 필연성'은 그 자신의 구별적인[독자적인]distinctive 영토뿐만 아니라 그것이 자신으로부터 배제하고 있는 것 — 우연성 — 으로 이루어진 이론-담론적 지형을 구성한다. '사건들'의 총체가 '우연적인 것'으로 개념화된다면, 이 사건들은 오로지 자신들과 반대되는 형태론적 경향들 속에 실존하는 일정한 속성들의 결핍으로만 개념화될 수 있다. 그러나 사회의 삶은 마르크스주의적 담론의 형태론적 범주들보다 훨씬 더 복잡하기 때문에 — 그리고 이 복잡성이 라브리올라의 출발점이다 — 정통 마르크스주의 이론은 구체적인 사회적 과정을 이해하는 데 점점 더 부적절한 도구가 되

---

35 Nicola Badaloni, *Il marxismo de Gramsci*, Turin 1975, pp. 27-28 참조.
36 같은 책, p. 13.

고 있을 뿐이라는 결론만이 가능하다.

그러므로 완전한 불가지론에 빠지지 않기 위해서는, 어떤 지점에서든 또 다른 설명 범주들을 도입해야 할 필요가 있다. 예컨대, 라브리올라는 구체적인 분석에서 바로 이와 같은 또 다른 설명 범주들을 도입했는데, 그는 여기서 다양한 사회적 범주들을 단지 '우연성'으로만 개념화하는 것이 아니라, 사회적 범주들에 그 나름의 일정한 필연성 혹은 법칙성lawfulness을 부여했다. 이런 '실제의' 구조적 복잡성과 형태론적 예견의 대상인 구조 사이에는 어떤 관계가 있는가? 첫 번째 가능한 해법은 변증법적 관계라는 것이다. 즉, 이는 복잡성을 매개의 체계로 간주하는 일원론적 관점을 유지하는 것이다.[37] 그러나 라브리올라는 이런 해법을 받아들일 수 없었다. 왜냐하면 그 해법을 받아들이게 되면, 라브리올라는 필연성의 효과를 ─ 그 자신이 필연성의 효과를 전치하려 한 바로 그 영역인 ─ 역사적 삶의 표면으로까지 확장해야 하기 때문이다. 그러나 만일 변증법적 해답을 기각할 경우, 논리적으로 형태론적 분석에서 부분적인 총체성들의 독자적인 법칙성으로 넘어가는 것은 불가능하다. 따라서 이행은 외재적 성격을 띤다 ─ 말하자면, 이런 합법칙성들legalities의 개념화는 마르크스주의 이론에 외재적이다. 결국, 마르크스주의 이론은 플레하노프가 제안한 '완전하고 조화로운 세계-체계'일 수 없으며, 하나의 폐쇄된 모델 내에서만 사고될 수도 없는

---

37 바달로니에 따르면, 이것이 라브리올라가 따랐어야 했던 해결책이다. "아마도 그가 제안한 대안은 잘못된 것이었으며, 진정한 대안은 엥겔스의 설명 속에서 과도하게 단순화되었던 역사적 형태론을 심화시키고 발전시키는 것이었다"(Badaloni, p. 27). 물론 이를 통해 이원론은 억제되었을지도 모르겠지만, 이는 라브리올라의 이론적 기획에서 핵심이었던 형태론적 비결정성을 제거하는 대가를 치러야 했을 것이다.

것이다. 필연성/우연성의 이원론은 자신의 내적 논리와 상호 관계가 결정되어 있는 구조적 합법칙성들의 다원주의로 나아갈 길을 연다.

이는 우리가 '개방적인[필연성의 논리 효과를 제한하려는] 정통 교의'의 두 번째 사례라고 생각하는 오스트리아-마르크스주의를 검토해 보면 훨씬 더 분명해질 수 있다. 우리는 여기서 라브리올라보다 훨씬 더 급진적이고 체계적으로 출발점을 다양화하며, 이론적 범주들의 수를 늘리고, 사회의 여러 영역들을 그것의 종별적 결정 속에서 자율화하려는 노력을 발견하게 된다. 오토 바우어는 막스 아들러Max Adler에 대한 추도사에서 다음과 같은 말로 오스트리아-마르크스주의 학파의 출발점을 언급하고 있다. "마르크스와 엥겔스는 헤겔에서 출발했고 그 후의 마르크스주의자들은 유물론에서 출발했지만, 최근의 오스트리아-마르크스주의는 칸트와 마흐Ernst Mach에서 출발한다."[38] 오스트리아-마르크스주의는 이중 제국dual monarchy[1867~1918년 사이 오스트리아-헝가리 제국의 별칭]에서, 노동계급의 통일성을 가로막는 장애물에 대해 잘 의식하고 있었으며, 그와 같은 통일성은 지속적인 정치적 주도권에 달려 있다는 점을 잘 깨닫고 있었다. 따라서 그들은 레닌의 전통과는 다른 관점에서, '불균등 결합 발전'이라는 현상을 잘 이해하고 있었다. "오스트리아-헝가리 제국에는 터키를 포함해 유럽에서 발견될 수 있는 온갖 경제적 형태들이 존재한다. …… 사회주의 선전의 불빛은 이런 다양한 경제적·정치적 조건의 가운데에 있는 모든 곳을 비추고 있다. 이것은

---

38 Otto Bauer, "Was ist Austro-Marxismus", *Arbeiter-Zeitung*, 3/11/1927. 오스트리아-마르크스주의 문헌 모음집인 Tom Bottomore and Patrick Goode, *Autro-Marxism*, Oxford 1978, pp. 45-48에 영역되어 있다.

극히 다양한 모습들을 만들어 낸다. …… 인터내셔널에서는 연대기적 발전으로 존재하는 것 — 어떤 주어진 계기에서 지배적인 운동의 정치적·사회적 또는 지적 측면과 더불어 변화를 겪는 도제, 장인, 매뉴팩처 노동자, 공장 노동자 그리고 농장 노동자들의 사회주의 — 이 오스트리아에서는 동시대에 일어나고 있다."[39]

　이와 같은 사회적·민족적 상황의 모자이크 속에서, 민족적 정체성을 '상부 구조적'인 것으로 사유하거나, 계급 통일성을 하부구조의 필연적 결과로 사유하는 것은 불가능했다. 사실상 그런 통일성은 복잡한 정치적 구축에 달려 있다. 오토 바우어의 말에 따르면, "통일성을 유지하는 것은 …… 지적인 힘이다. 통일성의 산물이자 그런 통일성을 유지하는 힘인 '오스트리아-마르크스주의'는 오늘날 노동운동의 통일성의 이데올로기에 다름 아니다."[40]

　따라서 계급 통일성의 계기는 정치적 계기이다. 우리가 사회의 관계적 배열 또는 접합 형태라고 부르는 것의 구성적 핵심이 상부구조의 영역으로 전치됨에 따라, 경제적 토대와 상부구조 사이의 구별은 흐려지고 문제시된다. 오스트리아-마르크스주의의 이론적 개입에서 나타나는 주요 세 가지 흐름은 이와 같은 새로운 전략적 관점과 밀접하게 연결되어 있다. 즉, '역사적 필연성'이 가진 유효성의 영역을 제한하려는 시도, 성숙한 자본주의의 성격인 사회적인 것의 복잡성에 근거한 새로운 투쟁 전선의 제기, 계

---

39 『투쟁』Der Kampf(1907~1908), 첫 호 사설 참조, Tom Bottomore and Patrick Goode pp. 52-56에 재수록.
40 같은 책, p. 55.

급 이외의 다른 주체 위치들이 가진 종별성을 환원주의적이지 않은 방식으로 사유하려는 노력. 첫 번째 유형의 개입은 주로 막스 아들러의 철학적 재정식화와 아들러 특유의 신칸트주의와 연관되어 있다. 마르크스주의에 대한 칸트적 재사유는 수많은 해방적 효과를 발휘했다. 우선 이는 그 공준의 정당성justness을 계급 경계를 초월하는 보편성의 측면에서 제기할 수 있었기에 사회주의에 대한 지지자들의 폭을 넓혔다. 또한 사회적 관계를 자연주의적으로 개념화하는 것과 단절했고, '사회적 선험'과 같은 개념을 정교화함으로써 엄격히 담론적인 요소를 사회적 객관성을 구성하는 데 도입했다. 마지막으로 마르크스주의에 대한 칸트적 재사유는 마르크스주의자들로 하여금 하부구조를 그것의 공배열conformation이 생산력의 자연적 운동에 의존하는 것이 아니라 의식의 형태들에 의존하고 있는 지형으로 생각하도록 했다. 두 번째 유형의 개입 역시 토대/상부구조의 구별을 의문시했다. 예를 들어, 바우어는 카우츠키의 『권력으로의 길』Road to Power에 대한 논의에서,[41] 정치적·기술-조직적·과학적인 변형이 점차 산업 장치의 일부가 되어 가는 독점 및 제국주의 국면에서, 경제를 내생적 논리가 지배하는 동질적인 공간으로 생각하는 것이 얼마나 잘못된 것인가를 보여 주려 했다. 그가 보기에, 경쟁의 법칙이 그 이전에는 자연적 힘으로서 기능했다면, 이제 그것은 인간의 의식을 통과해야만 했다. 이런 점들에서 그는 국가와 경제가 점점 더 연동하게 된다는 점을 강조했는데, 이 주장은 1920

---

41 이와 관련된 논의 및 오스트리아-마르크스주의의 일반적인 정치적-지적 궤적에 대해서는 자코모 마라마오(Giacomo Marramao)가 편집한 오스트리아-마르크스주의의 텍스트 모음집인 *Austro-marxismo e socialismo di sinistra fra le due guerre*, Milan 1977의 뛰어난 서문을 참조.

년대 '조직 자본주의'에 대한 논쟁으로 이어졌다. 또한 자본주의의 새로운 배열에 따라 발생한 단절과 적대의 지점들에 대한 그의 관점도 변했다. 즉, 이와 같은 지점들은 이제 단순히 생산관계에서가 아니라, 사회적이고 정치적인 구조의 수많은 영역에서 발생한다. 이에 따라 진화론적 의미나 개량주의적 의미에서는 생각할 수 없었던 일상 투쟁[혁명적 소일]revolutionäre Kleinarbeit의 확산에 새로운 중요성이 부여되었고, 정치적 접합의 계기를 통해 새로운 의의[유의미성]를 획득했다.[42] (이런 점은 무엇보다도 당과 지식인의 관계를 제기하는 새로운 방식에 잘 반영되어 있다.)[43] 끝으로 새로운 주체 위치들과 그에 따른 계급 환원론과의 단절에 관해서는 바우어의 민족문제에 대한 저술과 레너Karl Renner의 법률 제도에 대한 저술을 언급하는 것으로 충분하다.

오스트리아-마르크스주의의 이론적-전략적 개입이 가진 일반적 유형이 이제 분명해졌다. 자율적인 정치적 개입이 가지는 실천적 효과성이 증대되는 한, '역사적 필연성'의 담론은 자신의 적실성을 상실하고 (이신론적 담론에서 신의 현존이 세상에 미치는 효과가 극적으로 감소되는 것과 지극히 동일한 방식으로) 사회적인 것의 지평으로 철회된다. 이것은 또한 비어 있는 지형을

---

42 "자본주의사회에서 사회주의사회로의 변형 과정을, 통일되고 동질적인 논리-역사적 메커니즘의 속도를 따르는 것으로 보는 것이 아니라, 생산 및 힘 관계의 변환에 내생적인 요소들이 다수화되고 증식된 결과로 보는 것은, 이론적 수준에서는, 마르크스의 형태론적 예견을 경험적·분석적으로 분해하려는 주요한 노력을 함축하고 있으며, 정치적 수준에서는 '개량'과 '혁명'이라는 신화화된 양자택일의 지양을 함의한다. 그러나 이것은 진화론적 유형의 선택을 어떤 식으로든 수반하는 것은 아니다. 마치 사회주의가 동종 요법적 처방을 통해 실현될 수 있는 듯 말이다." Giacomo Marramao, "Tra bolscevismo e social-democrazia : Otto Bauer e la cultura politica dell' austro-marxismo", in Hobsbawm et al., vol. 3, p. 259 참조.

43 Max Adler, *Il socialismo e gli intelettuali* 참조.

점유할 새로운 담론 형태의 증식을 요구한다. 그러나 오스트리아-마르크스주의는 이원론과 단절하고 '형태론적' 필연성의 계기를 제거하는 지점까지 나아가지는 못했다. 세기말적 마르크스주의 이론-정치적 세계에서, 소렐Georges Sorel만이 '혼합'mélange과 '블록'bloc 간의 대조를 통해서, 이와 같은 지점으로 나아가는 결정적인 단계를 밟았다. 우리는 이제 이 지점으로 돌아갈 것이다.

위기에 대한 두 번째 대응 : 수정주의

정통 교의는 '마르크스주의의 위기'에 대응해 이론의 유효성을 비타협적으로 확언하고 관찰 가능한 자본주의의 경향이란 인위적이거나 일시적인 특성일 뿐이라고 주장함으로써 '이론'과 '관찰 가능한 자본주의의 경향들' 사이의 괴리를 극복하려고 했다. 따라서 수정주의적 대응은 정통 마르크스주의적 대응과는 정반대라고 쉽게 결론을 내릴 수도 있다. 이는 특히 베른슈타인 자신이 에르푸르트 당 대회 이후 독일 사회민주당이 구체화해 온 강령과 실천에 대해 별다른 이의를 갖고 있지 않으며, 자신이 개입하는 유일한 목적은 운동의 구체적 실천에 이론을 적용하는 이른바 아조르나멘토[현대 세계에 대한 적응]aggiornamento를 실현하는 것이라고 여러 차례 주장했기 때문이기도 하다. 그럼에도 불구하고 그와 같은 결론은 베른슈타인의 개입이 가진 중요한 차원을 불명확하게 만든다. 특히 그런 결론은 개량주의와 수정주의를 동일시하는 오류를 저지르게 한다.[44] 독일 사회민주당 내 개량주의 정책의 진정한 대변인들이었던 노동조합 지도자들은, 베른슈타인의 이론적 명제에는 거의 관심을 갖지 않았을 뿐만 아니라, 이후의 논쟁 ― 당시그들은 공개적으로 정통 교의를 지지하지 않았다 ― 에서도 엄격히 중립적인 태도를 취했다.[45] 게다가 대중 파업이나[46] 전쟁에 대한 태도와 같은 중요한 정치적 논쟁에서, 베른슈타인의 입장은 노동조합 및 당 내의 개량주의 지도자들과 달랐을 뿐만 아니라 매우 첨예하게 대립했다. 따라서 개량주의와 수정주의의 차이를 명확히 하기 위해, 개량주의적 실천에서 본질적인 것은 정치적 무저항주의와 노동계급을 조합주의적으로 한정하는 데 있다는 점을 강조해야만 한다. 개량주의 지도부는 계급의 직접적인 이해관계와이득을 방어하려 시도하며, 이에 따라 계급을 완벽하게 한정된 정체성과한계를 지닌 분리된 분파로 간주하려 한다. 그러나 '수정주의' 이론이 반드시 그런 것은 아니다. 실제로, '혁명적' 이론은 ― 수많은 사례들에서 ― 노동계급을 고립시키고 기존 권력 구조에 대한 모든 문제 제기를 불확실한(그

---

44 "수정주의의 특이성은 다음과 같은 경우 잘못 이해된다. 첫째 수정주의가 개량주의와 동일한 평면에 무비판적으로 놓일 때, 둘째, 단순히 1890년 이후 사회민주당이 행한 사회-개량주의적 실천의 표현으로 이해될 때 그렇다. 따라서 수정주의의 문제는 실질적으로 베른슈타인 개인에게 국한되어야 하고, 폴마르(G. von Vollmar)나 회흐베르크(K. Höchberg)까지 확장될 수 없다." Hans-Joef Steinberg, *Il socialismo tedesco da Bebel a Kautsky*, Rome 1979, p. 118.

45 수정주의와 노동조합의 관계에 대해서는 Peter Gay, *The Dilemma of the Democratic Socialism*, London 1962, pp. 137-140 참조[『민주사회주의의 딜레마』, 김용권 옮김, 한울, 1994, 137-141쪽].

46 베른슈타인이 대중 파업을 방어 수단으로 옹호한 것에 대해, 노동조합 지도자인 뵈멜부르크(Th. Bömelburg)는 다음과 같이 논평했다. "베른슈타인은 한때 자신이 얼마나 우편향으로 나아갔는지 알지 못한 채, 또 다른 때[지금-옮긴이] 정치적인 대중 파업을 운운한다. 이런 현학자(litterati)는 …… 노동운동에 해로울 뿐이다." Peter Gay, p. 138[『민주사회주의의 딜레마』, 139쪽]에서 인용.

라나 그 이론 속에서는 필연적으로 도래할 미래로 넘김으로써 개량주의와 동일한 역할을 수행한다. 우리는 이미 카우츠키적인 혁명주의가 지닌 보수적 성격을 언급한 바 있다. 개량주의는 수정주의/정통주의라는 양자택일의 어느 하나와 일치하는 것이 아니라, 오히려 양자를 가로지른다.

따라서 수정주의 이론가들과 정통 마르크스주의 이론가들이 대면하고 있는 기본 쟁점은 개량주의의 문제가 아니었다. 또한 그것은 자본주의에서 사회주의로의 이행 문제, 즉 평화적인 이행인가 아니면 폭력적인 이행인가의 문제도 아니었다 — 이 문제와 관련해, '정통 마르크스주의'는 명백하게 일치된 견해를 갖고 있지 않았다. 주요 분기점은 정통 마르크스주의가 새로운 단계의 자본주의의 특징인 파편화 및 분화를 토대에서의 변화를 통해 극복할 수 있다고 생각하는 반면, 수정주의는 그런 극복이 자율적인 정치적 개입을 통해 성취될 수 있다고 주장한다는 점이었다. 경제적 토대로부터 정치적인 것의 자율성이야말로 베른슈타인의 논변 가운데 진정 참신한 것이라 할 수 있다. 이미 지적한 바대로, 실제로 고전 마르크스주의 이론에 대한 베른슈타인의 비판 이면에는 모두 개별 영역들에서 정치적 주도권을 회복시키려는 시도가 있었다.[47] 전성기에 수정주의는 노동계급의 조합주의적 고립과 단절하려는 진정한 노력을 의미했다. 그러나 정치적인 것이 자율적인 심급으로 출현하자, 수정주의가 그 자신과 크게 대립하는 '개량주의적' 실천을 승인하는 데 이용되었다는 점 또한 사실이다. 이것이 우리가 반드시 설명해야 하는 역설이다. 이것은 매우 엄격하게 경제주의

---

47 L. Paggi, p. 29.

와 단절할 수 있었던 그람시와 달리, 경제주의와 완전히 단절하지 못한 베른슈타인의 한계를 말해 주고 있다. 정치적인 것의 자율성과 그 한계, 우리는 이 두 계기가 어떻게 구조화되는가를 검토해야 한다.

베른슈타인이 그 어떤 정통 교의의 대변인들보다도 독점의 시대로 들어선 자본주의에 영향을 미치는 변화들을 분명하게 이해하고 있었음을 인정하는 것이 중요하다. 이 점에서 그의 분석은 당시의 정통 교의적 이론화보다 힐퍼딩이나 레닌의 문제틀에 더 가까웠다.[48] 또한 베른슈타인은 자본주의의 재조직화에 따른 정치적 결과들을 파악하고 있었다. 세 가지 주요 변화 — 기업 집중과 세습 재산patrimonies의 집중 사이의 비-대칭성, 중간 계층의 생존과 성장, 위기를 방지하기 위한 경제계획의 역할 — 는 사회민주당이 이제껏 기반으로 삼아 왔던 가정들의 총체적 변화를 요구하는 것이었다. 경제의 진화가 중간계급과 소농을 프롤레타리아화해 사회 양극화를 고조시키지도 않았고, 심각한 경제적 위기에 따른 혁명적 상황의 발발과 더불어 사회주의로 이행할 것이라고 기대할 수도 없었다. 그와 같은 조건 아래에서, 사회주의는 그 지형과 전략을 변화시켜야 했으며, 그 핵심은 정치적인 것의 자율성에 대한 개념화를 불가능하게 하는 토대/상부구조라는 엄밀한 구분과 이론적으로 단절하는 것이었다. 수정주의적 분석에서 파편화의 재구성과 극복의 계기가 이전된 곳은 바로 정치적인 것이라는 심급이었다. "과학이나 예술, 그리고 많은 사회적 관계들은 오늘날 과거 어느 때보다도 경제에 덜 종속되어 있다. 혹은 오해를

---

48 Lucio Colletti, *From Rousseau to Lenin*(NLB, London 1972), p. 62 참조

피하기 위해 말한다면 오늘날 도달해 있는 경제 발전 상태는 이데올로기적 요인, 특히 윤리적 요인에 대해서 과거에 비해 훨씬 더 넓은 자립적[독립적] 활동 공간을 허용하고 있다. 그 결과 기술적 경제적 발전과 기타 다른 사회제도의 발전 간의 인과관계는 점차 간접적인 것으로 되어 가고 있으며, 따라서 후자의 형성에 작용하는 전자의 필연성도 점차 덜 결정적인 것으로 되어 가고 있다."[49]

그대로 방치할 경우 [노동자계급의] 파편화만을 초래할 뿐인 하부구조적 경향들에 맞서 재구성과 통일화의 역할을 할 수 있도록 하는 것은 바로, 경제적 토대의 명령에 저항하는 것으로서, 정치적인 것의 자율화뿐이다. 이런 점은 노동계급의 통일과 분할에 대한 베른슈타인의 변증법적 개념화에서도 분명하게 드러난다. 경제적으로 노동계급은 언제나 점점 더 분할되는 것으로 나타난다. 근대 프롤레타리아는 마르크스와 엥겔스가 『공산당 선언』에서 쓴 것과 같은 그런 무산대중이 아니다. 베른슈타인은 "특히 선진화된 산업 부문들에서는 완전히 각 위계별로 노동자들이 분화되어 있어서 이들 간에는 매우 옅은 연대감만이 존재할 뿐이라는 것을 지적한 적이 있다"[50]라고 말한다. 이해관계의 이와 같은 다양화 — 영국의 경우 가장 분명하게 나타났던 — 는 과거 길드의 잔재일 뿐만 아니라, 쿠노Heinrich Cunow가 주장했던 것처럼, 민주주의국가가 수립된 결과이기도 했다. 정치적 억압이라는 조건 아래에서, 통일된 투쟁은 분파적 이해관계를 부차적

49 E. Bernstein, *Evolutionary Socialism*, New York 1978, pp. 15-16[『사회주의의 전제와 사민당의 과제』, 강신준 옮김, 한길사, 1999, 77-78쪽].
50 같은 책, p. 103[『사회주의의 전제와 사민당의 과제』, 196쪽].

수준에 위치시키지만, 정치적 자유가 보장된 상황에서 이 분파적 이해관계는 다시 표출되곤 했다.

분할의 경향이 현대자본주의 구조 바로 그 자체에 각인되어 있다면, 그 반대 계기, 즉 통일화 경향의 원천은 무엇인가? 베른슈타인에 따르면, 그것은 정당이다. 따라서 그는 "상이한 고용 상태에 따른 파편화 과정에도 불구하고, 전 계급을 하나로 통일하는 계급투쟁 기관의 필요성"에 대해 이야기하며, "그런 기관이 바로 정당으로서의 사회민주당이다. 그 속에서 경제 집단의 특수한 이해관계는 임금에 의존해 살아가는 모든 비특권 계층의 일반적인 이해관계를 위해 가려진다"라고 말한다.[51] 우리가 앞에서 보았듯이, 카우츠키의 경우에도 당은 계급의 보편적인 계기를 대변한다. 그러나 카우츠키의 경우 정치적 통일성은 하부구조의 운동에 의해 달성될 실재적 통일성의 과학적 예표scientific prefiguration인 반면, 베른슈타인의 경우에 정치적 접합의 계기는 그런 하부구조의 운동으로 환원될 수 없었다. 정치적 연결의 종별성은 필연성의 사슬에서 벗어난다. 카우츠키에서는 인텔리겐치아의 매개 역할에 한정되었던 정치적인 것의 환원 불가능한 공간이 여기에서는 상당히 확장되어 나타난다.

그러나 계급 통일성에 구성적인 정치적 매개에 대한 베른슈타인의 분석에는 잘 드러나지 않는 애매성이 존재하는데, 이 애매성으로 말미암아 그의 이론적 구축물 전체가 손상된다. 그 애매성은 다음과 같다. 즉, 노동

---

51 E. Bernstein, *Die heutige Sozialdemokratie in Theorie und Praxis*, p. 133(P. Gay, p. 207에서 인용)[『민주사회주의의 딜레마』, 201쪽].

계급이 경제 영역에서 점점 더 분할되는 것으로 나타난다면, 그리고 노동 계급의 통일성이 정치적인 수준에서 자율적으로 구축된다면, 어떤 의미에서 이런 정치적 통일성이 계급 통일성이라는 것인가? 이 문제는 정통 교의에서는 제기되지 않았다. 왜냐하면 정통 교의에 따르면 경제적 정체성과 정치적 정체성 사이의 비조응은 궁극적으로 경제 자체의 진화에 의해 해소되기 때문이다. 베른슈타인의 경우, 논리적인 결론은 다음과 같다. 정치적 통일성은 상이한 노동자 분파들의 계급적 한계를 극복함으로써만 구성될 수 있고, 따라서 경제적 주체성과 정치적 주체성 사이에는 언제나 구조적 간극이 존재한다는 것이다. 그러나 이것은 베른슈타인 자신의 분석에서는 결코 도달할 수 없는 결론이다. 한편으로 그는 독일 사회민주당이 노동자뿐만 아니라 모든 피억압자의 정당이 되어야 한다고 주장하지만, 다른 한편 이런 통일성을 "노동자의 관점을 수용하고, 노동자를 지도 계급으로 인정하는" 부문들의 총체적 통일성으로 간주한다. 베른슈타인의 전기 작가인 피터 게이가 지적하듯이, 그는 이런 관점을 결코 넘어서지 못했다.[52] 결론적으로 [경제와 정치 사이의] 연결 고리가 그의 추론에는 빠져 있다. 경제적인 것과 정치적인 것 사이의 통일화가 지닌 계급적 성격은, 두 영역 가운데 어느 한 쪽에서도 생산되지 못하고, 그의 주장은 허공을 맴돈다.

이런 결론은 지나친 것일 수도 있다. 왜냐하면 이런 결론은 베른슈타인의 추론이 카우츠키나 로자 룩셈부르크의 추론과 같은 수준 ― 즉, 베

---

52 P. Gay, p. 120[『민주사회주의의 딜레마』, 121쪽].

른슈타인 역시 불가피한 역사 과정의 필연적 주체를 전제한다는 — 에서 이루어지고 있다고 가정하기 때문이다. 그러나 진실은 다음과 같다. 즉, 베른슈타인은 역사가 추상적이고 결정론적인 논리에 의해 지배된다는 것을 부정함으로써, 논쟁을 이런 평면plane으로부터 [다른 평면으로] 분명히 옮겨 놓았다. 대신 베른슈타인의 개념화에서, 노동자의 중심성에 대한 논증 방식은 역사적 우연성의 논리에 준거하는 것으로 보인다 — 예컨대 노동 계급은 집중화와 조직화의 정도에서 다른 부문들에 비해 지도적 역할을 수행할 준비가 더 잘 되어 있다는 것이다. 그러나 여전히 다음과 같은 문제가 남아 있다. 즉, 왜 베른슈타인은 이런 이점 — 기껏해야 정세적인 것에 불과한 — 을 비가역적인 성취로 제시하는가 하는 점이다. "과정이 전부이며 목표는 아무것도 아니다"라는 베른슈타인의 언명에서도 이와 비슷한 애매성이 발견된다. 전통적으로 이 주장은 전형적인 '점진주의'의 구호로 간주되었다.[53] 그러나 이 문장의 의미 가운데 일부가 수정주의 담론 내에서 이론적이고 정치적인 효과를 만들어 내기는 하지만, 점진주의를 논리적으로 수반하고 있는 것은 아니다. 이 언급이 유일하게 필연적으로 함축하는 의미는 노동계급은 자본주의 체계 안에서 구체적인 이득을 얻는 것이 가능하고, 따라서 혁명은 총체적인 박탈에서 급진적 해방으로 넘어가

---

53 앞에서 우리는 개량주의와 수정주의를 구별했다. 이제 우리는 두 번째로 개량주의와 점진주의를 구별해야 한다. 양자의 기본적인 변별점은 개량주의가 정치적이고 노동-조합적인 실천인 반면, 점진주의는 사회주의로의 이행에 대한 이론이라는 점이다. 수정주의는 정치의 자율화에 기초해서 고전적 마르크스주의를 비판했다는 점에서 양자와 구분된다. 우리가 이 책에서 주장하듯이, 만일 이 용어들 각각이 필연적으로 서로를 함의하지 않고, 매우 다른 방향으로 나아갈 수 있는 이론적이고 정치적인 효과의 영역을 가지고 있다면, 이런 용어의 구분은 중요하다.

는 절대적인 계기로 간주될 수 없다는 것이다. 이것이 필연적으로 느리고 단선적이며 비가역적인 진전이라는 점진주의적 개념화를 함의하는 것은 아니다. 비록 민주주의적 진전에 관한 베른슈타인의 일련의 논증들이 이런 진전을 점진주의적 개념화와 연결시키는 것이 사실이라 할지라도 말이다. 따라서 우리는 다시 한 번 논리적으로 전혀 다른 이런 구조적 계기들이 결합하는 지형에 관한 문제를 제기해야 한다.

여기에서 우리는 베른슈타인이 구체적으로 어떻게 정통 교의의 결정론과 단절했는지, 그리고 정통 마르크스주의의 붕괴로 말미암아 등장한 공간을 채우기 위해 어떤 개념들을 배치했는지를 살펴봐야 한다. 베른슈타인이 일반적인 메커니즘을 통해 역사의 과정을 유효하게 설명할 수 있는지를 문제 삼을 때, 그의 논변은 다음과 같은 특징적인 형식을 띤다. 즉, 그는 정통 교의가 제안한 역사적 인과성의 유형을 비판하는 것이 아니라, 역사 속에서 주체성이 자유롭게 활동할 수 있는 공간을 만들려 한다. 그는 객관성과 기계적 인과성을 동일시하는 정통 교의의 입장을 수용하면서, 단지 그것의 효과만을 제한하려 했다.[54] 그는 마르크스주의의 일부 과학적 성격을 부정하지는 않지만, 그것이 정치적 예견의 전 영역을 포괄할 폐쇄 체계를 창출하는 지점까지 확장되는 것을 거부했다. 정통 교의의 교조적 합리주의에 대한 비판은 칸트적인 이원론의 형식을 취한다. 베른슈타인은 마르크스주의를 폐쇄적 과학 체계로 간주하는 데 대해 다음과 같

---

54 그러므로 경제에 대한 소박하고 기술주의적인 통념에 대한 그의 수용은, 궁극적으로 플레하노프에게서 발견되는 그것과 동일하다. Colletti, pp. 63ff 참조.

은 세 가지 이유에서 이를 반박한다. 첫째, 마르크스주의는 자본주의 붕괴 이후 필연적으로 사회주의가 도래한다는 것을 보여 주지 못했다. 둘째, 이것이 증명될 수 없는 이유는 역사가 단순한 객관적 과정이 아니며, 그 안에는 의지 또한 작용하고 있기 때문이다. 따라서 역사는 주관적인 요소와 객관적인 요소가 상호작용한 결과로 설명될 수 있을 뿐이다. 셋째, 사회주의는 당 강령이며, 따라서 윤리적 결단에 기초하기 때문에 전적으로 과학적일 수만은 없다. 또한 사회주의는 그 진위가 모든 사람이 받아들일 수 있는 객관적 진술에 기초할 수도 없다. 그러므로 윤리적 주체의 자율성이 바로 베른슈타인이 결정론과 단절하는 기반인 것이다.

그런데 여기서 중요한 것은 윤리적 주체를 도입한다고 해도 우리가 이미 베른슈타인의 추론에서 발견한 애매성들을 제거할 수 없다는 것이다. 윤리적 주체의 자유로운 결단은 기껏해야 역사 속에 비결정성의 영역을 창출할 수 있을 뿐, 점진주의적 테제의 정초가 될 수는 없다. 바로 여기에서 새로운 공준 — 인류 역사의 진보적이고 상승적인 성격 — 이 개입해, 정치적인 것과 경제적인 것이 결합하는 지형을 제공하는데, 이는 모든 구체적인 성과에 방향감각을 부여한다. 진화, 즉 발전Entwicklung[55] 개념은 베른슈타인의 담론에서 결정적인 역할을 한다. 실제로, 그의 전체 도식은 이 개념을 통해 일관성을 획득한다. 정치 영역과 경제 영역의 통일은 이론적으로 규정된 접합을 토대로 이루어지는 것이 아니라, 두 영역을 뒷받

---

[55] 베른슈타인의 발전 개념에 대해서는 Vernon L. Lidtke, "Le premesse teoriche del socialismo in Bernstein", Feltrinelli Institute, *Annali*, 15th year, 1973. pp. 155-158 참조.

침하는 경향적인 운동을 통해 이루어지며, 이는 진화 법칙들의 명령을 따른다. 그렇지만 베른슈타인에게 이런 법칙들은, 적대적일 뿐만 아니라 조화로운 과정을 포함한다는 점에서, 정통 마르크스주의 체계에서 말하는 법칙과는 전혀 다르다. 그러나 이 법칙들은 적대적 과정이건 조화로운 과정이건 간에 모든 사건의 의미를 선험적으로 고정시키는 **총체화하는 맥락**으로 간주된다. 그러므로 비록 '사실들'이 본질주의적 연관성 — 정통 교의적 개념화에서는 이를 통해 사실들이 모두 연결된다 — 으로부터 자유롭다고 할지라도, 결국 나중에는 어떤 결정 가능한 메커니즘과 무관한 진보라는 일반 이론에 재통합된다. 계급을 초월적transcendent 주체로 간주하는 기계적 객관주의와의 단절은, 경제적 필연성으로부터 점차 자유로워지는 인간성에 우월권ascendancy을 부과하는 새로운 초월적transcendent 주체 — 윤리적 주체 — 의 공준화postulation를 통해 이루어진다.[56] 따라서 이런 공준으로부터 접합과 헤게모니 이론으로 나아가는 것은 불가능하다.

이는 베른슈타인에게서 정치적인 것의 자율화가 개량주의적 실천과 점진주의적 전략을 승인하는 것과 왜 연결되는지 명확히 보여 준다. 왜냐하면 모든 진전이 — 발전이 상정하듯 — 비가역적이라면, 그것의 공고화는 여러 세력들의 불안정한 접합에 더는 의존하지 않으며, 정치적인 문제

---

56 우리의 비판이 가진 의미가 잘못 이해되어서는 안 된다. 우리는 사회주의적 정치의 정초에 윤리적인 판단이 필요하다는 것에 의문을 제기하는 것은 아니다 — 카우츠키처럼 이를 불합리하게 거부하거나, 사회주의의 고수를 사회주의의 역사적 필연성에 대한 인식으로 환원하려는 시도는 강력한 비판을 받아 왔다. 우리의 주장은 윤리적 판단의 현존으로부터 다음과 같은 결론, 즉 윤리적 판단이, 모든 담론적 출현 조건 외부에서 구성되는 초월적 주체에 귀속되어야 한다는 주장이 자동적으로 따라 나오지 않는다는 것이다.

가 아닌 것이 된다. 다른 한편, 민주주의적 진전의 전체가 여러 세력들의 우연적인 상관관계에 의존한다면, 각각의 요구들이 가진 정당성에 대한 추상적 고려는, 각각의 요구들이 가진 진보성을 주장할 충분한 근거가 되지 못할 것이다. 예를 들어, 여러 세력들의 부정적인 재정렬realignment이 극우적 요구나 그 대립물인 급진적인 정치적 주도권의 부재에 의해 발생할 수 있다. 그러나 만약 민주주의적 진전의 전체가 오직 진보의 법칙에만 의존한다면, 어떤 투쟁이나 정세적인 요구가 가지는 진보적인 성격은 주어진 계기에서 작동 중인 다른 세력들과의 상관관계와는 독립적으로 정의된다. 노동운동의 요구가 정당하고 진보적인 것으로 간주되고, 그 요구들이 타 세력들과 분리되어 판단된다는 사실은, 조합주의적 [이해관계에] 얽매여 있는 노동계급을 비판할 수 있는 유일한 토대를 없애 버린다. 여기에 이론적 수정주의와 실천적 개량주의가 일치하는 전제가 놓여 있다. 즉, 정치적 주도권을 수많은 민주주의적 전선으로 넓히는 것이 노동계급의 무저항주의 및 조합주의와 결코 모순적이지 않게 된다.

수정주의 국가론을 검토해 보면 이 점은 분명해진다. 정통 교의에서 그 문제는 간단하다. 즉, 국가는 계급 지배의 도구이며, 독일 사회민주당은 자신의 이데올로기를 확산시키고 노동계급을 방어하고 조직하기 위한 목적에서만 국가 제도에 참여할 수 있다. 따라서 그런 참여는 외재성을 특징으로 한다. 그런데 베른슈타인은 그 문제를 상반되는 시각에서 보았다. 즉, 증가하는 노동계급의 경제 권력, 사회 입법에서의 진전, 그리고 자본주의의 '인간화', 이 모든 것이 노동계급의 '국민화'nationalisation를 초래했으며, 노동자는 단순히 프롤레타리아인 것만은 아니며 시민이기도 하다는 것이다. 결과적으로 베른슈타인에 따르면, 사회조직들의 여러 기능들이 국가 안에서 계급 지배의 기능보다 더 큰 영향력을 발휘하게 되었다. 국가의 민주화가 국가를 '모든 인민'의 국가로 변형시켰다는 것이다. 여기서도, 베른슈타인은 노동계급이 이미 국가의 지형 위에 존재하며, 국가와 순전히 외재적인 관계를 유지하려고 하는 것은 무익한 교조주의라는 기본 사실을 정통 교의보다 더 잘 이해하고 있었다. 그러나 그의 담론 안에서는 곧 이런 사실이 매우 부당한 예견, 즉 국가는 '역사적 진화'의 필연적인 결과로서 점차 민주화될 것이라는 예견으로 변형된다.

이 지점에서, 우리는 이제 로자 룩셈부르크에게 적용했던 실험을 베른슈타인에게 적용해 볼 수 있다. 즉, 베른슈타인의 논변의 효과를 제한하는 본질주의적 전제들(이 경우, 통일화 경향으로서의 진보라는 공준)을 제거하면서, 그의 논리적 노선을 따라가는 것 말이다. 이 실험으로부터 우리는 다음과 같은 두 가지 결론을 즉각 도출할 수 있다. 첫 번째 결론은 국가 내에서의 민주주의의 진전은 더 이상 누적적이지 않으며, 선험적으로 결정될 수 없는 여러 세력들 간의 관계에 의존하기 시작한다. 투쟁의 목표는 바로 그 시기에 얻을 수 있는 정확한 이익만이 아니라, 이런 이익들이 공고화될 수 있도록 여러 세력들을 접합해 나가는 형식이다. 그리고 이 형식들은 언제나 가역적이다. 이와 같은 싸움에서, 노동계급은 자신이 실제로 존재하는 장소, 즉 국가 내부와 외부 모두에서 투쟁해야 한다. 그러나 ― 그리고 이것이 바로 두 번째 결론이다 ― 베른슈타인의 바로 그 혜안은 훨씬 더 우려할 만한 가능성을 열어 놓았다. 노동자가 노동자일 뿐만 아니라 시민, 소비자이기도 하고, 한 나라의 문화적 제도적 장치 내에서 다양한 위치를 점하고 있는 참여자라면, 더 나아가 이런 여러 위치들이 모두 그 어떤 '진보의 법칙'에 의해서도(물론 정통 교의의 '필연적인 법칙'에 의해서도) 더는 통일되지 않는다면, 이들 간의 관계는 열려 있는 접합의 관계가 된다. 여기서 이런 접합이 어떤 형태를 띨 것인지에 대한 선험적 보장은 존재하지 않는다. 서로가 모순적이면서도 서로를 중립화하는 주체 위치들이 발생할 가능성 또한 존재한다. 그런 경우, 민주적 진전을 위해서는 그 어느 때보다도 다양한 사회 영역에서 정치적 주도권이 증식될 필요가 있다. 이것은 수정주의도 요구했던 것이지만, 각각의 정치적 주도권의 의미가 다른 정치적 주도권들과의 관계에 달려 있다는 점에서 수정주의의 요구와는 다르다. 적대의 요소들과 지점들의 이와 같은 분산을 사고하는 것, 그리고 통일화의 모든 선험적 도식을 벗어난 이들 사이의 접합을 인식하는 것은 수정주의의 영역을 훨씬 넘어서는 것이다. 이 문제를 가장 일반적인 용어로 처음 제기한 사람들은 바로 수정주의자들이었지만, 여기에 적절히 대응하기 시작한 것은 '진지전'을 개념화한 그람시뿐이었다.

위기에 대한 세 번째 대응 : 혁명적 생디칼리즘

수정주의에 대한 연구는 역설적으로 베른슈타인이 (그의 주적이었던 로자 룩셈부르크를 포함해) 모든 정통적 조류들과 동일한 딜레마에 마주하게 되는 지점으로 우리를 이끌었다. 즉, 경제적 토대는 현재의 계급 통일성을 보장할 수 없다. 반면 현재의 계급 통일성이 구축될 수 있는 유일한 지형인 정치조차 단일한 주체들의 계급적 성격을 설득력 있게 보장할 수 없다. 이런 이율배반은 '마르크스주의의 위기'에 대한 세 번째 대응인 혁명적 생디칼리즘에서 더욱 선명하게 감지될 수 있다. 이와 같은 이율배반은 소렐에게서 특히 날카롭게 나타나는데, 이유는 그가 베른슈타인이나 그 어떤 정통 마르크스주의 이론가들보다 위기의 진정한 차원들, 그리고 그 위기를 만족할 만한 방식으로 극복하기 위해 이론이 치러야만 하는 대가를 더 잘 의식하고 있었기 때문이다. 우리는 소렐에게서 필연성의 사슬에서 끊어진 고리를 대체하는 '우연성'과 '자유'의 영역이라는 공준을 발견한다. 그뿐만 아니라, 소렐에게서 전체화하는 효과들의 영역이 재구성되는 새로운 지형인 '우연성의 논리'가 작동하는 지형의 종별성을 사고하려는 노력 또한 발견했다. 이런 의미에서, 그의 사상을 발전시킨 주요 계기들에 주목해 볼 필요가 있다.[57]

소렐의 마르크스주의는 비교적 정통 마르크스주의에서 출발했지만, 그의 분석 이면에 있는 정치적 관심과 이론적 가정의 자원은 뚜렷한 독창성을 보여 주었으며, 카우츠키나 플레하노프의 분석보다 훨씬 더 정교한 것이었다. 그는 주어진 사회의 형식을 통일하고 다양한 형식들 간의 이행을 지배하는 근원적인 역사적 메커니즘이라는 기존의 관념을 고수하지 않았다. 실제로, 소렐의 주된 관심은 — 비코Giambattista Vico를 자주 언급한 데서도 알 수 있듯이 — 사회가 통일된 상태와 상승 과정을 유지하도록 하는 도덕적 특질의 유형이었다. 실정성이 보장되지 않기 때문에, 사회적

57 소렐에 대한 최근의 연구로 특히 유용한 것은, Michele Maggi, *La formazione dell' egemonia in Francia*, Bari 1977; Michel Charzat, *Geores Sorel et la révolution au XXe siécle*, Paris 1977; Jacques Julliard, *Fernand Pelloutier et les origines du syndicalisme d'action directe*, Paris 1971; Gregorio de Paola, "Georges Sorel, dala metafisica al mito", in E. J. Hobsbawm et al., vol. 2, pp. 662-692; 그리고 심각한 문제가 있기는 하지만 Zeev Sternhell, *Ni droite ni gauche, L'idéologie fasciste en France*, Paris 1983도 참조.

변형들을 관통하고 있는 것은 여러 가능한 운명들 가운데 하나인 부정성이었다. 기존의 사회 형식은 그 형식을 대체하기로 예정된 상이하고 실정적인 형식과 대립하는 것만이 아니었다. 기존의 사회 형식은, 고대 세계의 사례에서처럼, 사회 자체의 쇠퇴와 붕괴의 가능성에 직면하기도 했다. 소렐이 마르크스주의에서 발견한 매력은 사실 역사적 진화의 필연 법칙이 아니었다. 오히려 자신을 중심으로 좀 더 높은 문명을 재구성하고 몰락하는 부르주아 사회를 대체하는 교착적 힘으로 작동할 수 있는 새로운 행위자 ─ 프롤레타리아트 ─ 형성 이론이었다.

소렐의 사상에는 이런 차원이 처음부터 존재했었다. 그러나 수정주의 논쟁 이전의 저술에서 소렐의 이런 사상적 차원은 정통 마르크스주의가 상정하는 자본주의의 발전 경향에 대한 승인과 결합되어 있었다. 이런 저술들에서 소렐은 마르크스주의를 '새롭고 진정한 형이상학'으로 이해했다. 그는 모든 진정한 과학이란 분석에 인위적인 요소를 도입하는 '표출적 증거'expressive support[58]를 토대로 구성된다고 주장했다. 이와 같은 주장이 유토피아적 혹은 신화적 오류의 기원일 수 있었으나, 산업사회의 경우 [마르크스주의가 제시하는] 메커니즘의 이미지를 중심으로 사회 영역이 점점 통일화되고 있었다. 마르크스주의의 표출적 증거 ─ 노동의 사회적 특성

---

58 [옮긴이] '표출적 증거'는 소렐이 총체성 문제를 다루기 위해 초기 저작에서 사용한 용어이다. 표출적 증거는 분석을 구성하는 필요조건이며, 특정 담론의 빈 공간을 채우는 기능을 한다. 이는 부분적으로 라클라우와 무페가 이 책에서 사용하는 '결절점'과 유사한 기능을 하며, 다른 한편으로 특정한 담론적 등가 사슬을 구성하는 외부 조건으로서의 '공동의 적'과 같은 것 또한 표출적 증거의 한 형태라고 할 수 있다. 그러나 라클라우·무페와 달리 소렐의 경우 특정한 주체·의미·기표가 결절점의 역할을 하며, 나아가 공동의 적을 정의하는 정치적 실천, 즉 헤게모니적 실천에 주목하고 있지 못하다.

과, 점차 그 질적 구별이 사라져 가는 '상품' 범주 ─ 는 사회적 관계를 주조하고 구성하는 패러다임이기 때문에 자의적인 기반이 아니었다. 생산 수단의 집합적 전유로서의 사회주의는 바로 노동이 점점 사회화되고 동질화되면서 필연적으로 다다르게 되는 정점이었다. 자본주의 운동의 법칙을 기반으로 이런 생산주의 패러다임의 영향력은 점차 커져 갔으나, 당시 소렐은 이 법칙을 문제 삼지 않았다. 그러나 비록 그렇다 해도, 객관적인 운동만으로 자신의 이해관계를 의식하는 행위자 ─ 사회를 좀 더 수준 높은 형태로 발전시킬 행위자 ─ 가 구성되지는 않았다. 여기에 소렐의 분석이 가진 또 다른 요소가 개입한다. 즉, 그에게 마르크스주의는 그저 사회에 대한 과학적 분석만은 아니었다. 그것은 또한 프롤레타리아를 통일하고 프롤레타리아의 투쟁에 방향감각을 제공하는 이데올로기이기도 했다. 따라서 [마르크스주의의] '표출적 증거'는 소렐이 블록이라고 부르게 될 역사적인 세력들을 결집하고 응축하는 요소로서 작동한다. 정통 마르크스주의와 비교해 볼 때, 분명 이 분석은 결정적인 지점에서 마르크스주의의 지형을 이미 변화시켜 버렸다. 즉, 소위 '객관적 법칙들'의 영역은 사회적인 것의 합리적 기층substratum이라는 자신의 성격을 상실하고, 대신 하나의 계급이 스스로를 지배 세력으로 구성하고 자신의 의지를 사회의 나머지 세력에게 부과하는 형식들의 총체가 된다. 그러나 소렐은 이런 [객관적인] 법칙들의 유효성에 의문을 제기하지 않았기 때문에, 궁극적으로는 정통 교의와 그다지 큰 거리를 두지 못했다.

[정통 교의와의] 결별은, 수정주의 논쟁을 기점으로, 소렐이 마르크스주의에 대한 베른슈타인과 크로체의 비판을 전면적으로 수용하면서 시작되었다. 그러나 소렐은 이들과는 매우 다른 결론을 도출하려 했다. 소렐에

게서 두드러지는 것은 '마르크스주의의 위기'가 초래한 결과들을 급진적으로 받아들였다는 점이다. 베른슈타인과는 달리, 그는 정통 교의의 합리주의를 그 대안인 진화론적 법칙으로 대체하려 하지 않았다. 그는 자신의 분석에 문명의 해체 가능성을 항상 열어 두었다. 합리적 기층을 정초하는 것으로서의 **총체성**은 해소되었으며, 이제 존재하는 것은 혼합물mélange일 뿐이었다. 이런 상황에서 어떻게 재구성 과정의 가능성을 사유할 수 있었을까? 소렐은 사회 계급을 중심으로 대답했다. 여기서 사회 계급은 객관적 체계 안의 구조적 장소들이라는 역할을 맡지 않고, 그가 '블록들'이라 부르는 재결집의 극점[대립축]들poles로서 존재한다. 따라서 사회의 통일 가능성은 경제적 조직화에 대한 자신의 개념화[관점]를 [다른 집단들에] 부과하는 특정 집단들의 의지에 준거한다. 사실상, 소렐의 철학 — 니체, 특히 베르그송의 영향을 받은 — 은 행위와 의지의 철학으로, 여기서 미래는 예측 불가능하며, 전적으로 의지에 달려 있다. 나아가, 투쟁 세력들이 자신들의 통일성을 발견하는 수준은 — 신화 이론을 예시하는 — 이미지들 또는 '언어 형상들'language figures의 총체 수준이다. 그러나 '정치적 이념'에 의해 결속되는 역사적 세력으로서의 계급들의 공고화는 그에 대립하는 세력들과의 대결에 달려 있다. 일단 계급 정체성이 더 이상 하부구조적 통일성(이 수준에서는 오직 혼합만이 존재한다)의 과정에 기초하지 않게 되면, 노동계급은 오직 자본가계급과의 **분리**에 의존하게 되는데, 이런 분리는 자본가계급과의 투쟁을 통해서만 완성될 수 있다. 따라서 소렐에게 '전쟁'은 노동계급의 정체성을 위한 조건이며, 부르주아와 공통된 영역을 추구한다는 것은 그 자신을 약화시킬 뿐이다. 이런 **분리** 의식은 법률적 의식이다 — 소렐은 혁명적 주체성의 구축을 과정으로 보았는데, 이 과정에서 프롤레타리아는 대적 관계에 있는 계급과 대립하는 자신의 권리들을 깨닫고, 이 권리들을 강화시킬 일련의 새로운 제도를 수립한다.[59] 그러나 열렬한 드레퓌스파였던 소렐은 정치 체계와 경제 체계 안에서 노동계급이 차지하고 있는 위치들의 다원성 사이에서 나타나는 필연적인 모순을 보지는 못하고 있다. 즉, 그는 민주주의와 프롤레타리아 정치투쟁의 열렬한 지지자였으며, 심지어는 노동계급이 경제적으로 중간 부문들과 전혀 연결되어 있지 않아도, 그들(중간 부문)의 정치적 재편성을 위한 극점이 될 수 있는 가능성을 검토했다.

우리는 소렐 사상의 발전에서 어떤 분명한 양상을 보게 된다. 즉, 정통 마르크스주의의 무저항주의와 투쟁하는 모든 경향과 마찬가지로, 그는 계급 통일성의 구성적 계기를 정치적 수준으로 전치할 수밖에 없었다. 그러나 그는 다른 경향들보다 훨씬 더 급진적으로 '역사적 필연성' 범주와 단절했기 때문에, 정치적 통일성의 근거가 되는 결속력을 종별화할 필요를 느낄 수밖에 없었다. 이는 그의 사상이 세 번째 단계로 나아가게 되면서 한층 더 분명하게 나타나는데, 이 세 번째 단계는 드레퓌스 연합의 승리에 이은 심한 환멸에 상응한다. 밀랑Alexandre Millerand식의 사회주의는 체제에 통합되었다. 부패가 만연하고 프롤레타리아적 정체성은 점점 희미해져 갔다. 그리고 소렐은 퇴색하는 부르주아 문명을 개조할 영웅적 미래의 가능성을 지니고 있는 유일한 계급의 에너지가 점차 약화되고 있는 것으로 보

---

59 Schlomo Sand, "Lutte de classes et conscience juridique dans la pensée de Sorel", *Esprit* 3, March 1983, pp. 20-35.

았다. 결국 소렐은 민주주의를 세기의 전환기에 마르크스주의가 씨름을 했던 주체 위치의 분산과 파편화의 주범으로 보면서, 민주주의의 강력한 적대자가 되었다. 따라서 어떤 대가를 치르더라도, [자본가계급과 노동자계급 사이의] 분리를 복원하고, 노동계급을 단일한 주체로서 재구성해야 했다. 잘 알려져 있듯이, 이런 이유로 소렐은 정치투쟁을 거부하고 총파업이라 는 생디칼리즘적 신화를 확신하게 된 것이다. "(우리는) 총파업이란 바로 내가 말한 바로 그것임을 알 수 있다. 즉, 총파업이란 사회주의의 모든 것 을 구성하는 신화, 즉 근대사회에 맞서서 사회주의가 벌이는 전쟁의 다양 한 발현들에 상응하는 모든 감정을 본능적으로 일깨울 수 있는 이미지들 의 총화이다. 파업은 프롤레타리아가 가진 가장 숭고하고 심원하며 역동 적인 감정들을 일깨웠다. 총파업은 이 모든 감정을 통합적인 조감도 안에 결집하며, 이렇게 결집함으로써 그것들에 제각기 가장 강렬한 색채를 띠 게 한다. 또한 총파업은 개별적인 투쟁들의 쓰디쓴 기억에 호소하면서 의 식에 주어진 모든 개별적 투쟁들을 활기찬 생명력으로 채색한다. 이렇게 해서 우리는 언어로는 충분히 분명하게 표현할 수 없는, 사회주의에 대한 직관을 갖게 된다 ─ 그리고 우리는 즉각적으로 인식한, 전체로서의 직관 을 얻는다."[60]

생디칼리즘적 '총파업' 혹은 마르크스의 '혁명'은 프롤레타리아적 정체 성을 위한 이데올로기적 응축점으로 기능하는 하나의 신화인데, 여기서

---

60 G. Sorel, *Reflection on Violence*, New York 1961, p. 127[『폭력에 대한 성찰』, 이용재 옮김, 나남, 2007, 181-182쪽].

프롤레타리아의 정체성은 주체 위치의 분산을 기초로 구성된다. 일단 정치투쟁이 폐기되고 독점과 제국주의 경제 — 소렐이 재봉건화의 과정으로 본 — 가 [노동계급 통일성의] 해체 경향을 강화하는 것으로 사고되면, 재구성을 위한 한 가지 유형의 연결 고리가 남는다. 좀 더 일반적으로, 사회란 쇠퇴라는 '자연스런' 경향을 갖는 반면, 번영하는 경향이란 '인위적'이라는 소렐의 단언에서 어떤 이는 반자연anti-physis이라는 오래된 주제를 인식할 수도 있다. 따라서 폭력은 마르크스가 묘사한 적대를 생생하게 유지시키는 유일한 힘인 것이다. "자본가계급이 정력적이라면, 그들은 항상 자신을 방어하려는 결단을 확고히 한다. 그들의 분명하고 영속적인 반동적 태도는 프롤레타리아의 폭력만큼이나 사회주의의 기초가 되는 계급 간 균열을 분명하게 유지하는 데 크게 기여한다."[61] 이런 관점에서, 총파업의 실현 여부는 중요하지 않다. 즉, 총파업은 규제적 원리의 역할을 하며, 이 원리는 프롤레타리아가 명확한 구획선을 둘러싸고 조직된 사회적 관계들의 혼합물을 생각할 수 있도록 만들어 준다. 실재에 대한 객관적 기술description로서 제거되었던 총체성 범주가 노동자 의식의 통일성을 확립하는 신화적 요소로 재도입된다. 그레고리오 드 파올라가 지적했듯이,[62] 처음부터 그 인위성이 인식되었던 '인지적 도구' — 또는 표출적 증거 — 라는 통념이 허구들을 포함하기 위해 확장되어 왔다.

따라서 소렐에게 사회의 이분화 가능성은, 사회구조의 소여로서가 아

---

61 같은 책, p. 182[『폭력에 대한 성찰』, 258쪽].

62 G. de Paola, p. 688.

니라, 집단 갈등을 제어하는 '도덕적 요소들'의 수준에 있는 구축물로서 주어진다. 여기서 우리는 마르크스주의적 경향이 경제주의와 단절하고, 경제주의와는 다른 수준에서 계급 통일성을 확립하려고 시도할 때마다 발견되는 문제에 직면한다. 이렇게 정치적이거나 신화적으로 재구성된 주체는 왜 계급 주체여야 하는가? 그러나 로자 룩셈부르크나 라브리올라의 경우, 경제주의와의 단절이 가진 불충분성으로 말미암아 이중의 공백이 비가시적일 수 있는 조건을 만들어 냈다. 하지만 소렐의 경우 반경제주의라는 바로 그 급진성으로 말미암아 이런 공백이 뚜렷이 가시화되었다. 바로 그러했기 때문에, 노동계급의 혁명적 회복이라는 희망을 포기했던 소렐의 일부 추종자들은 부르주아의 타락에 맞선 투쟁을 보증할 또 다른 대안적 신화를 탐색하는 데 몰두했다. 그들이 민족주의에서 그것을 찾으려 했다는 것은 잘 알려진 사실이다. 이를 통해 바로 소렐의 지적 유산 가운데 일부가 파시즘의 발흥에 기여했던 것이다. 따라서 1912년 그의 제자인 에두아르 베르트Edouard Berth는 다음과 같이 주장할 수 있었다. "실제로, 나란히 동시적으로 진행되는 민족주의적이고 생디칼리스트적인 양면의 운동이 황금의 왕국의 완전한 붕괴와 오늘날 유럽을 질식시키고 있는 천박한 부르주아 물질주의에 대한 영웅적 가치의 승리를 이끌어 내야 한다. 다시 말해서, 황금Gold에 대항하는 힘Force과 피Blood에 대한 자각이 반드시 금권정치를 완전히 패배시킬 것이다. 이런 자각의 최초의 징후는 파레토Vilfredo Pareto에 의해 드러났으며, 그 전조는 『폭력에 대한 성찰』Réflexions sur la violence에서 소렐에 의해, 그리고 『폭력이 가능하다면』Si le coup de force est possible에서 모라스Charles Maurras에 의해 제시되었다."[63]

물론, 이는 소렐의 분석으로부터 파생될 수 있는 것들 가운데 단지 하나일 뿐이며, 이것이 필연적인 산물이라는 결론은 역사적으로 틀렸고 분석적으로도 근거가 없다.[64] 이것이 역사적으로 틀렸다고 할 수 있는 이유는 소렐의 영향력이 여러 방향으로 발휘될 수 있기 때문이다 — 예를 들어, 소렐의 사상은 그람시 사상의 형성에도 결정적이었다. 그것은 또한 분석적으로도 근거가 없다. 왜냐하면 그와 같은 목적론적 해석은 계급에서 민족으로의 이행이 소렐의 사유 구조에 의해 필연적으로 결정되어 있다고 전제하고 있지만, 반대로 소렐의 가장 고유하고 독창적인 계기는 분명 신화적으로 구성된 주체의 비결정적이고 비선험적인 성격이기 때문이다. 나아가 비결정성은 이론의 약점이 될 수 없다. 왜냐하면 이런 비결정성은 사회 현실이란 그 자체가 비결정적이며(즉, 혼합물), 모든 통일화 과정은 블록을 재구성하는 실천에 의해 결정된다는 점을 확언하기 때문이다. 이런 맥락에서 신화적 재구성이 왜 파시즘으로 나아가지 않을 것인지에 대한 이론적인 근거는 없다. 이와 동일하게 신화적인 재구성이 다른 방향으로, 즉 소렐이 열광적으로 환영한 볼셰비즘의 방향으로 나아갈 가능성을 배제할 이론적 근거도 없다. 결정적인 지점은 사회적 행위자의 정체성 자체가 비결정적인 것이 되었으며, 정체성이 '신화적'으로 고정되는 모든 과정은 투쟁에 의존한다는 점이다. 바로 이 지점이 소렐을 제2인터내셔널의 가장 심오하고 독창적인 사상가로 만들었다. 이와 같은 관점에서 보

---

63 Z. Sternhell, p. 105에서 인용.

64 풍부한 정보를 담고 있음에도 불구하고, 스턴헬의 분석(『좌도 우도 아닌』 *Ni droite ni gauche*)이 취약한 이유는 바로 이 때문이다. 그가 제시하는 역사는 유물론적인 관점 또는 실증주의적인 관점과의 모든 단절을 파시즘의 전조로 간주하는 극히 단순한 목적론을 중심으로 조직되어 있는 것으로 보인다.

면, 러시아 사회민주당에서 출현한 '헤게모니' 개념은 ─ 비록, 앞으로 우리가 보게 되듯이, 우연성의 논리를 가정하고 있지만 ─ 훨씬 덜 급진적이다. 레닌도 트로츠키도 사회적 행위자가 계급적 특성을 갖게 되는 필연성에 의문을 제기할 수 없었다. 오직 그람시를 통해서만, 소렐적 전통과 러시아 사회민주당의 전통은 그의 '역사적 블록'이라는 개념 속으로 수렴되며, 레닌주의의 '헤게모니' 개념은 소렐의 '블록' 개념과 함께 새로운 종합을 이룬다.

여기에서 다음 두 가지 사이의 관계를 명확하게 할 필요가 있다. 하나는 제2인터내셔널의 본질주의적 담론에서 나타난 이중의 공백이며, 다른 하나는 발전 단계에서 특유하게 발생한 탈구인데, 이 탈구에 대한 정치적 대응으로 헤게모니라는 문제틀이 구성된다. 헤게모니적 봉합suture[1]과 이중

---

1 우리가 자주 사용하게 될 '봉합' 개념은 정신분석학에서 가져온 것이다. 이 개념은 라캉의 이론 전반에 걸쳐 내재적으로 작용하고 있지만, 그것을 명백하게 정식화한 사람은 자크-알랭 밀레(Jaques-Alain Miller)였다("Suture elements of the logic of the signifier", *Screen*, Winter 1977/78, vol. 18, no. 4, pp. 24-34). 봉합 개념은 담론의 사슬을 토대로 한 주체의 생산, 즉 주체와 대문자 타자[대타자] ― 상징적인 것 ― 사이의 비조응의 생산을 가리키기 위해 사용되었다. 이런 비조응은 완전한 현존으로서의 대문자 타자의 폐쇄를 가로막는다. 따라서 주체와 대문자 타자를 연결하고 분리시키는 끝부분[경계](edge)으로서 무의식이 구성된다. "봉합이란 주체가 그것의 담론 사슬에 대해 가지는 관계를 지칭한다. 우리는 이 관계에서 주체가 대역[대리자](stand-in)의 형태를 띠면서 결핍이 있는 요소로서 중요한 역할을 하게 된다는 것을 보게 될 것이다. 왜냐하면 그 관계에서 결핍이 있는 한, 주체는 순수하고 단순하게 부재한 것이 아

100

의 공백을 비교할 수 있도록, 먼저 이중의 공백이 가진 특성을 종별화하는 데서 시작해 보자. 첫째, 이 공백은 이원론이라는 형태로 나타난다. 즉, 이 공백을 정초하는 담론은 사회적인 것의 지형학topography 내에서 [다양한 심급들이 가진] 변별적 효과성의 정도를 결정하려는 것이 아니라, [그런 심급들에] 모든 지형학적 구조화의 포괄 역량과 결정 역량을 제한하고자 한다. 따라서 여기에서 "의식 혹은 의지 또한 역사에 개입하기 때문에 토대가 모든 것을 결정하지는 않는다"라거나 "모든 예측은 형태론적 성격을 가지기 때문에 일반 이론을 통해 구체적 상황을 설명할 수는 없다"와 같은 정식화가 나오게 된다. 이런 이원론은 비결정적인 것으로서 비결정적인 것의 실체화hypostasis를 통해 구축된다. 즉, 구조적 결정으로부터 벗어나 있는 실체들은 구조적 결정의 부정적 역negative reverse으로 이해된다. 이것이 이원론을 경계들의 관계로 만드는 것이다. 그러나 좀 더 자세히 살펴보면, 이런 대

니기 때문이다. 봉합은, 외연적으로는, 결핍이 대체 위치(the position of taking-the-place-of)를 함의하는 한, 요소들 중 하나가 결핍이 되는 구조에 대한 결핍의 일반적 관계인 것이다"(Miller, pp. 25-26). 그러나 이런 결핍의 계기는 단지 하나의 측면일 뿐이다. 또 하나의 측면으로 봉합은 채움을 함축한다. 스티븐 히스(Stephen Heath)는 다음과 같이 지적했다. "봉합은 결핍 구조를 지칭하는 것일 뿐만 아니라, 주체의 유용성, 즉 일정한 폐쇄를 가리킨다. …… 따라서 '봉합'이라는 용어에 대한 라캉 자신의 사용이, 봉합에 '유사-동일시'(peudo-identification)라는 의미를 …… 부여한다는 것이 '상상적인 것과 상징적인 것의 기능'으로서 …… 봉합을 정의한다는 것은 …… 그리 놀라운 것이 아니다. 문제는 분명하다. 즉, '나는 분리이지만 그럼에도 불구하고 동시에 일관성(coherence), 즉 채움(filling)의 가능성이다"(S. Heath, "Notes on Suture", *Screen*, pp. 55-56). 우리가 봉합 개념을 정치의 장으로 확장하면서 강조하려고 하는 것은 바로 이런 이중 운동이다. 헤게모니적 실천이 작용하는 장이 '사회적 것'의 개방성에 의해, 즉 궁극적으로 비고정적인 모든 기표의 성격에 의해 결정되는 한, 그 헤게모니적 실천이란 봉합하는 것이다. 이 기원적 결핍이 정확히 헤게모니적 실천이 채우려 하는 것이다. 총체적으로 봉합된 사회를 말한다면, 이 사회는 이런 채움이 그 궁극적 결과에 도달했었을, 따라서 폐쇄된 상징적 질서의 투명성과 자신을 동일시할 수 있었을 사회일 것이다. 앞으로 우리가 보게 되겠지만, 사회적인 것의 그런 폐쇄는 불가능하다.

응은 구조적 결정론과 전혀 단절하고 있지 못하며, 단지 결정론의 효과를 제한할 뿐이다. 예를 들어, 경제 결정론을 벗어나는 광범위한 사회적 삶의 영역이 존재한다는 주장과, 경제 결정론의 효과가 작동하는 제한된 영역에서는 경제의 행위가 결정론적 패러다임에 따라 이해되어야 한다는 두 주장이 모두 완벽하게 가능하다. 그럼에도 불구하고 이런 논변에는 한 가지 명백한 문제가 있다. 즉, 어떤 것이 절대적으로 결정된다는 것을 확언하고 그것을 비결정적인 것과 분리하는 명확한 선을 확립하기 위해서는, 결정의 종별성을 설정하는 것만으로는 충분하지 않으며, 결정의 필연적 성격 또한 확인되어야 한다. 이런 이유에서, 앞서 이원론이라고 가정했던 것은 겉보기에만 그럴 뿐이다. 이원론을 구성하는 양 극이 동일한 수준에 있는 것이 아니기 때문이다. 결정적인 것은, 자신의 종별성을 필연적인 것으로 확립함으로써, 비결정적인 것의 변이variation를 제한한다. 따라서 비결정적인 것은 결정적인 것의 단순한 대리보충supplement[2]으로 환원된다.

둘째, 이미 보았듯이 외관상으로 나타나는 이런 이원론은 구조적 결정이 파편화 경향에 맞서 즉각 투쟁할 수 있는 정치 논리를 정초할 수 없다는 사실에 대한 대응이다. 그러나 그와 같은 논리의 종별성을 사유할 수 있도록 허용하는 유일한 지형이 그 그림에서는 지워졌다는 것이 바로 드러난다. 즉, 이론적으로 결정 가능한 모든 종별성은 하부구조 및 결과적으로 계급 체계의 지형에 속하는 것이 되는 반면, 다른 논리들은 모두 우

---

2 자크 데리다가 '대리보충의 논리'에 대해 말했던 것과 같은 의미이다. 물론 '비결정적인 것'의 대리보충성은 '결정적인 것'의 종별성과 필연성 사이의 연계가 깨진다면 사라진다. 우리가 알고 있듯이 이것이 소렐의 신화에서 일어난 일이다. 그러나 그 경우 이원론의 출현을 가능케 했던 유일한 지형 역시 사라진다.

연적 변이의 일반적 지형으로 사라지거나, 의지 또는 윤리적 결정들처럼 모든 이론적 결정으로부터 벗어난 실체들에 준거하는 것이 된다.

셋째, 그리고 마지막으로, 제2인터내셔널의 담론에서 사회적 행위자들의 계급 통일성은 거울 놀이mirror play라는 아주 취약한 토대에 근거하고 있었다. 즉, 경제적 파편화는 계급 통일성을 구성할 수 없었으며, 우리에게 정치적 재구성을 요청했다. 그러나 정치적 재구성은 사회적 행위자들의 필연적인 계급적 특성을 건설할 수 없었다.

결합 발전과 우연적인 것의 논리

이제 제2인터내셔널의 이론적 담론에서 나타난 위와 같은 균열들 전체 ensemble를 헤게모니 개념이 봉합하려고 시도할 탈구들과 비교해 보자. 페리 앤더슨[3]은 러시아 사회민주당에서 나타난 헤게모니 개념 — 코민테른 이론가들은 러시아 사회민주당의 헤게모니 개념을 받아들였으며, 그들을 통해 이 개념이 그람시에게 전해졌다 — 에 대해 연구해 왔는데, 그의 조사 결과는 다음과 같다. 헤게모니 개념은 플레하노프의 '단계론적' 개념화에 따른 정상적인 역사 발전이었던 것의 위기에 의해 남겨진 빈 공간을 채우기 위해 등장했다. 이런 이유에서, 과업의 헤게모니화 또는 정치 세

---

3 P. Anderson, pp. 15ff.

력들 전체의 헤게모니화가 역사적 우연성의 지형에 속한다. 유럽 사회민주주의에서, 주요 문제는 노동계급 위치들의 분산과 마르크스주의 이론이 상정했던 노동계급 통일성의 붕괴였다. 부르주아 문명의 바로 그 성숙도는 노동계급 내에서, 그 통일성을 전복하는, 그것의 구조적 질서를 반영하고 있었다. 반대로 러시아의 맥락에서 제시된 헤게모니 이론에서, 노동계급은 불충분하게 발전한 부르주아 문명의 한계로 말미암아 자신으로부터 분리되어 자신의 것이 아닌 임무까지도 수행해야 했다. 결국 문제는 계급 통일성을 확보하는 것이 아니라, 자신의 과업을 떠맡지 못하는 부르주아지의 구조적 취약성으로 말미암아 우연성이 발생하고 있는 역사적 지형에서 노동계급 투쟁의 정치적 효과성을 극대화하는 것이었다.

'헤게모니' 개념의 등장을 초래한 단계들이 어떻게 구조화되었는지 검토해 보자. 플레하노프와 악셀로트Pavel Axelrod[Akselrod]의 저서들에서, '헤게모니'라는 용어는 정치적 자유를 위한 자신의 '정상적인' 투쟁을 완수하지 못하는 러시아 부르주아지의 무력함 때문에 노동계급이 정치적 자유를 성취하기 위해 개입해야 하는 과정을 기술하기 위해 도입되었다. 따라서 과업의 계급적 본성과 실제로 그것을 수행하는 역사적 행위자 사이에 분리가 존재했다. 이는 매우 다양한 차원의 비결정성의 공간 — 그 차원들은 플레하노프의 경우 최소였고, 트로츠키의 경우에는 최대로 확장되었다 — 을 창출했다. 그러나 어떤 경우든 이 공간은 다양한 혁명적 지향점들orientations이 분화되는 핵심 지점이 되었다. 러시아혁명 — 그람시가 "『자본』Capital에 반하는" 혁명이라 부른 — 은 헤게모니 투쟁의 특징인 비결정성의 공간을 최대한 확장함으로써 자체의 혁명 전략을 정당화해야 했다. 결과적으로 필연의 공간인 내부('정상적' 발전에서 계급의 임무에 상응하는)와 우연의 공간인 외부(자신들의 계급적 본성과는 다르지만 주어진 순간에 사회적 행위자들이 떠맡아야 했던 과업들) 사이의 대립이 생겨났다.

이런 정통 마르크스주의 패러다임의 역사적 탈구들과 우리가 서유럽에서 발견한 역사적 탈구들 사이에는 중요한 차이점들이 있다. 양자 모두 탈구는 전치를 생산했다. 그러나 서유럽에서 이 전치는 동일한 계급 내에서 이루어진 경제적 수준에서 정치적 수준으로의 전치를 의미했던 반면, 러시아의 경우에는 상이한 계급들 사이에서 발생했기 때문에 전치의 폭은 훨씬 더 컸다. 서유럽 — 다양한 민족적 상황들의 다수성multiplicity을 단계들의 탈구로 제시했던 오스트리아-마르크스주의를 제외하고 — 에서 우리는 공시적 패러다임의 구조적 계기들이 분리되는 상황에 직면하게 되었다. 따라서 이런 분리에 대한 사유는 러시아 사회민주당에서처럼 서사 형태를 띨 수 없었다. 마지막으로 패러다임의 탈구와 위기가 러시아에서는 긍정적인 현상이었으나, 그 외의 경우에는 부정적인 현상이었다. 즉, 부르주아의 과업과 그것을 수행하는 부르주아의 역능 사이의 부조화는 프롤레타리아가 정치권력을 장악하기 위한 디딤돌이었다. 이런 이유로 유럽식 탈구의 형태는 극복되어야 할 부정적인 범주들 — 일시성 transience과 우연성 — 에 대한 준거를 통해 개념화될 수 있었다. 그러나 러시아의 경우 탈구는 그 자체로 노동계급의 전진을 허용해 줄 긍정적 정세들 — 역사 속으로 스스로를 침투시키는 일정한 방식 — 을 나타내는 것이었기 때문에, 노동계급과 이들이 주어진 계기에 떠맡아야 했던 이질적인 과업 사이의 새로운 관계 유형이 가진 성격을 규정할 필요가 생겨났다. 이런 이례적 관계를 헤게모니라 불렀다.

이제 우리는 러시아 사회민주당 담론에서 헤게모니 관계의 종별성에 대해 검토해야만 한다. 사실 여기서 '헤게모니'는 관계라기보다는, 다음과 같이 매우 상이한 두 관계 사이의 긴장이 지배하는 **공간**을 가리킨다. 즉, ⓐ 헤게모니화된 과업과 그것의 '자연적' 계급 행위자 사이의 관계, ⓑ 헤게모니화된 과업과 그것을 헤게모니화하는 계급 사이의 관계가 그것이다. 헤게모니라는 용어에 준거 공간을 부여하기 위해서는 이런 두 관계가 불명확한 개념적 형태 아래에서 공존하는 것으로도 충분하지만, '헤게모니'라는 용어를 이론적 범주로 전환하기 위해서는 이 두 관계 사이의 논리적 접합을 명확히 결정[규정]하는 것은 필수적이다. 그러나 이 두 관계를 주의해서 살펴보기만 해도, 이 두 관계가 어느 지점에서도 논리적으로 접합되어 있지 않다는 것을 알 수 있다.

우선, 러시아 사회민주당의 분석은 절대주의 체제와의 투쟁에서 부르주아의 과업을 프롤레타리아트가 떠맡게 되면 그 과업이 더는 부르주아적이지 않게 된다고 제시하지 않는다. 계급 정체성은 생산관계를 기초로 구성된다. 즉, 정통 마르크스주의에서 노동계급과 부르주아지의 적대가 발생하는 곳은 바로 이 일차적 구조이다. 이 일차적 구조는, 그 운동이 모순적이고 스스로 소멸해 간다는 점에서, 그 자체를 하나의 서사 — 우리는 이를 제1서사라고 부를 수 있다 — 로 조직한다. 이 서사를 구조화하는 과정에서 자본주의 발전 법칙이 줄거리plot라면, 완벽하게 주어진 역할을 맡게 되는 등장인물은 바로 프롤레타리아 계급과 부르주아 계급이다. 이때 이 역사의 명확성은 부르주아 계급이 자신의 역할을 수행할 수 없고, 그것을 다른 등장인물이 대신 맡아야 한다는 변칙 사례의 출현으로 말미암아 엉망이 되어 버린다. 우리는 이처럼 역할이 대체되어 가는 서사를 제2서사 — 트로츠키의 용어로는 영구 혁명 — 라고 부를 것이다. 이 두 서사의 구조적 관계는 무엇인가? 이 두 서사의 접합이 제1서사가 지배하는 이론 영역에서 발생한다는 점은 다음 세 가지 고찰들을 전략적으로 간략히 훑어보는 것만으로도 충분히 증명할 수 있다. ① 등장인물의 출현 순서는 제2서사에 의해 바뀌지 않는다. 부르주아가 만일 '자신의' 과업을 수행할 능력이 없으면, 이 과업은 필연적으로 프롤레타리아에게 넘어가게 된다 — 그러나 이런 전이는 오직 제1서사 수준에서 구성되는 진화적 도식의 총체성을 당연시하는 경우에만 분명한 것이다. ② 과업의 계급적 본성은 다른 계급이 그 임무를 맡게 된다고 해서 바뀌지 않는다 — 민주주의적 과업은 그 역사적 행위자가 노동계급이 된다 해도 여전히 부르주아적으로 남을 것이다. ③ 사회적 행위자들의 정체성은 제1서사에서 차지하는 그들의 구조적 위치에 의해 결정된다. 따라서 두 서사 사이의 관계는 평등하지 않다. 즉, 헤게모니적 관계는 계급 관계를 대리보충하는 것이다. 소쉬르의 구분을 사용한다면, 계급 관계가 랑그langue의 사실인 반면, 헤게모니적 관계는 항상 파롤parole의 사실이라고 말할 수 있다.

[정통 마르크스주의에서] 헤게모니적 과업 그리고 그 효과를 만들어 내는 행위자들의 의미와 정체성은 위에서 정의된 관계 ⓐ에 전적으로 포함되어 있다. 따라서 관계 ⓑ의 두 가지 구성 요소들 사이의 관계는 오직 외재적일 수밖에 없다. 이제 외재성의 관계는 두 가지 측면에서 살펴볼 수 있다. 즉, 외재성의 관계와 외재성의 관계가 그것이다. 첫 번째 측면을 살펴보는 데는 아무 어려움이 없다. 즉, 구성 요소들의 정체성이 [구성 요소들 사이의] 관계 밖에서 전적으로 구성된다면 이 관계는 외재성의 관계이다. 관계의 계기와 관련해, 그 관계가 엄밀한 의미에서 외재적이기 위해서는 그 관계에 그 어떤 개념적 종별성도 귀속되어서는 안 된다(그렇지 않으면 그런

종별성은 [구성 요소들 사이의 관계가] 구조적으로 정의될 수 있는 계기가 될 것이다. 그리고 이것은 계급 자체를 구성하는 다른 구조적 요소들과 그것이 접합하는 형식에 대한 종별적 이론을 요구할 것이기 때문에, 계급 정체성은 필연적으로 변경될 것이다). 다시 말해서 외재성의 관계는 순수한 우연성으로서만 간주될 수 있다. 제2인터내셔널 담론에서 발견되는 겉으로만 그럴듯한 이원론이 헤게모니 이론에서 반복적으로 생산되는 것도 이 때문이다. 관계 ⓐ와 관계 ⓑ는 개념적으로 접합될 수 없다. 왜냐하면 관계 ⓑ는 그 어떤 실정적인 개념적 종별성도 갖고 있지 않을 뿐만 아니라, 자신의 외부에서 구성된 행위자들 사이의 관계들이 우연적으로 만들어 내는 상이한 지형일 뿐이기 때문이다. 그러나 러시아 사회민주당에서, 플레하노프와 악셀로트로부터 레닌과 트로츠키에 이르기까지, 실정적이고 점차 복잡해지는 헤게모니 이론이 존재했다고는 주장할 수 있다! 이는 사실이다. 그러나 이것이 우리의 주장에 대한 반론은 아니다. 왜냐하면 그런 실정성과 복잡성은 계급들 간의 헤게모니적 관계를 가능하게 하는 **상황들의 유형학**typology of situations을 의미하기도 하며, 주어진 정세에서 활동하는 사회집단들의 다양한 관계들을 의미하기도 한다. 그러나 헤게모니적 연결의 종별성 그 자체는 결코 논의되지 않는다. 또는 그 종별성을 보이지 않게 만드는 교묘한 속임수가 존재한다.

이런 속임수가 어떻게 발생하는지를 살펴보기 위해서는, '정상적' 발전 형태가 역사의 과정을 지배하고, 헤게모니적 계기는 오로지 주변적인 장소를 차지할 뿐이라는 접근법에 초점을 맞추어서는 안 된다(플레하노프가 그런 경우인데, 그는 노동계급의 개입을 부르주아가 스스로의 임무를 완수하도록 하는 압력 수단으로 보았다). 이보다는 과업이 부르주아에서 프롤레타리아트로 헤게모니적으로 전이되는 것을 혁명의 실체라고 보는 접근법이 위의 과정을 좀 더 적절하게 파악할 수 있을 것이다. 이런 접근법을 통해서 우리는 헤게모니적 연결의 종별성을 상대적으로 명료하게 볼 수 있게 된다. 이런 의미에서 트로츠키의 저서들은 [이와 같은 접근법을] 모범적으로 명료하게 보여 주는데, 왜냐하면 여기서 그는 서유럽 자본주의의 발전 과정과는 반대되는 러시아 발전 과정이 가진 특이성들을 극단적으로 강조하기 때문이다. 주지하듯이 트로츠키는 1905년 러시아혁명 전후에 출간된 수많은 저술들에서,[4] 차리즘의 붕괴 이후 부르주아 민주주의 공화국을 수립하고자 한 멘셰비키의 관점과 부르주아 민주주의의 틀에 한정된 개혁만을 수행하는 노동자·농민 정부를 주장한 볼셰비키의 관점을 모두 비판하면서 사회주의로 즉각적으로 이행하는 노동계급 정부의 가능성을 제시했다. 이 가능성은 러시아의 역사적 발전이 가진 특이성 그 자체에 각인되어 있었다. 즉, 부르주아와 도시 문명의 취약성, 계급들로부터 자율적인 군부-관료 기구로서 국가의 불균형적 성장, '후진성의 특권'으로 인한 선진 자본주의 형태의 유입, 프롤레타리아트를 복합적인 시민사회에 연결시켜 줄 전통의 부재에 따른 러시아 프롤레타리아트의 신선함freshness 등이 그것이다. 부르주아지는 너무 늦게 발전한 탓에 절대 군주에 맞서 투쟁하는 역사적 과업을 다할 수가 없었기 때문에, 프롤레타리아트가 그 임무들을 실현하는 주요 행위자가 된 것이다. 단계론적 패러다임의 탈구, 그리고

---

4 트로츠키의 영구 혁명 테제에 대한 초기의 정식화에 관해서는 A. Brossat, *Aux origines de la révolution permanente : la pensée politique du jeune Trotzky*, Paris 1974 ; Michael Löwy, *The Politics of Combined and Uneven Development*, London 1981, 2장 참조[『연속 혁명 전략의 이론과 실제』, 이성복 옮김, 신평론, 1990].

헤게모니의 전이transference를 발생시키는 교체supersession가 트로츠키 혁명 이론의 핵심 축이었다.

혁명의 가능성이 헤게모니적 관계 주위를 맴도는 순간이야말로 헤게모니적 관계가 가장 중심적인 역할을 하게 되는 시기이다. 그러나 우리는 트로츠키의 담론에서 이런 중심성이 어떤 형태를 띠고 있는지에 대해 좀 더 면밀히 살펴보아야 한다. 두 개의 근본적인 지점에서 트로츠키의 분석은 엄격한 계급 환원론 — 즉, 관계 ⓐ의 필연적 성격 — 에 저항하는 것처럼 보이는 사회적 관계들의 종별성과 대면하고 있으며, 두 지점 모두에서 그는 이와 같은 종별성을 결정해 줄 이론적 진전으로부터 후퇴하고 있다. 첫 번째 지점은 러시아 사회라는 역사적 구성체에서 나타난 부르주아의 구조적 취약성과 국가가 수행하는 예외적 역할 사이의 상관관계에 관한 것이다. 볼셰비키 역사가인 포크로프스키Mikhail N. Pokrovsky가 제기한 이론적 도전 — 조야한 경제주의적 관점에서, 그는 국가에 그런 중요성을 부여하는 것은 국가를 계급 기반으로부터 분리시키는 일이라고 주장한다 — 에 대해, 트로츠키는 상이한 자본주의 사회구성체에서 국가의 상대적 자율성에 대한 이론적 분석으로 답하지 못하고, 그 대신 이론의 회색성과 대비되는 삶의 푸름에 호소했다. "포크로프스키 동지의 사상은 살아 있는 역사적 힘들의 자리에 그가 집어넣은 엄격한 사회적 범주들의 해악에 사로잡혀 있다. …… '종별적 특징들'이 없는 곳에는 역사도 없으며 일종의 의사-유물론적pseudo-materialist 기하학만 있을 뿐이다. 경제 발전이라는 살아 있고 변화하는 문제를 연구하는 대신, 일부 외부 징후에 주목해 그것들을 기존의 진부한 몇몇 문구들에 적용하는 것으로 끝나곤 한다."[5] 이와 같은 언급을 통해, 사회 계급으로부터 국가의 자율화를 통해 구성된 '종별적 특

징'은 처음부터 그 효과가 매우 엄격하게 제한되는 지형에 놓이게 된다. 즉, 우리는 지금, 매우 현실적인 질서에 속하며 이야기|story — 트로츠키의 분석에서 지배적으로 나타나는 서사적 음조 — 속으로 통합될 수는 있지만 개념적으로는 파악할 수 없는 상황들circumstances을 다루고 있는 것이다.

만약 모든 사회적 결정이 이와 동일하게 다루어진다면, 이것이 반드시 부정적이지만은 않을 것이다. 왜냐하면 트로츠키는 이럴 경우 경제가 최종 심급에서 다른 모든 사회적 관계들을 결정하는 과정을 — 러시아의 종별성들이라는 동일한 수준에서 — 서술해야 하기 때문이다. 그러나 그런 일은 발생하지 않는다. 비록 '종별성들'에 대한 서사가 있지만, 모든 자본주의 사회구성체에 공통적인 것으로 간주되는 특징들은 서사적으로 다뤄지지 않는다. 트로츠키에게, 최종 심급에서 경제가 역사의 과정들을 결정한다는 것은 포크로프스키와 마찬가지로 역사 외적인 수준에서 독단적인 방식으로 확립되는 어떤 것이다. '본질들'의 질서는 불가피하게 '상황들'의 질서와 대면하며, 두 질서는 동일한 사회 행위자들 내에서 재생산된다. 그들에게서 역사적 변이를 일으키는 것은 이 두 질서를 정상적인 패러다임에서 벗어나도록 하는 특징들의 총체 — 러시아 부르주아 계급의 취약성과 프롤레타리아 계급의 새로움 등 — 로 환원된다. 그러나 이런 '종별적 특징들'은 어떤 방식으로도 [정상적인] 패러다임의 유효성을 훼손하지 못한다. 즉, 사회 행위자들이 자신들의 기본적인 정체성을 [정상적인] 패러다임과 연관시켜 정의하는 한, 또 '종별적 특징들'이 단순히 '본질들'

5 L. Trotsky, *1905*, London 1971, pp. 333, 339.

의 수준에서 미리 정립된 계급 목표를 획득하기 위한 경험적 이점 내지 약점으로 나타나는 한, 패러다임은 계속해서 유효하게 된다.

이 점은, 트로츠키의 분석이 계급들에 대한 환원주의적 개념화의 한계[극한]에 맞닿아 있는, 두 번째 근본적인 지점에서 분명히 드러난다. 즉, 헤게모니 분석에서 그러하다. 앞서 보았듯이, 역사적 과업의 '자연적' 계급 행위자와 그것을 실행하는 구체적인 행위자 사이에는 분리 — 그리고 이는 트로츠키의 분석에도 적용될 수 있다 — 가 존재한다. 그러나 우리는 또한, 그 과업을 실행하는 행위자에 있어, 그 과업의 계급적 본질이 이런 분리에 의해 바뀌지 않는다는 점 역시 살펴보았다. 따라서 행위자는 자신이 떠맡는 과업과 스스로를 동일시하지 않는다. 이 과업과 행위자의 관계는 상황적 계산의 수준에 머물러 있는 것이다 — 심지어 그것이 획기적인 차원의 '상황들'을 수반하고 있을 때에도 마찬가지다. 과업의 분리는 본질에 영향을 미치지 않는 경험적 현상인 것이다. 과업과 행위자의 연결 역시 경험적이며, 행위자가 가진 정체성의 '내부'와 '외부' 사이에는 영구적인 분리schism가 발생한다. 우리는 대중들의 민주주의적이고 반절대주의적 정체성이 상이한 계급들이 접합할 수 있는 종별적인 주체 위치를 구성하면서 대중들이 스스로의 본성을 변형시킨다는 관념을 트로츠키에게서 찾아볼 수 없다. 완료되지 못한 민주주의적 과업은 노동계급이 자신의 엄격한 계급 목표를 향해 나아가도록 하는 디딤돌일 뿐이다. 이와 같은 방식으로, 헤게모니적 연결의 종별성은 마법에 걸려 체계적으로 사라질 뿐만 아니라(헤게모니적 연결의 사실적factual 혹은 상황적 성격이 그 어떤 개념의 구축도 회피한다는 점에서), 그것의 소멸 또한 비가시적이게 되는 조건이 만들어진다. 실제로, 조정과 재구성이라는 서사로의, 반복의 원리 아래 포섭될 수 없는 연쇄[계기]succession로의, 헤게모니적 관계의 삽입은 개념적으로 감지하기 어려운 현존에 의미를 부여하는 것으로 보인다. 따라서 러시아적 종별성들이 제시되는 역사-서사적 형태는 애매한 역할을 수행한다. 즉, 한편으로 그것은 종별성들을 상황적인 것들의 영역으로 한정하고 있다면, 다른 한편으로 서사의 약한 형태로라도 그것들이 사유될 수 있다는 사실은 그것들[종별성들]에 조직화 원리, 즉 일정한 **담론적 현존**을 제공한다. 그러나 이는 극히 일시적인 현존인데, 이는 헤게모니의 모험담이 매우 빨리 끝나기 때문이다. 사회주의혁명이 유럽에서 발생하지 않는다면, 그리고 승리를 거둔 선진 산업국가의 노동계급들이 러시아 혁명가들을 지원하지 않는다면, 트로츠키나 레닌에게는 소비에트 국가의 생존을 보장할 수 있는 그 어떤 종별성도 존재하지 않게 된다. 여기서 러시아에서 단계들의 탈구라는 '비정상성'은 서구의 '정상적' 발전과 연결된다. 즉, 우리가 '제2서사'라고 부른 것이 '제1서사'로 재통합되며, '헤게모니'는 순식간에 자신의 한계에 도달하게 된다.

'계급 동맹' : 민주주의와 권위주의 사이에서

물론 헤게모니적 연결을 행위자들의 계급 정체성에 외재적인 것으로 개념화하는 것은 트로츠키에게만 배타적으로 해당하는 것이 아니라, 모든 레닌주의적 전통의 특징이기도 하다. 레닌주의에서 헤게모니는 계급 동맹 내에서의 **정치적 지도력**을 수반한다. 헤게모니적 연결이 가진 정치적 성격은 근본적인데, 이는 헤게모니적 연결이 이루어지는 지형이 사회적 행위자가 구성되는 지형과 다르다는 점을 함의한다. 생산관계의 영역은 계급 구성의 종별적 지형이기에, 정치 영역에서 계급들의 현존은 오직 이해관계의 대표로서만 이해될 수 있다. 계급들은 자신들을 대표하는 정당을 통해서 공동의 적에 대항하는 동맹이라는 형태로, 한 계급의 지도력 아래 단결한다. 그러나 이런 상황적 통일성은 동맹을 구성하는 계급들의 정체성에 영향을 미치지 못한다. 왜냐하면 그들의 정체성은 결국 엄밀하게 양립할 수 없는 '이해관계'를 둘러싸고 구성되기 때문이다("파업은 함께, 행진은 따로"). '이해관계'라는 형태 아래에서 합리주의적으로 파악되는 사회적 행위자들의 정체성, 그리고 대표되는 것과의 관계에서 대표 수단의 투명성은 헤게모니적 연결의 외재성을 확립할 수 있는 두 가지 조건이다. 이런 외재성은 공산주의 활동가가 전형적으로 대면하게 되는 역설적인 상황들에 뿌리를 두고 있다. 공산주의 활동가는 대체로 민주주의적 자유들을 위한 투쟁의 전위에 있지만, 그럼에도 불구하고 일단 '부르주아 민주주의' 단계가 완성되면 가장 먼저 그 자유들을 제거하는 사람이 될 것이기 때문에 민주주의적 자유들과 자신을 동일시할 수 없다.

이런 점에서 레닌주의 담론에 존재하는 헤게모니의 중심성으로부터 유래하는 애매성과 모순적 효과들에 주목하는 것이 중요하다. 한편으로, 헤게모니 개념은 의심의 여지없이 레닌주의 전통의 좀 더 권위주의적이고 부정적인 경향들과 연관되어 있다. 왜냐하면 이는 대중들이 지도 부문과 피지도 부문으로 명백히 분리되어 있음을 상정하기 때문이다(카우츠키주의적인 정통 교의의 혁명 전략에서 이런 분리는 분명히 존재하지 않는다. 이는 카우츠키의 혁명 전략에서는 정치적 지도력과 사회적 기반이 완벽히 일치하기 때문에 굳이 헤게모니적 재구성이 필요하지 않기 때문이다). 그러나 다른 한편으로 헤게모니적 관계는 제2인터내셔널의 전통 내에서 발견할 수 있는 그 어떤 것보다도 **잠재적으로** 더욱 민주적인 정치에 대한 개념화를 수반한다. 계급주의적 경제주의의 입장에서 보면 상이한 단계들에 상응했을 과업과 요구들은 이제 동일한 역사적 정세에 공존하는 것처럼 보인다. 이는 적대들과 단절 지점들의 다원성이 현재 시점에서 정치적 유효성을 갖는다는 것을 승인하도록 한다. 따라서 혁명적 정통성[정당성]은 더 이상 노동계급에게만 배타적으로 집중되지 않는다. 결국 대중들을 지배 부문으로부터 분리시키는 분할선이 계급 착취와 나란히 그어지지 않는다는 점에서, 구조적 탈구는 '대중들'과 '계급들' 사이에서 출현한다. 불균등 결합 발전은 처음으로 마르크스주의가 사회 투쟁의 본질을 좀 더 복합적으로 개념화할 수 있도록 만드는 지형이 된다.

그렇다면 우리는 다음과 같은 역설을 어떻게 설명할 것인가? 즉, 대중 투쟁의 민주적 차원이 확대되었던 바로 그 순간, 그 어느 때보다 더 전위적이고 반민주적인 개념화가 사회주의적 정치 실천에서 옹호되었던 사실 말이다. 간단히 말한다면, 마르크스주의가 노동계급에게 부여한 존재론적 특권이 사회적 토대로부터 대중운동의 정치적 지도력으로 이전되었다는 사실 때문이다. 레닌주의적 개념화 작업에서 노동계급과 그 전위의 계급적 정체성은 헤게모니적 실천들을 통해 정치적으로 재구성된 다양한 민주적 요구들과 혼합되었다고 해서 변화하지는 않는다. 대신 노동계급과 그 전위는 이런 요구들을 일종의 단계, 자신들의 고유한 계급 목표들을 추구하는 데 필수적인, 하지만 일시적인 단계들로 간주한다. 이런 상황에서, '전위'와 '대중들' 사이의 관계는 외재적이고 조작적인 성격을 띨 수밖에 없다. 따라서 민주주의적 요구가 다양해지고 대중투쟁의 지형이 복잡해질수록, '노동계급의 객관적 이해관계'와 자신을 동일시하는 전위는 자신의 정체성과 자신이 지도하려는 부문들이 가진 정체성 사이의 간극을 더욱 확대할 수밖에 없다. 엄격한 계급주의적 개념화 작업에서는, 대중운동의 민주적 잠재력이 확대될수록 정치의 권위주의적 실천은 더욱 조장된다. 계급 경계를 넘어서는 단절 지점이 증식될수록 대중운동은 민주화되는 반면, 계급 헤게모니의 필연성을 뒷받침하기 위해 대중운동에서 지도자와 피지도자 사이의 구분이 확립될 때 정치적 권위주의가 출현한다. 만일 이런 구분이 전체 운동이 공유하는 목표를 달성하기 위한 투쟁에서 운동의 조직화를 위한 실천 역량의 확대에 기반하고 있다면, 그 결과가 반드시 권위주의적이지는 않을 것이다. 그러나 우리가 살펴보았듯이 이 구분은 현실적으로 매우 다른 측면에서 제기되었다. 즉, 어떤 한 부문이 역사의 근원적인 운동을 알고 있고, 따라서 대중들을 전체로 통일하는 요구들의 잠정적인 성격을 알고 있다는 것이다. 노동계급에게 귀속된 중심성은 실천적인 중심성이 아니라 존재론적인 중심성이며, 이는 동시에, 인식론적 특권의 소재지인 것이다. 즉, '보편' 계급으로서 프롤레타리아트 — 혹은 오히려 그 정당 — 는 과학의 보고寶庫이다. 이 지점에서 계급 정체성과 대중의 정체성 사이의 분리는 항구적이 된다. 정통 교의가 이런 권위주의로 선회할 가능성은 어떤 면에서 처음부터, 다시 말해 한정된 행위자인 노동계급이 '보편 계급'이라는 위상으로 상승한 순간부터 존재했다고 할 수 있다. 제2인터내셔널의 이론가들 가운데 권위주의적인 방향으로 나아간 사람이 아무도 없다면, 그 이유는 그들에게 노동계급의 정치적 중심성은 여타 사회계층의 프롤레타리아화에 조응해야 하는 것이었으며, 따라서 계급과 대중들이 분리될 틈이 없었기 때문이다. 그러나 노동자계급의 정치적 중심성이 고전적 측면에서 원리로 옹호됨에도 불구하고, 권력 장악이 노동자계급보다 광범위한 대중에 의한 행동을 통해 가능한 것으로 이해되어야만 할 때, 권위주의적인 방향으로의 전환은 필연적으로 불가피하게 된다.

이제 우리 논의의 다양한 연결 고리들을 모아 보자. 헤게모니 개념이 포괄하고 있는 두 관계 — 헤게모니화된 과업과 그것을 헤게모니화하는 계급 사이의 관계, 그리고 헤게모니화된 과업과 그 '자연적' 행위자인 계급 사이의 관계 — 의 긴장이 효과적인 개념적 접합 속에서 해소될 수 없었던 이유는 좀 더 분명해진다. 경제주의적 단계론의 지형 — 노동계급을 '보편 계급'으로 구성할 수 있는 유일한 영역 — 에서 노동계급의 통일성과 정체성을 유지하기 위한 조건은 헤게모니화된 과업이 헤게모니 계급의 정체성을 변형시키는 것이 아니라, 단순히 그 정체성과 외재적이고 사실적인 관계만을 맺어야 한다는 것이다. 게다가, 이 관계의 외재적인 성격을 확언하는 유일한 방법은 헤게모니화된 과업과 그 '자연적' 행위자 사이의 결합bond을 강화하는 것이었다. 따라서 헤게모니 관계 지형은 본질적으로 실용주의적 담론의 지형이었다. 레닌주의와 코민테른이 새롭게 혁신한 마르크스주의의 용어들은 모두 군사 용어들(전술적 동맹, 전략적 노선, 수많은 전진과 후퇴들)이었다. 이후에 그람시가 역사적 블록, 통합 국가 등의 개념으로 접근한, 사회적 관계들의 구조화를 가리키는 것은 전혀 없었다.

헤게모니 개념이 포괄하는 두 관계 사이의 이런 긴장은 우리가 헤게모니의 민주주의적 실천과 권위주의적 실천 사이에 위치시켰던 애매성과 다를 바가 없다. 헤게모니 계급과 민주주의적 과업 혹은 요구 사이의 관계는, 오직 이 과업이 상이한 계급 그리고 진화론적 패러다임 내에서의 필연적 단계와 결합되는 한에서만, 외재적이고 조작적인 성격을 띤다. 반대로, 민주주의의 잠재력은 이 결합이 파괴되었을 때, 대중들 내에서 지도자와 피지도자 사이의 엄격한 분리를 출현시킬 수 있는 조건이 사라졌을 때만 발전할 수 있다. 이 지점에서 우리는 헤게모니의 민주주의적 실천과 권위주의적 실천 가운데 어느 하나에서라도 본원적 애매성이 극복될 수 있는 조건을 제시해야만 한다.

민주주의적 실천. 우리가 지적했듯이 헤게모니적 재구성의 지형은 사회주의적 정치 실천이 민주적으로 확장되고 심화될 수 있는 잠재력을 가져온다. 헤게모니가 없다면 사회주의적 실천은 노동계급의 요구 및 이해에만 집중할 수밖에 없다. 그러나 앞서 살펴본 단계들의 탈구로 말미암아 노동계급이 대중 지형에서 활동하게 되는 한, 노동계급은 자신의 계급 게토에서 벗어나 그 자신을 다양한 적대와 요구들의 접합자로 변화시켜야 한다. 이상의 모든 논의를 통해, 대중 민주주의적 실천의 심화 — 이는 계급 헤게모니와 민주주의적 과업 사이의 관계를 전위주의적으로 조작하고 외재적으로 특징짓는 것을 피하게 한다 — 는 오직 민주적 과업이 필연적인 계급적 성격을 갖지 않고, 단계론을 철저하게 폐기할 때만 달성될 수 있다는 것이 분명해진다. 민주주의적 과업이 부르주아 단계와 결합되어 있다는 관점과 반드시 단절해야 한다 — 바로 그때에만 사회주의와 민주주의 사이의 항구적 접합을 가로막는 장애물이 제거될 것이다. 이로부터 다음과 같은 네 가지 기본적인 결론이 도출된다. 첫째, 계급들의 정체성은 바로 그 계급들이 스스로 떠맡은 헤게모니적 과업들에 의해 변형된다. 즉, 내재적인 것과 외재적인 것 사이의 엄격한 구분선은 사라진다. 둘째,

대중들의 민주적 요구가 필연적인 계급적 성격을 상실한다는 점에서, 헤게모니의 영역은 더 이상 계급들 사이의 영합zero-sum 게임에 기초한 효과의 극대화를 수반하지 않는다. '계급 동맹'이라는 통념 역시 매우 불충분해진다. 왜냐하면 헤게모니는 단지 사전에 구성된 행위자들 사이의 '이해관계'의 합리적 일치만이 아니라, 사회적 행위자들의 정체성 구축을 가정하기 때문이다. 셋째, 소위 '대표'라고 하는 것이 대표되는 것의 본질을 변형시킨다면, 정치의 영역은 더 이상 '이해관계의 대표'로 간주될 수 없다(사실 투명한 대표라는 통념은 더는 유지될 수 없다. 여기에서 실제로 문제가 되는 것은 토대/상부구조 모델 그 자체이다). 마지막으로, 사회적 행위자들의 정체성이 생산관계로의 삽입insertion을 통해서만 배타적으로 구성되는 것이 아니라, 수많은 주체 위치들 사이에서의 불확실한 접합을 통해 구성되는 한, 사회적 행위자와 계급들 사이의 동일시는 절대적으로 도전받는다.

권위주의적 실천. 여기서 조건들은 정반대이다. 모든 요구 또는 과업의 계급적 본질은 선험적으로 고정되어야 한다. 부르주아 민주주의적 요구, 프티부르주아적 요구 등이 있으며, 이런 요구들의 상대적 진보성은 모든 정세를 전통적 단계 모델 및 단계들의 불균등 결합에 의해 도입된 변화의 측면에서 분석하는 정치적 계산을 통해 확립된다. 노동계급의 헤게모니적 과업과 계급 정체성 사이에는 완벽한 분리가 존재한다. 그리하여 정치에 대한 군사적 개념화가 전략적 계산의 전 범위를 지배한다. 그렇지만 현실의 노동자계급은 자신의 '역사적 이해관계'와 그 자신을 완전히 동일시하지 못하기 때문에, 계급의 물질성과 그것의 '진정한 정체성'을 대표하는 정치적 심급 사이에서 탈구는 영구적인 것이 된다. 레닌의 『무엇을 할 것인가』 *What is to be Done* 에서부터 코민테른에서 공산당들의 볼셰비키화에 이르기까지, 이런 구획선은 점점 엄격해졌으며, 공산주의 정치의 권위주의적 선회 속에 반영되었다. 무엇이 이런 전환을 불가피하게 만들었는지를 명확히 설명하는 것이 중요하다. 우리가 노동계급의 사회주의적 결정에 있어 정치적 매개의 필요성을 부인하려는 것은 아니다. 나아가, 그것을 계급의 자발적인 사회주의적 결정이라는 신화에 기반을 둔 노동자주의workerism[6]와 대립시키려는 것도 더더욱 아니다. 그러나 여기서 결정적인 것은 이런 정치적 연결의 본질이 어떻게 이해되느냐 하는 점이다. 분명히 레닌주의는 투쟁을 통해서 어떤 필연적인 역사법칙에 의해서도 미리 결정되지 않는 대중 정체성을 구축하려는 시도를 전혀 하지 않았다. 정반대로 레닌주의는 계몽된 전위만이 도달할 수 있는 계급의 '대자성'for itself — 그 결과 노동계급에 대한 계몽된 전위의 태도는 순전히 교육적인pedagogical 것이 되는 — 을 주장한다. 권위주의적 정치의 뿌리는 바로 이런 과학과 정치의 뒤얽힘에 있다. 그 결과, 당은 당연히 계급 — 물론 살과 피를 가진 계급이 아니라, 계급의 '역사적 이해관계'에 의해 구성된 엔텔레케이아entelecheia[7]로서의 계급 — 의 대표로 간주된다. 헤게모니의 민주적 실천이 점차 대표 과정의 투명성을 문제 삼는 반면, 권위주의적 실천은 대표 관계가 기본적

---

6 [옮긴이] 이탈리아어 'Operaismo'에서 기원한 노동자주의는 20세기 중반 이탈리아 노동운동의 한 특징으로서 노동계급의 중심성은 물론 독자성과 자주성을 강조한다. 1970년대 후반부터 노동자주의는 공장 내에서의 투쟁과 파업을 넘어 노동계급의 일상생활로 확대 적용되면서 점차 아우토노미아 운동으로 변화했다.
7 [옮긴이] 아리스토텔레스의 개념으로 '목적이 달성된 완전한 상태'를 의미한다. 대리석이라는 질료가 인체의 모습이라는 형상 혹은 목적과 결합되어 특정한 조각상으로 완성된 상태가 곧 엔텔레케이아이다. 문맥상 현실에서 일하는 노동자 개개인들은 질료이며 이들이 계급의식을 중심으로 집단적 정체성을 형성하고 조직화된 상태가 엔텔레케이아라고 할 수 있다.

인 정치적 메커니즘이 되는 기반을 세웠다. 일단 모든 정치적 관계가 대표 관계로 파악되기만 하면, 계급에서 당(프롤레타리아의 객관적 이해의 대표)으로, 당에서 소비에트 국가(공산주의 운동의 전 세계적 이해관계의 대표)로의 점진적인 대체가 이루어진다. 따라서 계급투쟁에 대한 군사적 개념화 작업은 종말론적 서사시로 끝이 난다.

우리가 살펴보았듯이, 이와 같이 계급 통일성이 정치 영역으로 이전되는 것의 뿌리는 제2인터내셔널의 정통 교의로 거슬러 올라간다. 카우츠키주의와 마찬가지로 레닌주의에서도 정치적 계기가 구성적 성격을 가진다고 해서 상부구조에 주요한 역할이 부여되는 것은 아니다. 당에 부여된 특권은 '지형학적'인 것이 아니라 '인식론적'인 것이기 때문이다. 즉, 그 특권은 사회적 관계들을 구성하는 정치적 수준의 효과성에 기반을 둔 것이 아니라, 기존의 계급적 관점이 누리는 과학의 독점에 기반을 둔 것이다. 이런 독점은, 이론적 수준에서, 자본주의의 가시적 경향과 그 근본적인 진화 사이에 존재하는 분열을 극복할 수 있도록 해주었다. 카우츠키주의와 레닌주의의 차이점은, 카우츠키주의에서는 분열이 순전히 일시적이고 계급 내적인 것이었고, 그것의 극복은 자본주의적 축적의 내생적 경향에 각인되어 있던 데 반해, 레닌주의에서 분열은 제국주의 시기의 정치투쟁의 조건을 항구적으로 규정하는 '계급'과 '대중들' 사이의 구조적 탈구의 지형이었다는 점이다.

이 마지막 지점이 결정적이다. 헤게모니적 과업은 세계 자본주의 체계의 발전 조건 자체와 밀접하게 연결되어 있기 때문에 점점 더 공산주의 전략에서 핵심적이게 된다. 레닌에게 세계경제는 단순한 경제적 사실이 아니라 정치적 현실이다. 즉, 그것은 제국주의적 사슬이다. 그리고 파열점

breaking point은 생산력과 생산관계 사이의 모순이라는 관점에서 볼 때 가장 선진적인 고리에서가 아니라 가장 많은 모순들이 축적되어 있는 곳, 가장 많은 경향들과 적대들 — 정통 마르크스주의 관점에서 볼 때, 여러 상이한 국면에 속해 있는 — 이 단절적 통일성으로 응축되어 있는 곳에서 나타난다.[8] 그러나 이는 혁명 과정이 비슷하지 않은 요소들의 정치적 접합으로만 이해될 수 있다는 것을 함의한다. 즉, 계급들 사이의 단순한 적대에 외재적인 사회적 복잡성이 없는 혁명은 존재하지 않는다. 다시 말해서 헤게모니 없는 혁명이란 존재하지 않는 것이다. 이런 정치적 접합의 계기는, 독점자본주의 단계에서, 과거의 연대가 점차 해소되고 사회적 관계가 일반적으로 정치화될 때 점점 더 근본적이 된다. 레닌은 계급투쟁의 역사적 전장을 심대하게 변형시키는 새로운 부르주아 대중 정치 — 그는 이를 로이드 조지주의Lloyd Georgism[9]라고 명명했다 — 로의 이행을 명확하게 인식

---

8 "자연이나 역사에는 기적이란 없지만, 역사의 모든 급격한 전환, 그리고 이것의 모든 혁명에의 적용은, 매우 풍부한 내용을 드러내 주고 전혀 기대하지 않은 종별적인 투쟁 형태의 결합과 경쟁 세력들의 정렬을 전개시킨다. 따라서 문외한들에게는 기적처럼 보이는 많은 현상이 존재한다. …… 혁명이 그렇게 급하게 그리고—외견상, 피상적으로 보았을 때—급진적으로 성공했다는 것은, 역사적으로 극히 독특한 상황인 절대적으로 상이한 조류들, 절대적으로 이질적인 계급 이해, 절대적으로 상반되는 정치·사회적 노력들이 놀랍도록 '조화롭게' 혼합되었다는 사실에 전적으로 기인한다." Lenin, *Letters from Afar*, First Letter. "The First Stage of the First Revolution", *Collected Works*, vol. 23, pp. 297, 302.

9 "정치적 민주주의의 역학은 동일한 방향으로 작용한다. 오늘날에는 그 어떤 것도 선거 없이 이루어질 수 없으며, 그 어떤 것도 대중들 없이 이루어질 수 없다. 오늘날과 같은 출판과 의회주의의 시대에는 광범위하게 쪼개지고, 체계적으로 관리된 대중들, 잘 준비된 아첨, 속임수, 사기, 매혹적이고 대중적인 구호를 통한 간계, 그리고 좌우파 노동자들 — 그들이 부르주아를 전복시키기 위한 혁명적 투쟁을 포기하는 한 — 에 대한 온갖 종류의 개혁과 축복의 약속 없이는 대중들의 추종을 얻기가 불가능하다. 나는 이 체제를, 영국 수상 로이드 조지(D. Lloyd George)의 이름을 따서 로이드 조지주의라고 부르려 하는데, 그는 '부르주아 노동당'이라는 고전적 영토에서 이 체제의 가장 뛰어나고 유능한 대표자 가운데 한 명이었다. 일급의 부르주

하고 있었다. 예상하지 못했던 이와 같은 접합의 가능성은, 허용할 수 있으며 심지어 사유할 수 있는 사회적이고 정치적인 정체성들을 변경해, 고전적 단계론이 가진 논리적 범주들의 명확성을 점차 사라지게 한다. 트로츠키는 불균등 결합 발전이 우리 시대의 역사적 조건이라고 결론 내릴 것이다. 이것은 오직 헤게모니적 과업 — 그 지형이 들나귀 가죽처럼[10] 오그라드는, 순수하게 계급적인 과업과는 반대되는 — 의 끊임없는 확장을 의미할 뿐이다. 그러나 요소들의 '비정통 교의적' 결합을 수반하지 않는 역사 과정이 존재하지 않는다면, 정상적 발전이란 무엇인가?

공산주의 담론 그 자체는 제국주의 시대라는 새로운 역사적 지형 속에서 모든 정치적 주도권을 획득했던 헤게모니적 성격에 의해 점차 지배되고 있다. 그러나 그 결과 그것은 우리가 헤게모니의 민주주의적 실천과 권위주의적 실천이라고 불렀던 것들 사이에서 모순적인 방식으로 동요하는 경향이 있다. 1920년대에는 경제주의적 단계론이 어디서나 지배적이었고, 또 혁명의 전망이 쇠퇴함에 따라 계급 노선은 훨씬 더 엄격해졌다. 유럽의 혁명은 오직 노동계급의 중심성이라는 측면에서만 파악되었고, 공산

아 협잡꾼, 영악한 정치가, 심지어 혁명적인 것일지라도 노동 청중이 좋아한다면 그 어떤 연설이라도 마다하지 않는 대중 웅변가, 그리고 사회 개량(보험 등)의 형태로 유순한 노동자들을 달래기 위한 상당량의 선물(미끼)을 획득할 수 있었던 작자. 로이드 조지는 정확히 노동자들 가운데서 부르주아를 위해 빛나는 기여를 했는데, 부르주아의 영향력을 정확히 프롤레타리아에게, 그것도 부르주아가 가장 필요로 했으며 대중들을 도덕적으로 종속시키기 가장 어려웠던 곳에 미치게 했다." Lenin, "Imperialism and the Split of Socialism", *Collected Works*, vol. 23, pp. 117-118.

10 [옮긴이] 발자크의 소설 『들나귀 가죽』에서 들나귀 가죽을 가진 사람은 소원을 성취하게 되는데, 가죽은 소원 성취에 비례해 점점 줄어들어 결국 가죽이 소멸하면 그것을 가진 자도 죽게 된다.

당이 노동계급의 '역사적 이해'를 대변했기 때문에, 이 정당들의 유일한 기능은 사회민주주의의 통합주의적integrationist 경향에 맞서 프롤레타리아의 혁명 의식을 유지하는 것이었다. 그러므로 '상대적인 안정'의 시기에 훨씬 더 비타협적으로 계급 장벽을 강화할 필요가 있었다. 그래서 1924년 공산당의 볼셰비키화를 위한 슬로건이 개진되었던 것이다. 지노비에프Grigory Zinoviev는 이를 다음과 같이 설명했다. "볼셰비키화는 프롤레타리아의 헤게모니를 위한 굳건한 투쟁 의지를 의미한다. 그것은 부르주아와 사회민주주의의 반혁명 지도자, 중도론과 중도파, 반≠중도파와 평화주의자, 부르주아 이데올로기의 모든 과오에 대한 격렬한 증오를 의미한다. …… 볼셰비키화는 행동하는 마르크스주의이다. 그것은 프롤레타리아독재 관념과 레닌주의에 대한 헌신이다."[11] 따라서 경제 위기가 악화되면 필연적으로 혁명 과정이 재개되기 때문에, 정치적 시기 구분은 경제 상태의 단순한 반영이었다. 즉, 안정적인 시기에 공산당에 남겨진 유일한 임무는 위기에 도달했을 때 새로운 혁명적 주도권을 잡을 수 있는 길을 터줄 계급적이고 '단절적인' 정체성을 중심으로 다양한 세력들을 규합하는 것이었다(그 성격상 '통일전선' 정책은 아래로부터의 통일전선이자 사회민주주의 지도자들[의 정체을 폭로할 수 있는 기회로 재해석되었다). 이런 조건에서 여타 사회·정치 세력들에 대한 조작적 접근이 쉽게 우세를 점할 수 있었다.

이런 환원주의적이고 조작적인 개념화와의 단절 — 또는 공산주의 전

11 *Pyatyi vsemirnyi Kongress Kommunisticheskogo Internatsionala. 17 iuniya-8 iuliya 1924 g. Stenograficheskiiotchet*, Moscow-Leningrad 1925, I, pp. 482-483. M. Hájek, "La bolscevizzazione dei partiti comunisti", E. J. Hobsbawm et al., eds., *Storia*, Turin 1980, vol. 3, p. 468에서 인용.

통에서 한 번도 극복된 적이 없다는 의미에서 단절의 시작 ― 은 유럽에서의 파시즘 경험 그리고 식민지 해방운동의 흐름과 연결되어 있다. 첫 번째 사례에서는, 자유민주주의 국가의 위기와 우파의 급진-인민적 이데올로기의 출현이 본성상 '부르주아적인' 민주주의적 권리와 자유에 대한 개념화에 도전했다. 그리고 동시에 반파시즘 투쟁은 사회주의적 정체성과 잠재적으로 융합될 수 있는 인민적이고 민주적인 대중 주체성을 창출했다. 앞의 분석에서 사용한 용어를 사용한다면, 헤게모니화된 과업을 그 '자연적' 계급 행위자와 통일하는 연결 고리가 해소되기 시작했으며, 그 임무를 헤게모니 계급의 정체성과 융합시키는 것이 가능해졌다. 이런 새로운 관점에서, 헤게모니는 새로운 핵심 계급을 중심으로 국민nation을 민주적으로 재구성하는 것으로 이해되었다. 이런 경향은 이후 나치 점령에 대항하는 다양한 국민적 저항의 경험을 통해 강화되었다. 그러나 공산주의 정책에서의 변화는 제7차 코민테른 대회에 제출된 디미트로프Georgi Dimitrov의 보고서와 함께 시작되었으며, 이 대회에서 '계급 대 계급'class against class이라는 제3기 노선이 공식적으로 폐기되고 인민전선 정책이 처음으로 도입되었다.[12] 새로운 전략은 여전히 헤게모니를 계급들의 단순한 외적 동맹으로 보는 통념을 암묵적으로 유지하긴 했지만, 민주주의를 어떤 한 사회 부문이 배타적으로 흡수하지 못하는 공동의 지반으로 이해했다. 이런 조건에서 헤게모니적 과업과 계급 정체성을 엄격히 분리하는 것은 점점 더 어려워졌다. 수많은 정식들 ― 마오쩌둥의 '신민주주

---

12 E. Laclau, *Politics and ideology in Marxist Theory*, London 1977, pp. 138ff. 참조.

의'에서부터 톨리아티Palmiro Togliatti의 '진보적 민주주의'와 '노동계급의 국민적 과업'에 이르기까지 — 이 마르크스주의적 한도 내에서는 이론적으로 정의하기 어려웠던 지형에 자신들을 위치시키려 했다. '인민적인 것'과 '민주적인 것'은 대중투쟁의 수준에서는 분명한 실재들이었지만, 엄밀하게 말하면 계급 속성으로 볼 수 없었기 때문이었다. 공산주의의 지도 아래 발생한 주변부 세계에서의 혁명도 이와 비슷한 현상을 보여 준다. 즉, 중국에서 베트남이나 쿠바에 이르기까지 인민적 대중 정체성은 계급 정체성과 달랐으며 그보다 더 포괄적이었다. 우리가 살펴본 것처럼 애초 레닌주의 전통에서부터 서서히 그 자신의 모습을 드러냈던 '대중들'과 '계급' 사이의 구조적 분열은 여기서 그 효과들의 총체성을 생산했다.

이 지점에서 공산주의 담론은 한 쌍의 중요한 문제와 대면했다. 계급들의 지형에서 나타나는 적대와는 다른, 대중 지형에서 나타나는 적대들의 다원성을 어떻게 특징지어야 하는가? 헤게모니 세력이 자신의 정체성 속에 대중들의 민주적 요구를 수용한다고 하더라도, 어떻게 프롤레타리아적 성격을 엄격하게 유지할 수 있는가? 첫 번째 질문에 대한 주요 대응은 계급들 사이에 수립된 관계가, 형식적으로는 계급주의적 지형에 남아 있으면서도, 그들의 종별적으로 계급적인 성격을 넘어설 수 있도록 해주는 일련의 담론 전략을 실행하는 것이다. 예를 들어 공산주의 담론에서 열거enumeration가 어떻게 활용되는지를 생각해 보라. 열거한다는 것은 결코 순진한[단순한]innocent 작업이 아니라 중대한 의미의 전치를 수반한다. 공산주의적 열거는 지배 부문과 인민 부문 사이의 적대를 확립하는 이분법적 공간 안에서 일어난다. 그리고 양자의 정체성은 각각을 구성하는 계급 부문들에 대한 열거를 토대로 구성된다. 예를 들어 인민 부문의 편에는 노동자, 농민, 프티부르주아, 민족 부르주아의 진보적 분파 등이 포함될 수 있다. 그러나 이런 열거가 단순히 인민적 극점에 일정한 계급들 혹은 계급 분파들이 분리되어 문자 그대로 현존한다는 것을 단언하는 것만은 아니다. 그것은 또한 지배적 극점에 대해 공동으로 대립적인 관계를 맺고 있는 계급들의 등가를 주장하는 것이다. 등가 관계란 대상들 사이의 정체성[동일성]의 관계가 아니다. 등가성은 결코 동어 반복적이지 않은데, 이는 그것[등가성]이 일정한 대상들 사이에서 확립하는 대체 가능성이 오직 주어진 구조적 맥락 내의 한정된 위치들에서만 유효하기 때문이다. 이런 의미에서 등가성은 그 등가성을 가능하게 하는 정체성을, 대상 그 자체로부터 대상들의 출현이나 현존의 맥락으로 전치한다. 그러나 이것은 등가 관계에서 대상의 정체성이 분열된다는 것을 의미한다. 즉, 한편으로 그것은 자신의 '문자적' 의미를 유지하며, 다른 한편으로 스스로를 하나의 대치 가능한 요소인 맥락적 위치로 상징화한다. 이것이 바로 공산주의적 열거에서 나타나는 일이다. 즉, 엄밀한 계급주의의 관점에서 볼 때, 인민적 극점의 부문들 사이에는 그 어떤 정체성도 존재하지 않는데, 이는 각각의 부문들이 서로 변별적이고 심지어 적대적인 이해관계를 갖고 있다는 점에서 그러하다. 그러나 그들 사이에 수립된 등가 관계는 그들이 지배적인 극점에 대항하고 있다는 점에서 계급 위치로는 환원될 수 없는 '인민적' 담론 위치를 구축한다. 제2인터내셔널의 마르크스주의 담론에는 이런 등가적 열거가 존재하지 않았다. 카우츠키의 경우, 각각의 계급 부문은 자본주의의 발전 논리 속에서 종별적인 변별적 위치를 차지했다. 마르크스주의 담론의 구성적 특징 가운데 하나는 바로 무정형적이고 부정확한 범주로서의 '인민'을 해소하는 것이었고, 모든 적대를, 그 어떤 등가의 차원 없이, 그 자신의 문자성 속에서 스스로를 망라하는exhaust 계급 대립으로 환원하는 것이었다. '불균등 결합 발전' 담론과 관련해 우리가 보아 온 것은, 단계들의 탈구와 헤게모니적 재구성이 단순히 계급들 사이의 좀 더 복잡한 운동으로 간주되며, 그 사실적 성격이 종별성의 개념화가 아니라 예외성의 서사에 자리를 양보하고 있다는 것이다. 로자 룩셈부르크에게서 우리는 각각의 구체적 투쟁이 가지는 문자성을 뒤집는 상징-등가적 분열에 좀 더 다가서게 된다. 그러나 우리가 보았듯이 그녀는 결과적으로 구성된 사회적 행위자에 필연적인 계급적 성격을 귀속시킴으로써 등가의 확장적 논리에 엄격한 제한을 두었다. 오로지 인민전선 시기의 열거적 실천에 와서야 '인민' ― 19세기 정치사회적 투쟁의 중심 행위자였던 ― 이 마르크스주의 담론성의 영역 안에서 처음으로 조심스럽게 재출현했다.

지금까지 우리가 이야기한 바로부터 다음과 같은 사실이 분명해진다. 즉, 공산주의 담론에서 '인민'이 정치적 행위자로서 등장하는 조건은 등가 관계이며, 등가 관계는 계급들의 정체성을 분열시킴으로써 새로운 유형의 양극화를 구성한다는 것이다. 이제 이런 과정은 전적으로 헤게모니적 실천의 영역 안에서 발생한다. 공산주의적 열거는 사실적 상황을 확증하는 것이 아니라 수행적 성격을 갖고 있다. 부문들 전체의 통일성은 하나의 주어진 사실이 아니라, 정치적으로 구축되어야 하는 기획이다. 따라서 그와 같은 전체의 헤게모니화는 단순히 정세적 또는 계기적 합의를 수반하지 않는다. 그것은 계급 관계와는 상이한, 구조적으로 새로운 관계를 구축해야 한다. 이는 헤게모니 관계를, 마치 벽돌을 단순히 쌓아 놓은 것을 건물이라고 묘사하듯, 계급 동맹 개념으로 특징짓는 것이 부적절함을 보여 준다. 그럼에도 불구하고, 그 내적 논리를 고려할 때, 등가 관계는 자신의 현존을 단순히 그 용어들의 부수적인 대체 가능성을 통해서는 보여 줄 수 없다. 그것은 그 안에서 관계 자체가 상징적으로 결정화되는 일반적 등가를 만들어 내야 한다. 우리가 연구하는 정치적 사례의 경우, 바로 이 지점에서 국민-인민적 또는 인민-민주적 상징이 계급 상징과는 상이한 주체 위치들을 구성하기 위해 출현한다. 이제 헤게모니 관계는 모든 정치-담론적 구성체의 안정된 부분이 되면서, 그것의 사실적이고 단편적인episodic 성격을 결정적으로 상실한다. 이런 의미에서 모순에 대한 마오쩌둥의 분석은 — 철학적으로는 거의 가치가 없긴 하지만 — 사회적 투쟁의 지형을 모순들의 증식으로 제시하고 있으며, 그 모순들이 언제나 계급 원칙에 다시 준거하고 있는 것이 아니라는 점에서 큰 장점을 갖고 있다.

공산주의 담론이 직면한 또 다른 일련의 문제들은 헤게모니 부문의 계급 정체성을 어떻게 유지할 것인가라는 질문과 관련되어 있다. 가장 일반적인 용어로 정식화하자면 문제는 다음과 같다. 만약 새로운 개념화 속에서, 헤게모니 관계가 헤게모니 부문의 정체성을 변형시킨다면, 그리고 만약 제국주의 시대에는 사회 투쟁들이 재구성적 실천들이 지배하는 점점 더 복잡해지는 지형에서 발생한다면, 헤게모니 주체들의 계급적 정체성에 의문이 제기되어야 하는 것은 아닌가? 계급 핵심을 다양한 주체 위치들을 접합하는 원칙으로 어느 지점까지 계속해서 참조할 수 있는가? 두가지 대답 — 또는 대답에 도달하는 두 가지 방식 — 이 가능하다. 그리고 결국 이 대답은 우리가 앞에서 기술한 헤게모니에 대한 두 가지 개념화 — 민주주의적 헤게모니와 권위주의적 헤게모니 — 에 따라 다르다. 대부분의 공산주의 전통을 특징짓는 권위주의적 헤게모니 개념의 경우, 해답은 구태의연한 대표 모델의 확장에서 찾아볼 수 있다. 각각의 심급은 다른 심급에 대한 대표이며, 이는 전체 연쇄whole series에 의미를 부여하는 것으로 가정된 최종적 계급 핵심에 도달할 때까지 계속된다. 이런 대답은 정치적 관계의 불투명성과 농밀성[농도]density을 명백히 부정하고 있으며, 정치적 관계는 그들 — 계급들 — 을 넘어서서 구성된 등장인물들이 투쟁하는 빈[아무런 무대 장치도 없는] 무대bare stage이다. 그뿐만 아니라, 이런 방식으로 대표된 계급은 당의 '과학적' 우주론cosmovision에서 구현된 목적원인론적finalist 관점에서의 '대자적' 계급이 될 수밖에 없다. 즉, 존재론적으로 특권적인 행위자인 것이다. 이런 방식으로 대표의 실천과 관련된 구체적 문제들은 모두 쉽게 제거되어 버린다. 이와는 달리 민주주의적 헤게모니 개념에서는 사회적 행위자들이 처한 관계들의 구조적 다양성을 인정하고, 대표의 원리가 접합의 원리로 바뀐다. 이 행위자들 사이의 통일성은 이제 어떤 공통의 근본적인 본질의 표현이 아니라 정치적 구성과 투쟁의 결과가 된다. 만약 헤게모니적 행위자로서의 노동계급이 자신의 주변에 수많은 민주적 요구와 투쟁들을 접합하게 된다면, 이것은 어떤 선험적인 구조적 특권 때문이 아니라 그 계급의 정치적 주도권 때문이다. 따라서 헤게모니 주체는 계급 위치의 기반 위에서 일정한 헤게모니 구성체가 실천적으로 접합된다는 의미에서만 계급 주체이다. 그러나 그 경우 우리는 구체적 노동자들을 다루는 것이지 그들의 '역사적 이해관계'에 의해 구성된 엔텔레케이아를 다루는 것이 아니다. 제3인터내셔널에는 접합으로서의 정치와 헤게모니라는 통념을 — 그 모든 애매성과 한계에도 불구하고 — 이론적으로 성숙하게 표현한 유일한 사상가가 있었다. 바로 안토니오 그람시이다.

그람시적 분기점

그람시 사상의 종별성은 통상 상이하면서도 외견상 모순적인 두 가지 방식
으로 제시된다. 그중 한 가지 해석 방식에 따르면, 그람시는 이탈리아의 후
진성이라는 특수한 조건들 — 통일된 국민국가를 구성하기 위한 리소르지
멘토Resorgimento 기획의 실패, 산업이 발달한 북부와 농업 지역인 메조지오
르노Mezzogiorno 사이의 강한 지역적 분열, 바티칸 문제로 인해 가톨릭 대중
들이 국가의 정치적 삶에 통합되지 못하는 상황, 불충분하고 모순적인 자
본주의 발전 등 — 과 관련해 자신의 개념을 혁신적으로 발전시킨 뛰어난
이탈리아 이론가라는 것이다. 간단히 말해 그람시는 '불균등 발전'의 독창
적 이론가이자 정치적 전략가였지만, 그의 개념들은 선진 자본주의라는 조
건에는 그다지 적절치 않다는 것이다. 또 다른 해석에 따르면, 그람시는 서
구의 혁명 이론가이며[13] 그의 전략적 개념화는 선진 산업 문명의 복잡성과
그 사회·정치적 관계의 농밀성에 기반을 두고 있다. 심지어 어떤 이는 그를
1929년 세계 위기에 뒤이은 자본주의 재구성의 이론가, 정치와 경제가 점
차 얽혀 가는 상황에서 복잡해진 대중투쟁에 대한 이론가로 제시한다.[14] 사
실, 그람시의 이론적 혁신은 좀 더 일반적 수준에 위치하고 있기 때문에,

---

[13] 특히 Ch. Buci-Glucksmann, *Gramsci and the State*, London 1980 참조.
[14] B. de Giovanni, "Lenin and Gramsci : State, Politics and Party", in Chantal Mouffe, ed.,
Gramsci and Marxist Theory, London 1979, pp. 259-288["레닌과 그람시 : 국가, 정치 그리고 정
당", 『그람시와 마르크스주의 이론』, 장상철 옮김, 녹두, 1992, 305-335쪽]. 조반니의 개념에 대한 비판
으로는 이 책에 포함된 무페의 서문 참조

위의 두 가지 해석 모두 가능하며 부분적으로 유효하다. 그람시는 동시대의 그 어떤 이론가보다도 정치적 재구성과 헤게모니의 지형을 확장했으며, 레닌주의의 '계급 동맹' 개념을 명확히 넘어서는 헤게모니적 연결을 이론화했다. 선진 산업국가와 주변부 자본주의국가에서 모두 정치투쟁의 조건들이 정통 교의가 단계론적으로 상상해 온 것으로부터 점차 벗어남에 따라, 그람시의 범주들은 두 가지 경우 모두에 적용되었다. 따라서 이 범주들의 적실성은 마르크스주의 일반 이론의 수준에 놓여야 하며, 종별적인 지리적 맥락에 한정될 수는 없다.

그러나 그 출발점은 엄격히 레닌주의적 접근이었다. 그람시가 헤게모니 개념을 처음 사용한 저작인 『남부 문제에 대하여』(1926)에서 그는 다음과 같이 주장한다. "프롤레타리아 계급은 부르주아 국가와 자본주의에 대항해 다수의 노동인구를 동원할 수 있는 계급들의 동맹 체계를 창출할 수 있는 한, 지도적이고 지배적인 계급이 될 수 있다. 이탈리아에 존재하는 계급들의 현실적인 관계 사이에서 이것이 의미하는 바는 광범위한 농민 대중의 동의를 얻어낸다는 것이다."[15] 이런 지도적 역할의 전제 조건은 노동계급이 자신의 협소한 조합주의적 이해관계를 방어하는 데 머무르지 않고, 다른 부문의 이해관계까지 방어해야 한다는 것이다. 그러나 그 논리는 여전히 부문적 이해관계가 사전에 구성되어 있음을 전제하는 논리 가운데 하나일 뿐이며, 계급 동맹의 관념과 완전히 양립 가능하다. 레닌

---

15 A. Gramsci, "Notes on the Southern Question", in *Selections from Political Writings 1921-26*, ed. and trans. Q. Hoare, London 1978, p. 433["남부 문제에 대한 몇 가지 주제들", 『남부 문제에 대한 몇 가지 주제들 외』, 김종법 옮김, 책세상, 2004, 70쪽].

에게서처럼 지도력은 단순히 정치적인 것이었을 뿐 '도덕적이고 지적'인 것은 아니었다.

'계급 동맹'의 차원을 넘어서는 헤게모니 개념으로의 결정적 이행이 일어난 것은 '정치적'인 차원에서 '지적이고 도덕적인' 평면으로 이동한 바로 이런 움직임 속에서였다. 왜냐하면 정치적 지도력은 참가 부문들이 자신들의 개별적 이해관계를 유지하는 가운데 이해관계의 정세적 일치에 기반을 둘 수 있는 반면, 도덕적이고 지적인 지도력은 '관념'과 '가치' 전체가 수많은 부문 구성원들에게 공유되는 — 또는 우리의 용어를 사용하자면, 일정한 주체 위치들이 수많은 계급 부문을 가로지르는 — 것을 요구하기 때문이다. 그람시에 따르면 지적이고 도덕적인 지도력은 일종의 좀 더 수준 높은 종합, 즉 '집합의지'를 구성하는 것이며, 이는 이데올로기를 통해 '역사적 블록'을 통합하는 유기적 접합체organic cement가 된다. 이 모든 것은 레닌주의적 관점에 대해 일종의 전치 효과를 가지는 새로운 개념들이다. 즉, 헤게모니적 연결의 관계적 종별성이 더는 은폐되지 않으며, 반대로 완전히 가시화되어 이론화된다. 이런 분석은 경제주의의 혁명적이고 관계론적인 도식 내에서 자신들의 구조적 위치를 찾을 수 없었던 집단들 사이의 새로운 관계들을 정의한다. 동시에 이데올로기는 이 관계들이 구성되는 정확한 지형으로서 나타난다.

따라서 모든 것은 이데올로기를 어떻게 인식하는가에 달려 있다.[16] 여

---

16 그람시에게서 헤게모니와 이데올로기, 국가의 관계에 대해서는 Chantal Mouffe, "Hegemony and Ideology in Gramsci", in *Gramsci and Marxist Theory*, pp. 168-204["그람시에 있어서 헤게모니와 이데올로기", 『그람시와 마르크스주의 이론』, 199-241쪽]와 Chantal Mouffe, "Hegemony and the

기서 그람시는 고전적 문제틀과 관련해 두 가지의 새롭고 근본적인 전치를 도입한다. 첫 번째는 이데올로기의 물질성에 대한 개념화이다. 이데올로기는 '관념들의 체계'나 사회적 행위자들의 '허위의식'false consciousness과 동일시될 수 없다. 대신 그것은 제도들과 장치들 안에 구체화된 유기적이고 관계적인 전체이며, 이 전체는 역사적 블록을 수많은 기본적인 접합 원칙들을 중심으로 결합한다. 이것은 이데올로기적인 것에 대한 '상부구조주의적' 독해의 가능성을 차단한다. 실제로, 유기적 접합체로서의 역사적 블록과 이데올로기 개념을 통해 총체화된 새로운 범주는 우리가 토대/상부구조라는 낡은 구분을 뛰어넘게 한다. 그러나 이것으로 충분하지 않다. 왜냐하면 도덕적이고 지적인 지도력은 여전히 전체 피억압 부문에 대한 헤게모니 계급의 이데올로기적 가르침inculcation으로 이해될 수 있기 때문이다. 이 경우 계급들을 가로지르는traversing 주체 위치는 존재하지 않게 되는데, 가로지르는 것처럼 보이는 그 어떤 경우도 사실은 지배적인 계급의 겉치장일 뿐이며, 다른 부문에서의 그와 같은[계급들을 가로지르는] 주체 위치들의 현존은 단지 허위의식의 현상으로 이해될 수 있기 때문이다. 바로 여기서 그람시는 자신의 세 번째 그리고 가장 중요한 전치를 도입한다. 즉, 바로 이 지점에서 그람시는 이데올로기에 대한 환원주의적 문제틀과 단절한다. 그람시에게 정치적 주체는 — 엄밀히 말해 — 계급들이 아니라 복합적인 '집합의지'이다. 마찬가지로 헤게모니 계급에 의해 접합

Integral State in Gramsci : Towards a New Concept of Politics", in G. Bridges and R. Brunt, eds., *Silver Linings : Some Strategies for Eighties*, London 1981 참조.

된 이데올로기적 요소들도 필연적인 계급 속성class belonging을 지니지 않는다. 첫 번째 요점과 관련해, 그람시의 입장은 명확하다. 즉, 집합의지는 분산되고 파편화된 역사적 세력들을 정치-이데올로기적으로 접합한 결과이다. "이것으로부터 우리는 '문화적 측면'의 중요성을 심지어 실천적인 (집합적) 행위에서도 추론해 낼 수 있다. 역사적 행위는 오직 '집합적 인간'에 의해서만 수행될 수 있으며, 또 여기에는 어떤 '문화적·사회적'인 통일성의 달성이 전제되지 않을 수 없다. 바로 이런 통일성을 통해서야 각기 이질적인 목적을 가진 분산된 의지의 다양성이, 공통의 평등한 세계관을 토대로, 하나의 목표로 묶인다."17 '하나의 목표로 묶인' 이런 '집합적 인간'과 가장 거리가 먼 것이 레닌주의의 계급 동맹 관념이다. 두 번째 요점과 관련해, 그람시의 경우 유기적 이데올로기가 순전히 계급주의적이고 폐쇄적인 세계관을 표상하지 않는다는 것 또한 명백하다. 오히려 그것은 그 자체로 보았을 때는 그 어떤 필연적인 계급 속성도 갖지 않는 요소들의 접합을 통해 형성된다. 이와 관련해서 다음의 중요한 문장을 검토해 보자. "중요한 것은 새로운 역사적 국면을 최초로 대표하는 자들이 낡은 이데올로기적 복합체에 가하는 비판이다. 이런 비판을 통해 낡은 이데올로기들에 포함되었던 요소들이 지니는 상대적 중요성에 변화와 분화 과정이 생긴다. 이전에는 이차적이고 종속적이었으며, 심지어 부수적이었던 것이 이제 주요한 것으로 간주되며 새로운 이데올로기적·이론적 복합체

---

17 A. Gramsci, *Quaderni dal Carcere*, ed. V. Gerratana, Turin 1975, vol 2, p. 349[『그람시의 옥중수고 2』, 이상훈 옮김, 거름, 1993, 194쪽].

의 핵심이 된다. 종속적이던 것이 사회적으로 발전함에 따라 낡은 집합의 지는 그 모순적 요소들로 해소된다."[18] "다른 한편으로 자율적 의식으로 제시된 이런 이론적 의식은 어떻게 형성되어야 하는가? 그와 같은 자율적 의식을 구성하기 위해 요소들을 어떻게 선택하고 결합해야 하는가? 부과된 각 요소들은 선험적으로 거부되어야 할 것인가? 부과된 것인 한 그것은 거부되어야 하지만, 그러나 그 자체로 거부되어야 하는 것은 아니다. 다시 말해서 주어진 집단에게 종별적인 어떤 새로운 형태를 제공하는 것이 필요할 것이다."[19]

여기서 우리는 동시대 공산주의 운동에서 정식화된 또 다른 반경제주의적 입장과 그람시를 구분해 주는 주요 지점을 볼 수 있다. 예를 들어 루카치와 코르쉬Karl Korsch 역시 고전적으로 상부구조에 귀속되었던 영역을 재할당했다. 하지만 그들은 이를 혁명 주체와 계급을 동일시하는 계급 환원주의적 시각이라는 한도 내에서 수행했으며, 그 결과 헤게모니를 접합의 의미 속에서 전혀 생각할 수 없었다. 헤게모니 개념의 도입을 통해, 제2인터내셔널에서 출현해 제3인터내셔널의 담론 속에서 더욱 큰 규모로 확대 재생산된 이원론을 급진적으로 전복했던 것은 바로 그람시였다. 한편으로, 역사적 우연성의 영역이 이전의 다른 어떤 담론에서보다 더 철저하게 사회적 관계들을 관통했다. 즉, 사회적 분절들social segments은, 그들을 단계론적 패러다임의 계기로 만들었던 본질적인 연계를 상실했다. 그리고

---

18 같은 책, p. 1058[『그람시의 옥중수고 1』, 이상훈 옮김, 거름, 1986, 222-223쪽].
19 같은 책, vol. 3, p. 1875.

그것들의 의미는 헤게모니적 접합에 의존하는데, 그와 같은 접합은 그 어떤 역사법칙에 의해서도 그 성공이 보장되지 않는다. 앞서의 분석과 관련해, 다양한 '요소들'과 '과업들'은 자신들을 헤게모니화하는 세력과 맺는 관계와 동떨어진 그 어떤 정체성도 더는 가질 수 없다고 할 수 있다. 다른 한편으로, 이 불안정한 형태의 접합은 이름을 얻고, 이론적으로 사유되기 시작했으며, 사회적 행위자의 정체성 속으로 통합되기 시작했다. 이것은 그람시가 '국민-인민적인' 것과 지배적 부문이 헤게모니의 실천을 통해 자신의 본성과 정체성 자체를 변형시키는 '통합 국가'integral State와 같은 개념의 정식화를 중시했던 이유를 설명해 준다. 그람시에게 계급은 **국가권력을 장악하는 것**take State power이 아니라, **국가가 되는 것**become State이다.

여기서 모든 조건들은 우리가 헤게모니의 민주주의적 실천이라고 불렀던 것을 위해 제시되는 것처럼 보인다. 그럼에도 불구하고 전체적인 구축은 궁극적으로 비일관적인 개념화에 의존하고 있으며, 이는 고전적 마르크스주의의 이원론을 완전히 넘어설 수 없게 한다. 그람시에게, 다양한 사회적 요소들이 관계적 정체성 — 접합적 실천을 통해 달성되는 — 만을 가지고 있다 해도, 모든 헤게모니 구성체에는 항상 어떤 **단일한 통일 원칙**이 존재해야 하며, 그것은 오직 근본적인 계급일 수밖에 없다. 따라서 사회질서의 두 가지 원칙 — 통일 원칙의 단일성과 이 원칙의 필연적인 계급성 — 은 헤게모니 투쟁의 우연한 결과가 아니라 오히려 모든 투쟁이 발생하는 필연적인 구조적 틀이다. 계급 헤게모니는 전적으로 투쟁의 실천적 결과가 아니라 궁극적인 존재론적 정초를 갖고 있다. 경제적 토대가 노동계급의 궁극적 승리를 보장할 수는 없다. 노동계급의 궁극적 승리는 헤게모니적 지도력을 행사할 수 있는 노동계급의 역량에 달려 있기 때문이다. 그러나 노동계급의 헤게모니 실패는 부르주아 헤게모니의 재구성만을 가져올 수 있을 뿐이며, 그 결과 정치투쟁은 여전히 계급들 사이의 영합 게임zero-sum game이 된다. 이것이 그람시 사상에 잔존하며, 헤게모니의 탈구축적 논리를 제한하는 본질주의의 내적인 핵심이다. 그러나 헤게모니가 항상 근본적인 경제적 계급과 상응해야 한다는 주장이 경제가 최종 심급에서 결정한다는 주장을 단순히 재확인하는 것만은 아니다. 그것은 또한 헤게모니적 재구성을 위한 사회의 잠재력에 대해 극복할 수 없는 한계를 경제가 구성하는 한, 경제적 공간의 구성 논리 그 자체는 헤게모니적이지 않다고 단정하고 있다. 여기서 경제를 필연 법칙에 의해 통일된 동질적 공간으로 보는 자연주의적 편견이 다시 한 번 강력하게 출현한다.

이런 근본적인 애매성은 그람시의 '진지전' 개념에서 명확하게 드러난다. 우리는 앞에서 고전적 마르크스주의 담론에서 나타나는 군사적 은유의 기능을 언급한 바 있으며, 카우츠키에서 레닌에 이르기까지 정치에 대한 마르크스주의적 개념화가 클라우제비츠Carl von Clausewitz의 상상에 크게 빚지고 있다는 것은 결코 과장이 아니다.[20] 그 중요한 귀결은 이른바 격리 segregation 효과 — 만일 누군가가 자신과 다른 사회 세력들 사이의 관계를 군사적 관계로 이해한다면, 그는 언제나 자신의 분리된 정체성을 유지할 것이기 때문에 — 라 불릴 수 있다. 카우츠키의 '지구전'에서부터 볼셰비

---

20 *Clausewitz en el pensamiento marxista*, Mexico 1979에 실린 논문들, 특히 Clemente Ancona, "La influencia de *De la Guerra* de Clasewitz en el pensamiento marxista de Marx a Lenin", pp. 7-38 참조. 그러나 이 논문들은 군사적 통념의 정치적 은유화보다 전쟁과 정치 사이의 관계에 좀 더 치중하고 있다.

키화 추진과 '계급 대 계급'class against class 노선의 극단적 군사주의에 이르기까지, 엄격한 분리선의 설정은 정치 — 계급투쟁 지형의 하나로 단순하게 인식되는 '정치' — 의 조건으로까지 간주되었다. 반면 그람시에게 '진지전'은 하나의 문명이 진보적으로 분해disaggregation되고, 새로운 계급적 핵심을 중심으로 다른 문명이 구축되는 것을 내포한다. 따라서 대립 세력들opponents의 정체성은 처음부터 고정되어 있는 것이 아니라, 과정 속에서 끊임없이 변화하는 것이다. 이는 분명히 엄격한 군사적 의미에서의 '진지전', 즉 적군이 계속해서 자기편 쪽으로 쳐들어오지 않는다는 의미와는 관련이 없다. 실제로 여기서 군사적 은유는 그와 반대로 적용되었다. 레닌주의가 정치를 군사화했다면, 그람시는 전쟁을 탈군사화했다.[21] 그럼에도 불구하고 정치에 대한 이와 같은 비군사적 개념화로의 전환은, 새로운 헤게모니의 계급적 핵심 — 그리고 물론 낡은 헤게모니의 계급적 핵심 또한 — 이 전 과정을 통해 변함없이 유지된다고 주장하는 바로 그 지점에서 한계에 도달한다. 이런 의미에서 그런 대립에는 연속성의 요소가 존재하며, 투쟁하고 있는 두 개의 군대라는 은유는 부분적으로 그 생산성을 유지할 수 있다.

따라서 그람시의 사상은 노동자계급의 위상에 관한 기본적인 애매성 주변에서 떠돌고 있는 것처럼 보이는데, 이는 결국 그 위상을 모순적인 위치로 이끈다. 한편으로 노동계급의 정치적 중심성은 역사적이고 우연

---

21 문자 그대로의 의미에서, 이는 무력 대립 그 자체를 포함한다. 마오쩌둥 이후 '인민의 전쟁'은 대중의 '집합의지'를 구성하는 과정으로 인식되어 왔으며, 여기서 군사적 측면은 정치적 측면에 종속된다. 따라서 '진지전'은 무력 투쟁/평화 투쟁이라는 양자택일을 초월한다.

적인 성격을 가진다. 즉, 이 중심성은 노동계급이 그 자신으로부터 벗어나, 다양한 투쟁 및 민주적 요구들과 자신의 정체성을 접합시킴으로써 스스로의 정체성을 변형시키기를 요구하고 있다. 다른 한편으로, 이런 접합의 역할은 경제적 토대에 의해 노동계급에게 맡겨진다 — 따라서 그 중심성은 필연적 성격을 갖는 것처럼 보인다. 여기서 우리는 라브리올라식의 형태론적이고 본질주의적인 개념화에서 급진적이고 역사주의적 개념화[22]로의 이행이 정연하게 달성되지 못했다는 느낌을 피할 수 없다.

어쨌든, 그람시의 사상을 제2인터내셔널 마르크스주의의 다양한 고전적 경향들과 비교해 보면, 그의 헤게모니 개념이 가진 급진적 참신성은 매우 분명하게 드러난다. 전후에 카우츠키는 사회주의로의 이행에 관한 민주적인 개념화를 정식화했는데,[23] 이 과정에서 그는 볼셰비키의 경험 — 러시아와 같은 후진성의 조건에서 이행을 위해 불가피하게 나타났던 독재적 실천에 책임이 있는 — 을 반면교사로 삼았다. 그러나 그가 제안했던 대안은 자본주의적 발전이라는 신화적 법칙이 사회적 적대를 단순화할 때까지 기다리자는 것이었다. 즉, '대중들'과 '계급들' 사이의 탈구가 사라지

---

22 알튀세르는 그람시의 '절대적 역사주의'를 루카치와 코르쉬의 저작과 같은 20세기 '좌파주의'의 또 다른 형태들에 잘못 동화시켰다. 다른 곳에서 우리는 그람시가 '절대적 역사주의'라고 부르는 것이 정확히 모든 본질주의와 모든 선험적 목적론에 대한 급진적 거부이며, 따라서 '허위의식'이라는 통념과 양립 불가능한 것인 한, 이런 동화는 오해에 근거한 것이라고 주장했다(E. Laclau, "Togliatti and Politics", *Politics and Power* 2, London 1980, pp. 251-258 참조). 이와 관련해 그람시의 개입이 가진 종별성에 대해서는 C. Buci-Glucksmann, op. cit. 참조.

23 전후, 특히 10월 혁명과 관련해 카우츠키가 채택한 입장에 대한 적절한 연구는 A. Bergounioux and B. Manin, *La social-démocratie ou le compromis*, Paris 1979, pp. 73-104에서 볼 수 있다.

고, 지도자와 피지도자 사이에서 발생할 수 있는 모든 분열들이 사라지게 되는 조건들이 존재하리라는 것이다. 이와는 대조적으로, 그람시의 헤게모니 이론은 사회적 복잡성을 정치투쟁의 조건으로 승인하면서 — 레닌주의의 '계급 동맹'론에 대한 세 번의 전치를 통해 — 역사적 주체들의 다원성과 양립할 수 있는 정치의 민주적 실천을 위한 기반을 마련했다.[24]

베른슈타인과 관련해, 그람시는 베른슈타인과 마찬가지로 정치의 우위성을 확신했으며, 계급적 속성으로 환원될 수 없는 투쟁 및 민주적 요구들의 다수성을 인정했다. 그러나 이런 분리된 투쟁들과 요구들은, 진보의 일반 법칙의 개입을 통해, 오직 획기적인 수준에서만 통일될 수 있다고 보았던 베른슈타인과 달리, 그람시는 발전 법칙이 개입할 여지를 남겨 두지 않았다. 투쟁들의 의미는 헤게모니적 접합으로부터 나오며, 이 투쟁들의 진보적 성격 — 사회주의적 관점에서 — 은 미리 장담할 수 있는 것이 아니다. 따라서 역사는 민주적 개혁의 점진적 연속체|continuum가 아니라, 비연

---

24 살바도리(M. Salvadori)("Gramsci and the PCI : Two Conceptions of Hegemony", in *Gramsci and Marxist Theory*, pp. 237-258["그람시와 이탈리아 공산당 : 헤게모니에 대한 두 가지 개념화", 『그람시와 마르크스주의 이론』, 279-304쪽])가 이탈리아 공산당의 이론가들에게 가한 비판이 설득력이 없는 이유가 바로 여기에 있다. 이런 비판에 따르면, 유로 코뮤니즘은 자신의 민주적 전략의 원천으로 그람시적 전통을 정당하게 주장할 수 없다. 이는 그람시의 사상이 단절과 권력 장악의 계기에 계속해서 본질적 중요성을 부여하고 있기 때문이다. 따라서 그람시는 서유럽이라는 조건에 맞춰 채택된 레닌주의의 최고의 계기를 구성한다. 그람시에게 '진지전'이 '기동전'의 서곡이라는 점은 의심할 바가 없다. 그러나 이것이 그람시에서 '구조적 레닌주의'를 이야기하는 것을 정당화하지는 않는다. 이것은 개혁/혁명, 평화적 길/폭력적 길이라는 양자택일이 유일하게 적합한 구분일 때만 정당화될 수 있다. 그러나 우리가 보았듯이, 그람시 사상의 총체성은 이런 양자택일이 지닌 절대적 성격의 중요성을 철회하고 이를 제거하는 방향으로 나아가고 있다. 더욱 중요한 측면에서, 정치적 주체성에 대한 그람시의 개념화, 그리고 그람시가 헤게모니적 연결을 개념화하는 형식은 레닌주의의 '계급 동맹' 이론과 양립할 수 없다.

속적인 일련의 헤게모니 구성체들 또는 역사적 블록들로 간주된다. 우리가 앞서 구분한 바에 따르자면, 그람시는 베른슈타인과 '수정주의'를 공유하는지는 모르나, 분명 '점진주의'는 공유하고 있지 않다.

소렐의 경우, 상황은 좀 더 복잡하다. 분명 소렐은 '블록' 및 '신화'와 같은 개념들을 통해, 그람시보다 좀 더 급진적으로 근본적인 형태론이라는 역사에 대한 본질주의적 관점과 단절하고 있다. 이 점에서 그리고 이 점만으로도 그람시의 역사적 블록 개념은 한발 뒤처져 있다. 그러나 동시에 그람시의 시각은 소렐에 비해 명확한 진전을 보여 준다. 왜냐하면 소렐의 신화가 단순히 노동계급의 통일성을 재창조하도록 정해져 있는 반면, 그람시의 접합으로서의 헤게모니 이론은 민주적 다원성이라는 관념을 수반하고 있기 때문이다. 이런 신화의 후속 판본들은 사회 내에서 급진적인 분할선을 긋고자 했을 뿐 결코 헤게모니적 재집합reaggregation의 과정을 통해 새로운 통합 국가를 구축하려고 하지 않았다. 소렐에게 '진지전'이라는 관념은 근본적으로 낯선 것이었을 것이다.

사회민주주의 : 장기 경제 침체에서 '계획주의'로

헤게모니 정치로의 전환이 매우려 했던 정치적·이론적 공백은 제1차 세계대전 이후 사회민주주의 정당들의 실천에서도 발견될 수 있다. 이들의 사례에서, 엄격한 계급적 과업과 운동의 새로운 정치적 과업 사이의 탈구는 특징적인 형태를 띠었다. 즉, 노동운동이 제기하는 요구와 제안들의 제한적인 목록, 그리고 전후 위기로 말미암아 권력을 얻게 된 사회민주주의가 대면한 다양하고 복잡한 정치적 문제들, 이 둘 사이의 모순이라는 형태를 띤 것이다. '불균등 결합' 발전의 이와 같은 새롭고 특이한 형태는 '객관적 조건'이 성숙되었을 때에만 권력을 획득할 수 있을 것이라는 전제 아래에서 생산력의 진보적[점진적] 발전에 모든 노력을 경주한 사회 세력들을 마비시키는 정치적 효과를 만들었다. 여기에서 사회민주주의 정당들의 협소한 계급주의적 사고방식은 모든 부정적인 결과를 만들어 냈다. 이는 전후 위기 상황에서 광범위하게 발생한 민주적 요구들과 적대들을 헤게모니화하는 데 있어서 사회민주주의 정당들이 가지고 있었던 제한적 역량에서 분명하게 나타났다. "세기의 전환기부터 제1차 세계대전에 이르기까지의 유럽의 사회주의 운동은 혁명적 정당의 형태를 가지면서도 실제로는 노동조합운동의 단순한 의회 내 기관에 불과했다. 그 실제 활동은 노동조합의 문제들, 즉 임금, 노동시간, 사회보장, 관세 문제 또는 기껏해야 선거법 개정 등의 문제에 한정되어 있었다. 군국주의에 대한 투쟁, 민주적 외교정책을 위한 투쟁, 그에 못지않게 중요한 전쟁 방지를 위한 투쟁 등은 당의 주요한 사업에 견주어 '부수적인 것'에 불과했다."[25] 이런 사고방식이 전후부터 대공황에 이르기까지 사회민주주의의 활동 전체를 지배했다. 예를 들어, 독일에서 1918년 11월 이후 인민위원회의 사회주의 평의회Socialist Council of People's Commissars에서 통과된 대부분의 법령은 거의 참정권 제도에 대한 노동조합의 요구와 개혁

---

25 A. Sturmthal, *The Tragedy of European Labour, 1918~39*, London 1944, p. 23[『유럽 노동운동의 비극』, 황인평 옮김, 풀빛, 1983, 43쪽. 이 초기 저작은 사회민주주의 정치와 노동조합의 조합주의적 사고방식 사이의 관계를 정립하는 매우 통찰력 있는 시도이다.

만을 다루고 있었다. 반면, 당면한 주요 정치·경제적 문제와 대면하려는 노력은 전혀 이루어지지 않았다. 이런 편협한 계급주의적 사고방식은 사회민주주의 정당들이 정부를 장악한 사회에서 급진적인 민주화 정책이 전혀 추진되지 않았다는 데서도 드러난다. 계급주의적 사고방식은 — 개량주의적이냐 혁명적이냐는 거의 중요하지 않다 — 다양한 민주적 요구들과 적대들을 새로운 인민적 헤게모니 블록에 접합시킬 집합의지의 구축에 이르는 길을 폐쇄했다. 군대는 물론 관료제에 대한 그 어떤 개혁도 이루어지지 않았다. 대외 정책에서도 사회민주주의 정부 — 그리고 특히 다른 정치 세력들이 지배하는 내각에서 사회주의적 장관들 — 는 지배적 경향만을 따랐을 뿐 그 어떤 정치적 대안도 마련하지 않았다.

경제 영역에만 한정해서 보면, 전후 사회민주주의 국가들의 주요 정책은 (사회화라고 불리던) 일종의 국유화였다. 『사회주의로의 길』*Der Weg zum Sozialismus*[26]에서 오토 바우어는 기업에 대한 민주적 경영과 더불어 일련의 점진적 국유화를 제안했다. 국유화 기획은 다른 많은 국가에서도 나타났으며, 독일, 영국, 스웨덴과 같은 나라에서는 사회화 계획을 연구하는 평의회가 구성되기도 했다. 그러나 이런 행동으로부터 아무것도 생겨나지 않았다. "몇몇 나라에서 사회민주주의자들이 정부를 세우거나 정부에 들어갔지만, 최초의 사회화 시도는 대체로 보잘 것 없는 것이었다. 1936년 프랑스 군수산업의 예를 제외하고는 서유럽에서 양차 대전 사이에 사회민주당 정부에 의해 국유화된 기업은 하나도 없었다."[27] 사회화의 대실패

---

26 Vienna 1919.

이후 대공황이 오기까지 사회민주주의 정당들이 갖고 있는 대안적 경제 계획은 아무것도 없었다. 이와 같은 실패의 이유는 다양하지만 크게 두 가지로 볼 수 있다. 먼저 헤게모니 기획이 결여되어 있었다는 것이다. 즉, 광범위한 민주적 투쟁 전선들을 접합하려 하지 않고, 노동자의 이해만을 대변하려 함에 따라, 사회민주주의 정당들은 국가 장치의 사회·정치적 논리를 변화시키는 데 스스로 무력함을 발견할 수밖에 없었다. 이 지점에서 선택지는 분명했다. 즉, 노동계급에 유리한 사회적 조치들을 최대한 획득하기 위해 부르주아 내각에 참여할 것인가, 아니면 반대 세력에 동참하면서 무능력을 배가시킬 것인가. 사회민주주의에서 전형적으로 나타나는 노동조합 이해관계의 압력 집단적 성격은, 거의 언제나 첫 번째 선택을 강요했다.

그러나 사회민주주의 정당이 그 어떤 구조적인 변화도 만들어 내지 못한 데에는 두 번째 이유가 있었다. 즉, 경제가 의식적으로 조절할 수 있는 공간이 아니라, 필연의 법칙이 지배하는 동질적 공간이라는 관점을 갖고 있는 제2인터내셔널의 경제주의가 완고하게 유지되었기 때문이다. 슈텀달Adolf Sturmthal은 다음과 같이 명료하게 언급했다. "기묘하게도, 그들의 완고한 자유방임 정책에 대한 옹호는, 헤르만 뮐러Herman Müller와 여타 [사민당 내] 우파 지도자들의 마음속에 아직 살아남아 있는 급진적 마르크스주의 전통에 의해 강하게 뒷받침되었다. '자본주의는 개량될 수 없다'는

27 A. Przeworski, "Social Democracy as a Historical Phenomenon", *New Left Review*, no. 122, July~August 1980, p. 48["역사적 현상으로서의 사회민주주의", 『마르크스주의와 민주주의』, 한상진 편저, 사회문화연구소, 1991, 108쪽].

신념은 초기에 사회주의 정당을 모든 중간 계급적 개량 운동과 분리시키기 위해 고안된 마르크스주의 신조의 일부였다. 자본주의는 그 자신의 법칙을 따라 나아간다고 생각했다. 오직 사회주의혁명만이 …… 구체제의 사회적 폐해들을 일소시킬 수 있다는 것이다. 이 이론 안에는 명백히 민주적 방법보다는 혁명적 방법에 대한 신념이 포함되어 있었다. 사회주의 운동은 민주주의를 받아들인 후에도 본질적인 이데올로기나 초창기의 이론을 완전히 버리지는 않았던 것이다. 이 견해에 따르면, 자본주의적인 정부는 전통적인 자본주의 경제의 테두리 내에서 관리되어야만 한다. …… 이에 따라 뮐러는, 다른 문제에서는 그에게 깊은 불신을 갖고 있던 급진주의자들로부터도 지지를 받았다."[28]

이런 관점에 변화를 강제하고, 동시에 사회민주주의 정치를 재정의할 수 있는 새로운 토대를 제공한 것은 바로 대공황이었다. 이런 새로운 유형의 태도는 1930년대의 '계획주의'planism를 통해 처음으로 표현되었다. 복지국가라는 새로운 경제적 대안을 만들어 가는 과정에서 케인스주의의 실행은 노동자의 이해가 보편적인 위상을 갖도록 했는데, 이는 고임금 정책이 집단적 수요의 확대에 기여해 경제성장을 촉진했기 때문이었다.[29]

그러나 가장 높은 수준의 계획주의는 — 주요 옹호자였던 앙리 드 망 Henri De Man[30]의 저작들에서 정식화된 것처럼 — 단순한 경제적 제안 이상이었다. 즉, 그것은 근본적으로 새로운 반경제주의적 판본으로 사회주의

---

28 A. Sturmthal, pp. 39-40[『유럽 노동운동의 비극』, 66쪽].
29 A. Przeworski, "Social Democracy", p. 52["역사적 현상으로서의 사회민주주의", 112-114쪽].
30 특히 *Au-delà du marxisme*(1927)과 *L'Idée socialiste*(1933) 참조.

운동의 목표를 개조하려는 시도였다. 우리가 마르크스주의의 경제주의적이고 환원주의적인 판본의 위기에서 출현하고 있는 것으로 보았던 모든 요소들에 대한 비판이 드 망에게서도 제시된다. 즉, 경제적 '이해'에 기초한 주체성의 합리주의적 개념화 — 그는 정신분석학을 진지하게 연구한 최초의 사회주의자 가운데 한 명이었다 — 에 대한 비판, 계급 환원주의에 대한 비판, 노동계급보다 폭넓은 대중 블록의 필요성, 새로운 토대 위에서 국민을 유기적으로 재구성하는 것으로서의, 즉 **일국적**national 대안으로서의 사회주의, 집합적 사회주의 의지의 다양한 구성 요소들을 결합시키는 — 소렐적 의미에서의 — 신화에 대한 요구가 그것이다. 따라서 '계획'은 단순한 경제적 도구가 아니었다. 그것은 부르주아사회의 몰락에 맞서고 파시즘의 발흥에 대항하는 것을 가능케 해줄 역사적 블록을 재구성하는 축이었다(1938년 이후 드 망이 개인적으로 친파시스트적인 입장을 취하고, 프랑스에서 마르셀 데아Marcel Déat[31]의 사회주의가 비슷한 진화 과정을 겪었다고 해서, 당시 계획주의의 중요성이 간과되어서는 안 된다. 계획주의는 전쟁과 대공황 이후의 변화된 사회 분위기에서 사회주의를 위한 정치적 주도권을 다시 획득하기 위해 취했던 현실적 노력이었으며, 그 주제들 가운데 상당수가 1945년 이후 — 특히 그것의 경제-기술 관료적 측면에서 — 사회민주주의의 공동 자산이 되었다. 하지만 그것의 좀 더 급진적이고 혁신적인 정치적 성찰은 주로 망각되었다).

이런 측면에서, 제2차 세계대전 이후 사회민주주의 정치의 핵심적인

---

31 [옮긴이] 초기에는 사회주의적 입장을 견지했던 마르셀 데아(1894~1955)는 드 망과 마찬가지로 국가사회주의적 입장으로 변모해, 제2차 세계대전 기간에는 프랑스 비시 정권에 협력하면서 노동부 장관까지 역임했다.

한계로 흔히 거론되는 애매성[32]을 상기해 보는 것이 도움이 될 것이다. 계획주의에 대한 좌파 지지자들의 기획은 혼합경제를 확립하는 것으로, 여기서 자본주의 부문은 점차 사라져 갈 것이었다. 따라서 그것은 사실상 사회주의로의 이행을 위한 경로였다. 그러나 좀 더 기술 관료적인 변형에서 핵심은 단지 자본주의[의 발전] 과정에 내재해 있는 불균형을 — 특히 신용에 대한 통제를 통해 — 교정할 국가 개입의 영역을 창조하는 것이었다. 이런 대안들은 좌파적 대안과 우파적 대안 모두 경제정책과 관련되어 있음을 명확하게 보여 주었다. 반면, 급진적 민주화와 새로운 집합의지의 구축을 위한 기획은 없거나 주변적인 위치만을 차지하고 있을 뿐이다. 1945년 이전에 헤게모니적 접합을 위한 모든 시도를 가로막은 것은 사회민주주의 운동에 깊이 뿌리내린 계급주의였다. 1945년 이후에 — 복지국가의 성립과 함께 — 이런 계급주의는 상당 부분 약화되었다. 물론 그것은 민주적 과정이 심화되어 가는 방향으로가 아니라, 단순히 상이한 부문들의 이해가 더 이상 명확한 계급 노선들을 따라 정의되지 않는 케인스주의의 확장을 통해서였다. 이런 의미에서 사회민주주의는 기존의 국가 형태에 대한 급진적 대안(여기서 우리가 분명히 언급하고 있는 것은, 현존하는 국가의 폭력적 전복을 수반하는 '혁명적' 대안이 아니라, 국가와 시민사회 안에서 지배적인 형태의 헤게모니에 대항하는 '진지전'을 가능케 하는 다양한 적대의 심화와 접합이다)이 아니라, 그 형태 내에서의 정치-경제적 대안이 되었다. 이렇듯 헤게모니적 대안이 부재한 결과, 사회민주주의는 한편으로는 노동조합과의 특권적이

---

32 예를 들어 A. Bergounioux and B. Manin, pp. 118-120 참조.

고 실용적인 관계들의 결합으로, 다른 한편으로는 어떤 경우든 모든 것이 국가 수준에서의 해결책에 의존하도록 만드는 다소 좌파 기술 관료적인 정책들로 환원되었다. 이것이 바로 터무니없는 통념, 즉 어떤 강령이 얼마나 '좌파적인가'는 그 강령이 국유화하겠다고 제안한 회사의 수에 의해 측정될 수 있다는 통념의 뿌리이다.

본질주의의 마지막 보루 : 경제

앞선 우리의 분석은 두 개의 서로 다른 관점, 엄밀히 말해서 상호보완적인 관점에서 이해될 수 있다. 첫 번째 관점에서 우리가 제시한 상은 정통 교의 패러다임의 분해가 발생하는 분열과 파편화의 과정이다. 그러나 이 패러다임이 점유하는 공간이 텅 빈 채로 남아 있는 것은 아니다. 즉, 두 번째 관점에서 이 동일한 과정은 헤게모니의 접합적이고 재구성적인 새로운 논리의 출현과 확장으로 이해된다. 그러나 우리는 이런 설명이 한계에 직면했음을 보았다. 노동계급이 계급 동맹에서 정치적 지도자로 간주되든(레닌), 역사적 블록의 접합적 핵으로 간주되든(그람시) 간에, 그것의 근본적인 정체성은 헤게모니적 실천이 작용하는 곳과는 상이한 영역에서 구성된다. 따라서 그 어떤 전략적-헤게모니적 개념화도 가로지를 수 없는 문턱이 존재한다. 경제주의 패러다임의 유효성이 — 역사의 합리적 기층처럼 결정적이면서도 최종적인 — 특정 심급에서 유지된다면, 이것은 필연적이기 때문에 헤게모니 접합이란 단지 우연적인 것으로만 파악될 뿐이다. 모든 역사 과정에 경향적 의미를 부여하는 이런 최종적인 합리적 사회계층은 '사회적인 것'의 지형학에서 경제적 수준이라는 종별적인 위치를 차지한다.

그러나 경제적 수준이 헤게모니적 실천의 주체를 구성하는 역할을 하기 위해서는 매우 엄격한 세 가지 조건을 충족시켜야 한다. 첫째, 경제의 운동 법칙은 엄격히 내생적이어야 하며, 정치적 또는 여타 외적인 개입의 결과로 발생하는 모든 비결정성을 배제해야 한다 ─ 그렇지 않다면, 구성적 기능이 경제에만 배타적으로 귀속될 수는 없다. 둘째, 경제적 수준에서 구성된 사회적 행위자의 통일성과 동질성은 바로 이 경제적 수준에서 이루어지는 운동 법칙의 결과여야 한다(경제 외적인 재구성의 심급을 요구하는 위치의 파편화와 분산은 모두 배제된다). 셋째, 행위자들이 생산관계에서 차지하는 위치가 그들에게 '역사적 이해관계'를 부여해야 하므로, 결국 다른 사회적 수준에서 그와 같은 행위자들의 현존은 ─ '대표', 또는 '접합'의 메커니즘을 통해 ─ 궁극적으로 경제적 이해관계를 토대로 설명되어야 한다. 따라서 경제적 이해관계는 특정한determinate 사회 영역에 한정되지 않고, 사회에 대한 포괄적 시각의 정박점이 된다.

경제주의와 환원주의를 극복하기 위해 강력히 투쟁했던 모든 마르크스주의 경향들조차 이런저런 방식으로 여전히 우리가 방금 기술한, 경제적 공간의 구조화에 대한 본질주의적 개념화를 유지해 왔다. 따라서 마르크스주의 내에서 경제주의적 경향과 반경제주의적 경향 사이의 논쟁은 필연적으로 역사 과정의 결정에서 상부구조가 차지하는 비중이라는 이차적인 문제로 환원되었다. 그러나 가장 '상부구조주의적인' 개념화조차 경제에 대한 자연주의적 관점을 ─ 심지어 그 효과의 영역을 제한하려 할 때조차 ─ 간직하고 있다. 2장의 나머지 부분에서 우리는 정통 본질주의의 이런 최후의 보루를 면밀히 조사할 것이다. 오늘날 진행되고 있는 일정한 논쟁들에 준거해, 우리는 경제라는 공간이 그 자체로 정치적 공간으로 구조화되며, 사회의 다른 모든 '수준'에서처럼 그곳에서도 우리가 헤게모니적이라고 규정한 실천들이 충실하게 작동하고 있음을 보여 줄 것이다. 그러나 그에 앞서, 경제주의에 대한 비판에서 흔히 혼동하곤 하는 매우 다른 두 가지 문제를 구별해야 한다. 첫 번째는 경제적 공간의 본성 및 구성에 관한 것이다. 두 번째는 첫 번째와 아무 관계도 없는 것으로, 자신에 외재적인 사회적 과정의 결정에서 경제적 공간이 차지하는 상대적 비중에 관한 것이다. 첫 번째 것이 결정적인 문제이며, 이것이 본질주의 패러다임과 급진적으로 단절하기 위한 지반이다. 두 번째 것은, 이 책에서 우리가 밝히려고 시도할 것이지만, '사회적인 것'의 일반 이론화의 수준에서는 결정될 수 없다(주어진 정세 속에서 사회의 모든 수준에서 발생하는 것들은 경제 수준에서 일어나는 것에 의해 전적으로 결정된다는 주장은 ― 엄밀히 말해서 ― 우리의 첫 번째 질문에 대한 반경제주의적 대응과 논리적으로 양립 불가능한 것이 아니다).

헤게모니 주체가 경제적 수준에서 구성되기 위해 충족시켜야 한다고 앞서 지적한 세 가지 조건은 고전적 마르크스주의 이론의 세 가지 기본명제에 상응한다. 우선 경제의 운동 법칙이 가진 내생적 성격에 관한 조건은 생산력의 중립성 테제와 상응한다. 또한 경제적 수준에서 사회적 행위자들의 통일성이라는 조건은 노동계급의 점차적인 동질화 및 궁핍화 테제와 상응한다. 이와 함께 생산관계가 경제 영역을 초월하는 '역사적 이해관계'의 장소가 되어야 한다는 조건은 노동계급이 사회주의에 대해 기초적인 이해관계를 갖는다는 명제와 상응한다. 이제 우리는 이 세 가지 명제가 허위임을 보여 줄 것이다.

마르크스주의에서 생산력의 발전은 "과거의 생산력 발전이 사회주의를 가능케 하고, 미래의 발전이 사회주의를 필연적인 것으로 만든다"는 점에서 사회주의로 나아가는 역사적 진화에서 핵심 역할을 담당한다.[33] 그것은 전례 없이 많은 수의 착취 받는 프롤레타리아가 형성되는 기반으로, 프롤레타리아의 역사적 임무는 고도로 사회화되고 발전된 생산력을 획득해 그것을 집합적으로 관리하는 것이다. 현재의 자본주의적 생산관계는 이와 같은 생산력의 진전을 가로막는 극복할 수 없는 장애물이다. 따라서 부르주아지와 프롤레타리아트 사이의 모순은 원초적인 경제적 모순의 사회·정치적 표현으로, 생산력 발전의 일반 법칙과 자본주의적 생산양식에 종별적인 발전 법칙을 결합하는 모순인 것이다. 이런 관점에 따르면, 역사에 의미[방향]와 합리적 기층이 존재한다면, 그것은 생산력 발전의 일반 법칙 때문이다. 그리하여 경제는 인간 행위와는 독립적인 객관적 현상에 작용하는 사회의 메커니즘으로 이해될 수 있다.

이제 이런 생산력 발전의 일반 법칙이 충분한 유효성을 갖기 위해서는 생산과정에 개입하는 모든 요소들이 생산력의 결정에 반드시 종속되어야만 한다. 이를 보증하기 위해, 마르크스주의는 하나의 허구에 의지해야만 했다. 즉, 노동력을 상품으로 간주한 것이다. 새뮤얼 보울스와 허버트 진티스는 이런 허구로 말미암아 마르크스주의가 자본주의적 생산과정의 한 요소로서 노동력이 지니고 있는 일련의 전체적 특징을 제대로 파악하지 못했음을 보여 주었다. 노동력은 자본가가 단순히 그것을 구매하는 것 이

---

33 G. A. Cohen, *Karl Marx's Theory of History*, Oxford 1978, p. 206.

상을 해야 한다는 점에서 여타의 필수적인 생산 요소들과 구별된다. 즉, 자본가는 노동력이 노동을 생산하도록 만들어야 한다. 그러나 이런 본질적 측면은 그것의 사용가치가 노동인 상품으로서의 노동력에 대한 개념화로부터 벗어난다. 왜냐하면 만일 노동력이 다른 것들과 마찬가지로 그저 상품에 불과하다면, 명백히 그 사용가치는 그것을 구매한 바로 그 순간부터 자동적으로 유효할 것이기 때문이다. "노동을 자본에 대한 노동력의 사용가치로서 나타내는 것은 사회적 실천을 할 수 있는 사람에게 체화된 생산적 투입물과 자본에 의한 소유만으로도 생산적 서비스를 충분히 '소비'할 수 있는 다른 모든 투입물들 사이의 전적으로 근본적인 구분을 흐리게 한다."[34] 노동에 대한 자본주의적 조직화는 대체로 자본가들이 구매한 노동력으로부터 노동을 추출해야만 하는 필요의 결과 때문인 것으로 이해할 수 있다. 노동과정의 바로 그 핵심에서 자본가가 지배를 행사해야 할 필요성을 이해하지 못한다면, 생산력의 진화를 이해할 수 없게 될 것이다. 당연히 이것은 생산력 발전을 자연적인 동시에, 자연 발생적으로 진보적인 현상으로 보는 관념 전체에 의문을 제기한다. 따라서 우리는 경제주의적 관점의 두 요소 — 상품으로서의 노동력, 중립적인 과정으로서의 생산력 발전 — 가 서로를 강화하고 있음을 알 수 있다. 마르크스주의 전통에서 오랫동안 노동과정에 대한 연구가 평가 절하되었던 것이 당연했다.

---

34 S. Bowles and H. Gintis, "Structure and Practice in the Labour Theory of Value", *Review of Radical Political Economics*, vol. 12, no. 4, p. 8. 이런 생각은 C. Castoriadis, "Le mouvement révolutionnaire sous le capitalisme moderne", *Capitalisme moderne et révolution*, Paris 1979, vol. 1에서 이미 비판받은 바 있다.

논쟁에 불을 지핀 것은 브레이버만H. B. Braverman의 『노동과 독점자본』
의 출간이었다.[35] 이 책은 자본주의에서 기술의 지도 원리는 구상과 실행
의 분리로, 이는 노동을 전례 없이 쇠퇴[저급화]시키고 '탈숙련화'한다는 명
제를 옹호한다. 테일러주의Taylorism는 노동자를 지배하고 노동과정을 통제
하기 위한 자본가들의 투쟁에서 결정적인 계기이다. 브레이버만은 자본이
직접 생산자로부터 노동과정에 대한 통제권을 빼앗아야 할 필요성의 이면
에 바로 자본축적의 법칙이 있다고 상정한다. 그러나 그는 자본축적의 법
칙이 노동자의 숙련을 파괴하고 그들을 단순 실행자로 전락시키는 끊임없
는 노력을 통해 표현되는 이유에 대해서는 실질적으로 설명하지 못했다.
무엇보다 그는 마치 자본이 이용할 수 있는 경제적 힘이 자본주의 발전 과
정에 노동계급이 저항하거나 영향을 끼치는 것을 허용하지 않는다는 듯
이, 이런 지배의 논리를 전지전능한 — 외견상 아무 장애가 없이 작용하는
— 힘으로 제시하고 있다. 여기서 자본의 논리에 완전히 종속된 상품으로
서의 노동력이라는 낡은 관념은 여전히 그 효과를 발휘하고 있다.

　브레이버만의 주장과는 반대로, 그 사용가치가 노동인 상품으로서의
노동력이라는 통념에 대한 비판은 자본이 노동과정을 통제해야 할 필요성
을 이해할 수 있도록 해준다. 실제로 일단 노동력이 구매되면, 가능한 최대
한의 노동이 구매된 노동력으로부터 추출되어야 한다. 따라서 노동과정은
일련의 지배 관계 없이 존재할 수 없다. 또한 독점자본주의가 도래하기 훨

---

35 H. B. Braverman, *Labour and Monopoly Capital, The Degradation of Work in the
Twentieth Century*, New York 1974[『노동과 독점자본』, 이한주 외 옮김, 까치, 1998].

씬 전에 노동의 자본주의적 조직화는 이미 생산기술이자 동시에 지배 기술이어야만 했다. 이런 측면은 스티븐 마글린이나 캐서린 스톤 같은 사람들의 수많은 저작에서 이미 강조된 바 있는데, 그들은 노동의 파편화와 전문화는 흔히 생각하는 효율성과는 아무런 관련이 없고, 오히려 노동과정을 지배하려는 자본의 필요성 때문이라고 주장한다.[36] 노동자는 사회적 실천을 할 수 있기 때문에, 부과된 통제 메커니즘에 저항할 수 있으며, 이를 통해 자본가가 다른 기술을 사용하도록 강제할 수 있다. 따라서 노동과정의 진화를 결정하는 것은 순수한 자본의 논리가 아니다. 노동과정은 단순히 자본가가 자신의 지배권을 행사하는 장소가 아니라 투쟁의 장인 것이다.

　서유럽과 미국에서 수행된 최근의 수많은 연구들은 노동자와 자본가 사이의 세력 관계와 노동자들의 저항의 관점에서 노동과정의 진화를 분석해 왔다. 이 연구들은 '생산의 정치'가 존재함을 보여 주고 있으며, 자본주의 발전이 단지 경쟁 법칙과 축적의 긴급한 요구 때문이라는 생각에 이의를 제기한다. 『경합의 지형』[37]에서 리처드 에드워즈는 세 가지 주요한 통제 형식을 구분한다. 감시vigilance하의 단순 통제, 조립 라인에서 볼 수 있는 것처럼 기계의 반복적인 움직임에 노동자를 복종시키는 기술적 통제, 그리고 앞의 경우처럼 노동과정의 물리적 구조에 의존하기보다 사회적 구조에 의존하는 — 위계적 권력의 제도화를 통해 자신을 드러내는 — 관료적 통

---

36 S. Marglin, "What do Bosses Do?", *Review of Radical Political Economics*, vol. 6, no 2, 1974; K. Stone, "The Origins of Job Structure in the Steel Industry", *Review*, vol. 6., no. 2, 1974.

37 R. Edwards, *Contested Terrain : the Transformation of the Workplace in the Twentieth Century*, New York 1979

제가 그것이다. 그는 노동자의 저항으로 말미암아 자본이 새로운 형식을 실험할 필요성이 생겨난다고 주장한다. 이와 비슷하게, 장 폴 드 고드마르는 프랑스를 사례로 기술적 지배를 네 가지 주기cycle로 구분해 설명한다. 이 네 가지 주기는 "판옵틱' 주기, (공장 내부 그리고 외부에서의) 광범위한 규율화 주기, 기계화를 기반으로 개조된 노동과정 내에서 이루어지는 규율의 내재화를 수반하는 이중적 과정에 기반을 둔 주기(나는 이것을 기계적 규율의 주기라고 부르기를 제안한다), 그리고 마지막으로 형식적이면서도 실질적으로 위임된 일부 권력을 통해 진행되는 계약적 규율의 주기"이다.[38] 이와 함께, 1960년대 이탈리아의 오페라이스모operaismo[노동자주의] 흐름은 자본의 발전이 (자신의 논리를 무턱대고 노동계급에게 부과하는 것이 아니라) 어떻게 노동계급의 투쟁에 종속되는지를 보여 주었다. 예컨대, 마리오 트론티는 노동계급의 투쟁으로 말미암아 자본가가 자신의 내적 구성과 지배 형태를 바꿀 수밖에 없었다고 지적한다 ― [노동계급의 투쟁이] 노동일에 한계를 부과함에 따라, 자본가는 절대적 잉여가치[의 추출]에서 상대적 잉여가치[의 추출]로 나아가게 되었다.[39] 이로부터 라니에로 판지에리Raniero Panzieri는 생산은 "정치적 메커니즘"이며 "기술과 노동의 조직화는 계급들 사이의 힘 관계의 설정"으로 분석되어야 한다는 테제를 주창한다.[40] 이 연구들의 공통된 생각은, 자본주의적 통제의 종별적인 역사적 형태는 전체 사회관계의 부

---

38 Jean Paul de Gaudemar, *L'ordre et la production. Naissance et formes de la discipline d'usine*, Paris 1982, p. 24.

39 M. Tronti, *Ouvriers et capital*, Paris 1977 p. 106.

40 B. Coriat, "L'operaïsme italien", *Dialectiques*, no. 30, p. 96에서 재인용.

분으로서 연구되어야 한다는 것이다. 노동과정을 조직화하는 형식의 변화는 단순히 절대적 잉여가치와 상대적 잉여가치 사이의 차이라는 측면으로만 이해할 수 없기 때문이다. 그뿐만 아니라 비교 역사적 연구는 여러 국가들 사이의 중요한 차이를 보여 준다. 예를 들어, 다른 나라에 비해 상대적으로 강력한 힘을 가졌던 영국의 노동조합들은 이와 같은 노동과정의 변화에 좀 더 강력하게 저항할 수 있었다.

이런 측면에서 보면, 노동자들의 투쟁은 분명 자본주의의 내생적 논리로 설명할 수 없다. 왜냐하면 노동자 투쟁의 동역학은 노동력이라는 '상품' 형식 아래에서는 포괄되지 않기 때문이다. 그러나 만일 자본의 논리와 노동자들의 저항의 논리 사이의 분열이 자본주의적 노동과정의 조직화에 영향을 미친다면, 그것은 또한 생산력 확대의 성격과 리듬에도 중대한 영향을 미쳐야 한다. 따라서 생산력이 중립적이고 그 발전은 자연적이며 단선적인 것으로 간주할 수 있다는 테제는 전혀 근거 없는 것이 된다. 이것은 또한 경제가 자율적이고 자기 조절적인 세계로 이해될 수 있는 유일한 근거까지 없애 버린다. 따라서 사회적 행위자의 구성에서 경제 영역에 부여된 배타적인 특권의 첫 번째 조건은 충족되지 않는다.

이와 같은 결론으로 말미암아 우리는 두 번째 조건 역시 충족될 수 없을 것이라 의심할 수 있다. 경제가 그 자신이 가지고 있지 않은 단일 논리에 의해 통일된 주체를 구성할 수 없다는 점에서 그러하다. 그럼에도 불구하고 '노동계급' 주체가 가진 다양한 위치들의 다채로운 탈중심화를 탐구해 보는 것이 중요하다. 먼저 마르크스에게 노동계급 개념 자체는 그 자신의 운동 법칙을 가진 두 개의 구별되는 관계를 포괄하고 있다. 그 하나는 노동력의 판매를 통해 수립된 임금 관계 ― 이는 노동자를 프롤레타리아로 변화시킨다 — 이며, 다른 하나는 노동과정에서 노동자가 차지하는 위치에서 비롯되는 관계 — 이는 노동자를 순육체 노동자로 만든다 — 이다. 이런 이분법은 마이클 부라보이가 제시한[41] 생산의 관계와 생산 내 관계 relation in production 사이의 의미심장한 구분을 뒷받침한다. 마르크스에게서 그런 구분이 분명치 않다면, 그것은 이 두 개의 관계들이 마르크스 자신의 직접적인 역사적 경험에서 일치하는 경향을 가지고 있었을 뿐만 아니라, 마르크스가 노동력을 단순히 상품으로 봄으로써 노동과정에서 수립된 관계들에서 모든 자율성과 적실성을 철회시켜 버렸기 때문이기도 하다. 그러나 분명한 것은 이 두 관계는 모두 각각 다른 방향으로 진화해 갔고, 그 결과 노동자들을 통일했던 '노동계급'이라는 공통의 표식을 문제 삼게 만들었다. 즉, 임금(임노동) 형태는 선진 자본주의에서 일반화되어 갔던 반면, 산업 노동자들은 그 수나 중요성에 있어서 쇠퇴해 왔다. 이런 비대칭성이 노동계급의 한계에 대한 최근의 논쟁을 지배해 왔던 애매성들의 근원이다.

궁핍화 이론이 노동계급 통일성을 구성하는 종별적 메커니즘으로서 유지될 수 없다는 것이 입증된 직후, 그와 같은 통일성의 경제적 토대를 발견하기 위해 두 가지 새로운 시도가 이루어졌다. 하나가 '탈숙련화'(브레이버만) 현상을 중심에 두었던 반면, 다른 하나는 '진정한' 노동계급(풀란차스)을 구성하는 좀 더 한정된 핵심 노동자들을 찾으려 했다. 테일러주의에 대한 분석에서 출발한 브레이버만은 구상과 실행의 분리에서 비롯된 노동

---

41 M. Burawoy, "Terrains of Contest : Factory and State under Capitalism and Socialism", *Socialist Review*, no. 58.

의 쇠퇴 때문에 유례가 없을 정도로 폭넓은 노동자층이 — 상품 생산 부분에 고용되어 있든 아니든 — 프롤레타리아화된 노동계급의 범주 속으로 들어가고 있다고 주장한다.[42] 그에 따르면, 마르크스가 예견했던 양극화는 실현되고 있으며, 현재 진행 중인 노동조건의 쇠퇴는 노동계급이 스스로를 조직해 정치적으로 체계에 맞서 투쟁하도록 만들 것이다. 그러나 북미의 노동계급을 다룬 연구들 가운데 브레이버만의 동질화 테제를 공유하고 있는 연구는 거의 없다. 반대로 대부분이 일반적으로 노동계급의 분리와 파편화를 강조한다. 예를 들어 고든·에드워즈·라이히의 연구는[43] 인종 및 성차별과 결합된 노동과정에서의 통제 형식이 노동시장을 어떻게 파편화시키는지를 보여 주었는데, 이는 노동계급의 분화 과정에서 구체화된다.[44] 이와 비슷한 서유럽의 연구[45] 또한 사회구조의 점진적인 단순화 테제를

---

42 Braverman, *Labour and Monopoly Capital, the Degradation of Work in the Twentieth Century*, New York 1974.

43 D. Gordon, R. Edwards and M. Reich, *Segmented Work, Divided Workers*, Cambridge, 1982[『분절된 노동, 분할된 노동자』, 고병웅 옮김, 신서원, 1998]

44 그들은 노동계급의 상이한 세 부문에 상응하는 노동시장의 존재를 세 가지로 구분한다. 첫 번째[독립 1차 노동시장]는 대부분의 전문직을 포함한다. 이 전문직은 승진과 상대적으로 높은 봉급의 가능성과 더불어 안정된 고용을 향유하는 중간 부문들의 영역이다. 이런 특징들은 종속적 1차 노동시장(the first subordinate market)에서도 찾아볼 수 있는데, [독립 1차 노동시장과의] 차이는 이 부문의 노동자들 — 3차 산업 부문의 반숙련 노동자들과 함께 '전통적인' 노동계급 — 은 단지 기업에서 취득한 종별적 기술들만을 가지고 있을 뿐이며, 이들의 작업은 반복적이고 기계의 리듬에 묶여 있다는 것이다. 세 번째, 우리는 승진의 가능성도 없고, 고용 보장도 안 되며, 저임금에 처한 비숙련 노동자들의 2차 시장을 접하게 된다. 이 노동자들은 노동조합에 가입되어 있지도 않고, 이직도 빠르며, 흑인과 여성의 비율이 매우 높다[이에 대해서는 『분절된 노동, 분할된 노동자』, 274-277쪽 참조].

45 예를 들어 M. Paci, *Mercato del Lavoro e classi sociali in Italia : Ricerche sulla composizione del proletariato*, Bologna, 1973 참조. 산업사회에 대한 좀 더 일반적 시각으로는 S. Berger and M.

거부하면서 현재의 일반적 경향이 경제의 두 부문, 즉 높은 임금을 받는 안정적인 일반[정규] 부문[1차 노동시장]과 아무런 보호 장치도 없는 비숙련 내지 반숙련 노동자의 주변적인 부문[2차 노동시장] 사이의 양극화로 흐르고 있음을 확인했다. 여기에 끊임없이 증가하는 구조적 실업 부문이라는 세 번째 부문을 추가한다면, 동질화 명제가 유지될 수 없다는 것은 명백해진다. 게다가, 탈숙련은 브레이버만이 그것에 부여했던 것과 같은 일반적인 성격을 보여 주지 않는다. 비록 몇몇 부문에서 탈숙련이 증가하고 있다고 해도, 그것과 나란히 새로운 숙련의 창조 과정이 존재하기 때문이다.

나아가 이중 노동력 시장의 창출은 작업장에서의 저항에 대항하기 위한 자본가의 여러 상이한 전략과 연관지어 이해되어야 하지, 단순히 자본주의 발전의 효과로 이해될 수는 없다. 그래서 앤드루 프리드먼은 영국의 사례를 통해 자본가들이 자신들의 권위에 저항하는 다양한 노동자 집단들의 역량에 따라 어떻게 상이한 전략들을 채택해 왔는지를 보여 주었다.[46] 특정 국가와 동일 기업 내에서도 상이한 노동시장에 속하는 중심부 노동자와 주변부 노동자 사이의 분리가 존재할 수 있으며, 이런 분리에 따른 임금과 노동조건의 차이는 불평등한 저항 역량을 반영한다. 여성과 이주 노동자들은 일반적으로 보호받지 못하는 시장에 놓인다. 그러나 프리드먼은 이와 같은 분절화[segmentation]가 노동계급을 분리하려는 음모의 결과가 아니라, 노동조합 역시 중요한 역할을 하는, 힘 관계의 귀결이라고 본다.

Piore, *Dualism and Discontinuity in Industrial Societies*, Cambridge 1980 참조.
46 A. L. Friedman, *Industry & Labour: Class Struggle at Work and Monopoly Capitalism*, London 1977.

따라서 노동계급 내부에서의 분리는 많은 사람들이 인정하고 싶어 하는 것보다 훨씬 더 깊은 뿌리를 갖고 있다. 또한 그것은 어느 정도까지는 노동자들 자신의 실천의 결과이다. 그것은 단순한 경제적 분할이 아니라 정치적 분할인 것이다.

오늘날 노동계급의 동질성에 관해 말하는 것은 불가능하며, 자본주의적 축적 논리에 각인된 메커니즘에서 그런 동질성을 추적하는 것은 더욱 불가능하다. 계급이 생산관계 내로 삽입됨으로써 발생하는 공동의 이익을 바탕으로 한 노동자들의 정체성이라는 관념을 유지하기 위해, 우리가 앞서 언급한 두 번째 경향은 좀 더 제한적인 정의를 통해서 진정한 노동계급의 위치를 찾아내려 했다. 파편화의 현실은 충분히 인정되었지만, 단일한 정체성은 그 파편들[단편들]fragments 가운데 하나에 귀속된다. 이 점에 관해서는 에릭 올린 라이트와 니코스 풀란차스의 논쟁을 검토해 보는 것이 유용하다.[47] 풀란차스에 따르면, 노동계급의 한계를 규정하는 기준은 생산적 노동이며,[48] 비생산적 임금노동자는 '신프티부르주아지'를 구성한다. 이 범주에 포함된 부문들의 이질성은 풀란차스에게 종별적인 문제가 되지 않는다. 풀란차스의 관점에서 보면, 계급은 단지 경제적인 층위에서만 정의될 수 없고, 구프티부르주아지와 신프티부르주아지는 프롤레타리아트

---

47 N. Poulantzas, *Classes in Contemporary Capitalism*, NLB, London 1975[『계급분석의 기초이론』, 박준식·한현옥 옮김, 세계, 1986, 제5부에 일부가 번역되어 있다]; E. Olin Wright, *Class, Crisis and the State*, London, 1978[『국가와 계급 구조』, 김왕배 옮김, 화다, 1985].
48 '생산적 노동' 개념은 마르크스보다 풀란차스에게 더 제한적이다. 그는 이 개념을 "착취 관계의 기층으로 기능하는 물질적 요소들을 직접 재생산하면서 잉여가치를 생산하는 노동, 즉 물질적 부를 증가시키는 사용가치를 생산함으로써 물질적 생산에 직접적으로 포함되는 노동"이라고 정의한다(p. 216).

및 부르주아지에 대해 동일한 이데올로기적 위치를 점유하고 있기 때문에, 이질적인 프티부르주아 분파들을 동일한 계급 범주에 집어넣는 것이 아주 정당하다고 생각했다. 이런 접근은 에릭 올린 라이트의 비판을 받았다. 그는 생산적 노동에 대한 폴란차스의 정의뿐만 아니라, 그런 기준이 노동계급의 한계를 정의하는 데 기여할 수 있다는 생각도 거부했다. 라이트의 주장에 따르면, 생산적 노동과 비생산적 노동 사이의 구분은 비생산적 노동자가 [생산적 노동자와] 상이한 계급 이해를 갖고 있으며 사회주의와 관련이 없다는 것을 결코 함의하지 않는다. 그는 다음과 같이 언급한다. "사회적 노동 분업 내의 두 개의 위치가 경제적 기준을 토대로 상이한 계급으로 위치 지워진다는 것은 이들이 경제적 층위에서 서로 다른 계급적 이해를 갖게 된다는 것을 함의하기 때문이다."[49] 그가 제시하는 해결책은 '애매한' 계급 위치와 '애매하지 않은' 계급 위치를 구분하는 것이다. 그리고 애매하지 않은 계급 위치가 프롤레타리아트, 부르주아, 프티부르주아를 특징짓는다.[50] 라이트는 이런 세 개의 애매하지 않은 위치들의 구분 외에도, 그가 '모순적인 계급 위치'라고 부르는, 즉 두 개의 애매하지 않은 위치들 사이에 걸쳐 있는 위치 또한 구분한다. 따라서 경제적 기준이 모순적인 곳에서는 이데올로기적·정치적 투쟁이 계급 이해를 정의하는 결정적

---

49 Wright, p. 48[『국가와 계급 구조』, 49쪽].

50 프롤레타리아에 속하는 기준은 다음과 같다. ① 물리적 생산수단에 대한 통제의 부재, ② 투자와 축적 과정에 대한 통제의 부재, ③ 타인의 노동력에 대한 통제의 부재. 반면 부르주아는 이 세 항목에 대한 통제의 실행으로 특징지어지며, 프티부르주아는 투자와 축적 과정, 그리고 물리적 생산수단은 통제하지만, 다른 사람들의 노동력을 통제하지는 못한다.

인 역할을 하게 된다.

물론 '진정한' 노동계급을 이렇게 디오게네스처럼 찾는 이유는 정치적인 것이다. 그 정치적 목적이란 노동자들의 범주를 결정하는 것, 다시 말해서 자신들의 경제적 이해관계 때문에 사회주의와 직접적으로 연결되어 있고 따라서 반자본주의 투쟁을 이끌 운명인 노동자들의 범주를 결정하는 것이다. 그러나 노동계급에 대한 제한된 정의에서 출발하는 이런 접근들의 문제는 이 접근들이 여전히 '객관적 이해관계'라는 개념 — 이론적 기반을 결여하고 있으며, 기껏해야 분석가가 사회적 행위자의 일정한 범주에 자의적으로 귀속시킨 이해관계에 불과한 개념 — 에 기초해 있다는 것이다. 고전적 관점에서 계급 통일성은 이해관계를 중심으로 구축되었지만, 사회구조의 소여는 아니었다. 왜냐하면 계급 통일성은 생산력의 발전과 함께 진행되는 궁핍화와 프롤레타리아화에서 비롯된 통일화의 과정이기 때문이다. 브레이버만의 탈숙련화를 통한 동질화는 고전적 관점과 동일한 설명 수준에 속한다. 객관적 이해관계가 과학적 지식을 통해 접근할 수 있는 역사의 합리적이고 필연적인 운동에 의존하고 있는 한, 그 이해관계는 역사적 이해관계였다. 역사에 대한 종말론적인eschatological 개념화를 포기하면서도 동시에 그 종말론적인 개념화 안에서만 의미를 지닐 수 있는 '객관적 이해관계'라는 통념을 유지하는 것은 불가능하다. 풀란차스와 라이트 모두 노동계급의 파편화를 다양한 사회적 행위자들 사이에서 나타나는 위치들의 파편화로 상정하는 것처럼 보인다. 둘 중 누구도 고전 마르크스주의가 잘 알고 있었던 좀 더 실질적인 현실, 즉 위치들의 파편화는 바로 사회적 행위자들 내에 존재하며, 따라서 그들은 궁극적이고 합리적인 정체성을 결핍하고 있다는 점에는 주의를 기울이지 않는다. 경제

투쟁과 정치투쟁 사이의 긴장 — 그리고 노동계급의 '부르주아화'에 대한 이론적 분석 또는 민주주의의 진전에 따라 노동자들은 프롤레타리아이기를 그치고 시민이 될 것이라는 베른슈타인의 주장 등 — 은 노동계급이 미약하게 통합된 다원성에 의해 지배되며, 때로는 모순적인 주체 위치들에 의해 지배되고 있다는 것을 함의한다. 여기서 양자택일의 구조는 명확해진다. 즉, 먼저 프롤레타리아적인 천년왕국의 계기에 이런 모순적인 다원성이 제거되어 노동계급이 절대적으로 통일된 주체 위치로 그 자신을 투명하게 드러낼 것이라고 주장하는 역사 이론을 보유하던지 — 이 경우 '객관적 이해관계'는 처음부터 결정될 수 있다 — 아니면 이런 역사 이론을 포기하고 그럼으로써 전체로서의 행위자들의 '객관적' 이해관계를 결정하는 데 있어서 특정한 주체 위치를 특권화하는 기반을 포기하던지 — 이 경우 '객관적' 이해관계라는 관념은 의미 없는 것이 된다 — 이다. 우리의 관점에서 보면, 사회적 적대들의 결정으로 나아가기 위해서는 다양하고 때로는 모순적인 위치들의 다원성을 분석하고, 고전적 담론의 '노동계급'처럼 완벽하게 통합되고 동질적인 행위자라는 관념을 버리는 것이 필수적이다. '진정한' 노동계급과 그것의 한계를 찾는 것은 잘못된 문제이며, 그 자체로 이론적·정치적 적합성을 결여하고 있다.

명백하게도, 이런 주장이 함의하고 있는 바는 노동계급과 사회주의가 양립 불가능하다는 것이 아니라, 그와 달리 사회주의에 대한 근본적인 이해관계가 경제적인 과정에서 결정된 위치들로부터 논리적으로 연역될 수 없다는 것이다. 이런 우리의 주장과 대립되는 관점 — 자본가들이 경제적 잉여가치를 가져가는 것을 막으려는 노동자들의 이해관계로 말미암아 노동자들은 사회주의에 근본적인 이해관계를 가진다는 관점 — 은 다음과 같은 추가적인 가정이 사실일 때에만 유효하다. 즉, ⓐ 노동자들은 자본가들과 마찬가지로 경제적 잉여가치를 극대화하려고 노력하는 경제적 동물이라는 가정. 아니면 ⓑ 노동자들은 자신들의 노동 생산물의 사회적인 배분을 열망하는 협력적인 존재라는 가정. 그러나 설득력이 거의 없는 이런 가설들은 아무것도 증명하지 못할 것이다. 왜냐하면 생산관계에서의 위치와 생산자들의 심성 구조 사이에는 어떤 논리적 연관도 없기 때문이다. 일정한 지배 형태에 대한 노동자들의 저항은, 생산관계에서만이 아니라 사회적 관계 전체 안에서 그들이 차지하는 위치에 달려 있다. 이 지점에서 헤게모니의 행위자들이 경제 영역에 의해 배타적으로 구성되기 위한 마지막 두 조건 ― 첫째, 헤게모니의 행위자들은 경제 영역에서 주체로서 완전하게 구성되어야 한다는 조건. 둘째, 자신들의 계급 위치에서 도출되는 '역사적 이해관계'가 헤게모니 행위자들에게 주어져야 한다는 조건 ― 은 모두 충족될 수 없다는 것이 분명해진다.

결론에 즈음해

결론을 도출해 보자. 경제라는 영역은 내생적 법칙에 종속되는 자기-조절적 공간이 아니다. 궁극적인 계급적 중핵에 고정될 수 있는 사회적 행위자들을 구성하는 원리도 거기에 존재하지 않는다. 계급 위치들은 역사적 이해관계의 필연적인 장소도 아니다. 이런 관점에서 곧바로 몇 가지 함의가 도출된다. 카우츠키 이후 마르크스주의는 노동계급의 사회주의적 결정이 자발적으로 생겨나는 것이 아니라, 지식인들의 정치적 매개에 의존한다고 생각했다. 그러나 그런 매개가 **접합**, 다시 말해 상이한 요소들을 통한 **정치적 구축**으로 파악된 것은 아니었다. 그것은 인식론적 근거를 갖고 있다. 즉, 사회주의 지식인들이 노동계급 안에서 노동계급의 역사적 운명을 읽어 낸다는 것이다. 그람시에 이르러서야 정치는 마침내 접합으로 파악되었고, 역사적 블록 개념을 통해 그는 심오하고 근본적인 복잡성을 '사회적인 것'의 이론에 도입했다. 그러나 심지어 그람시에게조차, 헤게모니적 주체의 정체성을 구성하는 궁극적 핵심은 그것이 접합하는 영역 외부의 지점에서 구성된다. 즉, 헤게모니의 논리는 고전적 마르크스주의의 이론적 지평에 자신의 탈구축적 효과를 충분히 미치지 못했던 것이다. 그러나 생산력의 중립적 성격에 대한 테제가 폐기되고, 계급 주체의 통일성과 동질성이 불확실하게 통합된 위치들의 집합으로 분열되어, 계급 주체가 더는 미래의 통일화에 대한 필연적인 준거점이 될 수 없는 한, 우리는 계급 환원주의의 마지막 보루가 무너지는 것을 목도하게 된다. 접합과 우연성의 논리인 헤게모니의 논리가 헤게모니적인 주체의 정체성까지도 결정하기에 이르렀다. 이로부터 수많은 결론들이 뒤따라오며, 이는 우리의 후속 분석의 출발점으로 나타난다.

1. 비고정성이 모든 사회적 정체성의 조건이 되었다. 우리가 보았듯이, 헤게모니가 최초로 이론화될 때 나타났던 모든 사회적 요소의 고정성은 헤게모니적 과업과 그 과업의 자연적 행위자라고 가정된 계급 간의 해소할 수 없는 연결에서 유래되었던 반면, 과업과 그 과업을 헤게모니화하는 계급 간의 결합은 단순한 사실이었거나 우연적인 결합에 불과했었다. 그러나 과업이 계급과 그 어떤 필연적 연계도 맺고 있지 않는 한, 계급 정체

성은 헤게모니 구성체 내에서의 접합에 의해서만 주어진다. 따라서 계급 정체성은 순수하게 관계적인 것이 된다. 그리고 이런 관계들의 체계가 더는 고정적이고 안정적이지 않게 됨 — 이로 말미암아 헤게모니적 실천이 가능해진다 — 에 따라, 모든 사회적 정체성의 의미는 끊임없이 지연되는 deferred 것으로 나타난다. 즉, '최종적' 봉합의 계기는 결코 도래하지 않는다. 그러나 이와 더불어, 필연성 범주만이 몰락하는 것이 아니다. 필연성/우연성의 대립을 이해 가능하게 만드는 영역이 해소됨에 따라, 헤게모니 관계를 순수한 우연성의 관계로 설명하는 것 역시 더는 가능하지 않게 된다. 헤게모니적 연결을 단순히 서사의 실행narrative exercise를 통해 이론적으로 파악할 수 있다고 생각하는 것은 헛된 생각임이 밝혀졌다. 대신 헤게모니적 연결은 새로운 이론적 범주들을 통해 정의되어야 하는데, 이런 범주들의 위상은, 결코 자신과 동일할 수 없는 유형의 관계를 파악하려고 하는 한, 문제가 된다.

2. '사회적인 것'의 이런 비고정성이 효과를 생산하는 **차원들**에 대해 간략히 언급해 보자. 첫 번째 차원은 정치적 주체성의 지형에 속한다. 우리는 이미 로자 룩셈부르크에게서 상이한 적대와 정치적 단절 지점들을 연결하는 상징적 차원이 새로운 사회 세력의 모체 — 즉, 그람시가 '집합의 지'라고 부르는 것 — 임을 보았다. '사회적인 것'의 이와 같은 상징적 구성의 논리는, 형태론적 수준에서, 역사에 대한 경제주의적 개념화가 지속될 때 정확한 한계에 부딪힌다. 그러나 이 문제가 해소되고 나면, 다양한 형태의 사회적 저항이 계급 경계를 범람해 자유롭게(투쟁이나 요구의 그 어떤 선험적인 계급 성격에서도 **자유로운** — 그러나 주어진 국면에서 **모든** 접합이 가능하다는 의미에서 자유롭다는 것은 분명히 아니다) 작동할 수 있다. 그러나 이것이

사실이라면 우리의 분석에서 세 가지 중요한 결론들이 나올 수 있다. 첫 번째 결론은 사회주의와 구체적인 사회적 행위자 사이의 연결을 가리킨다. 우리는 사회주의적 목표와 생산관계에서 사회적 행위자가 차지하는 위치 사이에는 그 어떤 논리적·필연적 관계도 존재하지 않으며, 그것들 사이의 접합은 외재적인 것이고, 각각을 서로에게 통합시키는 어떤 자연적 운동을 통해서 발생하지 않는다는 것을 보여 주었다. 다시 말해서 사회주의적 목표와 주체 위치 사이의 접합은 헤게모니적 관계로 간주되어야 한다. 이로부터 노동자들의 투쟁은, 사회주의적 관점에서 볼 때, 언제나 진보적인 것이 아니다. 즉, 노동자들의 투쟁은 다른 모든 사회 투쟁처럼 주어진 헤게모니 맥락 내에서의 접합에 의존한다. 동일한 이유로 그 밖의 다양한 단절 지점들과 민주적 적대들이 노동자들의 요구와 동등한 자격으로 사회주의적 '집합의지'에 접합될 수 있다. 반자본주의 투쟁에서 '특권적 주체'의 시대는 — 실천적 의미에서가 아니라 존재론적 의미에서 — 종국적으로 지양되었다. 두 번째 귀결은 지난 10여 년간 수없이 논의되어 왔던 '새로운 사회운동'의 본질을 가리킨다. 여기에서 두 가지 지배적인 사유 경향은 우리의 이론적 입장과 양립 불가능하다. 첫 번째 경향은 새로운 사회운동의 본질과 효과를 사회주의적 변화의 특권적 주체라는 문제틀 내에서 접근하는 것이다. 따라서 새로운 사회운동들은 노동계급(전통적인 관점에서의 근본적인 주체)과 관련해서 주변적인 것으로 간주되거나 체계 속으로 통합되고 있는 노동계급의 혁명적 대체물로 간주된다(마르쿠제). 그러나 지금까지 우리는 사회주의적인 정치적 실천이 분출하는 어떤 특권적 지점도 존재하지 않는다고 이야기해 왔다. 오히려 사회주의적 실천의 분출은 수많은 이질적인 지점들에서 힘들여 구성된 '집합의지'에 달려 있다. 따라서 우리는 새로운 사회운동에 관해 논의하면서 그 진보적 본질을 선험적으로 단언하는 다른 지배적 경향에도 동의할 수 없다. 지역 공동체 운동, 생태계 보호 운동, 성적 소수자 운동 등의 정치적 의미는 시작부터 주어지는 것이 아니며, 여타의 다른 투쟁들 및 요구들과 어떻게 헤게모니적으로 접합되는가에 결정적으로 의존한다. 세 번째 귀결은 상이한 주체 위치들 사이의 관계를 파악하는 형식을 가리키는데, 여기서 우리의 분석은 이 상이한 주체 위치들 사이의 관계를 탈총체화하는 경향이 있었다. 그러나 만일 이 지점에서 탈중심화 작업이 멈춰 버렸다면, 우리는 단지 새로운 형태의 고정성, 즉 탈중심화된 다양한 주체 위치들의 고정성만을 단언하는 것이 되었을 것이다. 이들 자체[탈중심화된 다양한 주체 위치들]가 고정되지 않는다면, 탈총체화의 논리는 분명 상이한 투쟁과 요구들에 대한 분리를 단언할 수 없으며, 접합은 이질적이면서도 완전하게 구성된 요소들의 결합으로 파악될 수 없다. 이 지점에서 우리에게 구체적인 사회적 접합의 논리로 향하는 열쇠를 제공해 주는 것은 바로 '과잉 결정' 개념의 급진화이다.

3. 그러나 우리의 분석 논리가 '헤게모니' 개념 자체를 의문에 빠뜨리는 것으로 보일 수도 있다. 헤게모니 범주의 출현과 유효성에 관한 담론 영역은 본래 어떤 분열에 관한 이론적 지반에 한정되어 있었다. 본질의 수준에서 구성된 계급은 자신의 본질에 이질적인 과업을 떠맡도록 강요하는 역사적 우연성에 직면했다. 그러나 우리가 살펴본 것처럼, 한편으로 이런 분열 개념은 이런 두 평면 사이의 구분이 무너진 뒤에는 유지될 수 없었으며, 다른 한편으로 진보가 민주적 방향으로 진행되는 한, 헤게모니화된 과업은 헤게모니 주체의 정체성을 변화시켰다. 과연 이는 '헤게모니'

가 단순히 일시적[이행적] 개념, 즉 본질주의적 담론을 해체하는 하나의 계기일 뿐이며, 따라서 본질주의적 담론의 해체 후에는 지속될 수 없는 개념이라는 것을 의미하는 것일까? 다음 두 장에서 우리는 이것이 적절한 대답이 아니며, 헤게모니 개념에 내재한 긴장은 모든 정치적 실천, 엄격히 말해 모든 사회적 실천에 내재되어 있는 것임을 보여 줄 것이다.

이제 우리는 헤게모니 개념을 이론적으로 구축해야 한다. 지금까지 우리의 분석은 그 출발을 위한 정확한 담론적 장소를 제공하는 것 그 이상과 그 이하를 했다고 할 수 있다. 그 이상이라는 것은, 헤게모니의 공간이 국지적인 '비사유'localized unthought의 공간이 아니라는 점에서 그러하다. 오히려 헤게모니 공간은, 사회적인 것의 뚜렷한 계기들을 폐쇄된 패러다임의 내부로 환원할 수 있는 명료성을 기반으로, 사회적인 것에 대한 전체적인 개념화가 즉각적으로 발생하는 공간이다. 그 이하라는 것은, 헤게모니적 관계가 출현하는 다양한 표면들이 이론적 공백 ― 그것을 채우기 위해서는 새로운 개념이 요구된다 ― 을 형성하기 위해 조화롭게 모이지 않기 때문이다. 반대로 그 가운데 어떤 표면들은 바로 그 [새로운] 개념이 해소되는 표면들처럼 보일 것이다. 왜냐하면 모든 사회적 정체성의 관계론적 성격은 헤게모니적 연결의 토대가 되는 평면들이 가진 변별성의 소멸, 접합자와 피접합자 사이의 불균등성의 소멸을 함의하기 때문이다. 따라서 헤게모니 개념을 구축하는 작업은 일관된 맥락 내에서의 사변적인 노력이 아니라, 상호 모순적인 담론적 표면들 사이의 협상을 요구하는 좀 더 복잡한 전략적 운동을 수반한다.

지금까지 이야기한 모든 것에 비춰볼 때, 헤게모니 개념은 **접합** 범주가 지배하는 이론적 영역을 가정하며, 따라서 접합된 요소들은 따로따로 확인[식별]될identified 수 있다는 결론이 나온다(나중에 우리는 접합된 총체성들과는 독립적으로 '요소들'을 종별화하는 것이 어떻게 가능한지 검토할 것이다). 어쨌든 접합이라는 것이 주어진 관계적 복잡성의 이름이 아니라 일종의 실천이라면, 이는 그와 같은 실천을 통해 접합되거나 재구성되는 요소들이 따로따로 현존하는 형태를 띠고 있어야 함을 함의한다. 우리가 분석하고자 하는 이론화 유형에서, 접합적 실천이 작용하는 요소들은 구조적 또는 유기적 총체성을 상실한 파편들[단편들]로서 애초부터 종별화되어 있었다. 18세기 독일 낭만주의 세대는 파편화와 분리의 경험을 자신들의 이론적 성찰의 출발점으로 삼았다. 17세기 이후, 인간이 정확하고 결정된 장소를 점유했던 유의미한 질서로서의 우주관이 붕괴됨에 따라 ― 이런 관점은 주체에 대한 자기 규정적인 개념화, 즉 [자신을 제외한] 나머지 세계와 외재적 관계에 있는 독립적인 실체로서의 주체 개념으로 대체된다(베버적인 의미에서 세계의 탈주술화) ― 통일성을 상실한 질풍노도의 낭만주의 세대는 분리를 극복할 수 있는 새로운 종합을 갈구하게 되었다. 인간을 통합적인 총체성의 표현으로 보는 통념은 17세기 이후 합리주의에 의해 확립된 모든 이원론 ― 육체/영혼, 이성/감정, 사고/감각 ― 과 단절하려 한다.[1] 잘 알려져 있듯이, 낭만주의자들은 이런 분리의 경험이 기능적 분화 및 사회의 계급 분화 현상 그리고 점점 더 복잡해져 가는 관료제적 국가 — 여타의 사회적 삶과 외재성의 관계를 설정하는 — 와 밀접하게 연결된 것으로 파악했다.

재접합될 요소들을 통일성을 상실한 파편들로 종별화할 경우, 그 어떤 재구성이라고 할지라도 그리스 문화 특유의 자연적이고 유기적인 통일성과는 반대로, 인위적 성격을 지니게 될 것이라는 점은 명백했다. 횔덜린은 이에 대해 다음과 같이 말했다. "우리의 존재에는 두 가지 이상ideals이 있다. 하나는 극도로 단순한 상태로, 이런 상태에서 우리는 아무런 행위를 하지 않아도 오로지 자연의 조직화를 통해 우리의 다양한 필요들이 서로, 그리고 우리의 역량 및 우리가 관계하는 모든 것들과 서로 조화를 이루게 된다. 다른 하나는 최고로 계발된 상태로, 이 상태에서 무한히 다양화된 필요와 무한히 강화된 능력 사이의 조화는 우리가 우리 자신에게 부여할 수 있는 조직화를 통해 이루어진다."² 이제 모든 것은 '우리가 우리 자신에게 부여할 수 있는 조직화' 그리고 각각의 요소에 새로운 형태의 통일성을 부여하는 이런 조직화를 어떻게 인식하는가에 달려 있다. 즉, 그 조직화를 우연적인 것, 따라서 그 파편들 자체에 외재적인 것으로 파악할 것인지, 아니면 파편들과 조직화 모두 그것들을 초월하는 총체성의 필연적 계기로 파악할 것인지에 달린 것이다. 분명한 것은 첫 번째 유형의 '조직화'만이 접합으로 간주될 수 있다는 것이다. 두 번째 유형은, 엄격하게

---

1 C. Taylor, *Hegel*, Cambridge 1975, p. 23과 1장 참조[『헤겔 철학과 현대의 위기』, 박찬국 옮김, 서광사, 1988, 1장, 특히 19-38쪽 참조].

2 F. Hölderlin, *Hyperion Fragment*, C. Taylor, p. 35에서 인용[『헤겔 철학과 현대의 위기』, 29쪽].

말하면, 매개이다. 그러나 철학적 담론에서 접합과 매개 사이의 거리들[차이들]distances은 명확히 분기되는 영역이라기보다는 애매성들의 흐릿한 영역으로 제시되어 왔다.

현재 우리의 관점에서 볼 때, 이것은 통일과 파편화의 변증법에 관한 접근 방식 속에서 헤겔 사상이 보여 주고 있는 애매성이다. 헤겔의 작업은 독일 낭만주의의 정점인 동시에 사회에 대한 최초의 근대적 — 즉, 포스트 계몽주의적 — 성찰이다. 그것은 유토피아에 입각한 사회 비판도 아니고, 일정하게 주어진 것으로 받아들여지는 어떤 질서를 가능케 하는 메커니즘들에 대한 기술이나 이론화도 아니다. 오히려 헤겔의 성찰은 사회적인 것의 불투명성에서 출발하는데, 이 불투명성은 분리를 통일로 되돌리는 이성의 간지를 준거로 해서만 발견할 수 있는 합리성과 명료성이라는 규정하기 힘든 형태들과 관련된 것이다. 따라서 헤겔은 두 시대 사이의 분기점에 위치해 있는 것처럼 보인다. 첫 번째 의미에서, 헤겔은 합리주의의 정점, 즉 합리주의가 차이들의 세계의 총체성을, 이원론 없이, 이성의 영역 내에서 포괄하려고 한 시기를 대표한다. 그 결과 역사와 사회는 합리적이고 명료한 구조를 가진다. 그러나 두 번째 의미에서, 이런 종합은 그와 같은 종합이 해소되는 모든 씨앗을 포함하고 있다. 왜냐하면 오직 이성의 영역에 모순을 도입하는 대가를 치러야만 역사의 합리성을 단언할 수 있기 때문이다. 따라서 이런 종합은 종합 그 자체가 상정한 방법을 끊임없이 위반하도록 요구하는 작동 불가능한 것임을 — 이미 19세기에 트렌델렌부르크Friedrich Adolf Trendelenburg가 논증했듯이[3] — 보여 주는 것으로 충분하다. 왜냐하면, 이로 말미암아 헤겔의 담론은 전혀 다른 어떤 것, 즉 일련의 우연적이고 비논리적인 이행들이 되기 때문이다. 바로 여기에 헤겔의 근대성이 놓여 있다. 즉, 헤겔에게 정체성은 결코 실정적이지도 그 자체로 폐쇄적이지도 않으며, 오히려 이행, 관계, 차이로 구성되는 것이다. 그러나 만약 헤겔의 논리 관계들이 우연적인 이행이 된다면, 그것들 사이의 연관들은 기저적이거나 봉합된 총체성의 계기들로 고정될 수 없다. 이것은 그것들이 접합이라는 것을 의미한다. 마르크스주의적 전통에서 이런 애매성의 영역은 '변증법' 개념의 모순적인 사용에서 나타난다. 한편으로, 이것은 고정화의 논리에서 벗어나려는, 즉 접합을 사고하려고 시도할 때마다 무비판적으로 도입되어 왔다(예컨대, 마오쩌둥의 기발한picturesque 변증법 개념을 생각해 보라. 접합 논리가, 변증법으로 위장하고서, 정치 담론의 수준에서 도입될 수 있었던 것은 바로 변증법적 이행의 논리적 성격에 대한 그의 몰이해였다). 다른 한편으로, 개방적인 접합의 불연속적인 계기보다는 선험적 이행의 필연적 성격에 더 많은 비중을 둘 경우 '변증법'은 폐쇄의 효과를 낳을 수밖에 없다. 트렌델렌부르크가 이미 지적했듯, 만일 이런 애매성과 부정확성이 나타난 곳이 …… 헤겔 자신이었다면, 우리는 이에 대해 마르크스주의자들을 지나치게 책망해서는 안 될 것이다.

이제, '변증법'의 담론적 사용을 통해 구성된 이런 애매성의 영역이 바로 해소되어야 할 첫 번째 영역인 것이다. 우리가 접합의 영역 안에 확고히 자리 잡기 위해서는, '사회'를 부분적 과정들을 정초하는 총체성으로 개념화는 것을 폐기하는 것에서 시작해야 한다. 따라서 우리는 사회적인 것의 개방성을 존재하는 것의 구성적 지반 또는 '부정적 본질'로 간주해야

---

3 A. Trendelenburg, *Logische Untersuchungen*, Hildesheim 1964(초판은 1840).

하며, 다양한 '사회적 질서들'을 차이들의 영역을 길들이려는 불안정하고, 궁극적으로는 실패한 시도로 간주해야 한다. 그리하여 사회적인 것의 다양성은 매개의 체계를 통해서도, 기저적 원칙으로 이해된 '사회질서'를 통해서도 파악될 수 없다. '사회'에 고유한 봉합된 공간이란 존재하지 않는다. 왜냐하면 사회적인 것 자체는 아무런 본질도 가지고 있지 않기 때문이다. 여기서 세 가지 중요한 지적을 해야겠다. 첫째, 두 개의 개념화[매개와 접합]는 사회적인 것에 대한 상이한 논리를 함의한다. 즉, [첫 번째 의미인] '매개'의 경우, 우리는 대상들 사이의 관계가 개념들 사이의 관계를 따르는 논리적 이행 체계를 다룬다. 두 번째 의미[접합]의 경우, 우리는 우리가 그 본성을 결정해야만 하는 우연적인 관계를 다룬다. 둘째, 사회를 필연적 법칙들에 의해 통일된 전체로 개념화하는 것을 비판하면서, 단순히 요소들 간의 관계들로부터 비필연적 성격을 드러낼 수만은 없다. 왜냐하면 그럴 경우 요소들 자체가 가진 **정체성**의 필연적 성격은 그대로 유지될 것이기 때문이다. 사회적 관계에 대한 본질주의적 접근을 부정하는 개념화는 모든 정체성의 불안정한 성격을, 그리고 '요소들'이 가진 의미를 그 어떤 궁극적인 문자성으로도 고정할 수 없음을 명시해야 한다. 셋째, 다양한 요소들의 전체가 파편화되거나 분산되어 있는 것처럼 보이는 것은 오로지 그런 요소들의 통일성을 상정하는 담론과의 대조를 통해서다. 담론 구조 밖에서는 파편화를 말할 수 없으며, 심지어 요소들을 종별화할 수도 없다. 그러나 담론 구조는 단순히 '인지적' 또는 '관조적' 실체가 아니다. 그것은 사회관계들을 구성하고 조직화하는 **접합적 실천**이다. 따라서 우리는 선진 산업사회가 점점 더 복잡해지고 파편화되어 간다고 말할 수 있다. 이것은 선진 산업사회가 [스피노자가 말하는] 영원한 상 아래에서sub specie *aeternitatis* 이전 사회보다 더욱 복잡하다는 의미가 아니라, 선진 산업사회가 근본적인 비대칭을 둘러싸고 구성된다는 의미이다. 이것은 차이들의 점증하는 증식 ─ '사회적인 것'이 가진 의미의 잉여 ─ 과 그런 차이들을 안정적인 접합 구조의 계기들로 고정시키려고 하는 모든 담론이 부딪치는 어려움들 사이에 존재하는 비대칭이다.

따라서 우리는 **접합** 범주에 대한 분석에서 시작해야 하는데, 이는 헤게모니 개념을 정교화하기 위한 출발점을 제공해 줄 것이다. 접합 범주를 이론적으로 구축하기 위해서는 두 가지 단계가 요구된다. 첫 번째 단계는 접합적 관계에 들어가는 요소들을 종별화할 수 있는 가능성을 확립하는 것이고, 두 번째 단계는 이 접합을 구성하는 관계적 요소의 종별성을 결정하는 것이다. 이와 같은 과제를 풀기 위해 다양한 지점들에서 시작할 수 있지만, 우리는 우회를 통해 시작하고자 한다. 우선 우리는 우리가 정교화하려는 개념들 가운데 몇 가지가 제시되어 있기는 하지만, 본질주의적 담론의 기본 범주들에 의해 그 개념들의 발전이 여전히 방해받고 있는 이론적 담론들을 상세히 분석하고자 한다. 이런 의미에서 알튀세르 학파의 진화 과정을 살펴보기로 하자. 우리는 알튀세르 학파의 기본 개념들을 파열시키는 방식으로 그 학파의 **몇몇** 주제들을 급진화함으로써, '접합' 개념을 적절히 구축할 수 있는 지반을 구성하려고 시도할 것이다.

사회구성체와 과잉 결정

알튀세르의 이론적 궤적은 헤겔의 총체성 통념과는 철저히 변별화되는 '구조화된 복잡한 전체'complex structured whole로 사회를 개념화하는 것에서 출발한다. 헤겔의 총체성은 매우 복잡할 수 있지만 그 복잡성은 언제나 단일한 자기 전개 과정 속에서 계기들의 다원성이 드러나는 복잡성이었다. "헤겔적 총체성은, 그 자신이 이념의 발전의 계기인 단순한 통일체, 단순한 원리의 소외된 발전이다. 따라서 헤겔적 통일체는 엄격하게 말하자면, 자신의 모든 표현들 속에서 존속하고 따라서 자신의 복원을 준비하는 소외 속에서도 존속하는 그 단순한 원리의 현상이자 자기 발현이다."[4] 이와 같은 개념화, 즉 실재적인 것을, 본질의 자기 전개 속에서의 필연적인 매개와 동일시함으로써 개념으로 환원하는 것은 과잉 결정 과정에 내재하는 알튀세르적인 복잡성과는 매우 다른 질서이다. 알튀세르의 이 핵심 개념이 계속해서 무분별하고 부정확하게 사용되어 왔다는 점에서, 과잉 결정의 본래 의미와 마르크스주의 담론 속에서 이를 통해 생산하려고 했던 이론적 효과를 종별화할 필요가 있다. 이 핵심 개념은 정신분석학에서 가져온 것으로, 그 개념의 확장은 겉으로 드러나는 은유적 성격 이상의 것을 가지고 있다. 이와 관련해, 알튀세르는 이런 사실을 다음과 같이 매우 분명히 밝혔다. "이 개념을 만든 것은 내가 아니다. 이미 지적했듯이 나는 이 개념을 두 가지 기존 학문으로부터 빌려 왔다. 언어학과 정신분석학이 그것이다. 이 학문들에서 이 개념은 변

---

4 L. Althusser, *For Marx*, London 1969, p. 203[『맑스를 위하여』, 이종영 옮김, 서울: 백의, 1997, 244쪽].

증법적인 객관적 '함의'를 지니고 있고, 특히 정신분석학에서는 여기에서 지칭하고자 하는 내용과 명백하게 매우 근접해 있다. 따라서 이런 차용이 자의적이지는 않다."5 프로이트에게 과잉 결정은 평범한 '융합'fusion 또는 '병합'merger 과정이 아니다 ― 그런 과정은 기껏해야 물리적 세계와의 유비analogy에 의해 설정된 은유일 뿐이며, 그 어떤 형태의 다중 인과성과도 양립할 수 있다. 이에 반해, 과잉 결정은 상징적 차원과 의미들의 다원성을 수반하는 매우 엄밀한 유형의 융합이다. 과잉 결정 개념은 상징적인 것의 영역 안에서 구성되며, 그 밖에서는 아무런 의미도 갖지 않는다. 사회적인 것 속에 존재하는 모든 것은 과잉 결정되어 있다는 알튀세르의 진술이 가진 가장 심원한 잠재적 의미는, 사회적인 것은 그 자신을 상징적 질서로 구성한다는 주장이다. 따라서 사회적 관계들의 상징적 ― 즉, 과잉 결정된 ― 성격은 사회적 관계들이, 그것들을 내적 법칙의 필연적 계기로 환원시키는, 궁극적인 문자성을 결여하고 있다는 것을 의미한다. 본질과 외양이라는 두 가지 평면은 존재하지 않는다. 왜냐하면 상징적인 것은 의미 작용signification의 이차적이고 파생적인 평면일 것이기 때문에 궁극적인 문자성을 고정할 수 없기 때문이다. 사회와 사회적 행위자들은 그 어떤 본질도 결여하고 있으며, 사회와 사회적 행위자들의 규칙성들regularities은 단지 일정한 질서의 확립을 동반하는 상대적이고도 불안정한 형태의 고정화일 뿐이다. 이런 분석은 접합 개념을 새롭게 정교화할 수 있는 가능성을 여는 것처럼 보였는데, 이를 위해서는 과잉 결정된 사회관계들의 성격에서 출발해야 한다. 그러나 그런 일

---

5 같은 책, p. 206(각주)[『맑스를 위하여』, 248쪽 각주 47].

은 일어나지 않았다. 과잉 결정 개념은 알튀세르의 담론에서 점차 사라져 갔으며, 폐쇄성이 증가하면서 결국 본질주의의 새로운 변종을 만들어 냈다. 이런 과정은 "유물론적 변증법에 대하여"On the Materialist Dialectics라는 논문에서 이미 시작되어, 『『자본』을 읽자』Reading Capital에서 절정에 이르렀다.

마르크스주의 담론 내에서 과잉 결정 개념이 해체적 효과를 지닌 총체성을 만들어 낼 수 없었던 것은, 과잉 결정 개념을 또 다른 중심적 계기 ― 엄밀히 말하자면, 과잉 결정 개념과 결코 양립할 수 없는 계기 ― 와 양립 가능하게 하려는 시도가 알튀세르의 담론에 처음부터 있었기 때문이었다. 그것은 바로 최종 심급에서의 경제에 의한 결정 개념이었다. 이 개념의 함의를 생각해 보자. 만약 이 궁극적 결정이 모든 사회에 유효한 진리라면, 그와 같은 [궁극적] 결정과 그것을 가능하게 하는 조건 사이의 관계는 우연적인 역사적 접합을 통해서 전개되는 것이 아니라 선험적인 필연성을 구성하게 될 것이다. 논의에서 문제는 경제가 자신의 존재 조건을 가져야만 한다는 것이 아님을 아는 것이 중요하다. 경제가 자신의 존재 조건을 가져야 한다고 말하는 것은 동어반복에 불과하다. 왜냐하면 무언가가 존재한다는 것은 이미 주어진 조건들이 그 존재를 가능하게 만들기 때문이다. 문제는 다음과 같다. 만약 경제가 모든 유형의 사회를 최종 심급에서 결정한다면, 경제는 모든 종별적 유형의 사회와 독립적으로 정의되어야만 하며 따라서 경제의 존재 조건들 또한 모든 구체적인 사회관계와 분리된 채 정의되어야 한다는 것이다. 그러나 이 경우, 그와 같은 존재 조건들의 유일한 현실은 경제의 존재와 경제의 결정적 역할을 보증하는 현실일 것이다 ― 바꾸어 말하면, 이런 존재 조건들은 경제 그 자체의 내적 계기일 것이며, 차이는 구성적이지 않을 것이다.[6]

그러나 여전히 또 다른 문제가 존재한다. 알튀세르는 과잉 결정되지 않은 현실은 존재하지 않기 때문에 추상적인 것을 실체화할 필요가 없다고 단언하면서 자신의 논의를 시작한다. 이런 의미에서, 그는 마오쩌둥의 모순에 대한 분석과 1857년 [『정치경제학 비판 요강』의] 서설에 나타난 '생산'과 같은 추상화에 대한 마르크스의 기각 — 생산은 구체적인 사회적 관계의 체계 속에서만 의미를 가진다 — 을 긍정적으로 인용한다. 그러나 알튀세르는 그 자신이 비판한 바로 그 결함을 범하고 만다. 즉, 추상적이고 보편적인 객체, 즉 구체적인 효과(현시점에서 최종 심급에서의 결정)를 산출하는 '경제'가 존재한다. 그리고 경제와 마찬가지로 추상적인 객체(존재 조건들)가 존재하는데, 이 객체의 형태들은 역사적으로 변화하지만 경제의 재생산을 보장하기 위해 미리 확립된 본질적인 역할에 의해 통일되어 있다. 마지막으로 경제와 경제의 중심성은 모든 가능한 사회적 배열에 대해 불변하는 것[상쉬]이기 때문에, 사회를 정의할 수 있는 가능성이 열린다. 여기에서 분석은 한 바퀴 돌아 제자리로 돌아왔다. 만약 경제가 모든 유형의 사회를 최종 심급에서 결정할 수 있는 객체라면, 이것이 의미하는 바는 적어도 최종 심급과 관련해서 우리가 마주치는 것은 단순 결정이지 과잉 결정은 아니라는 점이다. 만일 사회가 자신의 운동 법칙을 결정하는 최종 심급을 갖고 있다면, 과잉 결정된 심급들과 최종 심급 사이의 관계는 최종 심급에 의한 단순하고 일방적인 결정으로 이해되어야 한다. 우리는 이

---

6 주지하다시피, 우리의 비판은 몇 가지 점에서 영국의 힌데스와 허스트 학파의 비판과 일치한다. 그러나 그들의 접근과 우리의 견해는 몇 가지 근본적인 점에서 불일치한다. 이 점에 대해서는 나중에 언급할 예정이다.

로부터 과잉 결정의 영역이 매우 제한적임을 추론할 수 있다. 즉, 과잉 결정의 영역은 본질적 결정과는 대립되는 우연적 변이의 영역이다. 그리고 사회가 최종적이고 본질적인 결정을 가지고 있다면, 차이는 구성적이지 못하며, 사회적인 것은 합리주의적 패러다임의 봉합된 공간 속에서 통일된다. 따라서 앞에서 보았듯이 우리는 19세기 말 이래로 마르크스주의 담론 영역 속에서 재생산된 것과 똑같은 이원론과 직면하게 된다.

이것이 알튀세르의 합리주의가 탈접합되기 시작하는 지점이다. 중요하게 지적되어야 할 것은, 출발점에서 나타난 일관성 없는 [과잉 결정과 최종 심급에서 경제의 결정이라는 상호 모순적인] 이원론은 원래의 도식을 분해할 이론적 형태들로 전이될 것이라는 점이다. 사실상 두 가지 가능성이 발생한다. 첫 번째 가능성은 과잉 결정 개념이 가진 모든 함의를 발전시키는 것으로, 이는 '최종 심급에서 경제에 의한 결정'과 같은 개념이 불가능함을 보여 주고, 모든 정체성의 불확실하고 관계적인 성격을 단언하는 것이다. 두 번째 가능성은 사회적 총체성을 구성하는 요소들 사이에 가정된 필연적 연결이 논리적으로 비일관적임을 논증하고, 이를 통해 '사회'라는 객체가 합리적으로 통일된 총체성이 될 수 없음을 다른 경로를 통해서 보여 주는 것이다. 실제로 취해진 경로는 후자였다. 그 결과, 애초의 합리주의에 대한 비판은, 사회적인 것에 대한 합리주의적 개념화 가능성을 부정했음에도, 합리주의의 분석적 가정들을 승인하는 지형에서 발생했다. 이처럼 [접합 개념을 사고할 수 있는 지형이] 점점 더 탈구축화됨에 따라, 접합 개념을 엄격하게 사유하는 것이 불가능하게 되었다. 바로 이런 사고 노선에 대한 비판은 우리가 접합 개념을 구축하는 데 필요한 상이한 토대를 제공해 줄 것이다.

알튀세르의 합리주의적 패러다임 안에 존재하는 서로 상이한 계기들 사이의 논리적 연관들을 단절하려는 시도는 발리바르의 자기비판[7]으로부터 출발했으며, 궁극적으로는 영국 마르크스주의의 일정한 흐름들[8]로 이어졌다. 발리바르의 자기비판은 『『자본』을 읽자』에서 주장한 다양한 지점의 간극들 — 논리적 이행들이 허위적인[비논리적인]spurious 성격을 가지고 있었음을 보여 주는 간극들 — 을 보여 주는 형식으로 이루어졌다. 그러나 그는 추상에서 구체로 이행하는 효과를 낳는 것으로 가정되어 있는 실체들을 다양화함으로써 이 간극들을 메웠다. 따라서 한 생산양식으로부터 다른 생산양식으로의 이행을 이해하기 위해 계급투쟁의 지형을 확장할 수밖에 없었는데, 계급투쟁 지형의 불균등성은 계급투쟁이 단일 생산양식의 단순 논리로 환원되는 것을 방지했다. 또한 발리바르는, 재생산은 그와 같은 논리로 환원될 수 없는 상부구조적 과정들을 요구한다고 주장했다. 그리고 어느 한 정세가 가진 다양한 측면들의 불균등성은 결합의 관점에서 이해되어야 하며, 그런 결합에 참여하고 있는 요소들의 추상적 통일성은 해소되어야 한다고 주장했다. 그러나 이런 분석들은 최초의 정식화가 가진 난점들을 확대 재생산했을 뿐이다. 이행 과정을 설명해야만 하는 투쟁을 하는 계급들은 실제로 어떤 계급들인가? 만약 그들이 생

---

7 E. Balibar, "Sur la dialectique historique(Quelques remarques critiques à propos de *Lire le Capital*)," *Cinq études du matérialisme historique*, Paris 1984["역사변증법에 대하여 : 『『자본』을 읽자』에 대한 몇 가지 비판적 소견", 『역사유물론 연구』, 이해민 옮김, 푸른산, 1989, 200-244쪽].

8 B. Hindess and P. Hirst, *Pre-capitalist Mode of Production*, London 1977; B. Hindess and P. Hirst, *Modes of Production and Social Formation*, London 1977; A. Cutler, B. Hindess, P. Hirst and A. Hussein, *Marx's Capital and Capitalism Today*, London 1977, 2 vols.

산관계에 의해 결정된 이해관계를 중심으로 구성된 사회적 행위자들이라면, 그들 행위의 합리성과 정치적 계산의 형태들은 생산양식의 논리에 의해 결정될 수 있다. 반대로, 만약 이것이[생산양식의 논리를 통해] 계급들의 정체성을 모두 망라하지 못한다면, 계급들의 정체성은 어디에서 구성되는 것인가? 이와 마찬가지로, 상부구조들이 재생산 과정에 개입한다는 것을 알고 있다는 것이 우리를 더 멀리로 안내하지는 못한다. 만약 우리가 처음부터 개입하는 것들이 **상부구조들**이라는 것을 알고 있었다면, 즉 그들이 사회적인 것의 지형학 내에서 할당된 자리를 갖고 있다는 것을 알고 있었다면 말이다. 힌데스와 허스트는 이런 해체적 노선을 따라 한 걸음 더 나아갔다. 그들은 '최종 심급에서의 결정'이라는 개념과 '구조적 인과성'이라는 개념을 통렬히 비판했다. 그들은 생산력과 생산관계 사이의 조응이 필연적이지 않은 성격을 갖는다는 것을 확증하고 나서, 생산양식 개념을 마르크스주의 담론의 정당한 대상에서 폐기해야 한다고 결론 내렸다. 모든 총체화하는 시각이 포기되자마자, 구체적인 사회구성체 속에 존재하는 접합의 유형은 다음과 같은 용어로 제기되었다. "사회구성체는 최종 심급에서의 결정이나 구조적 인과성 등등과 같은 조직화 원칙에 의해 지배되는 총체성이 아니다. 사회구성체는 일련의 명확한 생산관계들과 함께 이런 생산관계들의 존재 조건을 보장하는 경제적·정치적·문화적 형태들로 구성되는 것으로 이해되어야 한다. 그러나 그런 존재 조건들이 필연적으로 보장되는 것은 아니며, 그런 관계들과 형태들이 결합되어야 할 사회구성체의 필연적 구조가 존재하는 것도 아니다. 계급들과 관련해 …… 만일 계급들이 경제적 계급들로서, 즉 생산수단의 소유 또는 생산수단으로부터의 분리라는 일정한 위치를 점유하고 있는 경제적 행위자들의 범주로 이해된다면, 계급들은 정치 세력들이나 이데올로기적 형태들로 이해되거나 그것들에 의해서 재현될 수 없다."[9]

여기서 우리에게 사회구성체에 대한 하나의 개념화가 제시된다. 이 사회구성체 개념은 고전적 마르크스주의 담론의 일정한 대상들 — 생산관계, 생산력 등등 — 을 종별화하고, 이런 대상들 간의 접합을 '존재 조건의 보장'이라는 관점에서 재개념화한다. 우리는 다음의 두 가지를 증명할 것이다. ⓐ 대상들을 종별화하는 기준이 타당하지 않다는 점과 ⓑ 대상들이 서로 각각의 '존재 조건들을 보장한다'는 관점에서 대상들 사이의 관계를 개념화conceptualization하는 것은 그 어떤 접합 개념도 제공해 주지 못한다는 점이다.

첫 번째 지점과 관련해, 커틀러 등은 반론의 여지가 없는 다음과 같은 진술로부터 출발한다. 즉, 개념적으로 종별화된 일정한 관계의 존재 조건들로부터, 그런 조건들이 필연적으로 충족된다거나, 그런 존재 조건들이 필연적으로 종별적 형태를 채택한다고 주장할 수 없다는 것이다 — 우리가 사회구성체의 일반적인 재생산 메커니즘을 개념적인 수준에서 결정하려는 교조적인 합리주의적 시도에 빠지지 않는다면 말이다. 그러나 이 진술 뒤에는 전혀 타당하지 않은 주장이 따라 나온다. 즉, 주어진 사회구성체의 생산관계들은 그 관계들의 존재 조건들을 보장하는 구체적인 형태들과는 별도로 종별화될 수 있다는 것이다. 이 문제를 주의 깊게 검토해 보자. 자본주의적 생산관계의 존재 조건이 충족되지 못할 경우, 그와 같

---

9 A. Cutler et. al., vol. 1, p. 222.

은 생산관계의 존재 가능성을 주장하는 것이 모순인 한, 자본주의적 생산관계들의 존재 조건들 — 예를 들어, 사적 소유를 보장하는 법적 조건들 — 은 **논리적인** 존재 조건인 것이다. 또한 '자본주의적 생산관계들'이라는 개념은, 자본주의적 생산관계들이 자신들의 존재 조건을 보장해야 함을 함의하지 않는다는 점 역시 **논리적인** 결론이다. 실제로, 동일한 담론 — 전자(자본주의적 생산관계를 대상으로 하는 — 수준에서는, 후자(자본주의적 생산관계의 존재 조건는 **외적으로** 보장될 것이라는 결론이 따라 나온다. 그러나 정확히 바로 이 때문에, 각각의 경우에서, 이런 생산관계들이 어떻게 보장되는지는 알 수 없다고 말하는 것은 부적절하다. 생산관계와 존재 조건 사이의 구별은 생산관계라는 추상적 개념 — 수많은 구체적 사례들로 다양화되지 않은 — 에 대한 담론 내에서의 논리적 구별이라는 점에서 말이다. 따라서 만약 영국에서는 자본주의적 생산관계의 존재 조건이 이런저런 제도들에 의해 보장된다고 말한다면, 이중으로 타당하지 못한 담론적 전위transposition가 작동하고 있는 것이다. 한편으로, 이는 일정한 구체적 담론들과 제도적 실천들이 그와는 다른 담론 질서에 속해 있는 추상적 실체 — 즉, 자본주의적 생산관계 — 의 존재 조건들을 보장한다는 주장이다. 다른 한편으로, 만약 '자본주의적 생산관계'라는 추상적 용어가 영국의 생산관계를 가리키기 위해서 사용된다면 이는 분명 일정한 담론 내에서 종별화된 대상이 다른 담론들과 실천들에 의해서 구성된 대상들 — 영국의 생산관계 전체를 구성하는 것들 — 을, 지칭체referents로서, 가리키는 이름으로 사용되고 있다는 것이다. 그러나 이 경우, 영국의 생산관계들은 자본주의적 생산관계 일반뿐만 아니라, 다수의 실천들과 담론들이 존재하는 장소locus이기도 하기 때문에, 그 자신의 존재 조건에 대한 생산관계의 외재성을 선험적으로 확립할 수 있는 지형은 더는 존재하지 않는다. 나아가, 대상들 간의 구분들을 종별화할 수 있는 가능성은 논리적인 기준에 기초하고 있었기 때문에, 문제가 되는 것은 바로 이 기준의 적절성이다. 커틀러 등이 주장하듯, 개념들 사이의 관계가 그와 같은 개념들 속에서 종별화된 대상들 사이의 관계를 함의하지 않는다면, 개념들 사이의 분리로부터 대상들 사이의 분리를 도출할 수 없다. 커틀러 등은 대상들의 종별적 정체성과 분리를 주장하지만, 그들은 대상들 가운데 어떤 것은 어떤 담론 속에, 다른 것은 그와 다른 어떤 담론 속에서 종별화함으로써 그렇게 주장할 뿐이다.

이제 두 번째 문제로 넘어가 보자. '존재 조건들을 보장한다'라고 불렸던 연결을 요소들의 접합으로 이해할 수 있을까? 접합 관계를 어떻게 개념화하든지 간에, 접합 관계는 변별적 위치들의 체계를 포함해야만 한다. 그리고 이 체계가 배열을 구성한다면, 관련된 요소들의 정체성이 관계적 성격을 가지는지 또는 비관계적 성격을 가지는지의 문제가 필연적으로 발생한다. '존재 조건들을 보장한다'라는 것이 이런 관계적 계기에 의해 발생된 문제들을 제기하기에 적절한 분석적 지형을 구성한다고 생각할 수 있을까? 명백히 그렇지 않다. 존재 조건을 보장하는 것은 대상이 존재하기 위한 논리적 요건을 충족시킬 수는 있지만, 두 대상들 간의 존재 관계를 구성하는 것은 아니다(예컨대, 일정한 법률적인 형태들은 일정한 생산관계들의 존재 조건들에 기여할 수 있다. 비록 일정한 생산관계들이 실제로 존재하지 않는다고 해도 말이다). 다른 한편으로, 우리가 어떤 대상과 이 대상의 존재 조건을 보장하는 심급 또는 심급들 사이에 존재하는 관계들을 ― 단순히 논리적 양립 가능성이 아니라 ― 검토해 보면, 분명 이 심급들이 그 대상의 존재 조건을 보장한다는 사실을 토대로 그런 관계들을 개념화할 수는 없다. 왜 나하면 존재 조건을 보장하는 것이 관계를 구성하지는 않기 때문이다. 그 결과, 접합 관계의 종별성을 사고하길 바란다면, 다른 지형으로 반드시 이동해야 할 것이다.

허스트와 울리는 다음과 같이 주장한다. "그(알튀세르)는 사회관계들을 **총체성들로**, 즉 단일한 결정 원칙에 의해 지배되는 전체로 이해한다. 이런 전체는 그 자체로 일관적이어야 하며, 그 범위 안에 있는 행위자들과 관계 들을 그 자신의 효과에 종속시켜야 한다. 반면, 우리는 사회관계들을 어떤 단일한 인과 원칙이나 일관성의 논리에 부합하지 않는 제도들, 조직 형태 들, 실천들 그리고 행위자들의 집합들로 간주한다."[10] 이 문장은 순수하게 논리주의적인 탈구축이 제기하는 모든 문제를 드러낸다. 여기서 총체성이 라는 통념은 가정된 총체성의 요소들을 통일하는 연결의 비본질적 성격을 준거로 기각된다. 이 점에 대해 우리는 어떤 이견도 없다. 그러나 일단 '제 도들', '조직 형태들' 또는 '행위자들'과 같은 요소들이 종별화되고 나면, 곧 바로 문제가 발생한다. 만약 우리가 이런 집합들aggregates을 ― 총체성과는 대비되는 것으로서 ― 사회 이론화의 정당한 대상들로 간주한다면, 우리 는 그 집합들 각각의 내적인 구성 요소들 사이의 관계들이 본질적이고, 필 연적이라는 결론을 내려야만 하는가? 만일 그렇다면, 우리는 명백히 총체 성의 본질주의로부터 요소들의 본질주의로 옮겨 간 것이 된다. 바꿔 말하 면, 단지 스피노자를 라이프니츠로 대체한 것으로 된다 ― 신의 역할이 요

---

10 P. Hirst and P. Wooley, *Social Relations and Human Attributes*, London 1982. p. 134.

소들 사이의 조화를 확립하는 것이 아니라, 요소들의 독립성을 단순히 보장한다는 점을 제외한다면 말이다. 반대로 만일 그런 내적 요소들 사이의 관계들이 본질적이지도 필연적이지도 않다면, 우리는 순전히 부정적인 방식으로 특징 지워진 관계들의 본성을 종별화해야 할 뿐만 아니라, '정당한'legitimate 대상들 내부의 구성 요소들 사이의 이런 비필연적인 관계들이 정당한 대상들 사이에서 존재할 수 없는 이유를 설명해야 한다. 이것이 가능하려면, 일정한 총체성 통념이 재도입되어야 하는데, 그 총체성 통념은 '사회'를 통일하는 근본적인 원칙이 아니라, 개방적인 관계적 복합체 안에서 총체화하는 효과 전체를 수반한다는 차이를 갖고 있어야 한다. 그러나 만약 우리가 단지 '본질적인 관계들 또는 비관계적인 정체성들'이라는 선택지[양자택일]alternative 안에서만 움직인다면, 모든 사회 분석은 더는 분할할 수 없는 논리적 원자들atoms이라는 무한히 멀어져 가는 신기루를 추적하는 것이 될 것이다.

　문제는 요소들과 대상들 사이의 **분리**에 관한 이 모든 논쟁이 선험적이고 근본적인 쟁점, 즉 그 분리가 발생하는 **지형**에 관한 쟁점을 회피해 왔다는 점이다. 이런 방식으로 매우 고전적인 양자택일이 분석 안으로 스며들어 온다. 즉, 개념적으로 구분되는 요소들로 대상들이 분리 — 이 경우에 우리는 논리적 분리를 다루게 된다 — 되거나, 아니면 경험적으로 주어진 요소들로 대상들이 분리 — 이 경우에는 '경험'이라는 범주를 회피하는 것이 불가능하다 — 되는 것이다. 따라서 대상들 사이의 통일이나 분리가 발생하는 지형을 종별화하지 못함에 따라, 우리는 힌데스와 허스트 등이 무슨 수를 쓰더라도 피하려 했던 '합리주의 또는 경험주의'라는 양자택일에 다시 한 번 빠지게 되는 것이다. 사실 이런 불만족스러운 상황은 처음부터 예정되어 있었다. 즉, 알튀세르의 합리주의에 대한 비판이 '총체성'을 구성하는 상이한 요소들 사이에 상정된 논리적 연관에 대한 비판이라는 형태를 채택할 때부터 말이다. 왜냐하면 논리적 탈구축이란 연관되어 있지 않은 '요소들'이 개념적으로 종별화되고 고정될 경우에만 수행될 수 있기 때문이다. 다시 말해 요소들에 완전하고 명확한 정체성이 귀속될 때에만 말이다. 따라서 유일하게 열려 있는 경로는 사회적인 것의 논리적 분쇄로, 이는 '구체적인 상황들'에 대해 이론적으로 불가지론적인 기술주의descriptivism와 결부되어 있다.

그러나 원래 알튀세르적 정식화에는 이와는 매우 다른 이론적 작업이 예시되어 있었다. 즉, 정통 마르크스주의의 본질주의적 범주들에 대한 논리적 분해 — 그 결과 분해된 요소들의 정체성이 고정화된다 — 를 통해서가 아니라, 모든 유형의 고정성에 대한 비판을 통해서, 그리고 모든 정체성의 불완전하고 개방적이며 정치적으로 협상 가능한 성격에 대한 긍정을 통해 정통 마르크스주의의 본질주의와 단절하려고 하는 작업이 바로 그것이다. 이것이 과잉 결정의 논리였다. 이 경우, 모든 문자성이 구성적으로 전복되고 과잉된 것으로 나타나기 때문에, 모든 정체성의 의미는 과잉 결정된다. 본질주의적 총체화는 물론, 대상들 사이의 본질주의적인 분리 역시 결코 존재하지 않으며, 어떤 대상이 다른 대상들 속에서 현존한다는 사실로 말미암아 이들 모든 대상들 각각의 정체성은 고정되지 않는다. 대상들이 접합되는 것은 시계태엽 장치에 들어 있는 부품들처럼 나타나지 않는데, 왜냐하면 어떤 대상이 다른 대상들 속에서 현존한다는 사실은 이들 모든 대상들 각각의 정체성을 봉합하지 못하도록 하기 때문이다. 이런 의미에서, 마르크스주의 역사에 대한 우리의 검토는 '과학적' 사회주의의 순진한 실증주의positivism가 묘사한 광경과는 매우 다른 광경을 보여 주었다. 즉, 우리가 목격해 온 것은 이해관계를 둘러싸고 완벽하게 구성된 사회적 행위자들이 투명한 매개변수에 의해 정의된 투쟁을 수행하는 합리주의적 게임이 아니라, 노동계급이 자신을 역사적 주체로 구성하는 과정에서의 난점들, 노동계급의 위치성들의 분산과 파편화, 새로운 대상들 및 그 대상들의 새로운 공배열 논리들을 규정하는 사회적·정치적 재집합의 형태들 ─ '역사적 블록', '집합의지', '대중들', '인민 부문들' ─ 의 출현 등이었다. 따라서 우리는 어떤 실체들이 다른 실체들에 의해 과잉 결정되는 영역에 있으며, 어떤 형태의 패러다임적 고정성도 이론의 궁극적인 지평으로 물러나는[위탁되는] 영역에 있는 것이다. 이제 우리는 이와 같은 종별적 접합 논리가 명확히 어떤 것인가를 규정해야 한다.

접합과 담론

이런 논의의 맥락에서, 우리는 접합적 실천의 결과로 그들의 정체성이 변하게 되는 요소들 사이의 관계를 설립하는 모든 실천을 **접합**이라 부를 것이다. 또한 우리는 접합적 실천의 결과로 생긴 구조화된 총체성을 **담론**discourse이라 부를 것이며, 변별적 위치들이 담론 내에서 접합된 것으로 나타날 경우, 그것들을 계기들moments이라 부를 것이다. 반면, 담론적으로 접합되지 않은 차이는 모두 요소라고 부를 것이다. 이런 구분들을 올바르게 이해하기 위해서는 다음과 같은 세 가지 유형의 종별화가 요구된다. 담론 구성체의 특징적인 일관성에 관한 종별화, 담론적인 것의 차원들 및 외연들에 관한 종별화, 담론 구성체에 의해 나타나는 개방성 또는 폐쇄성에 관한 종별화가 그것이다.

1. 담론 구성체는 그 요소들의 논리적 정합성을 통해서도, 초월적 주체의 선험성을 통해서도, 후설류의 의미 부여적 주체를 통해서도, 또는 경험의 통일성을 통해서도 통일되지 않는다. 우리가 담론 구성체에 귀속시키는 정합성의 유형은 ― 나중에 지적할 차이들과 함께 ― 푸코가 정식화한 '담론 구성체' 개념을 특징짓는 것, 즉 분산 속의 규칙성과 유사하다. 『지식의 고고학』에서 푸코는 담론 구성체의 통일 원칙에 관한 네 가지 가설 ― 동일한 대상에 대한 준거reference, 언술statement 생산에서의 공통된 양식style, 개념들의 항구성, 그리고 공통된 주제에 대한 준거 ― 을 기각한다. 대신에 그는 분산 자체를 통일의 원칙으로 삼는데, 이는 분산이 구성체의 규칙들에 의해, 즉 분산된 언술들의 복잡한 존재 조건들에 의해 지배되는 한에서 그러하다.[11] 이 지점에서 한 가지 언급할 것이 있다. 그것은 규칙들에 의해 지배되는 분산을 두 가지 대칭적으로 대립되는 관점에서 이해할 수 있다는 것이다. 우선, 분산의 관점에서 이해할 수 있다. 이 관점은 요소들을 분산된 것으로 생각할 수 있게 해주는 준거점의 결정을 요구한다(푸코의 경우, 공통 대상·양식·개념들·주제 등을 둘러싸고 구성된, 부재하는

11 M. Foucault, *Archeology of knowledge*, London 1972, pp. 31-39[『지식의 고고학』, 이정우 옮김, 민음사, 2000, 58-69쪽].

통일성에 대한 준거를 통해서만 분산에 대해 분명히 이야기할 수 있다). 그러나 담론 구성체를 분산의 **규칙성**이라는 관점에서도 이해할 수 있으며, 그런 의미에서 분산을 변별적인 위치들 전체로 생각할 수 있다. 이 전체는 그 자체에 외재적인 어떤 기본적 원칙의 표현이 아니라 ─ 그것은 예컨대, 해석학적 독해나 구조주의적 조합combinatory에 의해서는 파악될 수 없다 ─ 일정한 외재성의 맥락들 속에서 총체성으로 **의미화**될 수 있는 배치를 구성한다. 우리의 주요 관심이 접합적 실천이라면, 우리에게 특히 흥미를 불러일으키는 것은 바로 이 두 번째 측면이다.

이제, 모든 요소가 변별적 위치를 차지하고 있는 ─ 우리의 용어로 표현하면, 모든 요소가 그 총체성의 계기로 환원되는 ─ 접합된 담론적 총체성 속에서 모든 정체성은 관계적이며, 모든 관계들은 필연적 성격을 갖게 된다. 예컨대, 에밀 방브니스트는 소쉬르의 가치 원리에 준거해 다음과 같이 말한다. "가치들이 '상대적'이라는 말은 가치들이 **상호간**에 상대적이라는 것을 의미한다. 그런데 바로 여기에 가치들의 **필연성**에 대한 증거가 있는 것은 아닐까? …… 체계를 말하는 사람은 하나의 구조를 이루고 있는 부분들의 배열과 합치conformity에 대해 말한다. …… 구조 속에서 모든 것들은 매우 필연적이어서, 전체나 세부 항목들의 변경은 상호적으로 서로를 조건 짓는다. 가치들의 상대성은, 언제나 위협을 받지만 언제나 회복되는 체계의 공시성 속에서 가치들이 서로 긴밀하게 의존하고 있다는 사실에 대한 최상의 증거이다. 모든 가치들은 대립의 가치들이며, 오직 그들의 차이에 의해서만 정의됨을 의미한다. …… 만일 언어가 일정치 않은 개념들과 아무렇게나 발화된 음성들의 우연한 집합체가 아니라면, 그것은 모든 구조와 마찬가지로 언어라는 구조 속에 필연성이 내재해 있기 때문이다."[12] 따라서 필연성은 명료한 기저적 원칙으로부터 도출되는 것이 아니라, 구조적 위치들의 체계가 가지는 규칙성으로부터 도출된다. 이런 의미에서, 그 어떤 관계도 우연적이거나 외재적일 수 없다. 왜냐하면 그럴 경우 그 요소들의 정체성은 관계 자체의 외부에서 종별화될 것이기 때문이다. 그러나 이것은 이런 방식으로 구성된 담론-구조적 구성체에서는 접합적 실천이 불가능하다는 점을 단언하는 것에 다름 아니다. 즉, 후자[접합적 실천]는 요소들에 대한 작업을 수반하는 반면, 여기서 우리는 모든 계기가 처음부터 반복의 원칙 아래에 포섭되어 있는, 폐쇄적이고 완전히 구성된 총체성의 계기들만을 대면하게 될 것이다. 앞으로 살펴보겠지만, 만약 우연성과 접합이 가능하다면, 이는 그 어떤 담론 구성체도 봉합된 총체성이 아니며, 요소들이 계기들로 완전히 변형되는 것이 아니기 때문이다.

2. 우리의 분석은 담론적 실천과 비담론적 실천 사이의 구분을 기각하며, 다음 두 가지를 확언한다. ⓐ 모든 대상은 담론의 대상으로 구성된다. 그 어떤 대상도 담론적 출현 조건 외부에서 주어지지 않는 한 그러하다. ⓑ 대체로 사회적 실천의 언어적 측면과 행위적 측면이라고 불리는 것들 사이의 모든 구분은 일반적으로 잘못된 구분이다. 그렇지 않다면 이 구분은 담론적 총체성들이라는 형태 아래에서 구조화되는 의미의 사회적 생

---

12 E. Benveniste, *Problems in General Linguistics*, Miami 1971, pp. 47-48[『일반 언어학의 제문제』, 김현권 옮김, 한불문화출판, 1988, 73쪽].

산 내에서의 변별화로서 그 위치를 찾아야 한다. 예를 들어 담론적 실천들과 비담론적 실천들 사이의 — 우리의 견해로는 비일관적인 — 구분을 주장한 푸코는[13] 담론 구성체의 분산의 규칙성을 정초하는 관계적 총체성을 결정하려고 한다. 그러나 그는 이것을 담론적 실천이라는 측면에서 행할 수 있을 뿐이다. "임상의학은 의학적 담론 안에서, 일부는 의사들의 지위에 관계되고, 일부는 의사들이 발언하는 제도적이고 기술적인 장소에 관계되며, 일부는 지각하고 관찰하고 기술하고 가르치는 주체로서의 의사들의 위치들에 관계하는 각기 다른 수많은 요소들 사이의 관계 정립으로 이해되어야 한다. 상이한 요소들(그중 어떤 것들은 새로운 것이고, 다른 어떤 것들은 이미 존재했던 것이다) 간의 이런 관계는 임상의학적 담론에 의한 결과라는 것을 말할 수 있다. 이들[모든 요소들] 사이에 '현실적으로' 주어지지 않고, 선험적으로 구성되지 않은 관계들의 체계를 정립하는 것이 바로 이것[임상의학적 담론]이다. 그리고 만일 어떤 통일성이 있다면, 이 담론이 사용하거나 자리를 내주는 언표 행위enunciation의 양태들modalities이 단순히 일련의 역사적 우연성들에 의해 병치되지 않는다면, 그것이 이 관계 집단

---

13 푸코의 고고학적 방법이 가지는 한계에 관한 통찰력 있는 연구에서, 브라운(B. Brown)과 커즌스(M. Cousins)는 다음과 같이 말한다. "(푸코는) 현상들을 존재의 두 부류로, 즉 담론과 비담론적인 것으로 배분하지 않는다. 그에게 문제는 언제나 특수한 담론 구성체들의 정체성이다. 특수한 담론 구성체 외부에 있는 것은 그저 그 외부에 있을 뿐이다. 따라서 그것은 존재의 일반적 형태, 즉 비담론적인 것의 반열에 오르지 못한다"("The linguistic fault : the case of Foucault's archaeology", *Economy and Society*, 1980 Aug. vol. 9. no. 3). 의심할 여지없이 이것은 '현상들을 존재의 두 부류로' 가능한 '배분'하는 것에 관해서는, 즉 총체성 안에서 국지적 분리를 확립할 담론에 대해서는 진실이다. 그러나 이것은 담론적 것을 파악하는 형식을 둘러싼 문제를 제거하지 못한다. 비담론적 실체들에 대한 승인은 지형학적 타당성을 가질 뿐만 아니라, 담론 개념을 바꾸기도 한다.

을 끊임없이 사용하고 있기 때문이다."[14] 여기서 두 가지 점을 강조해야 한다. 첫째, 만일 소위 비담론적 복합체들 — 제도들, 기술들, 생산 조직 등등 — 을 분석한다면, 우리는 대상들 사이에서 나타나는 변별적인 위치들의 다소 복잡한 형태들만을 발견하게 될 것인데, 이런 복잡한 형태들은 대상들을 구조화하는 체계에 외재적인 필연성으로부터 발생하는 것이 아니며, 따라서 이는 오직 담론적 접합으로만 간주될 수 있을 뿐이다. 둘째, 임상 담론의 접합적 본성에 관해 푸코가 주장하는 바로 그 논리는, 접합된 요소들의 정체성은 그 접합에 의해 최소한 어느 정도 변형될 수밖에 없다는 것을 함의한다. 즉, 분산 범주는 우리가 규칙성들의 종별성에 대해 생각하도록 단지 부분적으로만 허용한다. 분산된 실체들의 위상status은 요소들과 계기들 사이에 있는 어떤 중간적인 영역에서 구성된다.[15]

---

14 M. Foucault, pp. 53-54[『지식의 고고학』, 87-88쪽]. 드레이퍼스(H. L. Dreyfus)와 라비노우(P. Rabinow)는 푸코에 관한 자신들의 책(*Michel Foucault, Beyond Structuralism and Hermeneutics*, Chicago 1982, pp. 65-66[『미셸 푸코: 구조주의와 해석학을 넘어서』, 서우석 옮김, 나남, 1989, 116-117쪽])에서 이 문장의 잠재적 중요성을 이해했지만, '비담론적인 것'으로서의 제도 개념을 선호한 나머지 그것을 다소 성급하게 기각했다.

15 여기서 정확히 문제가 되는 것은 바로 '구성체' 개념이다. 그 문제는 가장 일반적인 형태로 다음과 같이 정식화될 수 있다. 구성체를 특징짓는 것이 분산 속의 규칙성이라면, 그 구성체의 한계를 규정하는 것이 어떻게 가능한가? 구성체에 외재적인 그러나 이런 외재성 속에서 절대적으로 규칙적인 담론적 실체 또는 차이가 존재한다고 가정해 보자. 만약 문제가 되는 유일한 기준이 분산이라면, 그 차이의 '외재성'을 확립하는 것이 어떻게 가능한가? 그 경우, 결정되어야 할 첫 번째 문제는, 한계의 결정이 '구성체' 개념에 달려 있는지의 여부임에 틀림없다. 만약 우리가 첫 번째 가정을 받아들인다면, 우리는 처음부터 방법론적으로 배제되었던 것들 — '작품'(oeuvre), '전통' 등 — 과 같은 동일한 유형의 실체를 단순히 도입하고 있는 것이 된다. 만일 우리가 두 번째 가정을 받아들인다면, 고고학적 재료 그 자체 내에, 한계를 구축하는 것이 가능한 그리고 따라서 구성체를 구축하는 것이 가능한 총체성의 효과를 생산하는, 일정한 논리들이 존재해야만 함이 분명하다. 우리가 앞으로 주장하겠지만, 이것이 바로 등가 논리가 수행하는 역할이다.

여기에서 우리가 이해하고 있는 담론 이론의 모든 복잡성들을 다룰 수는 없다. 하지만 흔히 발생할 수 있는 오해를 방지하기 위해, 적어도 다음과 같은 기본적인 사항들을 지적하려 한다.

ⓐ 모든 대상이 담론의 대상으로서 구성된다는 사실은 사유에 외재적인 세계의 존재 여부 또는 실재론/관념론의 대립과는 무관하다. 지진이 발생하거나 벽돌이 떨어지는 것은, 내 의지와는 무관하게 발생한다는 의미에서, 확실히 존재하는 사건이다. 그러나 대상으로서 그것들이 갖는 종별성이 '자연현상'이라는 용어로 구축될 것인지 '신의 분노의 표현'이라는 용어로 구축될 것인지는 담론 영역의 구조화에 달려 있다. 부정되는 것은 그런 대상들이 사고에 외재적으로 존재한다는 주장이 아니라, 대상들이 모든 담론적 출현 조건 외부에서 스스로를 대상으로 구성할 수 있다는 주장이다.

ⓑ 이와 같은 편견의 뿌리에는 담론이 **정신적** 성격을 지닌다는 가정이 자리 잡고 있다. 이에 맞서, 우리는 모든 담론 구조의 **물질적** 성격을 단언할 것이다. 우리와 반대되는 주장은 모든 담론적 개입 외부에서 구성된 객관적인 영역과 사고의 순수한 표현으로 구성된 담론이라는 고전적 이분법을 수용한다. 그것은 정확히 몇몇 현대 사상적 흐름들이 깨뜨리려고 한 이분법이다.[16] 예컨대, 발화 행위 이론은 그 행위의 수행적 성격을 강

---

16 현상학에서 출발한 메를로-퐁티(M. Merleau-Ponty)는 실존주의적 현상학 기획을 '즉자'와 '대자' 간의 이원론을 극복하려는 시도로, 그리고 사르트르의 철학과 같은 철학이 극복 불가능하다고 생각한 대립들의 극복을 가능하게 해주는 지형을 설정하려는 시도로 인식했다. 따라서 현상은 '사물'과 '정신' 사이에 연관이 설립되는 지점으로 간주되며, 지각은 코기토(Cogito)보다 더 원초적인 토대의 수준으로 간주되는

조했다. 비트겐슈타인의 언어 게임은 언어와 언어에 상호 연결된 행위 양자를 해체 불가능한 총체성 안에 포함시킨다. 예를 들면, 다음과 같다. "A는 건축용 석재들을 가지고 건물을 짓는다. 벽돌, 기둥, 석판, 들보가 있다. B는 그에게 그 석재들을 건네주어야 한다. 게다가 A가 그것들을 필요로 하는 순서에 따라서. 그 목적을 위해서 그들은 '벽돌', '기둥', '석판', '들보'라는 낱말들로 이루어져 있는 어떤 한 언어를 사용한다. A가 그 낱말들을 외친다. B는 이렇게 외치면 가져오도록 배운 석재를 가져간다."[17] 따라서 비트겐슈타인은 다음과 같은 불가피한 결론을 내렸다. "나는 또한 언어와 그 언어가 뒤얽혀 있는 활동들의 전체도 '언어 게임'language-game이라고 부를 것이다."[18] 대상들의 물질적 속성은 비트겐슈타인이 언어 게임이라고 부른 것의 일부임이 분명하며, 비트겐슈타인의 언어 게임은 우리가 담론이라고 부른 것의 한 예이다. 일정한 언어적 요소들을 가지고 변별적 위치를 구성하고 따라서 관계적 정체성을 구성하는 것은 건축용 돌 또는 석판에 대한 관념이 아니라 건축 석재 또는 석판 그 자체이다(우리가 아는 한 '건축 석재'라는 관념을 연결시켜서는 어떤 건축물도 세우지 못한다). 언어적 요소들과 비언어적 요소들은 단순히 병렬되는 것이 아니라, 변별적이고

것이다. 모든 현상학에 내재하는 의미 개념의 한계들이 '체험된 것'(the lived)의 환원 불가능성에 기초하고 있는 한, 우리는 그로 인해 다음의 사실을 잊지 말아야 한다. 즉, 그 정식화들 가운데 몇몇 — 특히 메를로-퐁티의 작업 — 속에서 우리는 모든 형태의 이원론에 내재하는 본질주의와 단절하기 위한 가장 근본적인 시도들 몇 가지를 발견한다.

17 L. Wittgenstein, *Philosophical Investigation*, Oxford 1983, p. 3[『철학적 탐구』, 이영철 옮김, 책세상, 2006, 23쪽].

18 같은 책, p. 5[『철학적 탐구』, 26쪽].

구조화된 위치들의 체계 — 즉, 담론 — 를 구성한다. 따라서 변별적 위치들은 매우 다양한 물질적 요소들의 분산을 포함한다.[19]

이 경우 담론적 통일성이란 어떤 기획의 목적론적 통일성이라는 주장이 제기될 수도 있다. 그러나 그렇지 않다. 객관 세계는 필연적으로 목적 원인론적 의미를 갖지 않는 관계적 시퀀스 속에서 구조화되며, 실제로 대부분의 경우 어떤 의미도 결코 요구하지 않는다. 즉, 일정한 규칙성들이 변별적 위치들을 확립한다는 것을 통해 우리는 담론 구성체에 대해 충분히 언급할 수 있다. 여기에서 두 가지 중요한 결론이 나온다. 첫째, 담론의 물질적 성격은 정초하는 주체의 경험 또는 의식 속에서 통일될 수 없다. 반대로, 다양한 주체 위치들이 담론 구성체 내에 분산된 채 나타나게 된다. 둘째, 차이들의 체계의 고정화/탈구로서의 접합적 실천은 순수하게 언어적인 현상들로 구성될 수 없다. 오히려 접합적 실천은 담론 구성체가 구조화되는 다양한 제도들, 의례들 그리고 실천들의 전체적인 물질적 농밀성을 뚫고 들어가야만 한다. 이런 복잡성과 그것의 담론적 성격에 대한

---

19 담론적인 것의 우위성에 대한 그와 같은 관점은 '유물론'에 문제를 초래할 것이라고 주장하는, 마르크스주의의 특정 유형에 맞서, 우리는 마르크스의 글들, 특히 『자본』을 잠시 일별해 볼 것을 권한다. 즉, 노동과정에 관한 장[『자본』, 1권 5장 "노동과정과 가치 증식 과정"]의 도입부에 있는 꿀벌과 건축가에 관한 유명한 단락들과, 가치 형태에 대한 전체적인 분석[『자본』, 1권 1장 3절 "가치 형태 또는 교환가치"] 말이다. 여기서, 상품 생산과정—자본주의적 축적의 토대—의 논리는 정확히 사회적인 논리(물질적으로 구별되는 대상들 사이에 등가 관계를 확립함으로써 자신의 논리를 부과하는)로 제시된다. 첫 쪽부터 바번(N. Barbon)의 주장에 대한 다음과 같은 논평이 나온다. "'물적 존재들은 철을 끌어당기는 자석의 속성처럼 어디에서나 똑같이 작용하는 내재적인 속성(이것은 사용가치를 나타내는 바번의 독특한 용어이다)를 지니고 있다'(같은 책 6쪽). 철을 끌어당기는 자석의 속성은 그 속성으로 인해 자석의 극성이 발견된 뒤에야 비로소 유용하게 되었다"[카를 마르크스, 『자본 1-1』, 강신준 옮김, 2008, 길, 88쪽 각주 3].

인식을 통해, 마르크스주의 이론화의 지형에서 잘 알려져 있지 않던 길이 개척되기 시작했다. 그람시에서 알튀세르에 이르기까지 그와 같은 경로의 특징적인 형태는 이데올로기들의 물질성을 점진적으로 긍정하는 것이었다. 이데올로기들이란 관념들의 단순한 체계가 아니라, 제도와 의례 등을 통해 체화된다는 점에서 그러하다. 그러나 이 직관이 이론적으로 완전히 전개되지 못했던 이유는, 이 모든 경우에서, 그와 같은 직관이 이데올로기들의 영역, 즉 그것의 정체성이 '상부구조'라는 개념 아래에서 사유되는 구성체들에 준거하고 있었기 때문이었다. 그것은 이데올로기의 물질성의 분산과 대비되는 선험적 통일성이었으며, 따라서 계급의 통일적 역할(그람시) 또는 재생산 논리의 기능적 요건들(알튀세르)에 대한 호소를 요구했다. 그러나 이와 같은 본질주의적 가정이 폐기되고 나면, 접합 범주는 상이한 이론적 위상을 획득한다. 즉, 이제 접합은, 접합된 요소들의 분산에 선행하거나 그런 요소들의 외부에 존재하는 구성의 평면을 갖지 않는, 담론적 실천이 된다.

ⓒ 마지막으로, 우리가 담론의 범주에 할당했던 중심성이 갖는 의미와 생산성을 검토해야만 한다. 이런 중심성을 통해서, 우리는 객관성의 영역을 상당히 확대할 수 있었으며, 앞 장의 분석을 통해 우리 앞에 제시된 수많은 관계들을 사유할 수 있는 조건이 만들어졌다. 우리가 자연과학 담론에 의해 구축된 유형의 객관성을 토대로 사회관계들을 분석하려 했다고 가정해 보자. 이것은 즉각적으로 그 담론 내에서 구축될 수 있는 대상들과 이 대상들 사이에 설립될 수 있는 관계를 모두 엄격하게 제한할 것이다. 일정한 관계들과 일정한 대상들은 미리 배제될 것이다. 예컨대, 은유는 두 실체들 사이의 객관적 관계로서 불가능하다. 그러나 이는 사회적 영역과

정치적 영역에 존재하는 대상들 사이의 광범위한 관계들을 개념적으로 종별화할 수 있는 가능성을 배제한다. 예컨대, 우리가 공산주의적 열거'로 특징지은 것들은 두 개의 적대 진영으로 분리되어 있는 사회 공간에서 상이한 계급 부문들이 맺고 있는 등가 관계에 기초하고 있다. 그러나 이 등가는 문자적으로 다양한 내용들 사이에서 작동하는 유비의 원리를 가정하고 있다 — 이것이 은유적 전위가 아니면 무엇이겠는가? 공산주의적 열거에 의해 구성된 등가는 담론 외부에서 구성된 실제 운동의 담론적 표현이 아니다. 이와 반대로 이 열거적 담론이 사회관계들의 주형 및 구성에 기여하는 실재적 힘이다. '모순' — 이 부분은 아래에서 논할 것이다 — 과 같은 통념에서도 이와 유사한 것이 발생한다. 만일 우리가 자연주의적 패러다임의 관점을 통해 사회관계들을 검토한다면, 모순은 배제된다. 그러나 만약 우리가 사회관계들을 담론적으로 구축된 것으로 간주한다면, 모순은 가능한 것이 된다. 왜냐하면 '실재 대상'이라는 고전적인 통념은 모순을 배제하는 반면, 담론의 어떤 두 대상들 사이에서는 모순 관계가 존재할 수 있기 때문이다. 담론적/담론 외적이라는 이분법과 단절함으로써 나타나는 주요 결과는 사유와 실재 사이의 대립을 폐기하는 것이며, 그에 따라 사회관계들을 설명할 수 있는 범주들의 영역이 크게 확장된다. 이음동의어, 환유, 은유 등은 사회관계들의 일차적이고 구성적인 문자성에 이차적인 의미를 부가하는 사유의 형태들이 아니다. 대신에 그것들은 사회적인 것이 구성되는 일차적 지형 그 자체의 일부분이다. 사유와 실재라는 이분법의 폐기는 지금까지 서로 배타적인 것으로 간주해 왔던 범주들에 대한 재사유 및 범주들 간의 상호 침투와 병행되어야 한다.

3. 그런데, 만약 담론적 총체성의 관계적이고 변별적 논리가 그 어떤 제한도 없이 만연하게 된다면, 우리가 '담론'이라고 불렀던 담론적 총체성으로의 이행을 통해 우리가 처음에 가졌던 문제들을 해결하기는 어려울 것이다. 이 경우 우리는 순수한 필연성의 관계들과 대면하게 될 것이며, 앞에서도 지적했듯이 모든 요소들이 정의상 '계기'가 될 것이라는 점에서 어떤 접합도 불가능하게 될 것이다. 그러나 이런 결론은 오직 담론의 관계적 논리가 외부의 제약 없이 그 궁극적인 결과로까지 관철되는 것이 허용될 때만 가능할 것이다.[20] 이와는 반대로, 우리가 담론적 총체성은 단순하게 주어진 그리고 한계가 정해진 실정성positivity의 형태로는 결코 존재하지 않는다는 점을 받아들인다면, 관계적 논리는 우연성이 관통하고 있는 불완전한 것일 것이다. '요소들'로부터 '계기들'로의 이행은 결코 완전하게 이루어질 수 없다. 그리하여 접합적 실천을 가능하게 하는 무주공산no-man's land이 출현하게 된다. 이 경우, 사회적 정체성을 훼손하고 그것이 완전히 봉합되지 못하도록 가로막는 담론적 외부로부터 완벽한 보호를 받는 사회적 정체성이란 존재하지 않는다. 정체성들과 관계들은 모두 필연적 성격을 상실하게 된다. 체계적이고 구조적인 전체로서의 관계들은 정체성들을 흡수할 수 없다. 정체성들은 순전히 관계적이기 때문에, 이와 같은 말은 완전하게 구성될 수 있는 정체성이란 존재하지 않는다고 말하

---

20 우리는 이런 '외부'(exterior)라는 말을 통해서 담론 외적인 것의 범주를 재도입하지 않는다. 외부는 또 다른 담론들에 의해 구성된다. 모든 담론의 취약성의 조건들을 창출하는 것은 바로 이 외부의 담론적 본질인 것이다. 왜냐하면 하나의 담론 외부에서 작동하는 또 다른 담론적 접합에 의해 그 담론의 차이 체계가 변형되고 불안정하게 되는 것을 최종적으로 막아 내는 것은 아무것도 없기 때문이다.

는 것과 다를 바가 없다.

이것이 사실이라면, 모든 고정화의 담론은 은유적인 것이 된다. 즉, 문자성은 사실상 은유들 가운데 첫 번째 은유인 것이다.

여기에서 우리는 우리가 제시하는 논변의 결정적인 지점에 도달하게 된다. 모든 총체성의 불완전한 성격으로 말미암아, 분석의 지형으로서, 봉합되고 자기 규정적인 총체성으로서의 '사회'라는 전제는 폐기된다. '사회'는 담론의 유효한 대상이 아니다. 차이들의 전 영역을 고정시키는 ─ 따라서 구성하는 ─ 단일한 기저적 원칙은 없다. 내재성과 외재성 사이의 해소 불가능한 긴장이 모든 사회적 실천의 조건이다. 즉, 필연성은 우연성의 영역에 대한 부분적인 제한으로서만 존재할 뿐이다. 사회적인 것이 구성되는 장소는 바로 완전한 내재성과 완전한 외재성이 모두 불가능한 지형이다. 사회적인 것이 차이들의 고정된 체계의 내재성으로 환원될 수 없는 것과 마찬가지로 순수한 외재성 또한 불가능하게 된다. 실체들이 서로에 대해 **전적으로** 외재적이기 위해서는 각각의 실체 스스로는 전적으로 내재적이어야 할 것이다. 즉, 어떤 외재적인 것에 의해서도 전복되지 않는, 완전하게 구성된 정체성을 지니지 않으면 안 될 것이다. 그러나 이것은 정확히 우리가 조금 전에 바로 기각한 것이다. 완전히 고정될 수 없는 이런 정체성들의 영역이 과잉 결정의 영역이다.

따라서 절대적인 고정성도 절대적인 비고정성도 가능하지 않다. 우리는 이제 비고정성에서 출발해, 이런 두 가지 연속적인 계기들을 검토해 보려 한다. 우리는 '담론'을 변별적인 실체들 ─ 즉, 계기들 ─ 의 체계라고 언급한 바 있다. 그러나 우리가 조금 전에 살펴보았듯이, 그런 체계는 그것을 전복하는 '의미의 잉여'에 대한 부분적 제한으로서만 존재할 뿐이다.

모든 담론적 상황에 내재하는 이 '잉여'는 모든 사회적 실천의 구성을 위해 필수적인 지형이다. 우리는 그것을 **담론성**의 영역이라고 부를 것이다. 담론성은 잉여가 모든 구체적인 담론과 맺는 관계의 형태를 가리킨다. 즉, 그것은 필연적으로 모든 대상의 담론적 성격을 결정하는 동시에, 어떤 주어진 담론도 최종적으로 봉합되지 못하도록 한다. 이 점에서, 우리의 분석은 궁극적인 의미들을 고정하는 것이 불가능하다고 주장했던 — 하이데거에서 비트겐슈타인에 이르는 — 현대의 몇몇 사상 조류들과 만나게 된다. 예를 들어, 데리다는 구조 개념의 역사에서 일어난 급진적인 단절로부터 출발하는데, 이 단절은 중심 — 다양한 형태를 가지는 초월적인 기의, 즉 형상eidos, 아르케archē, 목적telos, 현실태energeia, 실체ousia, 진리alétheia — 은 물론, 차이의 흐름을 기초하는 의미들을 고정시킬 수 있는 가능성 또한 폐기되는 계기에서 발생했다. 이 점에서 데리다는 우리의 글에서의 담론 개념과 일치하는 담론 개념을 일반화하고 있다. "그리하여 이때부터, 구조가 구성될 때 나타나는, 말하자면 중심에 대한 욕망을 지배했던 법칙과 더불어, 이런 중심의 현존 — 하지만 이런 중심의 현존이란 결코 그 자신으로 존재한 적이 없는, 항상 그 자신의 대체물 속에서 그 자신과 다른 것으로 유배당해 왔던 그런 것이다 — 의 법칙에 대한 전치들과 대체들을 질서짓는 의미화 과정이 사고되어야만 했다. 이런 대체물은 결코, 말하자면 이 대체물에 앞서 이미 존재했던 어떤 것을 대체하지 않는다. 그리하여 이때부터, 중심이란 존재하지 않았다는 것, 중심은 현존하는 존재자[현재 존재하는 것étant-présent]의 형태로 사고될 수 없었다는 것, 중심은 아무런 본래적인 장소도 갖고 있지 않았으며, 고정된 장소가 아니라 하나의 기능이었다는 것, 곧 무한히 많은 기호 대체물들이 작용하는 일종의 비장소였다는 것을 사고하기 시작해야만 했다. 그렇다면 이때는, 언어가 보편적인 문제틀의 장을 침입하는 순간이며, 중심이나 기원의 부재 속에서 모든 것이 담론(우리가 이 단어에 대해 동의할 수 있다면)이 되는 순간, 곧 중심적 기의, 기원적이거나 초월적인 기의가 결코 차이의 체계 바깥에서는 현존하지 않는 체계가 되는 그런 순간이다. 초월적 기의의 부재는 의미화의 영역과 작용[유희]을 무한히 확장시킨다."21

이제 우리의 두 번째 차원으로 넘어가자. 의미를 궁극적으로 고정하는 것이 불가능하다는 것은 [의미를] 부분적으로 고정하는 작업이 있어야 한다는 것을 함의한다 ─ 그렇지 않다면, 차이들의 흐름은 불가능할 것이다. 심지어 의미들 간의 차이를 만들어 내고 전복하기 위해서라도, 하나의 의미가 존재해야 한다. 만일 사회적인 것이 그 자신을 명료하고 제도화된 **사회** 형태들 속에 고정시킬 수 없다면, 사회적인 것은 그런 불가능한 대상을 구축하려는 노력으로서만 존재할 뿐이다. 모든 담론은 담론성의 영역을 지배하기 위한 시도, 즉 차이들의 흐름을 억제하고, 중심을 구축하기 위한 시도로서 구성된다. 우리는 이렇게 의미를 부분적으로 고정하는 특권적인 담론 지점들을 **결절점**이라고 부를 것이다(라캉은 그의 **누빔점**, 즉 의미화 사슬signifying chain의 의미를 고정하는 특권적인 기표라는 개념을 통해, 이런 부분적 고정화를 강조했다. 이렇게 의미화 사슬의 생산성을 제한함으로써 서술을 가능하게 만드는 위치가 설정될 수 있다. 만일 어떤 담론이 어떤 의미도 고정시킬 수 없다면, 그것은 정신병자의 담론이다.)

---

21 J. Derrida, *Writing and Difference*, London 1978, p. 280.

언어에 대한 소쉬르의 분석은 언어를 실정적인 항positive terms이 없는 차이들의 체계로 간주했다. 여기서 중심 개념은 가치value였으며, 이 개념에 따르면 각 항[단어]의 의미는 순전히 관계적인 것이었고, 다른 모든 항들과의 대립을 통해서만 결정되었다. 그러나 이것은 우리에게 폐쇄 체계의 가능성이라는 조건들이 제시되어 있음을 보여 준다. 즉, 모든 요소의 의미를 그와 같은 방식으로 고정하는 것은 오직 폐쇄 체계 내에서만 가능하다. 언어학적 모델이 인문과학의 일반 영역에 도입되었을 때 바로 이런 체계성의 효과가 지배적이게 되었으며, 그리하여 구조주의는 또 다른 본질주의의 형태를 띠게 되었다. 즉, 구조주의는 모든 가능한 변화의 내재적 법칙을 구성하는 기저적 구조를 찾고자 했다. 구조주의에 대한 비판은 이렇게 완전하게 구성된 구조적 공간이라는 견해와의 단절을 수반했다. 그러나 그 비판은 또한, 이름 목록nomenclature[단어를 그것이 지칭하는 대상과 일대일로 대응시키는 것]처럼, 대상에 대한 준거[지칭]reference를 통해 그 구획 기준이 주어지는 통일체들unities에 대한 개념화로 회귀하는 것을 전면적으로 기각했기 때문에, 그 스스로 통일적으로 구성될 수 없는 관계적 공간 — 결국은 언제나 부재하는 구조에 대한 욕망에 의해 지배되는 영역 — 이라는 개념화를 낳았다. 기호는 기의와 기표 사이의 분열, 즉 기의와 기표를 봉합하는 것의 불가능함에 대한 이름인 것이다.²²

---

22 상당수의 최근 연구들은 봉합의 불가능성에 관한, 따라서 모든 관계적 체계의 궁극적인 내적 명료성의 불가능성에 관한 이와 같은 개념화를, 전통적으로 순수 구조적 모델로 제시되는 체계로, 즉 언어에까지 확장시켰다. 예를 들어 가데(F. Gadet)와 페쇠(M. Pêcheux)는 소쉬르와 관련해 다음과 같이 지적했다. "전체 언어활동으로부터 시적인 것을 특수한 효과들의 장소로 분리시키는 이론들과 관련해, 소쉬르의 작업은

이제 우리는 접합 개념을 종별화하는 데 필요한 모든 분석적 요소들을 가지게 되었다. 모든 정체성은 관계적 ─ 비록 관계들의 체계가 차이들의 안정적인 체계로서 고정되는 지점에 이르지 못한다고 해도 ─ 이기 때문에, 또한 모든 담론은 그것을 넘어 범람하는 담론성의 영역에 의해 전복되기 때문에, '요소들'로부터 '계기들'로의 이행은 결코 완전할 수 없다. '요소들'의 위상은 담론 사슬에 완전히 접합될 수는 없는 떠다니는 기표들의 위상이다. 그리고 이 떠다니는 성격은 결국 모든 담론적(즉, 사회적) 정체성을 관통한다. 그러나 만일 우리가 모든 담론적 고정화의 불완전성을 수용하고, 동시에 모든 정체성의 관계적 성격을 긍정한다면, 기표의 애매한 성격, 즉 어떤 기의에도 고정되지 않는 기표의 비고정성은 오직 기의들의 중식이 일어날 때에만 존재할 수 있다. 담론 구조를 탈구시키는 것은 기의들의 빈곤이 아니라, 반대로 다의성polysemy인 것이다. 그것이 모든 사회적 정체성의 과잉 결정된 상징적 차원을 확립한다. 사회는 결코 자신과 동일할 수 없다. 왜냐하면 모든 결절점이 그것을 넘어 범람하는 상호텍스트성 내에서 구성되기 때문이다. 그러므로 접합의 실천은 의미를 부분적으로 고정하는 결절점의 구축으로 구성된다. 이런 고정화의 부분적 성격은 사회적인 것의 개방성에서 비롯되며, 이는 결국 담론성 영역의 무한성에 의해

…… 시적인 것을 모든 언어활동에 내재해 있는 일탈[실수](slipping)로 만든다. 소쉬르가 확립한 것은 초기 라틴시의 속성, 나아가 시의 속성이 아니라, 언어 그 자체의 속성이다"(*La langue introuvable*, Paris 1981, p. 57). F. Gadet, "La double faille", *Actes du Colloque de Sociololinguistique de Rouen*, 1978, C. Normand "L'arbitraire du signe comme phénomène de déplacement", *Dialectiques*, 1972, no. 1-2, J. C. Milner, *L'amour de la langue*, Paris 1978 참조

모든 담론이 끊임없이 범람한 결과이다.

그러므로 모든 사회적 실천은 — 그것의 차원들 가운데 하나는 — 접합적이다. 사회적 실천은 자기-규정적인 총체성의 내재적 계기가 아니기 때문에 단순히 이미 획득된 어떤 것의 표현일 수 없으며, 반복의 원리 아래 완전히 포섭될 수도 없다. 오히려 사회적 실천은 언제나 새로운 차이의 구성이다. 사회적인 것은 '사회'가 불가능한 한에 있어서 접합이다. 앞서 말한 바와 같이, 사회적인 것에서 필연성이란 단지 우연성을 제한하기 위한 부분적인 노력으로서만 존재할 뿐이다. 이는 '필연성'과 '우연성' 간의 관계들이 서로의 경계가 정해져 있고 서로 외재적인 관계들로 — 예컨대 라브리올라의 형태론적 예언에서처럼 — 간주될 수 없다는 것을 함의하는데, 우연적인 것은 필연적인 것 안에서만 존재하기 때문이다. 필연적인 것 속에서의 우연적인 것의 이런 현존은 우리가 앞서 전복subversion이라고 불렀던 것이며, 모든 필연성의 문자적 성격을 훼손하고 의문시하는 상징화, 은유화, 역설 등으로 나타난다. 따라서 필연성은 기저적 원리 또는 지반의 형태 아래에서 존재하는 것이 아니라, 관계적 체계의 차이들을 고정하는 문자 그대로의 의미화literalization 노력으로서 존재한다. 사회적인 것의 필연성은 순수하게 관계적인 정체성들에 적합한[고유한]proper 필연성이지 — 가치의 언어적 원칙에서처럼[23] — 자연적 '필연성'이나 분석적 판단의 필연성이 아니다. 이런 의미에서, '필연성'은 단지 '봉합된 공간 속의 변별적인 위치들의 체계'와 등가적인 것이 된다.

---

23 소쉬르에 대한 방브니스트의 비판에 관해 앞서 말했던 것을 참조.

접합 문제를 이와 같이 다루는 것은 헤게모니의 논리에서 우리가 직면했던 명백한 이율배반들을 해결하는 데 필요한 모든 요소들을 내포하고 있는 것으로 보일 것이다. 즉, 한편으로 모든 사회적 정체성들의 개방적이고 불완전한 성격으로 말미암아 이 모든 정체성들은 상이한 역사적-담론적 구성체들 — 즉, 소렐과 그람시의 의미에서 '블록들' — 에 접합될 수 있다. 다른 한편으로, 접합적 세력의 바로 그 정체성은 담론성의 일반 영역에서 구성된다 — 이 과정은 초월적 또는 기원적 주체originative subject에 대한 일체의 준거를 제거한다. 그러나 우리의 헤게모니 개념을 정식화하기 전에 두 가지 문제를 더 다룰 필요가 있다. 첫 번째 문제는 '주체'라는 범주가 우리의 분석에서 차지하는 정확한 위상에 관한 것이다. 두 번째 문제는 적대antagonism 개념에 관한 것인데, 그것의 중요성은 다음과 같은 사실로부터 생겨난다. 즉, 특정한 헤게모니적 접합적 실천의 종별성은, 그것의 핵심적인 차원 가운데 하나에서, 그것과는 적대적인 다른 접합적 실천들과의 대결에 의해 주어진다.

'주체' 범주

주체 범주를 논의하기 위해서는 최근 논쟁들에서 많은 혼란을 초래한 두 가지 전혀 다른 문제를 구별할 필요가 있다. 그것은 주체 범주의 담론적 또는 전前담론적 성격의 문제와 상이한 주체 위치들 사이의 관계에 대한 문제이다.

첫 번째 문제는 좀 더 일관된 관심을 받았으며, 그 결과 합리주의와 경험주의가 모두 '인간 개인들'에게 귀속시켰던 '구성적' 역할에 대한 의문 역시 점점 증가하게 되었다. 이 비판은 본질적으로 다음과 같은 세 가지 개념을 대상으로 했다. 즉, 합리적이고 자기 자신에게 투명한 행위자로서의 주체에 대한 관점, 주체 위치 전체가 통일성과 동질성을 지닐 것이라는 가정, 그리고 사회적 관계들의 기원 및 토대로서의 주체에 대한 개념화(엄격한 의미에서 구성성constitutivity의 문제)가 그것이다. 이 비판의 주요 차원들을 상세하게 언급할 필요는 없을 것이다. 이 비판의 고전적인 계기들 — 니체, 프로이트, 하이데거 — 은 충분히 잘 알려져 있기 때문이다. 좀 더 최근에, 푸코는 그가 '인간의 시대'Age of Man라고 불렀던 시기의 특징인 '유한성의 분석'이 가지는 긴장이, '인간'이라는 범주가 통일된 주체로서 유지되는 한, 극복될 수 없는 일련의 대립들 — 경험적인 것/초월적인 것, 코기토/비사유Cogito/unthought, 기원의 철회/복귀withdrawal/return of the origin — 을 통해 어떻게 해소되는지를 보여 준 바 있다.[24] 또 다른 분석들은 '기원적 주체'라는 범주와의 단절에서 나타나는 난점들을 지적해 왔는데, '기원적 주체'라는 범주는 그 범주와의 단절을 시도하는 바로 그 관점에 지속적으로 들어와 있다는 것이다.[25]

이와 같은 대안 및 그것의 다양한 구성 요소들과 관련해, 우리의 입장은 분명하다. 이 책에서 우리는 '주체' 범주를 언제나 담론 구조 내에서의 '주

---

24 M. Foucault, *The Order of Things*, London 1970[『말과 사물』, 이규현 옮김, 민음사, 2012] 참조.
25 이것에 관해서는 다음을 참조. B. Brewster, "Fetishism in *Capital and Reading Capital*", *Economy and Society*, 1976, vol. 5., no. 3.; and P. Hirst, "Althusser and the Theory of Ideology", *Economy and Society*, 1976, vol. 5. no. 4.

체 위치들'이라는 의미로 사용할 것이다. 따라서 주체들은 ― 어떤 경험을 가능하게 하는 힘을 부여받은 존재라는 제한적인 의미에서조차 ― 사회적 관계들의 기원이 될 수 없다. 왜냐하면 모든 '경험'은 그 경험을 가능하게 하는 엄밀한 담론적 조건에 의존하기 때문이다.[26] 그러나 이것은 어디까지나 첫 번째 문제에 대한 답변일 뿐, 두 번째 문제에 대한 답을 여기에서 기대할 수는 없다. 모든 주체 위치들의 담론적 성격으로부터는, 그것들 사이에 존재할 수 있는 그 어떤 관계 유형도 따라 나오지는 않는다. 모든 주체 위치는 담론적 위치이기 때문에, 주체 위치는 모든 담론의 개방적 성격을 함께 가지게 된다. 결과적으로 다양한 위치들은 차이들의 폐쇄 체계 속에서 완전히 고정될 수 없다. 우리는 이처럼 매우 다른 문제가 혼동되었던 이유를 알 수 있다. 모든 주체 위치의 담론적 성격에 대한 긍정[단언]affirmation 은 기원적이고 정초적인 총체성으로서의 주체라는 통념에 대한 기각과 연결되어 있기 때문에, 다른 위치들에 대한 특정한 위치의 분산, 탈총체화 또는 탈중심화의 계기가 주요한 분석적 계기여야만 했다. 위치들 사이의 모든 접합 또는 관계의 계기는 분산이라는 은유의 인식적 효과들을 파괴했으며, 통일된 또는 통일시키는 본질로서의 주체 범주를 슬그머니 재도입하려는 재총체화에 대한 의심을 초래했다. 여기서 한 걸음만 더 나아가게 되면, 주체 위치들의 그런 **분산**을 주체 위치들 사이의 효과적인[실질적인] **분리**로 변형시키게 된다. 그러나 분산을 분리로 변형시키는 것은 우리가 앞에서 언급했던 모든 분석적 문제들 ― 특히 총체성의 본질주의를 요소들의 본

---

26 같은 책 참조

질주의로 대체할 경우에 내재하는 문제들 — 을 만들게 된다. 만약 모든 주체 위치가 담론적 위치라면, 분석은 어떤 주체 위치가 다른 주체 위치를 과잉 결정하는 형태 — 앞서 이야기했듯이, 어떤 담론적 차이 속에 내재하는 모든 필연성의 우연적 성격 — 를 띨 수밖에 없다.

최근 중요한 토론을 낳은 두 가지 사례를 검토해 보자. 겉으로 보기에는 명백히 추상적인 범주들(무엇보다도 '대문자 인간'Man)의 위상에 관한 것과 페미니즘의 '주체'에 관한 것이 그것이다. 첫 번째 사례는 인간주의를 둘러싼 최근의 논쟁 전반에 걸쳐 중심적인 문제이다. 만일 '대문자 인간'[27]의 위상이 본질의 위상이라면, '인간존재들'human beings의 여타 특성들과 관련해 그것의 장소는 추상적인 것에서 구체적인 것으로 진행되는 논리적 척도 위에 각인될 것이다. 그리고 이는 결국 구체적인 상황들을 '소외'와 '오인'이라는 말로 분석할 때 겪는 매우 익숙한 함정[혼란]trick에 빠지는 상황으로 이어질 것이다. 그러나 이와는 반대로 '대문자 인간'이 담론적으로 구축된 주체 위치라고 한다면, 인간이 가진 추상적 특성에 대한 가정만으로는 다른 주체 위치들과 '대문자 인간'의 접합 형태를 결코 예상할 수 없다(이 경우에, 그 접합의 범위는 무한하며 '인간주의자'의 상상 이상이 될 것이다. 예를 들어, 잘 알려져 있듯이 식민지 국가들에서, '인간의 권리'와 '유럽적 가치' 사이의 등개적 접합는 제국주의적 지배의 수용 가능성을 담론적으로 구성하는 통상적이고 효과적인 형태였다). E. P. 톰슨이 알튀세르를 공격하면서 일으킨 혼동[28]은 정확히 이 지점에 놓여

---

27 '인간존재'와 인간 종 가운데 '남성'을 동시에 지칭하는 '대문자 인간'이라는 단어를 사용함으로써 발생하는 애매성은 우리가 보여 주려고 하는 담론적 애매성들의 징후이다.
28 E. P. Thompson, *The Poverty of Theory*, London 1978. 그러나 우리는 톰슨이 단순히 알튀세르를

있다. 톰슨은 '인간주의'에 관해 언급하면서 만일 인간주의적 가치가 지닌 본질의 위상을 부정한다면, 인간주의적 가치들은 역사적 유효성을 박탈당할 것이라고 믿고 있다. 그러나 현실에서 중요한 것은 '대문자 인간'이 근대에 어떻게 생산되었으며, '인간적' 주체 — 즉, 아무런 구별 없이 동일한 인간적 정체성의 행위자 — 가 어떻게 일정한 종교 담론 속에서 출현하고, 법률적 실천들 속에서 체화되며, 여타의 다른 영역에서 담론적으로 구축되었는지를 보여 주는 것이다. 이런 분산에 대한 이해를 통해, 우리는 '인간주의적' 가치 그 자체의 취약성, 다른 가치들과 등가적으로 접합됨으로써 인간주의적 가치가 왜곡될 수 있는 가능성, 그리고 인간주의적 가치가 인구 가운데 특정 범주들 — 예를 들어, 자산 소유 계급 또는 남성 — 에 제한되었다는 점 등을 파악할 수 있게 된다. 이런 분석은 '대문자 인간'이 본질의 위상 — 아마도 하늘이 부여한 선물 — 을 갖는다고 생각하지 않기 때문에, 인간 출현의 역사적 조건들과 인간의 현재적 취약성에 대한 이유를 보여 줄 수 있으며, 따라서 우리가 인간주의적 가치들을 지키기 위한

잘못 읽었다는 결론으로 비약해서는 안 된다. 문제는 더욱더 복잡하다. 왜냐하면 만약 톰슨이 인간적 본질이라는 공준에 토대를 둔 '인간주의'와 그 본질에 대한 부정에 정초하고 있는 반인간주의를 대립시킴으로써 허위적인 양자택일을 제시했다면, 인간주의에 대한 알튀세르의 연구 역시 이와 마찬가지로 인간주의를 이데올로기의 영역으로 격하[후퇴]시키는 것 이외의 그 어떤 여지도 남겨 놓지 않았기 때문이다. 왜냐하면 만약 역사가 연속적으로 이어지는 생산양식에 의해 주어진 명료한 구조를 가진다면, 그리고 '과학적' 실천이 접근할 수 있는 것이 바로 이 구조라면, 이것은 인간주의를 이데올로기적 평면 위에서 구성된 어떤 것으로 보는 통념을 동반할 뿐이다 — 이런 이데올로기적 평면은 허위의식으로 간주되지는 않지만, 생산양식의 논리가 확립하는 사회적 재생산 메커니즘과는 존재론적으로는 다르며, 이 메커니즘에 종속적이다. 이와 같은 두 개의 본질주의 — '인간'과 '생산양식'을 중심으로 구성된 — 가 인도하는 막다른 골목에서 빠져나오기 위해서는 외양/실재의 구분이 정초하고 있는, 평면들의 변별화를 해체해야 한다. 그런 경우에 인간주의적 담론은 선험적으로 특권적이지도 않고 다른 담론들에 종속되지도 않는 위상을 가진다.

투쟁을 아무런 환상도 품지 않은 채로 좀 더 효과적으로 수행할 수 있게 해준다. 그러나 만약 '인간적 정체성'이 분산된 위치들의 총체뿐만 아니라, 그것들 사이에 존재하는 과잉 결정의 형태들까지 수반한다면, 그 분석은 단순히 분산의 계기에만 머물러 있을 수 없다는 사실 또한 마찬가지로 명백하다. '대문자 인간'은 근본적인 결절점으로, 18세기 이래로 수많은 사회적 실천들이 이 결절점으로부터 '인간화'로 나아가는 것이 가능해졌다. '대문자 인간'이 생산되었던 위치들의 분산을 강조하는 것은 단지 첫 번째 계기만을 구성할 뿐이다. 두 번째 단계에서는 그 위치들 사이에 확립된 과잉 결정과 총체화의 관계들을 보여 주는 것이 필수적이다. 담론적 차이들의 체계의 비고정화 또는 개방성은 유비나 상호 침투와 같은 효과를 가능하게 만드는 것이다.

페미니즘의 '주체'와 관련해서도 이와 유사하게 이야기할 수 있다. 페미니즘적 본질주의에 대한 비판은 특히 영국의 잡지 『m/f』에 의해 수행된 바 있다. 즉, 상당수의 주요 연구를 통해 사전에 구성된 범주인 '여성의 억압' — 그 원인이 가족에 있든 생산양식에 있든 아니면 다른 무엇에 있든 간에 — 이라는 통념을 기각하고, "여성이라는 범주를 생산하는 특수한 역사적 계기, 제도, 그리고 실천들"[29]에 대한 연구를 시도해 왔다. 여성을 억압하는 단일한 메커니즘이 존재한다는 것을 부정하게 되면, 수많은 행위 영역이 페미니즘 정치 앞에 펼쳐진다. 그리하여 사람들은 법률 수준에서든, 가족 수준에서든, 사회정책 수준에서든, 아니면 '여성적인 것'의 범

---

29 *m/f*, 1978, no.1. 편집자 주

주를 부단히 생산하는 다수의 문화적 형태들의 수준에서든, 성적 차별들을 구축하는 모든 억압적인 형태에 맞서 나타나는 시의적절한 투쟁들의 중요성을 인식할 수 있게 된다. 그렇기 때문에 우리는 주체 위치의 분산의 영역에 있는 것이다. 그러나 이런 접근에서 분산의 계기만을 일면적으로 강조하게 되면 난점을 초래한다 — 너무나도 일방적이어서 서로 아무런 관계도 갖지 않는 실천들을 통해 구성된 이질적인 성적 차이들의 집합만 남게 되는 것이다. 사회적 실천들 속에서 후험적으로 재현되는 본원적인 성적 분리가 존재한다는 생각에 대한 문제 제기는 전적으로 옳지만, 다양한 성적 차이들 사이의 과잉 결정이 성적 **분리**의 체계적 효과를 생산한다는 인식 또한 필수적이라 할 수 있다.[30] 모든 성적 차이들을 구축하는 것들은, 그것이 아무리 다양하고 이질적이라 해도, 언제나 여성적인 것을 남성적인 것에 종속된 반대극으로 구축한다. 성/젠더 체계에 대해 말할 수 있는 것은 바로 이 때문이다.[31] 사회적 실천들의 전체, 그리고 범주로서의 여성을 생산하는 제도들 및 담론들의 전체는 완전히 동떨어져 있는 것이 아니라, 서로를 강화하고 서로에게 작용한다. 이는 여성 종속에 단일 원인이

---

30 Chantal Mouffe, "The Sex/Gender System and the Discursive Construction of Women's Subordination", in S. Häninen and L. Paldan, eds., *Rethinking Ideology : A Marxist Debate*, Berlin 1983을 참조. 이런 관점에서 페미니즘 정치학을 역사적으로 소개한 것은 Sally Alexander, "Women, Class and Sexual Difference", *History Workshop 17*, Spring 1984에서 발견할 수 있다. 더 일반적인 성 정치학의 문제에 관해서는 Jeffrey Weeks, *Sex, Politics and Society*, London 1981을 참조.
31 이 개념은 게일 루빈(Gayle Rubin)이 발전시켰다. "The Traffic in Women : notes on the 'Political Economy' of Sex," in R. Reiter, ed., *Toward an Anthropology of Women*, New York/London 1975, pp. 157-210.

존재한다는 것을 의미하는 것은 아니다. 일단 생물학적 여성female sex이 구체적 특성들을 지닌 여성 젠더feminine gender를 의미하게 되면 이 '상상적 의미 작용'은 다양한 사회적 실천들에서 구체적인 효과들을 생산한다는 것이 바로 우리의 견해이다. 따라서 '여성성'femininity에 대한 의미 작용들 전체를 특징짓는 일반적인 범주로서의 종속과, 종속의 구체적인 형태들을 구축하는 다양한 실천들의 자율성 및 불균등 발전 사이에는 밀접한 상관관계가 존재한다. 후자는 불변하는 여성적 본질의 표현expression이 아니다. 그러나 주어진 사회 속에서 여성들이 처한 조건과 연결된 상징주의symbolism는 구체적인 종속을 구축하는 데 근본적인 역할을 한다. 그리고 구체적인 종속의 다양한 형태들은 이 상징주의의 유지와 재생산에 기여함으로써 반작용한다.[32] 따라서 성적 분리의 측면에서 '여성성'을 구성하는 다양한 형태들에는 강력한 과잉 결정 효과를 갖고 있는 공통의 요소가 존재한다는 점을 부정하지 않으면서, 성적 분리를 구성하는 남성과 여성 사이의 본원적 적대라는 관념을 비판하는 것이 가능하게 된다.

이제, 마르크스주의적 전통 내에서 사회적·정치적 주체들의 결정이 채택해 왔던 다양한 형태들에 대해 검토해 보도록 하자. 그 출발점이자 한결같은 주제는 분명하다. 즉, 주체들은 사회 계급들이며, 그것의 통일

---

32 *m/f*의 편집자들이 이와 같은 측면을 전적으로 무시한 것은 아니다. 따라서 애덤스(Parveen Adams)와 민슨(Jeff Minson)은 다음과 같이 말한다. "다양한 상호 관계들을 포괄하는 일정한 형태의 '전(全)-목적적인'(all-purpose) 책임이 존재한다 ― 사람들은 일반적으로 다수의 가치 평가들 속에서 '책임을 진다(부정적인 극에서는 '무책임이다'). 그러나 이런 전-목적적인 책임이 아무리 확산적인 것처럼 보일지라도, 그것은 여전히 특정한 사회적 조건들에 종속되며, '전-목적적' 책임은 위상들의 이질적인 묶음으로 해석되지 않으면 안 된다." "The 'Subject' of Feminism", *m/f*, 1978, no. 2. p. 53.

성은 생산관계에서 그들이 차지하는 위치에 따라 결정된 이해관계를 둘러싸고 구성된다. 그러나 이 공통된 주제를 강조하는 것보다 더 중요한 것은, 주체 위치들의 패러다임적인 형태들과 관련해, 주체 위치들의 다양화와 분산에 대해 마르크스주의가 정치적이고 이론적으로 대응했던 정확한 방식들을 연구하는 것이다. 첫 번째 ─ 가장 기본적인 ─ 유형의 대응은 지시 대상referent을 통해 [그 문제를] 부당하게 넘어가는 것이다. 이는, 예를 들어, 노동자들의 정치투쟁과 경제투쟁은 그 양자를 모두 수행하는 구체적인 사회적 행위자 ─ 노동계급 ─ 에 의해 통일된다는 주장을 수반한다. 이와 같은 유형의 추론 ─ 마르크스주의뿐만 아니라 사회과학 전체에서도 공통적으로 나타난다 ─ 은 다음과 같은 오류에 기초해 있다. 즉, '노동계급'이라는 표현을 두 가지 서로 다른 방식으로, 즉 생산관계에서의 종별적 주체 위치를 정의할 때와, 그런 주체 위치를 점유하고 있는 행위자들을 명명할 때 사용하는 것이다. 이로 말미암아 나타나는 애매성 때문에 이런 행위자들이 점유하고 있는 다른 위치들 역시 '노동계급 위치들'이라는, 논리적으로 타당하지 않은 결론이 끼어드는 것이 가능해진다(그 행위자들은 명백히 이차적인 의미에서는 '노동계급'이지만, 일차적인 의미에서도 반드시 그런 것은 아니다). 모든 사회적 행위자의 의식이 통일되어 있고 투명하다는 함축적인 가정은 애매성을 ─ 따라서 혼동을 ─ 더욱 강화한다.

그러나 이와 같은 얼버무리기subterfuge는 경험적으로 주어진 위치들 사이의 통일성을 단언하려 할 때에만 통할 뿐, 어떤 위치들이 다른 위치들과 관련해서 갖는 본질적인 이질성(즉, '허위의식'의 특정적인 분열) ─ 마르크스주의 전통에서 매우 빈번히 나타났던 ─ 을 설명하려 할 때는 통할 수 없다. 이미 보았듯이, 이 경우 계급의 통일성은 미래의 통일성으로 간주된다. 그와 같은 통일성이 스스로를 발현하는 방식은 대표라는 범주, 현실의 노동자와 그들의 객관적 이해 사이의 분리를 통해서인데, 여기서 객관적 이해는 전위 정당에 의해 대표될 것을 요구한다. 이제 모든 대표 관계는 허구에 정초하게 된다. 즉, 엄격히 말해 부재하는 것이, 어떤 것의 일정한 수준(대표의 수준)에서 현존한다는 허구 말이다. 그러나 그것은 허구이자 동시에 실제의 사회관계를 조직하는 원칙이기 때문에, 대표는 그 결과가 처음부터 미리 결정되어 있지 않은 게임의 지형이다. 다양한 가능성들의 영역 한쪽 끝에서, 대표의 허구적 성격은 해체될 수도 있으며, 따라서 대표의 수단과 영역은 대표되는 것에 대해 전적으로 투명해질 수도 있다. 다른 쪽 끝에서, 대표자와 피대표자 사이가 완전하게 불투명해질 수도 있다. 즉, 허구는 말 그대로 허구가 될 수도 있다. 중요하게 지적되어야 할 것은, 이런 극단들 가운데 어느 것도 불가능하지 않다는 점이다. 왜냐하면 양자의 경우 모두 그것이 가능한 조건들이 잘 정의되어 있기 때문이다. 즉, 대표의 허구성 자체가 허구가 되도록 통제하는 조건들에 대표자는 종속될 수 있으며, 반대로 통제가 전혀 없는 상황에서 대표는 문자 그대로 허구적인 것이 될 수 있다. 전위 정당에 대한 마르크스주의적 개념화는 이런 특이성을 보여 주고 있다. 즉, 정당은 구체적인 행위자가 아니라 그들의 역사적 이해관계를 대표한다는 점, 그리고 대표자와 피대표자들은 동일한 평면에서 그리고 동일한 담론에 의해 구성되기 때문에 허구란 존재하지 않는다는 것이다. 그러나 이런 동어 반복적인 관계는 자신들이 프롤레타리아의 전위라고 선언하는 소규모 분파에서만 극단적인 형태로 존재할 뿐이다. 물론, 프롤레타리아는 자신이 전위를 가지고 있다는 것을 언제나 깨닫지 못한다. 이와는 반대로, 일정한 유의미성을 가진 모든 정치투쟁에서는, 구체적인 사회적 행위자들이 자신들의 '역사적 이해관계'라고 가정된 것에 헌신하게 만들려는 노력이 분명히 존재한다. 만약 피대표자와 대표자 양자를 동시에 구성하는 단일한 담론의 동어반복이 폐기된다면, 피대표자와 대표자는 상이한 수준에서 구성된다는 필연적인 결론에 이르게 된다. 그럴 경우에 생길 수 있는 첫 번째 유혹은 그런 평면들의 분리를 총체적으로[전면적으로] 만드는 것, 그리고 대표의 허구적 성격으로부터 대표 관계의 불가능성을 도출하는 것이 될 것이다. 그리하여 다음과 같은 주장이 나오게 된다. 즉, "경제주의를 부정하는 것은 계급들의 경제적·정치적·이데올로기적 통일성이라는 고전적인 개념화를 기각하는 것이다. 그것은 정치적·이데올로기적 투쟁이 경제적 계급들의 투쟁으로 간주될 수 없다고 주장하는 것이다. 중간의 길이란 없다. …… 계급의 '이해관계'는 경제에 의해 정치와 이데올로기에 주어지는 것이 아니다. 그것은 정치적 실천 내에서 발생하며, 명확한 정치적 실천 양식들의 효과로서 결정된다. 정치적 실천은 계급 이해관계를 인식하고 나서 그것을 대표하는 것이 아니다. 정치적 실천은 자신이 대표하는 이해관계를 구성한다."[33]

그러나 이 같은 단언은 정치적 실천의 경계가 완벽하게 정해질 경우, 그래서 정치적 실천과 경제의 경계가 **좀 더 기하학적으로** 그려질 수 있을 경우 — 다시 말해, 원칙적으로 경제적인 것에 의한 정치적인 것의 과잉결정이나 그 역을 배제한 경우 — 에만 유지될 수 있다. 그러나 우리는 이런 분리는 오직 본질주의적 개념화 속에서만 선험적으로 확립될 수 있다

---

[33] A. Cutler et al., vol. 1

는 것을 알고 있는데, 본질주의적 개념화는 어떤 정체성의 개념적 종별화를 완전히 그리고 절대적으로 변별적인 담론적 위치로 변형함으로써, 개념적 분리로부터 요소들 사이의 실재적 분리를 도출한다. 그러나 만일 우리가 모든 정체성의 과잉 결정적 성격을 받아들인다면, 상황은 달라진다. 어떤 경우에도 제3의 길 — 비록 우리가 그 길이 중간의 길인지 아닌지는 모르지만 — 이라고 할 수 있는 다른 길이 존재한다. '행위자들을 그들의 역사적 이해관계로 끌어들이는 것'은, 단순하게 말하자면, 어떤 집단 — 산업 노동자들 — 의 구체적 요구를 자본주의 극복을 포함한 총체적 해방으로 가는 단계로 바라보는 담론을 구축하는 접합적 실천이라 할 수 있다. 물론, 이런 요구들이 꼭 이런 방식으로 접합되어야 할 본질적인 필연성은 존재하지 않는다. 그러나 이미 보았듯이 접합의 관계가 필연성의 관계가 아니라고 한다면, 그 요구들이 다른 방식으로 접합되어야 할 본질적인 필연성 또한 존재하지 않는다. '역사적 이해관계들'이라는 담론은 일정한 요구들을 헤게모니화한다. 이런 점에서 커틀러 등의 주장은 절대적으로 옳다. 즉, 정치적 실천은 그것이 대표하는 이해관계를 구축한다. 그러나 면밀하게 살펴보면, 이로써 경제적인 것과 정치적인 것의 분리가 공고화되기는커녕, 제거된다는 점에 주목하게 될 것이다. 왜냐하면 즉각적인 경제 투쟁들을 사회주의적 용어로 독해하는 것은 경제적인 것과 정치적인 것을 담론적으로 접합하며, 따라서 양자 사이에 존재하는 외재성을 제거하기 때문이다. 선택지는 분명하다. 즉, 정치적인 것과 경제적인 것 사이의 분리는 그것을 선험적으로 보장하는 담론 외적 평면에서 발생한다. 그렇지 않다면, 분리는 담론적 실천의 결과이며, 정치적인 것과 경제적인 것 사이의 통일성을 구축하는 모든 담론적 실천으로부터 그와 같은 분리를 선험적으로 지켜 내는 것은 가능하지 않다. [주체] 위치들의 분산이 모든 접합적 실천의 조건이라 해도, 그 분산이 필연적으로 사회적 행위자들의 정치적 정체성과 경제적 정체성 사이의 분리라는 형태를 띠어야 할 이유는 없다. 경제적 정체성과 정치적 정체성이 봉합된다면, 대표 관계의 모든 조건은 명백히 사라질 것이다. 즉, 우리는 동어 반복적인 상황으로 돌아갈 것인데, 여기서 대표자와 피대표자는 단일한 관계적 정체성의 계기들이다. 그 대신, 행위자들의 정치적 정체성이나 경제적 정체성 모두 통일된 담론의 변별적 계기로서 결정화될 수 없으며, 이들 사이의 관계는 긴장의 불안정한 통일성이라는 점을 수용해 보자. 우리는 이미 이것이 의미하는 바를 알고 있다. 즉, 둘[정치적 정체성과 경제적 정체성] 사이의 안정적인 접합을 가로막는 다의성에 의한 각 용어의 전복. 이 경우 경제적인 것이 정치적인 것 속에 존재하면서도 존재하지 않고, 정치적인 것 또한 경제적인 것 속에 존재하면서도 존재하지 않는다. 양자 간의 관계는 두 용어 사이의 문자적 변별화의 관계가 아니라 두 용어 사이의 불안정한 유비의 관계이다. 이제 은유적 전위를 통해 현존하는 이런 형태는 법적 허구fictio iuris로서의 대표가 사유하려는 것이다. 따라서 대표는 명확한 관계 유형으로 구성되는 것이 아니라 불안정한 진동oscillation의 영역으로 구성된다. 그리고 이 불안정한 진동의 소실점은 대표자와 피대표자 사이의 연관이 모두 파괴됨으로써 허구가 문자화되는 지점이거나, 분리된 두 정체성을 단일한 정체성의 계기들로 흡수함으로써 분리된 두 정체성이 사라지게 되는 지점이다.

이런 모든 것은 우리에게 주체 범주의 종별성은 '주체 위치들'의 분산을 절대화하거나 '초월적 주체'를 중심으로 주체 위치들을 절대주의적으로 통일해서는 확립될 수 없음을 보여 준다. 과잉 결정이 모든 담론적 정체성에 부여하는 애매하고 불완전하며 다의적인 성격이 주체 범주를 관통하고 있다. 이런 이유에서, 담론적 총체성이 폐쇄되는 계기 ― 이는 그와 같은 총체성의 '객관적' 수준에서 주어지지 않는다 ― 는 '의미를 부여하는 주체'의 수준에서 확립될 수 없다. 왜냐하면 담론적 총체성의 다른 모든 지점에서 나타나는 똑같은 불안정성 그리고 봉합의 부재가 담론적 총체성의 일부인 행위자의 주체성을 관통하기 때문이다. '객관주의'와 '주관주의', '전체주의'와 '개체주의'는 영원히 지연되는 완전성에 대한 **욕망**desire의 대칭적인 표현들이다. 바로 이런 최종적 봉합의 부재로 말미암아, 주체 위치들의 분산은 해결책을 구성할 수 없다. 즉, 그것들[주체 위치들] 가운데 그 어떤 것도 분리된 위치로서 자신을 궁극적으로 공고화할 수 없다면, 불가능한 총체성의 지평을 재도입하는 그것들[주체 위치들] 사이의 과잉 결정 게임이 존재하게 된다. 바로 이 게임으로 말미암아 헤게모니적 접합이 가능하다.

적대와 객관성

지금까지 폐쇄의 불가능성(즉, '사회'의 불가능성)은 모든 정체성의 불안정성으로 제시되었는데, 이는 차이들의 지속적인 운동으로 그 자신을 발현한다. 그러나 이제 우리는 다음과 같이 자문해 보아야 한다. 즉, '초월적 기의'가 지속적으로 지연되는 것이 아니라, 바로 이런 지연의 헛됨, 그 어떤 안정적인 차이 따라서 그 어떤 '객관성'도 최종적으로 불가능함을 드러내는 어떤 '경험', 어떤 담론적 형태가 존재하는 것은 아닐까? 대답은 '그렇다'이다. 모든 객관성의 한계에 대한 이런 '경험'은 정확한 담론적 현존 형태를 지니고 있으며, 이것이 바로 적대이다.

적대는 역사적·사회학적 문헌들에서 폭넓게 연구되어 왔다. 마르크스주의에서부터 다양한 형태의 '갈등 이론'에 이르기까지, 적대들이 사회에서 어떻게 그리고 왜 출현하는지에 대한 광범위한 설명을 제시해 왔다. 그러나 이와 같은 이론적 다양성에도 불구하고 이런 연구들은 공통적인 특징을 보여 주고 있다. 즉, 논의가 거의 전적으로 적대들에 대한 묘사와 그것의 최초 원인에만 집중되어 왔던 것이다. 우리가 제시한 핵심 문제를 다루려는 시도는 매우 드물었다. 즉, 적대 관계란 무엇인가? 적대는 대상들 사이에 어떤 유형의 관계를 상정하고 있는가? 이와 같은 질문을 제기했던 몇 안 되는 논의들 가운데 하나에서 시작해 보자. 이는 사회적 적대들의 종별성에 대한 그리고 '실재적 대립'과 '모순'이라는 범주를 통해 그 종별성을 설명할 수 있다는 주장에 대한 콜레티의 분석에서 시작된다.[34]

콜레티는 실재적 대립과 논리적 모순 사이의 칸트식 구분에서 출발한다. 실재적 대립real opposition(Realrepugnanz)은 논리적 불일치contrariety의 원칙과 일치하며, 'A−B'의 공식에 대응한다. 즉, 각 항은 다른 항과의 관계와는 무관하게 그 자체의 실정성을 갖는다. 논리적 모순은 모순 범주에 속하는 것으로, 'A−not A'의 공식에 상응한다. 여기에서 두 항의 관계는 서로의 실재성을 소진한다. 모순은 명제의 지형에서 일어나며, 모순관계에

---

34 L. Colletti, "Marxism and the Dialectic", *New Left Review*, September/October 1975, no 93., p. 3-29와 *Tramonto dell'ideologia*, pp. 87-161.

들어가는 것은 논리·개념적 수준에서만 가능하다. 이와 대조적으로, 첫 번째 유형의 대립은 실재적 대상들의 지형에서 일어난다. 왜냐하면 어떤 실재적 대상도 다른 대상과의 대립에 의해 자신의 정체성을 소진하지 않으며, 그 대립과는 무관한 자기 자신의 실재성을 갖고 있기 때문이다.[35] 따라서 콜레티는 다음과 같은 결론을 내린다. 즉, 실재를 개념으로 환원한 관념론적 철학자로서의 헤겔은 모순을 실재적인 것에 도입할 수 있었던 반면, 이는 실재적인 것의 정신 외적 성격에서 출발하는 마르크스주의와 같은 유물론적 철학과는 양립 불가능하다고 결론짓는다. 이런 견해에 따르면, 마르크스주의자들은 적대를 모순으로 간주함으로써 애석하게도 혼동에 빠진 꼴이 된다. 콜레티의 계획은 전자[적대]를 실재적 대립의 측면에서 재해석하는 것이다.

콜레티가 배타적 양자택일에서 출발한다는 점에 주목해 보자. 즉, 어

---

35 칸트는 실재적 대립이 모순과의 차이에서 갖는 성격을 다음의 네 가지 원칙으로 요약한다. "우선 서로 대립하는 규정들이 동일한 주어에서 발견되지 않으면 안 된다. 즉, 만일 실제로 우리가 하나의 규정이 한 곳에 있고, 다른 하나의 규정이 그것이 무엇이든 간에 다른 곳에 있다고 한다면, 실재적 대립은 수반되지 않는다. 둘째로, 실재적 대립 속에서는 대립되는 규정들 중 하나가 결코 다른 것과 모순적으로 반대되는 것일 수는 없다. 왜냐하면 그런 경우에 그 반대는 논리적인 성질의 것이며, 우리가 앞에서 보았듯이 불가능한 것이기 때문이다. 셋째로, 하나의 규정은 다른 규정에 의해 제기된 것과 다른 그 어떤 것도 부정할 수 없다. 왜냐하면 그럴 경우 어떤 대립도 존재하지 않을 것이기 때문이다. 넷째로, 만일 규정이 서로 반대 관계에 있다면, 그것들 모두 부정적일 수는 없다. 왜냐하면 후자의 경우, 어느 하나는 다른 것에 의해 폐기되는 어떤 것을 제기하지 않기 때문이다. 이 때문에, 모든 실재적 대립 속에서 양 술어는 긍정적이어야 한다. 그러나 이 때문에, 이와 같은 방식으로, 동일한 주어 내의 그것들의 결합 속에서 결과들은 상호적으로 서로를 폐기한다. 따라서 각기 다른 것의 부정으로 간주되는 그런 것들의 경우, 그것들이 동일한 주어 속에서 결합될 때 그 결과는 영(zero)이다"(I. Kant, "Il concetto delle quantità negative", in *Scritti precritici*, Bari 1953, pp. 268-269). 그리하여 그 두 항의 실정성은 실재적 대립을 규정하는 성질이다.

떤 것은 실재적 대립이거나 모순이다. 이것은 그의 세계에는 실재 대상과 개념이라는 두 가지 유형의 실체만이 존재하며, 그의 분석은 모두 사유와 실재 사이의 분리를 출발점이자 불변하는 가정으로 삼고 있기 때문이다. 이로 말미암아, 앞으로 우리가 보여 주려 하겠지만, 적대를 설명할 수 있는 범주로서 '실재적 대립'과 '모순' 양자가 가진 자격credentials을 파기하는 다양한 귀결들이 뒤따른다. 무엇보다도 먼저, 적대가 실재적 대립일 수 없다는 것은 명백하다. 두 차량 사이의 충돌에는 적대적인 그 어떤 것도 존재하지 않는다. 즉, 그것은 실정적인 물리 법칙을 따르는 물질적 사실이다. 동일한 원리를 사회적 지형에 적용하면 다음과 같이 말할 수 있다. 즉, 계급투쟁에서 적대적인 것은 경찰이 노동 전사를 구타하는 물리적 행위이다. 또는 적대적인 것은 의회에서 한 집단이 대립하는 다른 분파의 발언을 막기 위해 내지르는 고함이다. 여기서 '대립'은, 사회 세계로까지 은유적으로 확장된, 물리 세계의 개념이거나, 그 역이다. 그러나 두 사례 속에 내포된 관계의 유형을 충분히 설명할 수 있는 의미의 공통 핵심이 존재하는 척 가장하는 것은 무의미하다. 이는, 만약 사회적인 것에 준거하기 위해, '대립하는 힘'opposed forces을 '적 사이의 힘'enemy forces으로 대체한다면, 더욱 분명해질 것이다 — 왜냐하면 이 경우에는 물리 세계로의 은유적 전위가, 적어도 호메로스 이후의 세계에서는 발생하지 않았기 때문이다. 중요한 것은 대립의 **물리적** 성격이 아니라, 단지 대립의 **논리** 외적 성격일 뿐이라는 반론이 있을 수 있다. 그러나 사회적 적대들의 종별성에 대한 이론이 어떻게 두 사회 세력들 사이의 충돌clash과 두 돌멩이 사이의 충돌collision이 공유하는 논리적 모순에 대한 단순한 대립에 기반을 둘 수 있는가는 더욱 분명치 않다.[36]

게다가, 로이 에드글리[37]와 존 엘스터[38]가 지적했듯이, 이 문제에는 서로 다른 주장들이 뒤섞여 있다. 그 주장들이란 ⓐ '실재적인 것은 모순적이다'와 ⓑ '모순들은 실재 속에 존재한다'는 것이다. 첫 번째 주장과 관련해, 그와 같은 진술은 자멸적이라는 점이 분명하다. 이런 관점에서 보면, 변증법에 대한 포퍼의 유명한 비판[39]은 나무랄 데가 없다. 그러나 두 번째 주장은 부정할 수 없다. 즉, 실재에는 논리적 모순이라는 용어로만 기술될 수 있는 상황들이 존재한다는 것은 사실이다. 명제들 또한 실재적인 것의 한 부분이며, 모순적인 명제들이 경험적으로 존재하는 한, 모순들이 실재적인 것 내에 존재한다는 것은 분명하다. 사람들이 서로 논쟁을 하고, 일련의 사회적 실천들 — 규칙들codes, 신념들 등등 — 이 명제적 구조를 띨 수 있는 한, 그들이 모순 명제를 발생시키지 말아야 할 이유는 없다(그러나 이 지점에서, 에드글리는 모순 명제들의 가능한 실재적 현존이 변증법의 정확성을 증명해 준다고 믿는 명백한 오류에 빠진다. 변증법은 실재적인 것의 본질적으로 모순적인 본성에 관한 교의이지, 실재 속에 모순이 경험적으로 현존한다는 교의가 아니다).

따라서 모순 범주는 실재적인 것 내에서 확실한 위치를 가지고 있고,

---

36 흥미롭게도, 한스 켈젠(Hans Kelsen)이 막스 아들러와의 논쟁에서 사회 세계에 속하는 적대들을 특징 지으며, 실재적 대립/모순이라는 배타적인 양자택일을 벗어날 필요를 명백히 인식했다는 것을 볼 수 있다. 켈젠의 입장에 대한 요약은 다음의 서문을 참조. R. Racinaro, "Hans Kelsen e il dibattito su democrazia e parlamentarismo negli anni Venti-Trenta", H. Kelsen, *Socialismo e Stato. Una ricerca sulla teoria politica del marxismo*, Bari 1978, pp. cxxii-cxxv.

37 R. Edgley, 'Dialectic : the Contradictions of Colletti,' *Critique*, 1977, no. 7.

38 J. Elster, *Logic and Society : Contradictions and Possible Worlds*, Chichester 1978.

39 "What is Dialectic?", in *Conjectures and Refutations*, London 1969, p. 312-335.

또한 사회적 적대들을 설명할 수 있는 토대를 제공해 주는 것처럼 보일 수 있다. 그러나 조금만 생각해 보면 그렇지 않다는 것을 충분히 알 수 있다. 우리는 모두 상호 모순적인 수많은 신념 체계들에 참여하지만, 이런 모순으로부터는 아무런 적대도 출현하지 않는다. 따라서 모순은 적대 관계를 필연적으로 함의하는 것이 아니다.[40] 그러나 만일 우리가 적대를 설명하는 범주들로서 '실재적 대립'과 '모순'을 모두 배제한다면, 적대의 종별성을 파악하는 것은 불가능한 것처럼 보일 수도 있다. 사회학적 문헌 또는 역사적 문헌에서 나타나는 적대에 대한 통상적인 기술들은 이런 인상을 확인해 준다. 즉, 그와 같은 문헌들은 적대들을 가능하게 하는 **조건들**을 설명하지만, 적대들 그 자체는 설명하지 않는다(묘사는 '이것이 반발을 **불러일으켰다**' 또는 '그런 상황에서는 X 또는 Z가 반발할 **수밖에** 없었다'와 같은 표현을 통해 전개된다. 바꾸어 말하면, 텍스트의 의미를 완성하기 위해, 설명으로부터 우리의 상식이나 경험에 대한 호소로의 갑작스러운 비약이 일어난다. 즉, 설명이 중단되는 것이다).

이런 중단의 의미를 밝혀 보자. 우선, 적대를 실재적 대립이나 모순에 동화시키는 것의 불가능성이 이런 관계의 유형들(실재적 대립이나 모순이 공유하는 어떤 것에 적대를 동화시키는 것의 불가능성은 아닌지를 자문해 보아야 한다. 실제로, 그것들은 어떤 것을, 즉 객관적 관계가 존재 — 두 번째[모순] 경우에는 개념적 대상들 사이에서, 첫 번째[실재적 대립] 경우에는

---

40 이 점과 관련한 우리의 의견은 이 책의 저자들 가운데 한 사람에 의해 초기 저작에서 표명된 것과는 다르다. 여기서 적대 개념은 모순개념과 동화되었다(E. Laclau, "Populist Rupture and Discourse", *Screen Education*, Spring 1980). 우리의 초기 입장을 재고하는 데 에밀리오 데 이폴라(Emilio de Ipola)의 비판적 논평이 가장 유용했다.

실재적 대상들 사이에서 ― 한다는 사실을 공유하고 있다. 그러나 두 경우 모두에서 관계를 명료한 것으로 만드는 것은 대상들이 이미 어떤 것이라는 점이다. 즉, 두 경우 모두에서 우리는 완전한 정체성들에 관계하고 있다는 것이다. 모순의 경우, A는 완전하게 A이기 때문에, A가 아님being-not-A은 모순이다 ― 그리고 따라서 불가능하다. 실재적 대립의 경우, A는 또한 완전하게 A이기 때문에, B에 대한 A의 관계는 객관적으로 결정할 수 있는 효과를 산출한다. 그러나 적대의 경우, 우리는 전혀 다른 상황에 직면한다. 즉, '대문자 타자'의 현존이 내가 총체적으로 내가 되는 것을 가로막는다. 이 관계는 완전한 총체성들에서 발생하는 것이 아니라, 총체성들의 구성 불가능성에서 발생한다. 대문자 타자의 현존은 논리적 불가능성이 아니다. 즉, 그것은 존재하며, 따라서 그것은 모순이 아니다. 그러나 그것[대문자 타자]은 인과적 사슬 속의 실정적·변별적 계기로서 포섭될 수 없다. 왜냐하면, 그런 경우에 관계는 각각의 힘이 무엇인지에 의해 주어질 것이며 그리고 이 [힘의] 존재에 대한 그 어떤 부정도 존재하지 않을 것이기 때문이다(어떤 물리적 힘은 물리적 힘이기 때문에 [자신과] 동일하며 상쇄하는 또 다른 힘을 정지시킬 수 있다. 이와 대조적으로, 농민은 농민이 될 수 없기 때문에, 자신을 토지에서 추방하려는 지주와의 관계에서 적대가 존재한다). 적대가 존재하는 한, 나는 나 자신의 완전한 현존일 수 없다. 그러나 나와 적대하는 힘 역시 완전한 현존일 수 없다. 즉, 그 힘의 객관적인 존재는 나의 비존재non-being의 상징이며, 이런 방식으로, 그것의 존재가 완전한 실정성으로 고정되는 것을 가로막는 복수의 의미들이 흘러넘친다. 실재적 대립은 사물들 사이의 객관적인 ― 즉, 결정 가능하고 규정 가능한 ― 관계이다. 모순도 마찬가지로 개념들 사이의 규정 가능한 관계이다. 적대는 모든 객관성의 한계들을 구성하는

데, 이는 부분적이고 불안정한 객관화로서 드러난다. 만약 언어가 차이들의 체계라면, 적대는 차이의 실패다. 즉, 이런 의미에서 적대는 언어의 한계 내에 위치하며, 언어의 붕괴로서만 — 즉, 은유로서 — 존재할 수 있을 뿐이다. 따라서 우리는 왜 사회학적·역사적 이야기들이 스스로 중단되어야만 하며, 그것들의 틈새를 메우기 위해 그것들의 범주들을 초월하는 '경험'을 요청하지 않으면 안 되는지를 이해할 수 있다. 즉, 그 이유란 모든 언어와 모든 사회는 자신들을 관통하는 불가능성에 대한 의식의 억압으로서 구성된다는 사실이다. 적대는 언어를 통해 파악될 수 있는 가능성을 벗어난다. 왜냐하면 언어는 적대가 전복하는 것을 고정시키려는 시도로서만 존재할 뿐이기 때문이다.

적대는, 객관적 관계이기는커녕, 모든 객관성의 한계들을 보여 주는 — 말할 수는 없지만 보여 줄 수는 있다고 비트겐슈타인이 말하곤 했던 그런 의미에서 — 관계이다. 그러나 만일, 우리가 논증한 대로, 사회적인 것이 사회 — 즉, 차이들의 객관적이고 폐쇄된 체계 — 를 구축하기 위한 부분적인 노력으로서만 존재할 뿐이라면, 최종적 봉합의 불가능성에 대한 증인으로서 적대는 사회적인 것의 한계에 대한 '경험'이다. 엄밀히 말해, 적대들은 사회에 내재적인 것이 아니라 외재적인 것이다. 오히려 적대들은 사회의 한계들, 즉 사회가 완전히 구성되는 것의 불가능성을 구성한다. 이런 진술은 역설적인 것처럼 보일 수도 있다. 그러나 이는 우리가 우리의 이론적 관점으로부터 주의 깊게 배제해야만 하는 일정한 가정들을 은근슬쩍 도입할 경우에만 그러하다. 특히, 그와 같은 두 개의 가정들이 적대의 이론적 장소에 관한 우리의 테제를 불합리한 것으로 만들 것이다. 첫 번째 가정은 '사회'를 주어진 영토 내에 살고 있는 **물리적으로** 존재하는 행위자들 전체와 동일시하는 것이다. 이런 기준을 받아들이면, 적대는 그와 같은 행위자들 사이에서 발생하며, 그들에 대해 외재적인 것이 아니라는 점은 분명하다. 그러나 행위자들의 '경험적' 공존으로부터, 그들 사이의 관계가 객관적이고 명료한 유형에 따라 형성되어야 한다는 주장이 뒤따르는 것은 아니다('사회'를 지시 대상과 동일시할 경우, [우리가 사회에 대해] 합리적으로 종별화할 수 있는 내용을 비워 버리는 대가를 치러야 할 것이다). 그러나 만일 우리가 '사회'를 명료하고 객관적인 전체라고 받아들이면서, 이 **합리적인** [사회의] **총체성**에, **경험적 총체성**으로 인식된 사회적인 것의 기저적 원리라는 성격을 부여하게 되면, 우리는 우리의 분석과 양립할 수 없는 또 다른 [두 번째] 가정을 도입하는 것이다. 왜냐하면 그럴 경우 경험적 총체성의 측면 가운데 합리적 총체성의 계기로서 재흡수될 수 없는 것은 없을 것이기 때문이다. 그런 경우, 적대들은 다른 모든 것과 마찬가지로 틀림없이 사회의 **실정적**이고 내재적인 계기가 될 것이며, 우리는 헤겔적인 이성의 간지로 되돌아가게 될 것이다. 그러나 우리가 만약 사회적인 것을 봉합되지 않은 공간, 그 안에 있는 모든 실정성이 은유적인 것이며 전복 가능한 장으로 개념화하는 것을 유지한다면, 객관적 위치의 **부정**은 그것을 설명하는 기저적 실정성 ― 그것이 인과적 유형이든 다른 유형이든 간에 ― 에 준거할 수 없다. 주어진 질서에 대한 부정으로서 적대는, 주어진 질서의 한계일 뿐이지, 적대의 두 극이 변별적 ― 즉, 객관적 ― 이고 부분적인 심급을 구성하는 것과 관련이 있는, 더 넓은 총체성의 계기는 아니다 (다음과 같이 이해하자. 즉, 적대를 가능하게 하는 조건들은 실정성들로 기술될 수 있지만, 적대 그 자체는 그런 실정성들로 환원될 수 없다).

우리는 사회적인 것의 한계에 대한 이런 '경험'을 두 가지 서로 다른 관점에서 검토해야 한다. 한편으로, 이는 실패의 경험이다. 만일 주체들이 상징적 질서로 부분적이고 은유적으로 합체되면서 언어를 통해 구성된다면, 그 질서에 대한 문제 제기는 모두 필연적으로 정체성의 위기를 구성해야만 한다. 그러나 다른 한편으로, 그런 실패의 경험은 다양한 존재론적 질서에 대한, 차이들을 넘어서는 무언가에 대한 접근이 아니다. 그것은 단지 …… 그 너머란 존재하지 않기 때문이다. 사회적인 것의 한계는 두 영역을 분리하는 경계로서 그려질 수 없다 — 왜냐하면 경계에 대한 인식은 경계 너머에 있는 어떤 것(객관적이고 실증적인 것이어야만 하는, 즉 새로운 차이)에 대한 인식을 가정하기 때문이다. 사회적인 것의 한계는, 그것을 전복하는, 완전한 현존을 구성하려는 그것의 야심을 파괴하는 어떤 것으로서 사회적인 것 그 자체 내에서 주어져야만 한다. 사회는 결코 완전히 사회가 될 수 없다. 왜냐하면 사회 안에 있는 모든 것들에 그것들이 객관적인 실재로 구성되는 것을 방해하는 사회의 한계들이 침투하기 때문이다. 이제 우리는 이런 전복이 담론적으로 구성되는 방식을 검토해야만 한다. 우리가 살펴보았듯, 이것은 우리에게 적대적인 것 그 자체의 현존이 취하고 있는 형태에 대한 결정을 요구한다.

등가와 차이

이와 같은 전복은 어떻게 일어나는가? 지금까지 살펴보았듯이, 완전한 현존을 위한 조건은 각각의 변별적인 위치가 종별적이고 대체 불가능한 계기로서 고정되는 폐쇄된 공간의 존재다. 따라서 그와 같은 공간의 전복을 위한, 폐쇄를 막기 위한, 첫 번째 조건은 각 위치의 종별성이 해체되어야 한다는 것이다. 바로 이 지점에서 등가 관계에 대한 앞서의 언급들이 적실성을 획득한다. 예를 들어 보자. 식민화된 나라에서 지배 권력의 현존은 의복, 언어, 피부색, 관습 등의 차이와 같은 다양한 내용을 통해 매일매일 분명해진다. 이런 각각의 내용들은, 공통적으로 [지배 권력을] 피식민지 인민들과 변별화한다는 점에서 다른 내용들과 등가적이기 때문에, 그것은 자신의 변별적 계기의 조건을 상실하고 요소의 유동적 성격을 획득한다. 따라서 등가는, 일차적 의미에 기생하기는 하지만 그것을 전복하는 이차적 의미를 창출한다. 즉, 차이들은, 그들 모두를 기초하는 동일한 어떤 것을 표현하기 위해 사용되는 한, 서로를 소거cancel한다. 문제는 등가의 다양한 항들 속에 나타나는 그 '동일한 어떤 것'의 내용을 결정하는 것이다. 만일 등가 사슬을 통해 그 항들의 모든 변별적이고 객관적인 결정들이 상실된다면, 정체성은 그것들 모두를 기초하는 실정적 결정에 의해서, 또는 외재적인 어떤 것에 대한 그것들의 공통적인 준거에 의해서, 주어질 수밖에 없을 것이다. 이런 가능성들 가운데 첫 번째 것은 배제된다. 즉, 공통적인 실정적 결정은, 등가의 관계를 요구하지 않는, 직접적인 방식으로 표현된다. 그러나 공통적인 외재적 준거는 실정적인 어떤 것이 될 수 없다. 왜냐하면 그럴 경우, 두 극 사이의 관계 역시 직접적이고 실정적인 방식으로 구축될 수 있으며, 이는 총체적 등가 관계가 함의하는 차이들의 완전한 소거cancellation를 불가능하게 할 것이기 때문이다. 예를 들어, 등가 관계에 대한 마르크스의 분석이 이와 같은 경우에 해당한다. 가치의 실체로서 노동의 비물질성은 물질적으로 다양한 상품들 사이의 등가를 통해 표현된다. 그러나 상품들의 물질성과 가치의 비물질성은 서로 등가적이지 않다. 바로 이 때문에 사용가치와 교환가치 사이의 구분은 변별적인, 따라서 실정적인 위치들로 이해될 수 있다. 그러나 만일 어떤 대상의 모든 변별적 특징들이 등가적이 된다면, 그 대상과 관련해 실정적인 그 어떤 것도 표현할 수 없다. 이것은 단지 다음과 같은 점을 함의할 수 있을 뿐이다. 즉, 등가를 통해 그 대상이 아닌 어떤 것이 표현된다는 것이다. 따라서 피식민지 인민과 대립하는 식민자colonizer의 모든 실정적 결정들[결정항들]을 흡수하는 등가 관계는 양자 사이의 실정적이고 변별적인 위치들의 체계를 창출하지 않는데, 이는 그것이 모든 실정성을 해체하기 때문이다. 즉, 식민자는 담론적으로 반反-피식민지 인민으로 구성된다. 바꾸어 말하면 정체성이 순전히 부정적인 것으로 되었다. 이는 부정적 정체성이 직접적인 방식으로는 — 즉, 실정적으로 — 재현될 수 없으며, 간접적인 방식으로만, 그 변별적 계기들 사이의 등가를 통해서만, 재현될 수 있기 때문이다. 그리하여 모든 등가 관계를 관통하는 애매성이 발생한다. 즉, 두 개의 항이 등가적이기 위해서는 두 항이 서로 달라야 한다 — 그렇지 않으면, 단지 하나의 단순한 동일성만이 존재할 것이다. 다른 한편으로 등가는 그런 항들의 변별적 성격을 전복하는 행위를 통해서만 존재한다. 이것은 앞서 언급했듯이 우연적인 것이, 필연적인 것의 완전한 구성을 방해해, 필연적인 것을 전복하는 바로 그 지점이다. 차이들의 체계의 이런 비구성성non-constitutivity — 또는 우연성 — 은 등가들이 도입하는 비고정성 속에서 드러난다. 따라서 이런 비고정성의 **궁극적** 성격, 모든 차이의 **궁극적 불안정성**은 총체적 등가 관계 속에서 나타날 것인데, 여기서 그 모든 항들의 변별적 실정성은 해소된다. 이것이 정확히 적대의 공식이며, 그것은 결국 사회적인 것의 한계로서 확립될 것이다. 우리는 이 공식에서 실정성으로서 규정된 극이 부정적인 극과 대면하는 것은 사실이 아니라는 점을 지적해야 한다. 한 극의 모든 변별적 결정들은 다른 극에 대한 그것들의 부정적-등가적 준거를 통해 해체되었기 때문에, 그 결정들은 각각 오로지 그것이 아닌 것what it is not을 보여 준다.

다음과 같은 점을 다시 한 번 강조해 두자. 즉, 어떤 것이 된다는 것은 언제나 다른 어떤 것이 되는 것이 아님(A임은 B가 아님을 의미한다)을 함의한다. 이런 평범한 말이 우리가 주장하고 있는 바는 아니다. 왜냐하면 그것은 전적으로 모순의 원칙이 지배하는 논리적인 지형에 위치해 있기 때문이다. 즉, 어떤 것이 아님not being은 단지 다른 어떤 것이 됨의 논리적 결과이며, 존재being의 실정성이 담론의 총체성을 지배한다. 우리가 주장하는 것은 이와는 다른 어떤 것이다. 즉, 일정한 담론적 형태들은, 등가를 통해, 대상의 모든 실정성을 무화하고, 부정성 그 자체에 실재적인 실존을 부여한다는 것이다. 실재적인 것의 이런 불가능성 — 부정성 — 은 현존의 형태를 획득하게 된다. 부정성 — 즉, 적대 — 이 사회적인 것을 관통하기 때문에, 사회적인 것은 투명성의 위상, 완전한 현존의 위상을 획득하지 못하며, 그 정체성들의 객관성은 지속적으로 전복된다. 그리고 바로 여기에서부터, 객관성과 부정성 사이의 불가능한 관계가 사회적인 것에 구성적인 것이 된다. 그러나 관계의 불가능성은 계속 유지된다. 즉, 바로 이런 이유로 말미암아 그 항들의 공존은 경계들의 객관적인 관계로서가 아니라, 그 내용들의 상호적인 전복으로 이해되어야 한다.

이 마지막 요점이 중요하다. 즉, 만약 부정성과 객관성이 그것들의 상호 전복을 통해서만 존재한다면, 이는 총체적 등가 조건들과 총체적인 변별적 객관성의 조건들 모두 결코 완전하게 달성될 수 없다는 것을 의미한다. 총체적 등가 조건은 담론적 공간이 두 개의 진영으로 정확히 분리되어야 한다는 것이다. 적대는 제3의 어떤 것tertium quid을 허용하지 않는다. 왜 그런지는 분명하다. 우리가 만일 등가 사슬을 그것이 대립하고 있는 것이 아닌 다른 어떤 것과 관련해 변별화할 수 있다면, 그 항들을 부정적인 방식으로만 배타적으로 규정할 수는 없기 때문이다. 우리는 그 어떤 것을 관계들의 체계 속의 종별적 위치에 놓이도록 판결했을 것이다. 즉, 우리는 그것에 새로운 객관성을 부여했을 것이다. 차이들의 전복 논리는 여기서 하나의 한계를 발견했을 것이다. 그러나 차이의 논리가 결코 완전하게 봉합된 공간을 구성할 수 없는 것과 마찬가지로, 등가 논리 또한 결코 그것을 달성할 수 없다. 등가적 응축condensation을 통해 사회적 행위자의 위치들이 가진 변별적 성격을 해소하는 것은 결코 완료되지 않는다. 만약 사회가 총체적으로 가능한 것이 아니라면, 사회는 또한 총체적으로 불가능한 것도 아니다. 이것으로부터 우리는 다음과 같은 결론을 정식화할 수 있다. 즉, 만일 사회가, 그 자신을 객관적인 영역으로 구성할 수 없기 때문에, 그 자체로 결코 투명하지 않다면, 적대 또한 전적으로 투명하지 못한데, 이는 사회적인 것의 객관성을 총체적으로 해소할 수 없기 때문이다.

이 지점에서 우리는 정치적 공간의 구조화를 등가와 차이라는 대립적인 논리의 관점에서 검토해 보아야 한다. 어느 한쪽이 우세한 양 극단의 예를 살펴보자. 등가 논리의 극단적인 예는 천년왕국 운동에서 찾아볼 수 있다. 여기에서 세계는 병렬적인 등가들의 체계를 통해 두 진영으로 나뉜다. 즉, 운동의 정체성을 대표하는 농민 문화, 그리고 악을 구현하는 도시 문화가 그것이다. 후자는 전자의 부정적인 역이다. 최대한의 분리가 이루어졌다. 즉, 등가들의 체계 속의 어떤 요소도 다른 체계의 요소들에 대한 대립의 관계 말고는 다른 관계를 맺지 않는다. 하나의 사회가 아니라, 두 개의 사회가 존재하는 것이다. 그리고 천년왕국이 반란을 일으키면, 도시에 대한 습격은 맹렬하고 총체적이며 무차별적이다. 즉, 각각의 모든 요소들이 악을 상징하는 등가적 사슬 내에서, 차이들을 확립할 수 있는 담론은 존재하지 않는다(유일한 선택지는 세계의 타락으로부터 총체적으로 고립된 신의 도시City of God를 건설하기 위해 다른 지역으로 대량 이주하는 것이다).

이제는 정반대의 예를 검토해 보기로 하자. 19세기 디즈레일리의 정치가 그것이다. 디즈레일리는 소설가로서 두 국민이라는 개념화, 즉 사회가 가난과 부라는 두 극단으로 명확히 분리되어 있다는 관점에서 출발했다. 여기에 우리는 유럽의 정치적 공간이 '구체제'와 '인민'으로도 명확히 분리되어 있었다는 점을 덧붙여야 한다(산업혁명과 민주주의 혁명의 복합적 효과 아래 있던 19세기 전반기는 등가 사슬을 중심으로 정면 대립하는 시대였다). 이것이 디즈레일리가 변화시키고자 했던 상황이었으며, 그의 첫 번째 목표는 사회적 공간의 병렬적 분리 — 즉, 사회 구성의 불가능성 — 를 극복하는 것이었다. 이에 대한 그의 처방은 분명했다. 즉, '하나의 국민'이 그것이다. 이를 위해서는 인민 혁명적 주체성을 구성했던 등가들의 체계를 반드시 파괴해야 했는데, 그 체계는 공화주의에서 사회적 정치적 요구들의 다양한 전체에 이르기까지 뻗어 있었다. 단절의 방법은 요구들을 변별적으로 흡수하는 것으로, 이는 인민적 사슬 안에 있는 그것들의 등가 사슬로부터 그것들을 분리해, 그것들을 체계 내의 객관적 차이로 변형시키는 — 즉, 그것들을 '실정성들'로 변형시키고, 따라서 적대의 경계들을 사회적인 것의 주변부로 전치하는 — 것이었다. 이와 같은 차이들의 순수한 공간의 구성은 경향적 노선이 되었으며, 나중에 복지국가의 발전과 더불어 확대되고 확고해졌다. 이는 사회적인 것의 전체가 사회의 명료하고 질서 정연한 틀 속으로 흡수될 수 있다는 실증주의적 미망의 계기이다.

따라서 등가의 논리는 정치적 공간의 단순화 논리이며, 반면 차이의 논리는 정치적 공간의 확대 및 복잡성 증대의 논리라는 점을 알게 되었다. 언어학적으로 비교의 사례를 들어 보면, 차이의 논리가 언어의 통합체적syntagmatic 극을 확대하는 경향, 결합 관계에 들어올 수 있는 따라서 서로 연속성의 관계에 들어올 수 있는 위치들의 수를 확대하는 경향이 있다면, 등가의 논리는 계열체적paradigmatic 극 ― 즉, 서로 대체할 수 있는 요소들 ― 을 확대함으로써 결합될 수 있는 위치들의 수를 가급적 감소시키는 경향이 있다고 말할 수 있을 것이다.

지금까지는 우리의 주장을 단순화하기 위해서 적대를 이야기할 때 계속 단수를 유지했다. 그러나 적대가 필연적으로 하나의 단일한 지점에서 출현하는 것은 분명 아니다. 즉, 차이들의 체계 속의 어떤 위치라도, 그것이 부정되는 한, 그 지점은 적대의 자리가 될 수 있다. 그리하여 사회적인 것에는 여러 가지 가능한 적대들이 존재하며, 그중 많은 적대들은 서로 대립한다. 중요한 문제는 등가 사슬들은 어떤 적대가 수반되어 있는지에 따라 급진적으로 다양해질 것이라는 점이다. 그리고 그것[등가 사슬들은], 모순적인 방식으로, 주체 그 자체의 정체성에 영향을 미치고 관통할 수 있다는 점이다. 이는 다음과 같은 결론을 낳는다. 즉, 사회적 관계들이 더욱 불안정할수록, 명확한 차이들의 체계는 덜 성공적일 것이며, 적대의 지점은 더욱 증가할 것이다. 이와 같은 [적대의] 증식으로 말미암아 그 어떤 중심성의 구축도 어려워질 것이며, 결과적으로, 통일된 등가 사슬의 확립도 어려워질 것이다(이것은 대체로 그람시가 '유기적 위기'라는 용어로 묘사한 상황과 일치한다).

따라서 우리의 문제는, 적대들을 정초하는 정치적 공간들에 대한 분석 속에서, 단절의 지점들과 그것들의 가능한 접합 양식들을 결정하는 문제로 환원될 수 있을 것으로 보인다. 그러나 여기에서 우리는 추론 과정에서의 경미한 전치만으로도 근본적으로 잘못된 결론을 초래할 수 있는 위험한 지형에 들어서게 된다. 따라서 우리는 인상주의적인 묘사에서 출발해, 그 다음에 그런 묘사적 그림의 유효성의 조건들을 결정할 것이다. 자본주의 세계의 선진 산업사회들과 주변부 사이에 한 가지 중요한 변별적 특성을 확립할 수 있을 것으로 보인다. 즉, 선진 산업사회의 경우, 적대 지점들의 증식은 민주주의적 투쟁의 다수화를 허용하지만, 이런 투쟁들은, 그 다양성을 고려할 때, '인민'을 구성하는 경향을 띠지 않는다. 즉, 서로 등가 관계에 들어가지 않으며 정치적 공간을 두 개의 적대적 영역으로 분할하지 않는다. 이와는 대조적으로, 제3세계 국가들에서는 제국주의적 착취와 잔인하고 중앙 집중화된 지배 형태들이 우위를 점함에 따라 처음부터 인민 투쟁에 중심을, 곧 단일하고 명백하게 규정된 적을 부여하는 경향이 있다. 여기서는 처음부터 정치적 공간이 두 개의 영역으로 분리되지만, 민주주의 투쟁의 다양성은 더욱 감소한다. 우리는 정치적 공간을 두 개의 적대 진영으로 분리하는 것에 기초해 구성된 위치를 지칭하기 위해 인민적 주체 위치라는 용어를 사용할 것이다. 그리고 사회를 그런 식으로 분리시키지 않는 명백히 제한된 적대의 장소를 지칭하기 위해서는 민주주의적 주체 위치라는 용어를 사용할 것이다.

이제 이런 묘사적인 구분으로 말미암아 우리는 심각한 난점과 대면하게 된다. 왜냐하면 만일 민주주의 투쟁이 정치적 공간을 두 개의 진영, 두 개의 병렬적인 등가로 분리시키지 않는다면, 민주주의적 적대는 다른 요소들과의 관계들의 체계에서 정확한 장소를 점유하게 되고, 그 요소들 사이의 실정적인 관계들의 체계가 설립되며, 적대에 귀착되는 부정성의 역할이 감소하게 되기 때문이다. 여기서 한 걸음만 더 나아가게 되면, 다음과 같은 주장을 하게 된다. 즉, 민주주의 투쟁들 — 페미니즘, 반인종주의, 동성애자 운동 등 — 은 부차적 투쟁이며, 고전적인 의미에서 '권력 장악'을 위한 투쟁만이 진정으로 급진적인 투쟁이다. 왜냐하면 이런 투쟁만이 정치적 공간이 그와 같이 두 개의 진영으로 분리되는 것을 상정하기 때문이다. 그러나 그와 같은 난점은 다음과 같은 사실 때문에 발생한다. 즉, 우리의 분석에서 '정치적 공간'이라는 통념을 정확히 정의하지 않았기 때문에, 그것을 경험적으로 주어진 사회구성체와 은근슬쩍 일치하는 것으로 만들었다는 사실 말이다. 물론 이것은 타당하지 않은 동일시이다. 모든 민주주의적 투쟁은 위치들의 전체 내에서, 다수의 실천들에 의해 형성된 상대적으로 봉합된 정치 공간 내에서 출현하는데, 다수의 실천들은 그 가운데 일부를 형성하고 있는 행위자들의 준거적이고 경험적인 실재를 소진하지 않는다. 이 공간을 두 개의 진영으로 분할하도록 하는 총체성을 구축하기 위해서는 일정한 내재성이라는 한계 설정이 요구된다는 점에서, 그런 공간의 상대적 폐쇄는 적대의 담론적 구축을 위해 필수적이다. 이런 의미에서, 사회운동의 자율성이란 일정한 투쟁들이 방해받지 않고 발전해야 한다는 요건 이상의 어떤 것이다. 즉, 그것은 적대 자체가 출현하기 위한 요건이다. 페미니즘 투쟁의 정치적 공간은 다양한 형태의 여성 종속을 창출하는 실천들과 담론들 전체 내에서 구성된다. 그리고 반인종주의 투쟁의 공간은 인종차별을 구성하는 과잉 결정된 실천들 전체에서 구성된다. 그러나 이처럼 상대적으로 자율화된 공간들 각각에서 적대들은 그들을 두 개의 진영으로 분리한다. 이는 다음과 같은 사실을 설명한다. 즉, 사회적 투쟁들이 그들 자체의 공간 내에서 구성된 대상들과 대적하는 것이 아니라, 단순한 경험적 지시 대상들 — 예컨대, 생물학적 지시 대상으로서의 남성 또는 백인 — 과 대적할 경우, 난점에 봉착하게 된다는 점 말이다. 왜냐하면 그런 투쟁들은 여타의 민주주의적 적대들이 출현하는 정치적 공간들의 종별성을 간과하기 때문이다. 예를 들어, 생물학적 실재로서의 남성을 적으로 제시하는 담론을 살펴보자. 남성과 여성 모두에게 영향을 미치는 표현의 자유를 위한 투쟁과 경제 권력의 독점화에 대항하는 투쟁과 같은 적대들을 발전시키는 것이 필요할 때, 이런 종류의 담론에 어떤 일이 일어나는가? 그와 같은 공간들이 서로 자율적이게 되는 지형과 관련해, 부분적으로 그와 같은 공간은, 다양한 종속의 형태를 제도화하는 담론 구성체에 의해 구성되며, 또한 부분적으로는 투쟁 그 자체의 결과이기도 하다.

우리가 일단 민주주의 투쟁의 급진적이고 적대적인 성격을 설명할 수 있는 이론적 지형을 구축하고 나면, '인민' 진영의 종별성에는 무엇이 남는가? '정치적 공간'과 경험적 지시 대상으로서의 '사회' 사이의 비상응성으로 말미암아 '인민적인 것'과 '민주주의적인 것' 사이의 유일한 변별적 기준이 무화되는 것은 아닐까? 답은 다음과 같다. 즉, 인민적인 것의 정치적 공간은, 민주주의적 등가들의 사슬을 통해, 정치적 논리가 정치 공간과 경험적 지시 대상으로서의 사회 사이의 간극을 메우는 **경향이 있는** 상황들 속에서 출현한다는 것이다. 이런 방식으로 생각하면, 인민적 투쟁들은 지배 집단들과 공동체의 나머지 집단들 사이에 극단적인 외재성의 관계들이 존재하는 경우에만 발생한다. 앞서 언급한 바 있는 천년왕국 운동의 경우, 요점은 분명하다. 즉, 농민 공동체와 지배적인 도시 공동체 사이에는 사실상 아무런 공통 요소도 존재하지 않는다. 그리고 이런 의미에서 도시 문화의 모든 특징들은 반反공동체의 상징일 수 있다. 서유럽에서 나타난 인민적 공간들의 확장과 구성의 순환을 검토해 보면, 우리는 그와 같은 사례들이 모두 권력의 외재성 또는 외재화 현상과 일치한다는 점을 주목하게 된다. 프랑스에서 인민주의적 애국심의 발단은 백년전쟁 기간 동안에, 즉 외세의 현존이라는 외재적인 어떤 것의 결과로 정치적 공간이 분리되는 와중에 나타났다. 잔 다르크와 같은 평민적plebeian 인물의 행위를 통한 국민적 공간의 상징적 구축은 서유럽에서 역사적 행위자로서 '인민'이 출현하는 최초의 계기들 가운데 하나이다. 구체제와 프랑스혁명의 경우, 인민적인 것의 경계는 내재적인 경계가 되었으며, 그 조건은 나머지 국민에 대한 귀족과 군주의 분리와 기생parasitism이다. 그러나 우리가 지적해 왔던 과정을 통해, 19세기 중반 이후로 선진 자본주의국가들에서는, 민주주의적 위치들의 다수화와 '불균등 발전'으로 말미암아 인민적 극을 중심으로 한 그 위치들의 단순하고 자동적인 통일성은 점차 약화되었다. 부분적으로는 바로 민주주의 투쟁들의 성공 때문에, 민주주의 투쟁들이 '인민적 투쟁'으로 통일되는 경향은 점점 더 약화되고 있다. 성숙한 자본주의에서 정치투쟁의 조건은 명확하게 나뉜 '경계들의 정치'라는 19세기 모델로부터 점점 더 멀어지고 있으며, 이 투쟁들은 우리가 다음 장에서 분석하려는 새로운 유형을 띠는 경향이 있다. 따라서 경계 효과들 — 이는 적대들과 관련된 부정성의 확장 조건이다 — 의 생산은, 최종적으로 획득된 준거틀 속의, 분명하게 주어진 분리에 더는 근거하지 않게 된다.

이런 틀의 생산, 즉 서로 적대적으로 대면해야만 할 바로 그런 정체성들의 구성이 이제는 **최우선의 정치적 문제**가 된다. 이것은 접합적 실천들의 영역을 광범위하게 확대하며, 모든 경계들을 본질적으로 애매하고 불안정한, 지속적으로 전치에 종속되는 어떤 것으로 변형한다. 이 지점에 이르러서야, 우리는 헤게모니 개념의 종별성을 결정하는 데 필수적인 모든 이론적 요소들을 구비하게 된다.

헤게모니

이제 우리는 우리의 상이한 이론적 범주들이 어떻게 연결되어 '헤게모니' 개념을 생산하는지 살펴보아야만 한다. 헤게모니가 출현하는 일반적인 영역은 접합적 실천들의 영역, 즉 '요소들'이 '계기들'로 결정화되지 않은 영역이다. 각 계기의 의미가 절대적으로 고정되는 관계적 정체성들의 폐쇄 체계에서는 헤게모니적 실천을 위한 공간이 전혀 존재하지 않는다. 떠다니는 기표가 모두 배제된, 완전히 성공적인 차이들의 체계에서는 그 어떤 접합도 가능하지 않을 것이다. 이런 체계에서는 반복의 원리가 모든 실천을 지배할 것이며, 헤게모니화될 수 있는 것은 아무것도 없을 것이다. 헤게모니는 바로 사회적인 것의 불완전하고 개방적인 성격을 전제하기 때문에, 헤게모니는 접합적 실천이 지배하는 영역 내에서만 발생할 수 있다.

그러나 이는 즉각적으로 다음과 같은 문제를 낳는다. 즉, 접합하는 주체는 누구인가? 우리는 제3인터내서널의 마르크스주의가 이 질문에 제시한 답변을 이미 보았다. 즉, 레닌에서 그람시에 이르기까지 — 우리가 앞서 분석했던 모든 함축들nuances과 차이들에도 불구하고 — 헤게모니 세력의 궁극적 핵심은 근본 계급으로 구성된다고 주장해 왔다. 헤게모니 세력들과 헤게모니화된 세력들 사이의 차이는 각각이 구성되는 평면들 사이의 존재론적 차이로서 제시된다. 헤게모니적 관계들은 형태론적 범주들에 토대를 둔 구문론적 관계들로 형태론적 범주들은 구문론적syntactic 관계들에 선행한다. 그러나 이것이 우리의 답이 될 수 없음은 분명하다. 왜냐하면 앞에서 우리의 모든 분석이 해소하려고 시도했던 것은 정확히 그와 같은 평면들의 변별화이기 때문이다. 사실상 우리는 다시 한 번 내재성/외재성이라는 양자택일에 직면한다. 그리고 우리가 만약 이 두 가지를 서로 배타적인 것으로 받아들인다면 두 가지 본질주의적 해결책과 마주하게 될 것이다. 모든 접합적 실천의 주체로서, 헤게모니 주체는 그것이 접합하는 것에 부분적으로 외재적이지 않으면 안 된다 — 그렇지 않다면, 그 어떤 접합도 있을 수 없을 것이다. 그러나 다른 한편으로, 그와 같은 외재성은 두 개의 상이한 존재론적 수준들 사이에 존재한다고 볼 수도 없다. 결과적으로, 해결책은 담론과 담론성의 일반 영역 사이의 우리의 구분을 재도입하는 것으로 보일 것이다. 즉, 그 경우에 헤게모니 세력과 헤게모니화된 요소의 전체는 모두 동일한 평면 — 담론성의 일반 영역 — 위에서 자신들을 구성하지만, 반면 외재성은 상이한 담론 구성체들에 상응하게 될 것이다. 이는 의심의 여지가 없이 그러하지만, 이 외재성이 완전하게 구성된 두 개의 담론 구성체들과 상응할 수 없다는 점은 좀 더 종별화되어야만 한다. 왜냐하면 담론 구성체를 특징짓는 것은 분산의 규칙성이며, 만일 그 외재성이 두 개의 구성체 사이의 관계에서 규칙적인 특성이라면, 그것은 새로운 차이가 될 것이며, 두 구성체는 엄격히 말해 서로 외재적이지 않을 것이기 때문이다(그리고 이와 함께 다시 한 번 그 어떤 접합의 가능성도 사라질 것이다). 이런 이유로, 만일 접합적 실천에 의해 상정된 외재성이 담론성의 일반 영역에 위치한다면, 그것은 완전히 구성된 차이들의 두 체계에 상응하는 외재성이 될 수 없을 것이다. 그러므로 그것은 일정한 담론 구성체 내에 위치한 주체 위치들과 정확한 담론적 접합을 갖지 않는 '요소들' 사이에 존재하는 외재성이어야 한다. 바로 이와 같은 애매성이 차이들의 조직화된 체계에서 사회적인 것의 의미를 부분적으로 고정하는 결절점을 확립하는 실천으로서의 접합을 가능하게 한다.

우리는 이제 접합적 실천들의 일반 영역 내에서 헤게모니적 실천의 종별성을 검토해야만 한다. 우리가 헤게모니적 접합들로서 특징짓지 않고자 했던 두 가지 상황에서 출발해 보자. 한쪽 극단에서 우리는 효율성 또는 합리성의 기준에 따라 이루어지는 관료제적 행정 기능들 전체의 재조직화를 한 가지 사례로 언급할 수 있을 것이다. 여기에 모든 접합적 실천의 중심 요소들이 현존하고 있다. 즉, 분해되고 분산된 요소들에서 출발하는 조직화된 차이들 — 따라서 계기들 — 의 체계의 구성이 그것이다. 그러나 여기에서 우리는 헤게모니에 관해 말하지 않을 것이다. 헤게모니에 관해 말하기 위해서는 접합적 계기만으로 충분하지 않기 때문이다. 이를 위해서는 접합이 적대적인 접합적 실천들과의 대결confrontation을 통해 발생해야 할 필요 또한 있다 — 다시 말해, 헤게모니는 적대들이 십자로 교차하는criss-crossed 영역에서 발생할 것이며, 따라서 헤게모니는 등가 현상과 경계 효과를 가정한다. 그러나 역으로, 모든 적대가 헤게모니적 실천들을 가정하지는 않는다. 예컨대 천년왕국 운동의 경우, 적대는 가장 순수한 형태를 띠고 있지만, 헤게모니는 존재하지 않는데, 이는 떠다니는 요소들의 접합이 존재하지 않기 때문이다. 즉, 두 공동체 사이의 거리는 즉각적으로 주어진 그리고 처음부터 획득된 어떤 것이기 때문에 그 어떤 접합적 구축도 가정하지 않는다. 등가 사슬은 공동체주의적 공간을 구축하지 않는다. 오히려 이미 기존에 존재하고 있던 공동체주의적 공간 위에서 작동한다. 따라서 헤게모니적 접합의 두 가지 조건은 적대적인 세력들의 현존과 이 세력들을 서로 분리시키는 경계들의 불안정성이다. 떠다니는 요소들의 광범위한 현존과 그것들을 대립적인 진영들에 접합시킬 수 있는 가능성 — 이는 대립 진영들의 끊임없는 재정의를 함의한다 — 만이 어떤 실천을 헤게모니적 실천으로 규정할 수 있도록 해주는 지형을 구성한다. 등가 없이 그리고 경계들 없이, 헤게모니에 대해 엄격히 말하는 것은 불가능하다.

이 지점에서 우리가 그람시적 분석의 기본 개념들을 어떻게 재발견할 수 있는지는 분명하다. 비록 우리가 그람시를 넘어설 수 있도록 그 개념들을 급진화하는 것이 필수적일 것이지만 말이다. 우리는 주어진 사회적 또는 정치적 공간의 정체성들을 규정하는 관계적 체계의 약화가 일반화되고, 그 결과로서 떠다니는 요소들이 증식하는 정세를, 그람시를 따라서 유기적 위기의 정세라고 부르겠다. 그것은 단일한 지점에서 나타나는 것이 아니라, 상황의 과잉 결정의 결과이다. 그리고 그것은 적대들의 증식에서뿐만 아니라, 사회적 정체성들의 일반화된 위기에서도 그 자신을 드러낸다. 결절점의 설립을 통해 그리고 **경향적으로** 관계적인 정체성들의 구성을 통해 상대적으로 통일된 사회적·정치적 공간은 그람시가 **역사적 블록**이라고 불렀던 것이다. 역사적 블록의 상이한 요소들을 결합하는 연결link 유형 — 결코 역사적으로 선험적인 형태로의 통일이 아닌, 분산 속의 규칙성 — 은 우리의 담론 구성체 개념과 일치한다. 우리가 역사적 블록을 그것이 구성되는 적대적 지형의 관점에서 검토하는 한, 우리는 그것을 헤게모니 구성체라고 부르겠다.

마지막으로, 헤게모니 구성체가 경계들의 현상을 함의하는 한, 진지전 개념은 그것의 완전한 의미를 드러낸다. 진지전 개념을 통해, 그람시는 두 개의 중요한 이론적 효과를 발생시킨다. 첫 번째 효과는 사회적인 것의 폐쇄 불가능성을 확증하는 것이다. 즉, 경계가 사회적인 것에 내재적이기 때문에, 사회구성체를 경험적 지시 대상으로서의 사회라는 명료한 형태 아래 포함시키는 것은 불가능하다. 모든 '사회'는 자기 자신을 분할함으로써, 즉 사회를 전복하는 의미의 잉여를 외부로 방출함으로써, 그 자신의 합리성과 명료성의 형태들을 구성한다. 그러나 다른 한편으로 '진지전'에서의 변동들fluctuations에 따라 경계가 변하는 한, 대결하고 있는 행위자들의 정체성 또한 변하며, 따라서 그 어떤 봉합된 총체성도 우리에게 제공하지 않는 그런 최종적인 정박지를 그들 속에서 발견하는 것은 불가능하다. 앞에서 우리는 진지전 개념이 전쟁의 비무장화를 초래한다고 말했다. 실제로 진지전은 그 이상의 어떤 일을 한다. 즉, 진지전 개념은 급진적 애매성을 사회적인 것에 도입하는데, 이를 통해 사회적인 것이 어떤 초월적 기의 속에 고정되는 것을 가로막는다. 그러나 진지전 개념이 자체의 한계를 드러내는 것도 바로 이 지점이다. 진지전은 사회적 공간이 두 개의 진영으로 분리되는 것을 가정하며, 헤게모니적 접합을 두 진영을 분리시키는 경계의 유동성 논리로서 제시한다. 그러나 이 가정이 정당하지 못하다는 것은 명백하다. 즉, 두 진영의 존재는 몇몇 경우에는 헤게모니적 접합의 효과일 수 있으나, 그것의 선험적 조건은 아니다 — 왜냐하면, 만약 그렇다면, 헤게모니적 접합이 작동했던 지형은 그 자체로 그와 같은 접합의 산물이 아닐 것이기 때문이다. 그람시적 진지전은 앞에서 우리가 인민적 정체성들에 종별적인 것으로 특징지었던 유형의 정치적 공간의 분리를 가정한다. 이는 19세기의 '인민'에 대한 개념화보다 다음과 같은 점에서 진전된 것이다. 즉, 그람시에게 그런 인민적 정체성은 더 이상 단순히 주어진 무엇이 아니라 구축되어야 할 것 — 따라서 헤게모니의 접합 논리 — 이라는 점이 그것이다. 그러나 과거의 개념화로부터 여전히 남아 있는 것이 있다. 즉, 그와 같은 구축이 언제나 이분법적으로 분리된 정치적 공간 내에서 경계를 확장하는 것을 토대로 작동한다는 관념이 그것이다. 이 지점에서 우리는 그람시의 견해를 수용할 수 없게 된다. 앞서 지적했듯이, 이런 정치적 공간들의 증식, 그리고 그것들을 접합시키는 것의 복잡성과 어려움이 선진 자본주의 사회구성체들의 중심적 성격이다. 따라서 우리는 그람시의 견해 가운데 접합의 논리와 경계 효과들의 정치적 중심성은 유지하겠지만, 그런 현상이 발생하기 위한 필수적인 틀로서의 단일한 정치적 공간이라는 가정은 제거할 것이다. 그러므로 우리는 투쟁들이 정치적 공간들의 다원성을 함의할 때는 민주주의 투쟁이라 할 것이고, 일정한 담론들이 단일한 정치적 공간을 두 개의 대립된 영역으로 분리하는 **경향**이 있을 때는 인민 투쟁이라 할 것이다. 그러나 분명한 것은, 근본적인 개념은 '민주주의 투쟁' 개념이라는 점, 그리고 인민 투쟁들은 민주주의 투쟁들 사이의 등가 효과가 다수화하면서 나타나는 단지 종별적인 정세들이라는 점이다.

이상에서 우리가 그람시 사상의 두 가지 핵심적 측면으로부터 벗어났다는 사실이 명백해진다. 즉, ⓐ 헤게모니적 주체들은 필연적으로 근본 계급들이라는 평면에서 구성된다는 그의 주장과 ⓑ 유기적 위기들에 의해 구성되는 공백 기간interregna을 제외하고, 모든 사회구성체는 단일한 헤게모니적 중심을 둘러싸고 구조화된다는 그의 공준이 그것이다. 앞서 지적했듯이, 이것들이 그람시적 사상에 남아 있는 마지막 두 가지 본질주의 요소이다. 그러나 이것들을 폐기한 결과, 이제 우리는 그람시에게서 발생하지 않았던 두 개의 연속적인 문제와 대면하지 않으면 안 된다.

첫 번째 문제는 평면들의 분리, 즉 모든 접합적 관계와 마찬가지로 헤게모니가 가정하는 외재적 계기에 관한 것이다. 앞서 살펴보았듯, 이것은 그람시에게 그 어떤 문제도 제기하지 않는다. 그의 분석에서 '집합의지'의 최종적인 계급적 핵심은 헤게모니적 접합들의 결과가 아니기 때문이다. 그러나 이런 최종적인 핵심의 존재론적 특권이 해소되고 나면 상황은 어떻게 될까? 만약 성공적인 헤게모니의 사례에서, 접합적 실천들이 차이들, 즉 관계적 정체성들의 구조적 체계를 구축했다면, 헤게모니 세력의 외재적 성격 역시 사라지지 않을까? 그것은 역사적 블록 내의 새로운 차이가 되는 것은 아닐까? 의심의 여지없이 그럴 것이다. 차이들의 체계가 그렇게 서로 결합하는 상황은 헤게모니적 정치형태의 종언을 의미할 것이다. 그와 같은 경우, 종속 관계 또는 권력관계들은 존재하겠지만, 엄격히 말해서 헤게모니적 관계들은 존재하지 않을 것이다. 왜냐하면 평면들의 분리가 사라지고, 외재성의 계기가 사라짐과 동시에, 접합적 실천들의 영역 역시 사라질 것이기 때문이다. 정치의 헤게모니적 차원은 사회적인 것의 개방적, 비봉합적 성격이 증가할 때에만 확장된다. 중세의 농민 공동체에는 변별적 접합들에 개방된 영역은 매우 적으며, 따라서 그 어떤 형태의 헤게모니적 접합도 존재하지 않는다. 즉, 공동체가 위협을 느낄 경우, 차이들의 폐쇄된 체계 내에서의 반복적인 실천들로부터 정면적frontal이고 절대적인 등가들로의 급작스런 이행이 일어난다. 새로운 차이들의 체계를 끊임없이 구축하도록 요구하는 지속적인 변화의 조건 속에서 상이한 사회적 영역의 재생산이 이루어지던 근대 초기에 헤게모니적 형태의 정치가 지배적일 수밖에 없었던 이유는 바로 이 때문이다. 이로부터 접합적 실천의 영역이 광범위하게 확대된다. 따라서 차이들을 순수하게 고정시킬 수 있는 조건들과 가능성은 감소하며, 모든 사회적 정체성은, 그들 가운데 상당수가 적대적인, 다수의 접합적 실천들이 만나는 지점이 된다. 이런 환경에서, 접합자와 피접합자 사이의 간극을 총체적으로 메워 주는 완전한 내재화에 도달하는 것은 불가능하다. 그러나 중요하게 강조되어야 할 것은 접합하는 세력의 정체성이 분리되어 변화하지 않은 상태로 남아 있는 것 역시 불가능하다는 점이다. 양자 모두 지속적인 전복과 재정의 과정에 종속된다. 이것은 등가들의 체계조차 새로운 차이로 변형될 위험으로부터 자유로운 것은 아니라는 것이다. 즉, 체계에 정면 대립하던 많은 집단들이 어떻게 해서 체계에 더 이상 외재적이지 않게 되고, 그 체계 내에서 모순적이기는 하지만 내적인 위치 — 즉, 다른 하나의 차이 — 에 머물게 되는지는 잘 알려져 있다. 헤게모니 구성체는 자신과 대립하는 것을 포용하는데, 이는 대립하는 세력이 그 구성체의 기본적 접합 체계를 자신이 부정하는 어떤 것으로 받아들이는 한 그러하다. 그러나 **부정의 장소**place of negation는 구성체 자체의 내적 척도들에 의해 규정된다. 그러므로 헤게모니적 형태의 정치가 소멸하는 조건에 대한 이론적 결정은 근대에 이런 형태[의 정치]가 끊임없이 확장된 이유 역시 설명한다.

두 번째 문제는 헤게모니적 중심의 단일성을 가리킨다. 우리가 사회적인 것의 **중심**으로서, 따라서 그것의 본질로서 헤게모니에 각인되어 있는 존재론적 평면을 기각하고 나면, 헤게모니적 결절점의 단일성이라는 관념을 유지하는 것은 명백히 불가능하다. 헤게모니는, 간단히 말해, 정치적 관계의 유형이다. 원한다면 정치의 형태라고 부를 수도 있다. 그러나 사회적인 것의 지형학 내에서 결정 가능한 위치는 아니다. 주어진 사회구성체에는 다양한 헤게모니적 결절점들이 있을 수 있다. 분명히 그것들 가운데 어떤 것들은 고도로 과잉 결정될 수도 있다. 즉, 그것들은 여러 사회관계들의 응축점들을 구성할 수 있으며, 따라서 다양한 총체화하는 효과들의 초점focal point이 될 수도 있다. 그러나 사회적인 것이 기저의 어떤 단일한 원리로 환원될 수 없는 무한성인 한, 사회적인 것의 중심이라는 단순한 관념은 그 어떤 의미도 지니지 못한다. 헤게모니 개념의 위상과 사회적인 것의 특징적 다원성이 이런 측면에서 재규정되고 나면, 우리는 그것들 사이에 존재하는 관계의 형태들에 대해 자문해 보아야 한다. 사회적인 것의 이와 같은 환원 불가능한 다원성은 흔히 투쟁 영역과 형태의 자율화로 인식되어 왔다. 이는 '자율성' 개념과 관련된 몇 가지 문제들을 잠시 분석해 볼 것을 요구한다. 예를 들어, 최근 몇 년간 '국가의 상대적 자율성'[41] 개념에 관한 상당한 논쟁이 있었지만, 논쟁은 대체로 그것을 막다른 골목으로 이끄는 방식으로 제기되어 왔다. 일반적으로, '국가의 상대적 자율성'을 설명하려는 그와 같은 시도들은 봉합된 사회 — 예컨대, 경제에 의한 최종 심급에서의 결정을 통해 — 라는 가정을 수용한 틀 내에서 이루어졌으며, 따

---

41 현대의 상이한 마르크스주의적 이론화 작업들 속에서 국가의 상대적 자율성의 문제에 접근하는 다양한 방식들에 관해서는 다음을 참조. B. Jessop, *The Capitalist State*, New York and London 1982[『자본주의와 국가』, 이양구 옮김, 돌베개, 1985].

라서 상대적 자율성의 문제는, 그것이 국가의 상대적 자율성이든 다른 어떤 실체의 상대적 자율성이든 간에, 해결할 수 없게 되었다. 왜냐하면, 사회의 기본적인 결정에 의해 구성되는 구조적 틀이 자율성의 한계뿐만 아니라 자율적인 실체의 본성까지도 설명하거나 ― 이 경우 그 실체는 체계의 또 다른 구조적 결정이며 '자율성' 개념은 불필요한 것이다 ― 또는 자율적인 실체는 체계에 의해 결정되지 않기 때문이다 ― 이 경우 그것[자율적인 실체]이 어디에서 구성되는지 설명할 필요가 있으며, 봉합된 사회라는 전제 역시 폐기되어야만 할 것이다. 봉합된 사회라는 전제를 그것과 일관적이지 않은 자율성 개념과 결합시키려는 바람으로 말미암아 국가에 관한 현대 마르크스주의 논쟁 ― 특히 풀란차스의 작업 ― 은 대부분 실패로 끝났다. 그러나 만일 우리가 사회적인 것의 최종적 폐쇄라는 가설을 단념한다면, 그 어떤 궁극적인 통일적 기초에도 준거하지 않는 정치적·사회적 공간들의 다원성에서 출발하는 것이 필수적이다. 다원성은 설명되어야 할 현상이 아니라, 분석의 출발점이다. 그러나 앞에서도 보았듯이, 만약 이런 공간들 각각의 정체성이 언제나 불안정하다면, 자율성과 분산 사이의 등치equation를 단순히 확증하는 것은 불가능하다. 총체적 자율성도 총체적 종속도 결과적으로 그럴 듯한 해결책이 아니다. 이는 그 문제가 차이들의 안정적인 체계의 지형에서는 해결될 수 없다는 점을 나타내며, 자율성과 종속 ― 그리고 그것들의 상대성의 다양한 정도 ― 모두 접합적 실천들의 영역에서만, 그리고 그것들이 적대들이 교차하는 정치적 영역들에서 작동하는 한, 헤게모니적 실천의 영역에서만 그 의미를 획득하는 개념이라는 점을 분명히 나타낸다. 접합적 실천은 주어진 사회적·정치적 공간들 내에서만 발생하는 것이 아니라, 그들 사이에서도 발생한다. 전체로서의 국가

― 잠시 그것을 통일체로서 이야기할 수 있다고 가정한다면 ― 의 자율성은 헤게모니적 접합들의 결과일 뿐인 정치적 공간의 구축에 의존한다. 그리고 국가의 다양한 부서들과 장치들 사이에 존재하는 통일성과 자율성의 정도에 대해서도 이와 비슷한 주장을 할 수 있다. 즉, 일정한 영역의 자율화는 어떤 것의 필연적인 구조적 효과가 아니며, 그와 같은 자율성을 구축하는 정확한 접합적 실천들의 결과이다. 자율성은, 헤게모니와 양립할 수 없는 것이 아니라, 헤게모니적 구축의 한 형태이다.

최근 몇 년간 나타난 자율성 개념의 여타 중요한 사용에 대해서도 유사한 주장을 할 수 있다. 즉, 새로운 사회운동들의 확장에 의해 요구된, 다원주의와 연결된 자율성이 그것이다. 여기에서 우리는 동일한 상황 속에 있다. 만일 자율적이게 된 주체 또는 사회적 세력들의 정체성이 최종적으로 구성된다면, 문제는 오직 자율성의 측면에서만 제기될 것이다. 그러나 만일 이런 정체성들이 일정하고 정확한 사회적·정치적 존재 조건들에 의존한다면, 자율성 그 자체는 좀 더 광범위한 헤게모니적 투쟁의 측면에서만 방어되고 확장될 수 있을 것이다. 예를 들어, 페미니즘이나 생태주의의 정치적 주체들은, 다른 사회적 정체성과 마찬가지로, 일정한 지점까지는 떠다니는 기표들이며, 그것들이 최종적으로 보장된다고 생각하는 것과 그것들의 담론적 출현 조건들을 구성하는 지형이 전복될 수 없다고 생각하는 것은 위험한 미망이다. 따라서 헤게모니가 일정한 운동들의 자율성을 위협할 것이라는 질문은 잘못 제기된 것이다. 엄격히 말해, 이런 양립 불가능성은 오직 사회운동들이 서로 단절된 단자들monads인 경우에만 존재한다. 그러나 만일 각 운동의 정체성이 결코 최종적으로 획득될 수 없다고 한다면, 그 운동의 외부에서 일어나는 일에 무관심할 수 없을 것이다. 일정한 환경에서, 영국 백인 노동자들의 계급 정치적 주체성이 인종주의적 또는 반인종주의적 태도들에 의해 과잉 결정된다는 점은 이민 노동자들의 투쟁에 있어 분명히 중요하다. 이것은 노동조합운동의 일정한 실천들과 관련을 맺을 것이고, 이는 수많은 국가정책에 영향을 미칠 것이며, 궁극적으로는 이민노동자 자신들의 정치적 정체성에 다시 영향을 미칠 것이다. 백인 노동자들로 구성된 노조의 전투성과 인종주의 또는 반인종주의 사이의 접합이 사전에 규정되어 있는 것이 아닌 한, 여기에는 헤게모니적 투쟁이 분명히 존재한다. 그러나 반인종주의 운동에 의해 시작된 이런 투쟁의 형태들은, 부분적으로는 일정한 활동들과 조직 형태들의 자율화를, 부분적으로는 다른 세력들과의 동맹 체계를 경유할 것이며, 그리고 부분적으로는 상이한 운동들이 가진 내용들 사이의 등가 체계의 구축을 경유할 것이다. 왜냐하면 반인종주의, 반성차별주의 그리고 반자본주의와 같은 내용들 ― 방치할 경우, 필연적으로 수렴하지는 않는 ― 사이의 과잉 결정을 안정적인 형태로 구축하는 것 이상으로 반인종주의 투쟁을 공고화할 수 있는 것은 없다. 다시 말해, 자율성은 헤게모니와 대립하는 것이 아니라, 헤게모니가 더욱 광범위하게 작동하기 위한 내재적 계기이다(분명, 이런 헤게모니적 작동은 필연적으로 '정당' 형태를 경유하는 것은 아니며, 어떤 단일한 제도적 형태를 경유하는 것도, 여타 유형의 선험적 배열을 경유하는 것도 아니다).

만약 헤게모니가 정치적 관계의 유형이지, 지형학적 개념이 아니라면, 헤게모니는 특권적인 지점으로부터의 효과들의 방사irradiation로도 간주될 수 없음이 분명하다. 이런 의미에서, 헤게모니는 기본적으로 환유적이라고 말할 수 있다. 즉, 헤게모니 효과들은 언제나 전치 작용으로 인한 의미의 잉여로부터 출현한다(예를 들어, 노동조합이나 종교 조직은 공동체에서 조직화 기능을 떠맡을 수 있는데, 이는 그와 같은 조직들이 수행하는 것으로 생각되는 전통적인 실천을 넘어서며, 반대 세력들의 공격과 반발을 받는다). 이런 탈구의 계기는 모든 헤게모니적 실천에 본질적이다. 즉, 우리는 러시아 사회민주당 내에서, 헤게모니적 과업들에 대한 계급 정체성의 외재성이라는 형태로 그[헤게모니] 개념이 출현하는 것으로부터 바로 그것[탈구의 계기]을 목격했다. 그리고 우리의 결론은 그 어떤 사회적 정체성도 총체적으로 획득되지 않는다는 것 — 접합적-헤게모니적 계기에 그것[사회적 정체성]의 중심성을 최대한 부여한다는 사실 — 이다. 따라서 이와 같은 중심성의 조건은 내재적인 것과 외재적인 것, 우연적인 것과 필연적인 것 사이의 명확한 구획선이 와해되는 것이다. 그러나 이것은 불가피하게 다음과 같은 결론을 초래한다. 즉, 그 어떤 헤게모니적 논리도 사회적인 것의 총체성을 설명할 수 없으며, 그것의 중심을 구성할 수 없다. 왜냐하면 그럴 경우 새로운 봉합이 생산되며, 헤게모니 개념이 그 자신을 일소할 것이기 때문이다. 따라서 사회적인 것의 개방성은 모든 헤게모니적 실천의 전제조건이다. 이제 이것은 필연적으로 우리를 두 번째 결론으로 이끈다. 즉, 우리가 이미 인식했듯이 헤게모니 구성체는 단일한 사회 세력이 가진 종별적 논리에 준거할 수 없다는 것이다. 모든 역사적 블록 — 또는 헤게모니 구성체 — 은 분산 속의 규칙성을 통해 구축되며, 이 분산은 매우 다양한 요소들의 증식을 포함한다. 즉, 관계적 정체성들을 부분적으로 규정하는 차이들의 체계들, 그리고 관계적 정체성을 전복하지만, 대립 그 자체의 장소가 규칙적이 되고, 그런 방식으로 새로운 차이를 구성하는 한, 변형된 형태로 회복될 수 있는 등가들의 사슬들, 그리고 권력이나 권력에 저항하는 상이한 형태들을 집중시키는 과잉 결정 형태들 등등이 증가한다. 중요한 점은 다음과 같다. 즉, 모든 형태의 권력은, 등가와 차이의 대립적 논리를 통해, 실용적인 방식으로 그리고 사회적인 것에 내재적으로 구축된다는 점이다. 권력은 결코 정초적이지 않다. 따라서 권력의 문제는 헤게모니 구성체의 중심을 구성하는 **특정 계급**the class이나 **특정**의 지배적 부문에 대한 탐색의 측면에서 제기될 수 없다. 정의상, 그런 중심은 언제나 우리를 피해 갈 것이란 점에서 그러하다. 그러나 다원주의 또는 사회적인 것 내에서의 권력의 총체적 확산diffusion을 대안으로 제시하는 것 역시 잘못이다. 왜냐하면 이런 것은 결절점들의 현존에 대한, 그리고 모든 구체적인 사회구성체 속에 존재하는 권력의 부분적인 집중들에 대한 분석을 가로막을 것이기 때문이다. 이 지점에서 우리는 고전적 분석의 개념들 가운데 많은 것들 — '중심', '권력', '자율성' 등 — 을 재도입할 수 있다. 그와 같은 개념들의 위상이 재규정된다면 말이다. 즉, 그런 개념들은 모두, 언제나 다른 — 대체로 모순적인 — 논리들에 의해 제한될, 정확한 정세적·관계적 맥락들에서 자신의 의미를 획득하는 우연적인 **사회적 논리**들이다. 그러나 그것들 가운데 어떤 것도, 전복될 수 없는 공간 또는 구조적 계기를 규정한다는 의미에서의 절대적 유효성을 갖지 않는다. 따라서 그런 개념들 가운데 어떤 것을 절대화하는 것을 토대로 사회적인 것의 이론에 도달하는 것은 불가능하다. 만일 어떤 단일하고 통일적이며 실정적인 논리에 의해 사회가 봉합되지 않는다면, 사회에 대한 우리의 이해는 그와 같은 논리를 제공할 수 없다. 사회적인 것의 '본질'을 결정하려고 시도하는 '과학적' 접근은 사실상 유토피아주의의 정점이다.

결론에 앞서, 한 가지 중요한 점이 있다. 앞서의 논변에서 우리는 '사회 구성체'를 경험적인 지시 대상으로, 그리고 '헤게모니 구성체'를 차이들의 접합된 총체성으로 언급했다. 따라서 동일한 용어 — '구성체' — 가 총체적으로 상이한 두 가지 의미로 사용되었기 때문에, 그로 인해 나타나는 애매성을 제거하는 시도를 해야만 한다. 그 문제는 다음과 같이 좀 더 일반화된 형태로 정식화될 수 있다. 즉, 만일 경험적으로 주어진 행위자들의 전체(사회구성체의 경우) 또는 담론적 계기들의 전체(헤게모니 구성체의 경우)가 구성체 통념이 함의하는 총체성에 포함된다면, 그것은 바로 그런 총체성을 통해서 사회구성체와 헤게모니 구성체를 이 양자에 외재하는 것들과 관련해서 구분 짓는 것이 가능하기 때문이다. 따라서 구성체는 그 자체의 한계들을 토대로 총체성으로 만들어진다. 우리가 헤게모니 구성체의 경우에서 이런 한계들의 구축이라는 문제를 제기한다면, 두 가지 수준을 구분해야만 할 것이다. 즉, 모든 '구성체'를 가능하게 하는 추상적 조건들과 관련된 수준 그리고 헤게모니 논리가 그것에 도입하는 종별적 차이와 관련된 수준이 그것이다. 상대적으로 안정적인 차이들의 체계로서의 구성체의 내적 공간에서 시작해 보자. 분명 차이의 논리는 한계들을 구축하기에 충분하지 않다. 왜냐하면 그 논리가 배타적으로 지배적이라고 한다면, 그것 너머에 있는 것은 단지 다른 차이들일 수밖에 없으며, 그 차이들의 규칙성은 그것들을 구성체 자체의 일부분으로 변형시킬 것이기 때문이다. 만일 우리가 차이들의 영역에 남아 있다면, 우리는 무한성의 영역에 남아 있는 것인데, 이는 그 어떤 경계를 사고하는 것도 불가능하게 하며, 결과적으로 '구성체' 개념을 해소한다. 즉, 한계들은 차이들의 체계적인 전체가, 그 차이들 너머에 있는 어떤 것과 관련해, 총체성으로서 재단될 수 있는 한에서만 존재하며, 오직 이와 같은 재단을 통해서만 총체성이 구성체로서 구성된다. 만일, 우리가 지금까지 주장한 것에 비추어, 그 너머에 있는 것이 실정적인 어떤 것 — 새로운 차이 — 일 수 없다는 것이 명백하다면, 유일한 가능성은 그것이 부정적인 어떤 것일 것이라는 점이다. 그러나 우리는 등 가의 논리가 사회적인 것의 영역 안으로 부정성을 도입한 것이라는 점을 이미 알고 있다. 이것은 구성체가 한계들을 경계들로 변형시킴으로써만, 한계들 너머에 있는 것을 그 너머에 있는 것이 **아닌** 것으로 구축하는 등가 들의 사슬을 구성함으로써만, 구성체가 **자신을 의미화할**(즉, 그 자신을 자체로 구성할) 수 있다는 것을 함의한다. 오직 부정성, 분리, 그리고 적대를 통해 서만 구성체는 자신을 전체화하는 지평으로 구성할 수 있다.

그러나 등가 논리는 모든 구성체의 가장 추상적이고 일반적인 존재 조 건일 뿐이다. 헤게모니 구성체에 대해 이야기할 수 있기 위해서는, 앞서 의 분석을 통해 제공된 또 다른 조건을 도입하지 않으면 안 된다. 즉, 사 회적·정치적 공간에 대한 지속적인 재정의와 사회적 분리를 구축하는 한 계들의 지속적인 전치 과정들이 그것이다. 이런 것들은 현대 여러 사회들 에 적합한 것들이다. 오직 이런 조건 아래에서만, 등가 논리를 통해 조형 된shaped 총체성들은 헤게모니적 성격을 획득한다. 그러나 이는 다음과 같 은 점을 함의하는 것으로 보일 것이다. 즉, 이런 불안정성이 사회적인 것 의 내적 경계들을 불안정한 것으로 만드는 경향이 있는 한, 구성체라는 범주 자체가 위협을 받는다는 것이다. 실제로 일어나는 일은 정확히 다음 과 같다. 즉, 비록 모든 경계가 사라진다고 해도, 이것이 단순히 구성체를 인식하는 것이 더욱 어려워진다는 점을 의미하지는 않는다. 총체성은 소 여가 아니라 구축물이기 때문에, 구성적 등가 사슬들이 파괴될 경우, 총 체성은 자체를 은폐하는 것 이상의 무엇을 행한다. 즉, 그것은 해소된다.

이로부터 '사회구성체'라는 용어는, 지시 대상을 가리키기 위해 사용되었을 경우, 무의미하다고 추론할 수 있다. 사회적 행위자들은, 지시 대상으로서, 그 어떤 구성체도 구성하지 않는다. 예를 들어 '사회구성체'라는 용어가, 외견상 중립적인 방식으로, 어떤 주어진 영토에 살고 있는 사회적 행위자들을 가리키려 시도할 경우, 즉각적으로 그 영토의 한계라는 문제가 제기된다. 그리고 여기에서 정치적 경계선들boundaries — 즉, 행위자들이라는 단순한 준거적 실체referential entity의 수준과는 상이한 수준에서 구성되는 윤곽들 — 을 규정하는 것이 필수적이다. 두 가지 선택지가 존재한다. 즉, 정치적 한계들을 단순한 외재적 소여로 간주하거나(이런 경우에는 '프랑스 사회구성체' 또는 '영국 사회구성체'와 같은 용어들이 '프랑스' 또는 '영국' 이상을 가리키기가 거의 불가능하며 '구성체'라는 용어는 명백히 과도한 것이다), 그렇지 않을 경우 행위자들을 그들을 구성하는 다양한 구성체들 속으로 재통합하는 것(이 경우에는, 이 구성체들이 국경과 일치해야 할 아무런 이유도 존재하지 않는다)이다. 어떤 접합적 실천들은 정치적 한계들을 구성체 자체의 한계와 일치하도록 만들 것이다. 그러나 두 경우 가운데 어떤 경우에도 이것은 주어진 공간을 조형하고, 동시에 그 공간 내에서 작동하는 다수의 헤게모니적 접합들에 의존하게 될 개방적 과정이다.

이 장에서 우리는 다양한 수준의 논변을 통해 부정성과 적대에 주요하고 정초적인 성격을 부여하고, 접합적이고 헤게모니적인 실천들의 존재를 보장해 주는 사회적인 것의 개방성과 비결정성을 보여 주려 했다. 우리는 이제 다시 한 번 1장과 2장에서 우리가 주장한 정치 노선으로 돌아가, 사회적인 것의 비결정성과 그것으로부터 추론되는 접합 논리를 통해 어떻게 헤게모니와 민주주의의 관계라는 문제가 새로운 용어로 제시될 수 있는지를 보여 주어야 한다.

1937년 11월, 뉴욕에서 망명 중이었던 아르투어 로젠베르크는 프랑스혁명 이후의 유럽 현대사에 대한 성찰을 마무리하고 있었다.[1] 전투적 지식인으로서의 삶을 마감하도록 했던 이와 같은 성찰은 다음과 같은 근본적인 주제, 즉 사회주의와 민주주의 사이의 관계, 혹은 좀 더 정확하게는, 그 둘을 유기적으로 통일시키려는 시도들의 실패를 중심 주제로 삼고 있었다. 그에게 이런 이중의 실패 — 민주주의의 실패 그리고 사회주의의 실패 — 는 급진적인 단절에 의해 지배되었던 [민주주의와 사회주의 사이의] 점진적인 소외es-trangement의 과정이었다. 처음에 (인민적 행위의 영역으로 간주되었던) '민주주의'

---

1 Arthur Rosenberg, *Democrazia e socialismo. Storia politica degli ultimi centocinquanti anni*(1798~1937), Bari, 1971[『프랑스대혁명 이후의 유럽 정치사』, 박호성 옮김, 역사비평사, 1990].

는 1789년과 1848년 사이에 유럽의 삶을 지배한 역사적 대결들에서 위대한 주인공이었다. 1789년과 1848년의 바리케이드, 영국의 차티스트 운동, 그리고 이탈리아에서 마치니와 가리발디적 동원 등을 주도했던 것은 (시민 populus이라기보다는 평민plebs이라는 의미에서의2) 이후 '인민', 즉 거의 조직되지 않고 변별되지 않는 대중들이다. 1850년대의 오랜 반동을 통해 구성된 주요한 단절이 뒤따랐다. 그리고 그런 반동이 끝나고 인민적 저항이 재개되었을 때, 그 주인공들이 바뀌었다. 19세기 후반, 처음에는 독일과 영국에서, 나중에는 그 밖의 유럽에서, 연대성이 증가하면서 확립된 것은 노동조합과 초기 사회민주주의 정당들이었다.

일부 피지배 부문에서는 이런 단절을 좀 더 높은 정치적 합리성의 계기로 이행하는 것으로 종종 해석해 왔다. 즉, 19세기 전반기에 '민주주의'는 그 무정형적 성격과 사회의 경제적 토대에 뿌리를 두지 못했다는 점으로 말미암아 본질적으로 취약하고 불안정했으며, 이에 따라 기존 질서에 대항하는 투쟁에서 확고하고 영구적인 참호가 되지 못했다는 것이다. 오직 그런 무정형적 '인민'이 해체disintegration되고, 노동계급이라는 견고한 사회적 토대로 대체될 경우에만, 인민 운동은 지배계급들에 대한 장기적인 투쟁을 수행할 만큼 성숙할 것이었다. 그럼에도 불구하고, 이와 같은 신화적 이행 ─ 산업화의 결과 좀 더 성숙한 사회적 단계로의 그리고 좀 더 높은 수준의 정치적 효과성(여기서 '인민'의 무정부적 분출은 계급 정치의 합리성과 견고

---

2 [옮긴이] populus는 '인민', '시민', '인구'처럼 한 공동체의 구성원 전체를 가리키는 의미로 사용되는 반면(물론, 경우에 따라 그 가운데 소수의 엘리트나 통치 계급을 제외한 나머지 다수를 가리키기도 한다), plebs는 도시나 농촌에 흩어져 있는 광범위한 하층계급으로 혜택 받지 못한 자들을 일컫는 개념이다.

성으로 대체된다)으로의 이행 — 은 로젠베르크에게는 단지 허튼 소리로만 보였다. 그가 이 책을 써 내려가던 무렵 스페인은 불타고 있었고, 히틀러는 오스트리아 합병을 준비하고 있었으며, 무솔리니는 에티오피아를 침공하고 있었다. 로젠베르크에게, 계급 노선[분할선]에 따라 이루어진 그와 같은 결집은 거꾸로 유럽 노동운동의 커다란 역사적 과오였다. 그가 보기에 노동자들이 역사적 행위자로서 '인민'을 구성할 능력이 없었다는 점이 바로 사회민주주의의 본질적 결함이었으며, 1860년[독일 사회민주당이 창당되던 해]에 시작된 뒤틀린 정치과정 전체를 해명할 수 있도록 해주는 실마리였다. 자본주의사회 — 그람시가 말한 '시민사회의 참호와 요새' — 가 점차 복잡해지고 제도화되면서 이상적으로는 '인민 사이에서' 통일되어야 했을 부문들을 조합주의화시키고 분열시킴에 따라, 인민적 극점을 통일적으로 구성한다는 것은, 간단해지기는커녕, 점점 더 어려워졌다. 이처럼 사회가 점차 복잡해져 가는 과정은 이미 1789년과 1848년 사이에 분명했다.

> 1789년에 민주주의 과제는 귀족 지주에 대항하는 예속 농민의 투쟁과 자본에 대항하는 가난한 시민들의 투쟁을 단일하게 지도하는 것이었다. 당시에 이는 1848년의 경우보다 훨씬 쉬웠다. 사실상 이 두 시기 사이에 산업 프롤레타리아는, 여전히 대다수가 소규모 공장에서 노동하고 있었음에도 불구하고, 훨씬 더 중요해졌으며, 그에 따라 모든 정치적 문제는 프롤레타리아와 자본가의 대결로 첨예화되었다. …… 이는 민주주의 정당의 편에서는 노동운동과 농민운동을 수렴하기 위한 비범한 전술적 기술을 요구했다. 그뿐만 아니라 자작농을 뛰어넘어 영세 소작농 및 노동자 대중에게 다가가길 원한다면, 그 전술은 아주 현실주의적이고 복합적인 전술이어야 했다. 그리하여 로베스피에르 이후 반세기 동안 사회민주주

의 과제는 점점 더 난해해졌고, 동시에 민주주의자들이 그 문제를 지적으로 해결하기는 점점 더 어려워졌다.[3]

그리고 당연히, 반체제적 인민의 극점을 구성하는 일은 1848년 이후 점점 더 어려워져만 갔다. 실제로, 로젠베르크는 자신이 절반만 인식하고 있었던, 급진적 변화에 의해 지배되는 새로운 지형에 자신을 정향orient하고자 했다. 즉, 모든 헤게모니적 구축에 앞서, 사회적인 것이 두 개의 적대적인 진영으로 분할되는 것이 본원적이며 불변하는 소여인 정치의 쇠퇴,[4] 그리고 투쟁 중인 세력들의 정체성이 지속적으로 바뀌고 자신들의 정체성을 끊임없이 재정의하도록 요청하는 정치적 공간의 본질적 불안정성을 특징으로 하는 새로운 상황으로의 이행. 달리 표현하자면, 로젠베르크는 통찰력이 있으면서도 망설이는 방식으로, 헤게모니적 형태의 정치 — 이는, 접합적 실천들이 일단 사회 분할의 원리를 성공적으로 결정하고 나면, 그 자신을 모든 집단적 정체성의 출현 조건으로 부과한다 — 가 일반화되는 과정을 묘사하고 있으며, 동시에 '계급투쟁'이 이런 원리에 기초해 자동적이고 선험적인 방식으로 저절로 구성될 것이라는 열망의 공허함을 우리에게 보여 주고 있다.

엄밀히 말해서, 인민과 구체제 사이의 대립은 두 사회 형태 사이의 적

---

3 같은 책, p. 119[『프랑스대혁명 이후의 유럽 정치사』, 127쪽].

4 엄밀히 살펴보면, 이런 확증은 물론 과장되어 있다. 프랑스혁명 동안 이루어졌던 여러 세력들의 재정렬 역시 헤게모니적 작동을 요구했으며, 연합의 일정한 변화를 의미했다. 즉, 방데(Vendée)와 같은 사건을 생각해 보라. 오직 역사적 관점에서만, 나아가 그 이후에 나타난 유럽 역사의 여러 국면들을 특징짓는 헤게모니적 접합들의 복잡성과의 비교를 통해서만, 프랑스혁명 과정에서 나타난 근본적인 분열과 대립들의 상대적 안정성을 주장할 수 있다.

대적 한계들이 ― 방금 지적한 조건 속에서 ― 명백하며 경험적으로 주어진 구획선의 형태로 스스로를 드러낸 마지막 순간이었다. 그때부터 내적인 것과 외적인 것 사이의 구획선, 적대를 두 개의 대립적인 등가 체계의 형태로 구성하는 분할선이 점차 허물어지며 모호해졌으며, 이것을 구축하는 것이 정치의 결정적인 문제가 되었다. 바꿔 말하면, 그때부터 헤게모니 없이는 정치도 없었다. 이 점이 마르크스의 개입이 가진 종별성을 우리가 이해할 수 있도록 해준다. 즉, 마르크스의 성찰은 인민/구체제라는 이분법에 입각한 정치 공간의 분할이 생산성을 소진한 듯 보이는, 그래서 산업사회에서 사회적인 것 특유의 복잡성과 다원성을 재포착하는 정치적인 것의 전망을 구축할 수 없었던 순간에 이루어졌다. 그리하여 마르크스는 계급들 사이의 대결이라는 새로운 원리를 토대로 사회 분할이라는 주요한 사실을 사유하려 했다. 그러나 이 새로운 원리는, 계급 대립이 사회체social body의 총체성을 두 적대 진영으로 분할할 수 없으며, 자신을 정치 영역의 구획선으로서 **자동적으로** 재생산할 수 없다는 사실에서 비롯된 근본적 불충분성에 의해 처음부터 훼손된다. 바로 이런 이유 때문에 계급투쟁을 정치적 분할의 근본원리로 단언하는 것은 언제나 그 완전한 적용 가능성을 미래로 미루는 보충 가설들을 동반해야 했다. 이를테면 사회구조가 단순화되면서 실재적인 정치투쟁이 생산관계 수준에서 구성된 행위자인 계급들의 투쟁과 일치하게 된다는 역사-사회학적 가설이라든가, 즉자적 계급으로부터 대자적 계급으로의 이행이라는 행위자의 의식에 관한 가설들이 그것이다. 어쨌든 중요한 것은, 마르크스주의가 사회 분할의 정치적 원리 속에 도입한 이런 변화가 자코뱅적 상상의 본질적 구성 요소 ― 단 하나의 기본적인 파열의 계기, 그리고 정치적인 것이 구성되는 고유한 공간에 대한 가정 — 를 변함없이 유지하고 있다는 점이다. 사회적이며 정치적인 두 개 진영으로의 이와 같은 분할이 미래로 위임됨에 따라, 오직 시간적 차원만이 변화했으며, 동시에 우리에게는 이런 분할로 나아가는 과정에 대한 일련의 사회학적 가설들이 제공된다.

이 장에서 우리는 급진 민주주의 기획이 문제로 삼아야만 하는 것이 바로 이런 자코뱅적인 정치적 상상과 마르크스주의적인 정치적 상상 사이의 연속성의 계기임을 옹호할 것이다. 특권적인 단절 지점들에 대한 거부 및 여러 투쟁들을 통일된 정치 공간으로 융합하는 것에 대한 거부, 그리고 이와 대조적으로 사회적인 것의 다원성과 비결정성에 대한 수용, 이 모두는 급진적으로 자유지상적이며 그 목표에 있어 고전적 좌파보다 훨씬 야심찬 새로운 정치적 상상이 구축될 수 있는 두 개의 근본적인 토대를 우리에게 제공하는 것으로 보인다. 이는 우선 그런 정치적 상상이 출현했던 역사적 지형에 대한 묘사를 요구하는데, 이것은 우리가 '민주주의 혁명'이라고 부르는 영역이다.

민주주의 혁명

우리가 지금껏 제시한 이론적 문제틀은 선험적으로 특권적인 행위자에게 사회 갈등이 집중되는 것뿐만 아니라, 이 갈등이 인간학적 본성anthropological nature을 지닌 그 어떤 일반적 원리나 기층에 준거하는 것도 배제한다. 이런 원리나 토대는 상이한 주체 위치들을 통일하는 동시에, 그런 인간학적 본성이 다양한 형태의 종속에 맞서는 저항에 불가피성을 부여할 것이기 때문이다. 그러므로 권력에 맞서는 상이한 투쟁들에는 불가피하거나 자연적인 그 어떤 것도 존재하지 않으며, 따라서 각각의 사례에서 그 투쟁들이 출현하게 된 이유와 그 투쟁들이 채택한 다양한 변조들modulations을 설명할 필요가 있다. 종속에 대한 투쟁은 종속 상황 자체의 결과일 수 없다. 비록 우리가 푸코처럼 권력이 있는 곳에 저항이 존재한다고 단언할 수 있다 해도, 저항의 형태가 지극히 다양할 수 있다는 것 역시 인정해야 한다. 단지 일정한 사례들에서만 이런 저항 형태들이 정치적 성격을 띠고, 종속 관계 그 자체의 종식을 지향하는 투쟁이 되는 것이다. 수세기에 걸쳐, 남성 지배에 대항하는 여성의 저항이 다양하게 있었지만, 평등(우선적으로는 법 앞에서의, 그 다음에는 여타의 영역에서의 평등)을 요구하는 페미니즘 운동이 출현할 수 있게 된 것은 오직 일정한 조건과 종별적 형태 아래에서이다. 여기서 분명히 밝혀 둘 것은, 우리가 이런 투쟁들의 '정치적' 성격에 대해 말할 때, 이를 정당이나 국가 수준에 위치하는 요구라는 제한적인 의미로 말하고 있지 않다는 점이다. 여기서 우리가 준거하고 있는 것은, 종속 관계에서 주체를 구성하는 사회관계의 변혁을 목표로 하는 행위 유형이다. 예를 들어, 현대 페미니즘의 일정한 실천들은 정당이나 국가를 통하지 않고서도 남성성과 여성성의 관계를 변혁하려는 경향이 있다. 물론 일정한 실천들은, 제한적인 의미에서의 정치적인 것의 개입을 요구한다는 점을 우리가 부인하려는 것은 아니다. 우리가 지적하고자 하는 것은 사회관계들을 창조하고 재생산하며 변형하는 실천으로서의 정치가 사회적인 것의 특정한 수준에 위치할 수 없다는 점인데, 이는 정치적인 것의 문제가 사회적인 것의 설립이라는 문제, 즉 적대들이 교차하는 영역 안에서 사회관계들에 대한 정의와 접합의 문제이기 때문이다.

우리의 중심 문제는 바로 불평등에 맞서 투쟁하고 종속 관계에 도전하는 집합적 행위가 출현하는 담론 조건들을 확인하는 것이다. 또한 우리의 과제는 종속 관계가 억압 관계가 되며, 따라서 스스로를 적대의 장소로 구성하는 조건들을 밝히는 것이라고도 말할 수 있다. 여기서 우리는 '종속', '억압', '지배'를 모두 동의어로 설정함에 따라 용어 사용법상의 변화가 종결되어 있는 지형으로 들어간다. 이런 동의성[유의성]을 가능케 하는 토대는, 명백히, '인간 본성'과 통일된 주체에 대한 인간학적 가정이다. 즉, 우리가 주체의 본질을 선험적으로 결정할 수 있다면, 그것을 부정하는 모든 종속 관계는 자동적으로 억압 관계가 된다. 그러나 우리가 이런 본질주의적 관점을 기각한다면, 우리는 '종속'을 '억압'과 구별할 필요가 있으며, 종속이 억압적이게 되는 정확한 조건들을 설명할 필요가 있다. 우리는 종속 관계를 어떤 한 행위자가 다른 행위자의 결정에 종속되는 관계 — 예를 들어, 고용자에 대한 피고용자의 관계 또는 일정한 형태의 가족 조직 내에서 남성에 대한 여성의 관계 등 — 로 이해할 것이다. 이와 대조적으로 우리는 적대의 장소[현장]들sites로 변형된 종속 관계를 억압 관계라고 부를 것이다. 마지막으로 종속 관계의 외부에 있는 사회적 행위자의 관점이나 판단에서 볼 때 정당하지 못하다고 간주되며, 그 결과 어떤 특정한 사회구성체 안에서 실제로 현존하는 억압 관계들과 일치할 수도 있고 일치하지 않을 수도 있는 종속 관계들의 집합을 지배 관계라고 부를 것이다. 따라서 문제는 종속 관계들로부터 억압 관계가 어떻게 구성되는지를 설명하는 것이다. 종속 관계가, 그 자체만으로 고려할 때, 왜 적대 관계가 될 수 없는지는 명백하다. 즉, 종속 관계는 사회적 행위자들 사이의 변별적 위치들을 단순히 확립할 뿐이며, 우리가 이미 알고 있듯이, 각각의 사회적 정체성을 실정성으로 구축하는 차이들의 체계는 적대적일 수 없을 뿐만 아니라, 모든 적대를 제거하는 이상적 조건을 낳을 것 — 그럴 경우 우리는 봉합된 사회적 공간에 직면할 것이며, 그 공간에서 모든 등가는 배제된다 — 이다. 종속적인 주체 위치가 가진 실정적이고 변별적인 성격이 전복될 경우에만 적대가 출현할 수 있다. '농노', '노예' 등은 그 자체로 적대 위치를 가리키지 않는다. 이런 범주들의 변별적 실정성이 전복되고 동시에 종속이 억압으로 구성되는 것은, '모든 인간에 내재하는 권리들'과 같은 상이한 담론 구성체에 의해서만 가능하다. 이것은 곧 종속의 담론을 방해할 수 있는 담론적 '외부'의 현존 없이는 어떤 억압 관계도 존재하지 않음을 의미한다.[5] 이런 의미에서 등가 논리는 몇몇 담론의 효과들을 다른 담론의 효과로 전치하는 것이다. 17세기까지의 여성의 경우가 그랬듯이, 여성을 주체로 구축하는 담론들 전체가 여성을 순전히 그리고 단순히 종속적인 위치에 고정시켰다면, 여성의 종속에 대항하는 투쟁으로서 페미니즘은 출현할 수 없었을 것이다. 즉, 우리의 테제는 이런 것이다. 민주주의 담론이 종속에 대한 다양한 형태의 저항들을 접합하는 데 사용될 수 있을 때에야 비로소 여러 다양한 종류의 불평등에 대한 투쟁이 이루어질 수 있는 조건들이 존재하게 된다. 여성의 경우에 우리는 메리 울스턴크래프트Mary Wollstonecraft가 영국에서 행한 역할을 사례로 들 수 있는데, 1792년에 출간된 그녀의 『여성의 권리 옹호』Vindication of the

---

5 '방해'(interruption) 개념에 대해서는 D. Silverman and B. Torode, *The Material Word*, London 1980, 1장 참조.

Rights of Women[문수현 옮김, 책세상, 2011]는 민주주의 담론의 사용을 통해 페미니즘의 탄생을 규정했으며, 그 결과 민주주의 담론은 시민들 사이의 정치적 평등의 영역에서 성별 평등의 영역으로 전치되었다.

그러나 이런 식으로 동원하기 위해서는, 자유와 평등이라는 민주주의적 원리가 사회적 상상의 새로운 모체로 우선적으로 제시되어야 했거나, 우리의 용어법으로 말하자면 정치적인 것의 구축에서 근본적인 결절점을 구성해야 했다. 서구 사회의 정치적 상상에서 이런 결정적인 변환은 2백 년 전에 일어났으며, 이는 다음과 같이 규정될 수 있다. 즉, 등가 논리가 사회적인 것의 생산의 근본적인 도구로 변형되었다고 말이다. 우리는 이런 변환을 토크빌의 표현을 빌어 '민주주의 혁명'이라고 부르겠다. 이를 통해 우리는 신의 의지에 토대를 둔 신학-정치적 논리에 의해 지배되는, 위계적이고 불평등한 사회의 종언을 가리킬 것이다. 이 같은 사회체는 그 안에서 여러 개인들이 변별적인 위치 속에 고정된 것으로 나타나는 전체로서 간주되었다. 왜냐하면 이와 같은 사회적인 것의 전체론적holistic 설립 양식이 지배하는 한, 정치는 동일한 유형의 종속적 주체를 재생산하는 위계 관계의 반복 이상일 수 없기 때문이다. 민주주의 혁명의 시작을 알리는 핵심 계기는 프랑스혁명에서 찾을 수 있는데, 이는 프랑수아 퓌레가 지적한 바와 같이, 프랑스혁명이 인민의 절대 권력을 단언하면서 사회적 상상의 수준에 진정으로 새로운 어떤 것을 도입했기 때문이다. 퓌레에 따르면 진정한 불연속성이 자리한 곳은 바로 거기, 즉 새로운 정당성의 확립과 민주주의 문화의 창안에서였다. "프랑스혁명은 과도기가 아니라 기원이며, 그 기원에 대한 환영phantom이다. 프랑스혁명에 고유한 것이 프랑스혁명에 대한 역사적 관심을 구성하는 것이며, 게다가 바로 이런 '고유한' 요소들이 보편적인 것이 된다. 즉, 민주주의에 대한 첫 번째 경험."[6] 한나 아렌트가 말했듯이, 만약 "세계에 불을 지른 것은 미국혁명이 아니라 프랑스혁명"[7]이라고 한다면, 이는 프랑스혁명이 인민 이외의 그 어떤 정당성에도 근거하지 않은 최초의 혁명이었기 때문이다. 따라서 프랑스혁명은 클로드 르포르Claude Lefort가 사회적인 것의 새로운 설립 양식으로 보여 준 바 있는 것의 시발점이었다. '인간의 권리에 대한 선언'Declaration of the Rights of Man[프랑스 인권선언]으로 상징화되는, 구체제와의 이런 단절은 다양한 형태의 불평등을 정당하지 못하고 반자연적인 것으로 제시하는 것을 가능케 하고, 따라서 다양한 불평등을 억압의 형태들과 등가로 만드는 담론적 조건을 제공했다. 여기에 민주주의 담론의 심원한 전복적 힘이 놓여 있는데, 이는 평등과 자유가 점점 더 넓은 영역으로 확산되는 것을 허용하며, 그리하여 종속에 맞서는 다양한 형태의 투쟁을 자극하는 작인으로 작용했다. 19세기에 있었던 수많은 노동자들의 투쟁은 정치적 자유를 위한 투쟁을 기반으로 자신들의 요구를 담론적으로 구축했다. 예를 들어, 영국 차티스트 운동의 경우, 스테드먼 존스의 연구에 따르면, 프랑스혁명으로부터 많은 영향을 받은 영국 급진주의 이념이 그 운동의 구성과 그 목표를 결정하는 데 근본적인 역할을 했다.[8] (이런 이유로 차티스트 운동을 근본적으로 사회적인 성격을 가진

---

6 F. Furet, *Penser la Révolution Française*, Paris 1978, p. 109[『프랑스혁명의 해부』, 정경희 옮김, 법문사, 1987, 125쪽].

7 H. Arendt, *On Revolution*, London 1973, p. 55[『혁명론』, 홍원표 옮김, 한길사, 2004, 130쪽].

8 G. Stedman Jones, "Rethinking Chartism", in *idem, Languages of Class*, Cambridge, England, 1983.

현상이자, 새로운 산업 프롤레타리아가 가진 계급의식의 표현으로 보는 해석들은 보통선 거권에 대한 요구가 가진 중심적인 역할을 거의 설명하지 못한다.)

정치적 불평등에 대한 비판에서 경제적 불평등에 대한 비판으로의 전치가 다양한 사회주의 담론들을 통해 야기되었는데, 이 경제적 불평등 비판은 여타의 종속 형태에 대한 문제 제기와 새로운 권리들에 대한 요구를 이끌어 냈다. 그러므로 사회주의적 요구는 민주주의 혁명에 내재적인 계기로 간주되어야 하며, 후자[민주주의 혁명]가 확립하는 등가 논리의 기반 위에서만 이해할 수 있다. 그리고 이런 방사 효과는 점점 더 다양한 방향으로 증식된다. 페미니즘의 경우, 그것은 여성들이 우선 정치적 권리를 획득하는 문제였고, 나중에는 경제적 평등에 도달하는 문제였으며, 오늘날의 페미니즘에서는 섹슈얼리티 영역에서의 평등에 접근하는 문제이다. 토크빌이 지적한 대로, "다른 분야에 침투한 평등이 결국에는 정치 세계에는 침투하지 않을 것이라고 생각할 수는 없다. 다른 모든 부문에서는 평등한데 어느 한 지점에서만 인간들이 영원히 불평등하게 남아 있으리라고 생각할 수는 없는 일이다. 결국 그들은 모든 점에서 평등하게 될 것이다."9

모든 경우에서 억압 관계의 토대에 놓여 있는 것은 바로 종속 관계들을 차이들의 폐쇄된 체계로 구성하는 것의 불가능성 — 그들의 위치를 통해 체계 내로 흡수되는 것이 아니라, 종속시키는 것과 종속되는 정체성들 사이의 외재성을 함의하는 불가능성 — 이다. 이런 점에서, 노동자 투쟁의

---

9 A. de Tocqueville, *De la Démocratie en Amérique*, Paris 1981, vol. 1, p. 115[『미국의 민주주의』, 임효선·박지동 옮김, 한길사, 1997, 113쪽].

적대적 잠재력에 따라 나타난 변화들을 검토해 보는 것이 교훈적이다. 19세기에 급진적으로 반자본주의적인 투쟁들이 있었다는 점은 분명하지만, 그 투쟁은 프롤레타리아 투쟁이 아니었다 — '프롤레타리아'를 자본주의적 생산 체계의 확립으로 말미암아 그 지위[자격]qualifications와 생활양식을 위협받았던 장인들artisans이 아니라, 자본주의 발전이 만들어 낸 노동자 유형으로 우리가 이해한다면 말이다. 자본주의 체계 전체에 문제를 제기하는, 이런 "반동적 급진주의자들" — 크레이그 칼훈Craig Calhoun의 문구대로 — 의 투쟁이 지닌 매우 적대적인 성격은, 이 투쟁들이 장인적 정체성 및 그것과 결부된 사회·문화·정치적 형태들 전체의 파괴에 대한 저항을 표현했다는 사실을 통해 설명된다. 바로 그로부터 자본주의가 이식 중에 있던 새로운 생산관계들에 대한 총체적인 거부가 생겨났다. 사회적 조직화의 두 체계 사이에 존재하는 완전한 외재성이 사회적 공간을 두 진영으로 분리시켰으며, 이는 우리가 알다시피 모든 적대의 조건이라 할 수 있다. 칼훈은 E. P. 톰슨의 『영국 노동계급의 형성』에 대한 비판에서, 톰슨이 '구'노동자들과 '신'노동자들의 목표와 동원의 형태에서 큰 차이가 있었다는 점을 충분히 인식하지 못한 채, 이질적인 일련의 사회집단들을 '노동계급'이라는 이름으로 집단화했다는 사실을 설득력 있게 보여 주었다. 칼훈에 따르면, "전자[구노동자들]는 강력한 공동체 기반에 기초해 경제석 변농의 압도적인 힘에 대항해 싸웠다. 이에 비해 후자[신노동자들]는 더 약한 사회적 기반 위에서 싸웠지만 당시 출현했던 산업 질서의 테두리 내에서 싸웠다. 이렇게 구분할 경우, 노동계급이 지속적으로 발전하며 점차 급진화된다는 통념은 결코 성립될 수 없다."[10]

엄격히 말해 자본주의의 산물로 간주될 수 있는 노동운동은, 영국의 경우 19세기 중반 무렵에 출현했으며, 유럽의 여타 지역에서는 19세기 말에 이르러 출현했다. 그러나 이런 노동운동은 자본주의적 생산관계 그 자체 ― 그때쯤이면 이미 공고하게 이식된 ― 에 대해서는 점차 덜 문제 삼으며, 생산 내 관계들의 변형을 위한 투쟁에 집중하는 경향이 있었다. 마르크스주의적 전통에서는 '개량주의'라고 불렀을, 그리고 이전의 사회 투쟁들에 비해 일보 후퇴로 간주되었을 그런 투쟁들은, 이전의 좀 더 급진적인 투쟁들보다는, 산업 프롤레타리아의 동원화에 의해 현실에서 채택된 양식에 좀 더 잘 상응한다. 따라서 노동자와 자본가 사이의 종속 관계는 통일된 담론 공간에서 정당한 변별적 위치들로 어느 정도 포섭될 수 있었다.

또한 노동자들의 급진적 동원화가 이루어진 또 다른 시기 ― 즉, 제1차 세계대전 말에 이탈리아와 독일에서 일어난 노동자 평의회 운동 시기 ― 로 관심을 돌린다면, 그 토대에 일련의 과잉 결정된 환경이 있음을 보게 된다. 즉, 전쟁에 따른 사회질서의 붕괴, 공장의 군대화, 테일러화의 시작, 생산에서 숙련 노동자들이 수행하는 역할의 변화 등이 그것이다. 이런 모든 조건은, 차이의 논리가 가진 헤게모니적 역량을 축소시키는 유기적 위기와 연결되거나, 전통적인 형태의 노동자 정체성을 의문시하는 변화들과 연결되었다. 예를 들어, 우리는 이런 투쟁들에서 숙련 노동자들이 수행했던 중심적인 역할을 잊어서는 안 될 것인데, 그 역할은 일반적으로 인정되기는 하지만 상이한 방식으로 설명된다.[11] 어떤 사람들에게,

10 C. Calhoun, *The Question of Class Struggle*, Chicago 1982, p. 140. 이와 관련된 논변은 L. Paramio, "Por una interpretación revisionista de la historia del movimiento obrero europeo", *En Teoria* 8/9, Madrid, 1982 참조.

그것은 이미 현존하는 테일러화의 위험에 맞서 숙련 기술을 방어하는 문제이다. 다른 이들에게, 그것은 숙련 노동자들이 전쟁 시기에 획득한 경험으로, 전쟁은 노동자들이 생산과정의 자기 조직화 가능성을 생각하게 만드는 동시에 그들의 고용인들과 대결하도록 만들었다. 그러나 어떤 경우에서든 그들을 봉기로 이끈 것은 바로 노동자들이 획득했던 일정한 정체성(그들의 숙련 기술 또는 생산 내에서 그들의 조직적 기능들)에 대한 방어였다. 따라서 우리는 앞서 언급한 '급진적 반동들'과의 유사성을 정립할 수 있는데, 그들 역시 위협에 처한 정체성을 방어하려고 하고 있었기 때문이다.

그러나 이런 권력의 외재성을 순수하게 '단계주의적' 의미로 이해하는 것은 잘못일 것이다. 마치 초월되고 있는 과정에서의 한 국면에 속한다는 사실이 투쟁에서 급진주의를 위한 필요조건이라는 듯 말이다. 만일 이것이 사실이라면, 그런 급진주의는 단지 방어적인 투쟁의 특징에 불과할 것이다. 위에서 언급했던 '시대착오적' 투쟁들이 모든 적대의 조건인 권력의 외재성을 잘 보여 준다면, 대조적으로 일정한 사회적 변화들은 그때까지 문제시되지 않았던 종속 관계들을 외적인 부과물로서 — 따라서 억압의 형태로서 — 담론적으로 구축하는 것을 토대로 새로운 형태의 급진적 주체성을 구성할 수 있다. 그리고 바로 이 지점에서 민주주의적 상상이 가지는 특유의 등가적 전치가 작동한다. 급진적 투쟁들을 과거의[낡은] 것으로 치부하는 이미지는 전적으로 비현실적인 것이다. 이런 이미지는 상당

---

11 이 주제에 대해서는 C. Siriani, "Workers Control in the Era of World War I", *Theory and Society*, 9:1(1980); C. Sabel, *Work and Politics*, Cambridge, England, 1982, 4장 참조

부분 제2차 세계대전 이후 20여 년에 걸쳐 나타난 신자본주의적 도취감에서 연유하는데, 그 도취감은 자본주의 체제 쪽으로의 무제한적인 변형주의적 흡수 능력을 제공하는 것처럼 보였으며, 모든 적대적 잠재력이 해소되고 각각의 집합적 정체성이 차이들의 체계 안에 고정되는 동질적인 사회로 가는 단선적 경향을 보여 주었다. 이와는 대조적으로, 우리는 이런 확장 과정의 복잡성 및 여기서 흔히 나타나는 모순적인 측면들을 보여주려 할 것이다. 왜냐하면 복지국가의 절정기 동안 광범위한 사회적 요구들을 충족시키려는 바로 그 행위는 지배적인 헤게모니 구성체들의 무한정한 통합을 보증하기는커녕, 일련의 종속 관계들 전체의 자의적 성격을 폭로했기 때문이다. 그리하여 평등주의적 등가들이 새롭게 확장되고, 그에 따라 민주주의 혁명이 새로운 방향으로 확장되는 것을 가능하게 하는 지형이 창조되어 왔다. 바로 이런 지형에서, 최근의 논쟁에서 흔히 '새로운 사회운동'이라 불리는, 새로운 형태의 정치적 정체성이 발생했다. 그러므로 우리는 그 운동들이 출현한 역사적 맥락뿐만 아니라, 그 운동들의 민주주의적 가능성들과 애매성들을 모두 연구해야 한다.

민주주의 혁명과 새로운 적대들

따라서 명확히 구별되는 주체 위치들 사이의 등가적 전치 — 이것이 적대가 출현하기 위한 조건이다 — 는 두 개의 근본적인 변형태로 나타날 수 있다. 첫 번째로, 그것은 민주주의적 상상의 전치에 힘입어 억압 관계로 재접합되는 기존의 종속 관계에 대한 문제일 수 있다. 다시 한 번 페미니즘을 예로 들어 보면, 종속된 여성 주체 — 여기서 적대가 발생할 수 있다 — 의 구축에서 균열이 나타나는 것은 바로 민주적 이데올로기가 모든 시민들에게 원칙적으로 인정하는 권리가 여성으로서의 여성women as women에게는 부정되기 때문이다. 시민권을 요구하는 소수 인종의 경우에도 마찬가지다. 그러나 적대는 또 다른 상황 — 예를 들어 획득된 권리가 의문시되거나, 종속의 형태로 구축되지 않은 사회적 관계들이 일정한 사회변혁의 충격과 함께 종속의 형태로 구축되기 시작할 경우 — 에서도 발생할 수 있다. 이 경우 어떤 주체 위치가 적대의 장소가 될 수 있는 것은 그 위치가 새로운 불평등을 함의하는 실천들과 담론들에 의해 부정되기 때문이다. 그러나 모든 경우에서 저항의 형태가 집합적 투쟁이라는 특징을 띠는 것은 종속이 차이로서 안정화되는 것을 가로막는 외부 담론의 현존 때문이다.

불만족스러운 용어인 '새로운 사회운동'은 매우 다양한 일련의 투쟁들, 즉 도시, 생태, 반권위주의, 반제도주의, 페미니즘, 반인종주의, 종족적, 지역적 또는 성적 소수자의 투쟁을 하나로 묶는다. 이 모두의 공통분모는, '계급'투쟁으로 간주되는 노동자 투쟁과의 변별화에 있을 것이다. 여기서 '계급'투쟁이라는 통념의 문제틀적 본성을 고수하는 것은 무의미하다. 계급투쟁이라는 통념은 생산관계의 수준에서 서로 매우 상이한 일련의 투쟁들을 통합하는데, 이는 '계급들'이라는 특권적 지위에 토대를 둔 담론의 영속성을 너무도 분명히 드러내고 있다는 점에서 새로운 적대들과는 거리가 있다. 우리가 이와 같은 새로운 사회운동들에 대해 관심을 갖는 것은, 이 운동들을 계급 범주와 반대되는 범주로 자의적으로 분류하려는 생각보다는, 오늘날 선진 산업사회의 특징인, 수많은 관계들로 급속히 확산되는 사회적 갈등성을 접합하는 과정에서 이런 새로운 사회운동들이 수행하는 새로운 역할 때문이다. 이 점이 바로 위에서 제시한 바 있는 이론적 문제틀을 통해 우리가 분석하려는 것이며, 이는 결국 우리가 이런 운동들을 민주주의 혁명이 완전히 새로운 일련의 사회적 관계들로 확장되어 나타나는 것으로 인식할 수 있도록 만든다. 이 운동들이 새로운 이유는 바로 이 운동들이 새로운 형태의 종속들을 문제 삼고 있기 때문이다. 우리는 연속성/불연속성이라는 이 관계의 두 측면을 구분해야 한다. 연속성이란 기본적으로 자유-민주주의 이데올로기가 서구 사회의 '상식'으로 전환되면서, 토크빌이 '조건의 평등화'라 불렀던 위계 원리에 대한 도전의 기반이 마련되었다는 사실과 관련되어 있다. 바로 이런 평등주의적 상상의 영속성 덕분에 우리는 구체제의 유산인 불평등에 대한 19세기 투쟁들과 현재 사회운동들 사이에 하나의 연속성을 세울 수 있다. 그러나 우리가 불연속성에 대해 말할 수 있는 것은 새로운 정치적 주체들 가운데 상당 부분이 자본주의적 생산관계가 이식 및 확장되고, 국가 개입이 증대한 결과로 나타난 최근의 종속 형태들과의 적대 관계를 통해서 구성되었기 때문이다. 바로 이런 새로운 종속 관계들 그리고 그 관계들 안에서 구성된 적대들이 이제 우리가 다뤄야 할 사항이다.

　사회적 관계 수준에서 일련의 변화가 발생하고 새로운 헤게모니 구성체가 공고화된 것은 제2차 세계대전 이후에 일어난 재조직화의 맥락에서였다. 새로운 헤게모니 구성체는 노동과정과 국가형태 그리고 문화적 확산전파의 지배적 양식 수준에서 나타난 변화들modifications을 접합했는데, 그와 같은 변화들은 현존하는 사회적 교류 형태에 커다란 전환을 가져왔다. 이 문제를 경제적 관점에서 검토한다면, 결정적인 변화는 미셸 아글리에타가 외연적 축적 체제에서 내포적 축적 체제로의 이행이라고 부른 것이다. 내포적 축적 체제의 특징은 자본주의 생산관계가 사회관계의 전 체계로 확장되고, 이윤을 위한 생산 논리에 이 전 체계가 종속되는 것이다. 아글리에타에 따르면, 이 같은 이행의 근본적 계기는 포드주의의 도입인데, 그는 이 포드주의를 "생산과정과 소비 양식의 접합 원리"로 기술하고 있다.[12] 좀 더 구체적으로 말하면, 그것은 반‡자동적인 생산공정을 중심으로 조직화된 노동과정과 사적 소비를 위해 대규모로 생산된 상품들의 개별적 취득을 특징으로 하는 소비 양식의 접합이다. 20세기 초에 시작되어 1940년대부터 가속화되기 시작한 자본주의적 생산관계의 침투는 사회를 광범위한 시장으로 변형시켰는데, 이 시장에서는 새로운 '필요'가 끊임없이 창출되는 동시에 점점 더 많은 인간 노동의 생산물들이 상품으로 전환된다. 이 같은 사회적 삶의 '상품화'는 이전의 사회관계를 파괴하고, 이를 상품 관계로 대체했는데, 이 과정을 통해 자본주의적 축적 논리가 점점 더 많은 영역으로 침투했다. 오늘날 개인은 노동력의 판매자일 때뿐만 아니라 수많은 다양한 사회관계들 — 즉, 문화, 자유 시간, 질병, 교육, 성 그리고 심지어 죽음에 이르기까지 — 에 편입되어 있을 때에도 자본에 종속되어 있다. 그러므로 사실상 자본주의적 관계에서 벗어난 그 어떤 개인적이거나 집합적인 삶의 영역도 존재하지 않는다.

그러나 이와 같은 '소비사회'는, 대니얼 벨Daniel Bell이 선언했던 이데올

---

12 M. Aglietta, *A Theory of Capitalist Regulation*, London 1979, p. 117[『자본주의 조절이론』, 성낙선 외 옮김, 한길사, 1994, 147쪽].

로기의 종언을 초래하지 않았으며, 마르쿠제가 우려했던 것처럼 일차원적 인간의 양산을 초래하지도 않았다. 거꾸로 수많은 새로운 투쟁들이 새로운 형태의 종속에 대한 저항을 표현했으며, 이는 새로운 사회의 심장부에서 발생했다. 그리하여 자연 자원의 고갈, 환경오염과 환경 파괴, 생산주의의 결과 등이 생태 운동을 일으켰다. 마누엘 카스텔이 "도시적"urban이라 부른 여러 투쟁들은,13 사회적 공간의 자본주의적 점유occupation에 대한 다양한 형태의 저항들을 표현하고 있다. 경제성장에 따른 전반적인 도시화, 인민 계급이 도시 주변부로 이동하거나 퇴락한 도심 지역으로 추방되는 현상, 그리고 공공재나 공적 서비스의 일반적 결핍 등이 노동 외부의 사회적 삶의 조직 전체에 영향을 끼치는 일련의 새로운 문제들을 일으켰다. 그에 따라서 적대와 투쟁을 발생시킬 수 있는 다수의 사회관계들이 생겨난다. 거주지, 소비, 다양한 서비스 등이 불평등에 대한 투쟁과 새로운 권리의 주장을 위한 지형들을 구성할 수 있다는 것이다.

또한 이런 요구들은 케인스주의 복지국가의 맥락 내에 설정되어야만 했는데, 케인스주의 복지국가의 성립은 전후 시기의 또 다른 근본적인 현실이 되었다. 이는 분명 애매하고 복잡한 현상이다. 왜냐하면 한편으로 이와 같은 새로운 유형의 국가가 새로운 자본주의적 축적 체제가 요구하는 일련의 기능을 수행하기 위해 필수적이었다고 한다면, 그것은 또한 보울스와 진티스가 "자본과 노동 사이의 전후 합의"라고 부른 것의 결과이며,14 그러므로 자본주의가 발생시킨 사회관계들에서 나타난 변화에 저항

---

13 M. Castells, *La question urbaine*, Paris 1972, p. 155.

하는 투쟁들의 결과라고도 할 수 있기 때문이다. 예를 들어, 공동체나 가족 형태에서의 전통적인 유대를 통한 연계망들(그러나 여기서 잊지 말아야 할 것은 이것이 여성의 종속에 기반하고 있다는 점이다)의 파괴로 말미암아 국가는 병약자, 실업자, 노인 등을 위한 다양한 '사회 서비스'에 개입할 수밖에 없었다. 그 외에도 국가는 노동자 투쟁의 압력 아래 새로운 노동정책(최저임금, 노동일, 재해 및 실업보험, 그리고 사회적 임금 등)을 보장하기 위해 개입해 왔다. 국가-계획이, 임금 상승을 생산성 증대와 연동시키는 단체 협상과 협약의 관행에 힘입어, 노동력을 자본의 필요에 종속시키기 위해 노동력의 재생산에 개입한다는 뱅자맹 코리아의 견해를 받아들일 수 있다 할지라도, 그런 계약과 협약이 노동자들에게 실제적이고 중요한 이익을 가져오리라는 점 역시 사실이다.[15]

그러나 이런 국가 개입이 그 어느 때보다도 폭넓은 사회적 재생산의 수준에서 이루어짐에 따라, 그 실천들은 점차 관료화되었으며, 이는 상품화와 더불어 불평등과 갈등의 근본적인 원천 가운데 하나를 구성하게 되었다. 국가가 개입한 모든 영역에서 나타난 사회관계들의 정치화가 수많은 새로운 적대들의 기반이 된다. 자본주의적 생산관계의 확장과 새로운 관료-국가 형태의 확장에서 생겨나는 사회관계들의 이중적 변형은 모든 선진 산업국가들에서 상이하게 조합된 모습으로 발견된다. 그 효과는, 언제나 그런 것은 아니지만, 일반적으로 상호 강화적이다. 예를 들어, 클라

---

14 S. Bowles and H. Gintis, "The Crisis of Liberal Democratic Capitalism", *Politics and Society*, vol. 2, no. 1(1982).

15 B. Coriat, *L'atelier et le chronomètre*, Paris, 1979, p. 155.

우스 오페는 국가가 사회적 임금과 연계된 서비스를 제공하는 것이 어떻게 '탈상품화'의 방향으로 가는 효과를 지닐 수 있는지를 지적했다.[16] 이런 탈상품화 현상은, 공공 부문이 이윤의 원천이 될 수 있는 다양한 활동들을 제공하는 한, 자본주의적 축적과 관련된 이해관계에 해로운 영향을 미칠 수 있다. 오페가 보기에, 이런 현상들은 노동자들이 자신들의 노동력을 어떤 가격으로든 팔도록 강요받지 않고서도 생존할 수 있게 해 주는 다양한 지불금(또는 사회적 임금)으로 인해 발생한 '탈프롤레타리아화'와 연결되어 있기 때문에, 자본주의 경제가 현재 겪고 있는 위기의 중요한 요인이다. 그러나 여기서 우리의 주요 관심은 새로운 적대들의 기반이 되는 관료화의 결과를 추적하는 것이다. 중요한 사실은 이전에는 사적인 영역의 일부인 것으로 간주되던 사회관계들에 다양한 형태의 감시와 규제가 부과된 점이다. '공적인' 것과 '사적인' 것 사이의 구획선에서 나타나는 이런 변화는 애매한 효과를 갖는다. 한편으로, 그 변화는 사회관계들이 (넓은 의미에서) 정치적 성격을 지닌다는 점, 그리고 이 관계들은 언제나 그것들에 형태와 의미를 부여해 주는 제도 양식의 결과라는 사실을 밝히는 데 기여한다. 다른 한편, 국가의 개입이 관료적 성격을 지닌다는 점에서, 이런 '공적 공간'의 창출은 진정한 민주화의 형태로 수행되는 것이 아니라, 새로운 형태의 종속을 부과하는 방식으로 수행된다. 우리는 국가권력의 관료적 형태들에 맞서는 수많은 투쟁들이 출현하게 되는 지형을 바로 여기서 찾아야 한다. 그러나 이로 인해 반대 방향을 가리키는 다른 수많은

---

16 C. Offe, *Contradictions of the Welfare State*, edited by J. Keane, London, 1984, p. 263.

측면들, 그리고 복지국가에 그 특징적인 애매성을 부여하는 다른 수많은 측면들을 간과해서는 안 된다. 즉, '적극적 자유'로 불리는 새로운 유형의 권리가 출현함에 따라 지배적인 상식에 심대한 변화가 나타났으며, 이는 경제적 평등에 대한 일련의 요구 전반에 대한 그리고 새로운 사회적 권리에 대한 주장에 정당성을 제공했다. 피번과 클로워드가 연구한 미국 내의 '복지 권리 운동'과 같은 운동들은, 시민의 복지에 대한 국가의 의무가 받아들여진 이후, 국가를 향한 요구들이 확대된 사례 가운데 하나이다.[17] 이제는 '사회적 권리'가 시민에게 귀속됨에 따라 사회적 국가와 함께 시민권에 대한 통념 그 자체가 변화했다. 그 결과 권리 영역의 이런 확대에 의해 '정의', '자유', '공평'equity, '평등'의 범주들이 재정의되고 자유민주주의 담론이 상당히 수정되었다.

우리가 사회적 갈등성 영역의 확장과 그에 따른 새로운 정치 주체의 출현을 사회관계들의 상품화와 관료화라는 맥락과 평등을 위한 투쟁의 확대에서 비롯된 자유민주주의 이데올로기의 재정식화라는 맥락에서 위치 짓지 않는다면, 우리는 결코 이 두 현상을 이해할 수 없다. 이런 이유 때문에 우리는 적대들의 이런 증식과 종속 관계들에 대한 문제 제기가 민주주의 혁명을 심화시키는 계기로 간주되어야 한다고 주장한 바 있다. 또한 민주주의 혁명의 심화는 전후 헤게모니 구성체를 규정한 사회관계들의 변환에서 세 번째 중요한 측면, 즉 매스 커뮤니케이션 수단의 확장과 연관된 새로운 문화 형태들에 의해 촉진되었다. 이런 문화 형태들은 전통

---

17 F. Piven and R. Cloward, *Poor People's Movements*, New York, 1979 참조.

적인 정체성들을 심대하게 흔들어 놓을 새로운 대중문화를 가능하게 했다. 물론 그 효과들은 애매한 면이 있다. 왜냐하면 미디어에 기초한 이런 문화는 대중화와 획일화라는 부인할 수 없는 효과들뿐만 아니라 불평등을 전복하는 강력한 요소들도 포함하고 있기 때문이다. 소비사회에서 지배적인 담론들은 전체 인구의 대부분이 점점 더 확장된 상품들의 영역에 접근할 수 있게 되었다는 점에서, 이를 사회 진보와 민주주의의 진전이라고 주장한다. 보드리야르가 우리는 "사물들 앞에서의 평등에서 더욱더 멀어졌다"고 말한 것은 적절하지만,[18] 대중 미디어의 확산이 초래한 불가피한 결과인 대대적인 평등의 출현과 문화적 민주화는 과거의 신분 형태들에 기초한 특권들을 문제시할 수 있게 만들었다. 소비자로서 동등한 역량을 가진 평등한 존재로 호명되기 때문에, 더욱 많은 집단들이 지속적으로 존재하는 실재적 불평등을 거부하도록 자극 받는다. 미국에서 흑인들의 시민권 획득 투쟁과 마찬가지로, 이런 '민주주의적 소비자 문화'는 낡은 종속 형태들을 거부하는 데 중요한 역할을 수행한 새로운 투쟁들의 출현을 자극했다. 청년들의 현상은 특히 흥미로우며, 그들이 적대들의 출현에서 새로운 축을 구성해야 한다는 점에 놀랄 이유는 전혀 없다. 새로운 필요necessities를 창출하기 위해, 청년들은 점차 종별적 범주의 소비자로 구축되는데, 이런 현상은 그들로 하여금 사회가 결코 제공해 줄 수 없는 금전적인 자율성을 추구하도록 자극한다. 그런데 이와 정반대로 경제 위기

---

18 J. Baudrillard, *Le système des objets*, Paris, 1968, p. 183[『사물의 체계』, 배영달 옮김, 백의, 1999, 233쪽].

와 실업은 그들의 상황을 어렵게 만든다. 만약 여기에 '새로운 주체'들 ─ 이들은 현존하는 위계질서들에 대한 전반적인 문제 제기에 영향을 받아 왔다 ─ 에 대한 사회적 통합의 부재와 더불어, 가족 단위의 해체, 점점 더 순수한 소비 기능으로의 가족의 환원을 덧붙여 보면, 청년들의 반란이 산업사회에서 채택한 다양한 저항의 형태를 쉽게 이해할 수 있다.

이 '새로운 적대들'이 사회적 삶 자체의 상품화와 관료화 그리고 점증하는 동질화에 대한 저항을 표현하는 형태라는 사실은, 왜 이 대립들이 그렇게 자주 그 자신을 특수주의[자기중심주의]의 증식으로 발현하고, 자율성 자체에 대한 요구로 결정화하는지를 설명해 준다. '차이들'을 안정화 valorization하고 '문화적' 준거 기준들(의상, 음악, 언어, 지역 전통 등)을 특권화하는 새로운 정체성들을 창조하는 경향이 뚜렷이 존재하는 것도 바로 이런 이유 때문이다. 민주주의적 상상의 두 가지 큰 주제 ─ 평등과 자유 ─ 가운데 전통적으로 우세한 것이 평등인 한, 자율성에 대한 요구는 자유에 점점 더 중심적인 역할을 부여한다. 이런 이유 때문에 저항의 형태들 가운데 다수가 집합적 투쟁의 형태가 아니라 점차 확고해진 개인주의를 통해서 나타나게 되었다(물론 좌파는 이런 투쟁들을 고려할 준비를 별로 갖추고 있지 못하며, 오늘날조차 이런 투쟁들을 '자유주의적인' 것으로 기각해 버리는 경향이 있다. 이에 따라, 그런 투쟁들이 우파의 담론, 즉 특권을 옹호하는 담론에 의해 접합될 수 있는 위험이 존재한다). 그러나 어떤 경우에도, 그리고 그것을 통해 적대가 결정화 crystallize하는 정치적 지향이 어떤 것이든(적대는 그것을 구성하는 등가 사슬들에 의존할 것이다), **적대의 형태 그 자체**는 모든 경우에서 동일하다. 즉, 적대 형태는 언제나 자신들과 대립하는 타자들을 추방하거나 외재화하는 일련의 요소들 또는 가치들 사이의 등가에 기초한 사회적 정체성 ─ 과잉 결정된 주체 위치 ─ 이라는 구축물에 존재한다. 다시 한 번, 우리는 사회적 공간의 分割에 직면해 있는 우리 자신을 발견하게 된다.

이런 '새로운 사회운동' 가운데 시간상 마지막에 해당하는, 그리고 의심의 여지없이 현재의 계기에서 가장 활성화되어 있는 것 가운데 하나가 평화운동이다. 평화운동은 우리가 앞서 제시한 이론틀에 완벽하게 부합하는 것처럼 보인다. E. P. 톰슨이 "절멸주의의 논리"logic of exterminism라고 부르는 것이 점점 확장되면서 점점 더 많은 사람들이 모든 권리들 가운데 가장 기본적인 권리인 삶의 권리가 문제시되고 있다고 느끼고 있다. 그뿐만 아니라, 외국의 핵무기들이 여러 나라에 배치됨(핵무기에 대한 통제권은 배치된 나라에 있지 않다)에 따라 새로운 요구들이 발생하는데, 이는 시민들이 정치 영역에서 행사하는 권리인 민주주의적 통제 원칙들의 국방 영역으로의 확대에 기반을 둔 것이다. 그리하여 민주주의적 통제 원칙이 방위 정책 담론의 핵심부에 자리 잡게 됨에 따라, 전통적으로 한정된 군사·정치 엘리트들의 폐쇄적 영역이었던 방위 정책 담론이 전복된다.

따라서 우리가 지금까지 옹호했던 중심적 사고는 다음과 같다. 즉, 새로운 투쟁들 ─ 그리고 여성이나 소수민족의 투쟁과 같은 꽤 오래된 투쟁들의 급진화 ─ 은 전후 시기의 새로운 헤게모니 구성체에 특징적인 사회 관계들의 변형과 자유민주주의 담론을 중심으로 구성된 평등주의적 상상이 사회적 삶의 새로운 영역으로 전치됨에 따라 발생한 효과라는 이중적인 시각에서 조망되어야 한다는 점이다. 다양한 종속 관계를 문제 삼고 새로운 권리를 요구하는 데 필수적인 틀을 제공했던 것도 바로 이런 시각이다. 미국의 신보수주의자들은 1960년대 이후 새로운 요구들이 분출하는 과정에서 민주주의적 상상이 수행한 급진적 역할에 대해 완벽할 정도로 잘 이해하고 있었다. 그들은 자신들이 보기에 서구의 정치체제에 과부하를 초래했던 '민주주의의 과잉'과 '평등주의'의 물결을 비난했다. 새뮤얼 헌팅턴은 1975년 '삼각위원회'Trilateral Commission에 제출한 보고서에서, 1960년대 미국에서 등장한 더 많은 평등과 참여를 요구하는 투쟁들은 '민주주의의 쇄도'democratic surge를 낳았으며 이는 사회를 '통치 불가능'하게 만들었다고 주장했다. 그러면서 그는 "민주주의적 이상의 힘은 민주주의의 통치 가능성에 대해 한 가지 문제를 제기한다"고 결론 내린다.[19] 신보수주의자들에 따르면, 실재적 평등에 대한 요구의 증가가 사회를 '평등주의의 절벽'democratic precipice으로 이끌고 있다는 것이다. 그들의 견해에 따르면, 이는 평등 이념에서 발생한 이중의 변형에 그 기원을 두고 있다. 즉, 평등 이념은 기회의 평등에서 결과의 평등으로, 그리고 개인들 사이의 평등에서 집단들 사이의 평등으로 이행했다는 것이다. 대니얼 벨은 이 '새로운 평등주의'가 평등의 진정한 이상, 즉 결과의 평등이 아니라 '정당한 능력 위주의 사회'를 위태롭게 한다고 생각했다.[20] 따라서 현재의 위기는 '가치 위기'의 결과, 즉 '대항문화'adversary culture와 '자본주의의 문화적 모순'이 발전한 결과로 간주된다.

　지금까지 우리는 민주주의 혁명의 확장 및 일반화와 연결된, 새로운 적대들과 정치 주체들의 출현에 대해 이야기했다. 실제로, 이는 지금까지 우리의 분석 속에서 자주 마주쳤던 정치적 효과들의 다양한 영역으로의

---

19 S. Huntington, "The Democratic Distemper", in N. Glazer and I. Kristol(eds.), *The American Commonwealth*, New York, 1976, p. 37.

20 D. Bell, "On Meritocracy and Equality", *The Public Interest*, Fall, 1972.

연장으로 간주될 수 있다. 특히, 이 적대들의 증식은 사회적 투쟁들의 '통일적' 주체의 파편화 문제를 새로운 시각에서 보게 만드는데, 이 파편화 문제는 지난 세기 말에 마르크스주의가 최초의 위기에 뒤이어 대면한 문제이기도 하다. 큰 틀에서 본다면, 노동계급의 통일성을 재구성하기 위한 전략들과 관련된 모든 논의는 사회적인 것의 다원성과 모든 정치적 정체성의 비봉합적인 성격을 — 사실상 마지못한 것이지만 — 인정하는 최초의 행위에 지나지 않는다. 우리가 로자 룩셈부르크, 라브리올라, 카우츠키의 텍스트들을 지움 아래sous rature(under erase)[21]에서 읽는다면, 동화될 수 없는unassimilable 다원성의 계기가 이러저러한 방식으로 이들의 담론 안에 존재하며, 이들이 제시한 범주들의 일관성을 훼손하고 있음을 알 수 있을 것이다. 이런 다양성multiformity은 제2인터내셔널의 이론가들이 생각한 것처럼 반드시 부정적인 파편화의 계기이거나 자본주의 논리에서 비롯된 인위적 분리의 반영이 아니라, 민주주의 혁명의 심화를 가능케 하는 바로 그 지형이라는 점이 분명하다. 이제 살펴보겠지만, 이런 심화는 접합과 재구성의 모든 실천이 직면해야 하는 애매성들과 어려움 속에서도 드러나고 있다. 단일하고 투명하며 봉합된 실체라는 주체 범주의 폐기는 상이한 주체 위치들에 기반을 두고 구성된 적대들의 고유성uniqueness을 인식할 수 있는 길을 열어 주며, 따라서 다원주의 개념과 민주주의 개념을 심화시킬 수 있는 가능성을 열어 준다. 따라서 통일된 주체 범주에 대한 비판,

---

21 [옮긴이] 니체, 프로이트, 하이데거, 데리다 등 근대적 보편성을 비판하는 탈구축[해체]주의에서 중심이 되는 철학적 독해 방식. 보편적이고 절대적인 것으로 간주해 온 것을 '지움 아래'에 두면서 그것이 기존에 가졌던 철학적 의미들의 정확성과 명료성을 부정하고 불안정성을 드러내는 방식을 말한다.

그리고 그 안에서 모든 주체 위치가 구성되는 담론적 분산에 대한 인정은 하나의 일반적인 이론적 입장을 언명하는 것 이상을 수반한다. 즉, 이는 다수성을 사고하기 위한 필수 조건으로, 민주주의 혁명이 일정한 문턱을 넘어선 사회들에서는 이와 같은 다수성으로부터 적대가 출현한다. 이것은 우리에게 **급진적이고 다원적인 민주주의**라는 통념 — 이 지점부터 우리의 논변에서 중심이 되는 — 이 이해될 수 있는 첫 번째 조건들을 발견할 수 있는 토대가 되는 이론적 지형을 제공한다. 주체 위치들을 하나의 실정적이고 단일한 정초 원리로 되돌릴 수 없다는 점이 받아들여질 경우에 한해서만, 다원주의는 급진적인 것으로 간주될 수 있다. 이와 같은 다원적 정체성들의 각 항목들이 초월적이거나 기저적인 실정적 기반 — 모든 항목들이 가진 의미를 위계화하는 그리고 그들이 가진 정당성의 원천이 되고 이를 보장해 주는 — 이 아니라, 그 자신 안에서 자신의 유효성의 원리를 발견할 때에만 다원주의는 **급진적**일 수 있다. 그리고 이런 급진적 다원주의는 각 항목들의 자기 구성성autoconstitutivity이 평등주의적 상상의 전치들에 따른 결과인 경우에 한에서만 **민주주의적**이다. 이런 이유로, 급진적이고 다원적인 민주주의 기획은 **일차적인 의미에서 등가적-평등주의적 논리의 일반화**라는 토대 위에서 영역들을 최대한 자율화하기 위한 투쟁과 다를 바가 없다.

이런 접근법은 '새로운 정치 주체들'의 투쟁들과 총괄적으로 대조될 경우 그 성격이 왜곡되는 노동자들의 투쟁 그 자체를 재차원화redimension하고 정당하게 평가할 수 있도록 한다. 노동계급을 '보편 계급'으로 개념화하는 것이 기각되고 나면, '노동자들의 투쟁'이라는 이름 아래 자의적으로 분류되었던 영역에서 발생한 적대들의 다원성을 인식할 수 있게 되고,

이런 투쟁들 가운데 대부분이 민주주의 과정을 심화하는 데 더없이 중요하다는 점을 인식할 수 있다. 노동자들의 투쟁은 수없이 많았고, 국가의 역할, 다양한 범주의 노동자들의 노동조합 실천, 공장 안팎의 적대 그리고 기존의 헤게모니적 균형 등에서의 변화와 함수관계에 있으면서 매우 다양한 형태를 띠어 왔다. 탁월한 사례로는 1960년대 말에 프랑스와 이탈리아에서 일어났던 이른바 '새로운 노동자 투쟁들'을 제시할 수 있다. 이 투쟁들은 공장 안에서 이루어지는 투쟁 형태들이 생산관계라는 담론적 맥락보다 광범위한 담론적 맥락에 얼마나 의존하고 있는지를 잘 보여 준다. 즉, 학생운동의 투쟁과 구호의 분명한 영향, 과거 노동자들과는 다른 문화를 가진 젊은 노동자들의 중심적인 역할, 프랑스와 이탈리아 남부 출신 이민자들의 중요성 등 — 이 모든 것이 밝혀 주는 것은 다음과 같다. 즉, 노동자들이 등록되어 있는 여타의 사회관계들이 공장 내에서 노동자들이 반응하는 방식을 규정할 것이며, 그리고 그 결과로서 이런 관계들의 다원성이 단일한 노동계급의 구성을 위해서 마법처럼 삭제될 수 없다는 점이다. 그뿐만 아니라, 노동자들의 요구는 여타의 사회적·정치적 주체들에서 나타나는 적대의 본성과 존재론적으로 상이한 본성을 갖는 고유한 적대로 환원될 수도 없다.

지금까지 우리는 그 효과가 수렴하고 과잉 결정되는 가운데 우리가 '민주주의 혁명'이라 불러 왔던 틀 안에서 나타나는 적대들의 다수성에 대해 말해 왔다. 그럼에도 불구하고, 우리는 여기서 다음과 같은 점을 분명히 해야 할 필요가 있다. 즉, 민주주의 혁명은 평등주의적 상상에 의해 뒷받침되는 전치의 논리가 작동하는 지형이지만, 평등주의적 상상이 작동할 **방향**을 미리 규정하지는 않는다. 그 방향이 미리 규정된다면 우리는 단지 새로운 목적론을 구축하는 것일 뿐이며, 베른슈타인의 발전Entwicklung이라는 지형과 유사한 지형 위에 있게 되는 것이다. 그러나 이런 경우에는 헤게모니적 실천이 작동할 여지가 전혀 없다. 이렇게 되는 이유, 나아가 그 어떤 목적론도 사회적 접합들을 설명할 수 없는 이유는 다음과 같다. 즉, 민주주의 혁명의 담론적 범위discursive compass가 한편으로는 우파 인민주의와 전체주의, 다른 한편으로는 급진 민주주의와 같이 다양한 정치 논리를 향한 길을 열어 주기 때문이다. 그러므로 우리가 후자의 방향으로 나아가도록 헤게모니적 접합들을 구축하고자 한다면, 민주주의의 지형 그 자체 속에 열려 있는 가능성들의 범위를, 그것들의 모든 급진적 이질성 속에서 이해해야만 한다.

새로운 적대들 및 '새로운 권리'의 증식이 전후에 구성된 헤게모니 구성체의 위기를 초래했다는 점에는 의심의 여지가 없다. 그러나 장차 이 위기가 극복될 형태는 사전에 규정되지 않는데, 이는 권리들이 정의되는 방식과 종속에 맞선 투쟁이 채택할 형태들이 명확히 확립되어 있지 않기 때문이다. 우리는 여기서 진정한 다의성polysemia의 문제와 마주한다. 예를 들어, 페미니즘이나 생태주의는 다수의 형태로 존재하는데, 이는 적대가 담론적으로 구성되는 방식에 달려 있다. 따라서 급진적 페미니즘은 남성 그 자체를 공격하며, 차이의 페미니즘은 '여성성'의 가치를 회복하려 하고, 마르크스주의 페미니즘은 자본주의가 가부장제와 불가분의 관계에 있다고 간주하며 자본주의를 근본적인 적으로 규정한다. 그러므로 여성 종속의 상이한 양식을 토대로 적대를 구축하는 담론적 형태의 다원성이 존재한다. 생태주의 역시 이와 마찬가지로 반자본주의적·반산업주의적·권위주의적·자유지상주의적·사회주의적·반동적 등등의 형태로 나타날 수 있다. 따라서 적대가 접합되는 형태는 사전에 정해져 있지 않으며, 그것은 헤게모니 투쟁의 결과이다. 이와 같은 단언은 중요한 결과들을 낳는다. 왜 냐하면 이런 새로운 투쟁들이 필연적으로 진보적 성격을 갖지는 않으며, 따라서 많은 사람들이 흔히 생각하듯이 그 투쟁들이 자연스럽게 좌파 정 치의 맥락에서 일어난다고 생각하는 것은 오류라는 점을 의미하기 때문이 다. 1960년대 이후 상당수의 사람들이 노동계급이 해방이라는 역사적 사 명을 달성하는 데 실패했다고 생각하면서, 노동계급을 대체할 새로운 특 권적 혁명 주체를 찾는 데 몰두했다. 이런 새로운 역할을 수행하는 데 있 어 가장 인기 있는 후보들은 바로 생태 운동, 학생운동, 페미니즘 그리고 주변적인 대중들이었다. 그러나 분명 이런 접근법은 전통적인 문제틀을 탈피했다기보다는 그것을 단순히 대체했을 뿐이다. 일정하게 지속적인 효 과를 발휘해 결국 사회 전체의 변형으로 귀결되는 고유한 특권적 위치란 없다. 노동자들의 투쟁이든 다른 정치적 주체들의 투쟁이든 모든 투쟁은 그 자체로는 부분적인 성격을 가지며, 매우 상이한 담론들과 접합될 수 있 다. 그 투쟁들에게 성격을 부여하는 것은 바로 이 접합이지 그 투쟁들이 출현하는 장소가 아니다. 따라서 절대적으로 급진적이며 지배 질서가 복 구할 수 없는 주체, 그리고 총체적 전환의 시작을 절대적으로 보장하는 지 점을 구성하는 주체는 ─ 나아가 그 어떤 '필연성'도 ─ 존재하지 않는다 (마찬가지로 기존 질서의 안정성을 영구히 보장하는 어떤 것도 존재하지 않는다). 바로 이 점과 관련해, 우리는 알랭 투렌과 앙드레 고르와 같은 학자들의 흥미로 운 분석이 사실은 전통적인 문제틀과 충분히 단절하지 못하고 있다고 생 각한다.[22] 예를 들어 고르는 프롤레타리아트에게 부여하기를 거부한 특권 을 '비노동자들의 비계급'non-class of non-workers에 부여했는데, 사실 이는 마르크스주의 입장을 단지 전도시킨 것에 지나지 않는다. 고르의 경우, 혁명 주체는 [생산관계로의] 삽입의 부재에 의해 규정되지만, 이 경우에도 혁명 주체는 여전히 생산관계의 수준에 있는 장소에서 결정된다. 투렌의 경우, 산업사회에서 노동계급이 수행했던 역할을 '프로그램화된 사회'programmed society에서 수행할 수 있는 사회운동에 대해 모색하는데, 이는 그 역시 특정한 사회에서 급진적인 변화를 일으킬 수 있는 유일한 사회 세력이라는 관념을 문제 삼지 않고 있다는 것을 명백히 보여 준다.

새로운 형태의 종속들에 대한 저항의 형태들이 다의적이며 반민주주의적인 담론과 완벽히 접합될 수 있다는 점은 최근 '신우파'의 약진을 통해 명확히 증명되었다. 신우파의 새로움은 바로 사회관계의 변형에 대한 일련의 민주주의적 저항들을 신자유주의 담론에 성공적으로 접합시킨 데 있다. 복지국가를 해체하려는 레이건과 대처의 기획이 대중적인 지지를 얻을 수 있었던 것은, 그들의 기획이 국가조직의 새로운 형태들이 갖는 관료적 성격에 대한 일련의 저항 전체를 복지국가에 대한 대항으로 동원하는 데 성공했기 때문이었다. 각각의 헤게모니적 접합이 구성하는 등가 사슬들이 매우 상이한 본성을 가질 수 있다는 것은 다음과 같은 신보수주의 담론을 통해 명백히 증명된다. 즉, 이 경우에는 관료화를 둘러싸고 구성된 적대들이 성과 인종의 전통적인 불평등에 대한 방어 속에서 접합된다. 보수주의적 반동에 자양분을 제공하는 백인 남성의 우위성에 바탕을 둔 기

22 A. Touraine, *L'après-socialisme*, Paris, 1980; A. Gorz, *Adieux au prolétariat*, Paris 1980[『프롤레타리아여 안녕』, 이현웅 옮김, 생각의나무, 2011] 참조. 투렌에 관한 흥미로운 논의로는 J. L. Cohen, *Class and Civil Society : The Limits of Marxian Critical Theory*, Amherst 1982 참조.

득권의 방어가 헤게모니적 효과들의 영역을 확장한다. 따라서 적대는 두 극점 사이에서 구축된다. 다시 말해 전통적 가치와 기업의 자유를 방어하는 모든 이들을 포함하는 '인민'과 그 대적자들, 즉 [복지]국가와 모든 전복자들(예컨대 페미니스트, 흑인, 청년, 그리고 모든 유형의 '허용주의자들'permissives) 사이에 적대가 구축되는 것이다. 따라서 경제·사회·문화적 측면의 다원성을 접합할 수 있는 새로운 역사적 블록을 구축하려는 시도가 이루어진다. 예를 들어, 스튜어트 홀은 대처주의적 인민주의가 어떻게 "유기적 토리주의Toryism가 공감을 불러일으키는 주제들 — 민족, 가족, 의무, 권위, 표준, 전통주의 등 — 과 다시 부활한 신자유주의의 공격적인 주제들 — 이기주의, 경쟁적 개인주의, 반국가주의 등 — 을 결합시켰는지"를 지적했다.[23] 앨런 헌터는, 미국의 경우 복지국가에 대한 신우파의 공격은 문화적 비판과 경제적 비판이 결합되어 이루어졌음을 보여 준다. 이 두 비판 모두 국가가 "허울뿐인 평등주의의 이름으로 시장의 경제적·윤리적 특징"에 개입한다고 단언한다. "그들은 또한 복지 자유주의가 아이들의 사회화 및 성별 관계들과 같은 인민의 사적인 삶과 사회의 도덕 구조에 국가가 개입하도록 한다고 공격한다."[24]

---

23 S. Hall and M. Jacques(eds.), *The Politics of Thatcherism*, London 1983, p. 209. 대처주의가 인민적 토대를 창출하기 위해 성차별주의를 동원한 방식에 대해서는 B. Campbell, *Wigan Pier Revisited : Poverty and Politics in the '80s*, London 1984에 잘 나타나 있다.

24 A. Hunter, "The Ideology of the New Right", in *Crisis in the Public Sector. A Reader*, New York, 1981, p. 324. 오늘날 미국 정치의 정세에 대한 통찰력 있는 분석으로는 D. Plotke, "The United States in Transition : Towards a New Order", *Socialist Review*, No. 54, 1980과 "The Politics of Transition: The United States in Transition", *Socialist Review*, No. 55, 1981 참조.

바로 이와 같은 다의적인 성격으로 말미암아 모든 적대의 의미는 헤게모니적 접합에 달려 있는데, 이는 우리가 앞서 이미 살펴보았듯이, 헤게모니적 실천들의 지형이 사회적인 것의 근본적인 애매성으로부터 구성되며, 어떤 투쟁을 그것만 따로 떼어 놓고 생각해 볼 때나 관계 체계 속에서 고정시키려 할 때나 그 의미를 한 가지 확정적인definitive 방식으로 확립하는 것이 불가능한 한 그러하다. 우리가 언급했듯이, 헤게모니적 실천들이 존재하는 것은, 바로 이와 같은 급진적인 비고정성으로 말미암아 정치투쟁을 반대 세력의 정체성이 처음부터 구성되어 있는 게임으로 생각하는 것이 불가능하기 때문이다. 이것은 곧 헤게모니적 열망들을 지닌 그 어떤 정치도 그 자신을, 순수한 내재성에 국한된 공간에서 일어나는, 반복으로 간주할 수 없으며, 언제나 지평들의 다원성 위에서 그 자신을 동원해야 함을 의미한다. 각각의 투쟁이 가진 의미가 처음부터 주어진 것이 아니라면, 이는 그 투쟁이 자신의 외부로 이동해 등가 사슬을 통해 다른 투쟁들과 구조적으로 연계되는 한에서만 그 의미가 — 부분적으로 — 고정된다는 것을 의미한다. 모든 적대는 그 자체로 자유롭게 둔다면 떠다니는 기표이며, 사회구성체에서 다른 요소들과 접합될 수 있는 형태가 사전에 규정되어 있지 않은 '길들여 지지 않은'wild 적대이다. 이로부터 우리는 현재 나타나고 있는 사회 투쟁과 민주주의 혁명 이전에 발생했던 투쟁 사이에 급진적인 차이를 확립할 수 있다. 후자의 투쟁은 언제나 주어진 그리고 상대적으로 안정적인 정체성들에 대한 부정의 맥락에서 일어났으며, 그 결과 적대의 경계선들이 명백히 가시적이었으며 구축될 필요가 없었다 — 따라서 정치의 헤게모니 차원이 부재했다. 그러나 오늘날 산업사회에서 나타나는 매우 상이한 파열 지점들의 증식, 모든 사회적 정체성의 불안정한 성격으로 말미암아 적대의 경계선들이 흐려졌다. 결과적으로, 후자의 불안정성 [역시] 더욱 증가함에 따라 구획선들의 **구축적** 성격은 더욱 분명해졌으며, 경계선들의 전치와 사회적인 것의 내적 분화는 더욱 급진화되고 있다. 신보수주의 기획은 바로 이런 영역에서 이런 관점으로부터 그 모든 헤게모니적 차원을 획득하게 된 것이다.

반민주주의적 공세

신보수주의적 혹은 신자유주의적 '신우파'가 문제 삼는 것은 민주적 자유주의가 불평등에 대항한 투쟁에서 국가 개입을 정당화하고 복지국가를 설립하도록 만들었던 접합 유형이다. 이런 변화에 대한 비판이 최근에만 이루어진 것은 아니다. 훨씬 이전인 1944년 하이에크는『노예의 길』*The Road to Serfdom*에서 개입주의 국가와 당시 실행 중이던 다양한 형태의 경제계획에 대해 격렬히 공격했다. 그는 서구 사회가 집산주의화되는 과정에 있으며, 따라서 전체주의를 향해 도약 중에 있다고 했다. 그에 따르면, 법이 행정부를 통제하는 수단이 되지 못하고, 새로운 권력을 자신에게 부여하기 위해 그리고 관료제를 확대하기 위해 행정부가 법을 활용하는 순간 집산주의의 문턱을 넘어서게 된다. 이 지점에서부터, 관료제의 힘은 증가하는 반면, 법의 힘은 줄어드는 것이 불가피하다. 실제로 이런 신자유주의적 비판을 통해 쟁점이 되는 것은 바로 19세기에 걸쳐 진행된 자유주의와 민주주의 사이의 접합이다.[25] 다양한 투쟁의 결과였던 자유주의의 '민주화'는 마침내 자유라는 바로 그 이념에 대한 우리의 인식 형태에 심오한 영향을 미쳤다. 우리는 로크의 전통적인 자유에 대한 정의 ─ "자유는 다른 사람들의 구속과 폭력으로부터 자유롭게 되는 것이다" ─ 로부터, 존 스튜어트 밀을 거쳐 자유의 주요 구성 요소로서 '정치적' 자유와 민주적 참여를 승인하는 데까지 나아갔다. 좀 더 최근에는, 사회민주주의 담론 속에서 자유는 일정한 선택을 할 수 있는 그리고 일련의 실재적 대안들을 열어 둘 수 있는 '역량'을 의미하게 되었다. 이에 따라 오늘날 가난, 교육의 결핍, 생활 조건에서의 커다란 불균형 등은 자유에 대한 위협으로 간주된다.

신자유주의가 이의를 제기하고 싶어 하는 것이 바로 이와 같은 전환이다. 의심의 여지없이, 하이에크는 이런 자유의 확대와 심화를 허용했던 의미의 변화들과 맞서 싸우기 위해 자유주의 원리를 재정식화하는 데 가장 맹렬히 헌신한 사람이다. 그는 자유주의의 주요한 정치적 목표인 개인의 자유를 극대화하기 위해, 국가권력을 최소화하는 것이 바로 자유주의의 '진정한' 본성임을 재확인해야 한다고 제안했다. 자유는 이제 다시 "사회에서 타인의 강제가 가능한 한 축소된 인간 조건"이라고 소극적으로 규정된다.[26] 정치적 자유는 이와 같은 정의에서 명백히 배제된다. 하이에크에 따르면, "민주주의는 본질적으로 내적 평화와 개인의 자유를 보호하기 위한 수단이자 실용적인 장치이다."[27] 이는 자유에 대한 전통적인 개념화

---

25 이런 접합에 대한 분석으로는 C. B. Macpherson, *The Life and Times of Liberal Democracy*, Oxford 1977[『자유민주주의의 발전 과정』, 김규일 편역, 양영각, 1984].

26 F. Hayek, *The Constitution of Liberty*, Oxford 1960, p. 11[『자유헌정론』, 김균 옮김, 자유기업센터, 1997, 29쪽].

로 되돌아가려는 시도로, 이 전통적 자유 개념은 자유를 무제한적 전유의 권리와 자본주의 시장경제의 메커니즘에 대한 불간섭으로 특징지으면서, 모든 '적극적' 자유 개념은 잠재적으로 전체주의적이라 폄하하려 한다. 이 것은 자유주의적 정치 질서는 오직 자본주의적 자유 시장경제의 틀 속에 서만 존재할 수 있다고 단언한다. 『자본주의와 자유』*Capitalism and Freedom*에 서, 밀턴 프리드먼Milton Friedman은 이와 같은 틀이 개인적 자유의 원리를 존중하는 유일한 사회 조직화 유형이라고 선언하는데, 이는 그 틀이 강압 에 의지하지 않은 채 수많은 사람들의 활동을 조율할 수 있는 유일한 경 제 체계이기 때문이라는 것이다. 시장을 통해 조절될 수 없는 문제와 연 관된 개입을 제외한 모든 국가 개입은 개인의 자유에 대한 공격으로 간주 된다. 사회적 또는 재분배적 정의라는 통념은, 국가 개입을 정당화하는 한, 신자유주의자들이 줄곧 비판하는 표적들 가운데 하나가 된다. 하이에 크에 따르면, 사회적 또는 재분배적 정의는 자유주의 사회에서는 전혀 이 해될 수 없는 통념이다. "각자가 자신의 목적을 위해 자신의 지식을 사용 하는 것이 허용되는 체계에서 '사회적 정의'라는 개념은 필연적으로 공허 해지고 무의미해진다. 자유주의 사회에서는 어느 누구도 다른 사람들의 상대 소득을 결정할 수 없으며, 그 수입이 부분적으로 우연에 의존하게 되는 것을 막을 수 없기 때문이다."[28]

　'자유지상주의적' 관점에서 로버트 노직 역시 국가가 제공해야 하는 분

---

27 F. Hayek, *The Road to Serfdom*, London 1944, p. 52[『노예의 길』, 김이석 옮김, 나남, 2006, 121쪽.
28 F. Hayek, *Law, Legislation and Liberty*, vol. 2, Chicago 1976, p. 69[『법, 입법 그리고 자유(2)』, 민경국 옮김, 자유기업센터, 1997, 152-153쪽].

배적 정의와 같은 것이 존재할 수 있다는 관념에 문제를 제기했다.[29] 그의 관점 속에서, 자유와 양립할 수 있는 국가의 유일한 기능은 우리에게 합법적으로 귀속된 것을 보호하는 것이며, 국가에는 치안 유지 활동에 필요한 것 이상으로 세금을 제정할 권리가 없다. 일체의 국가 개입을 거부하는 미국의 극단적 자유지상주의자들과는 대조적으로,[30] 노직은 최소 국가minimal state ― 말하자면, 법과 질서 ― 의 존재는 정당화한다. 그러나 그에게 그것 이상으로 나아가는 국가는 정당화될 수 없는데, 그런 경우에는 국가가 개인의 권리를 침해할 것이기 때문이다. 노직은 이미 존재하는 모든 것은 개인이 소유하거나 개인의 정당한 통제 아래 있기 때문에, 그 어떤 경우에서든, 국가가 합법적으로 배분할 수 있는 것은 존재하지 않을 것이라고 주장한다.

신자유주의자들이 자유주의와 민주주의의 접합이 갖는 전복 효과들을 공격하는 또 다른 방식은, 민주주의의 적용 범위를 제한하고 정치 참여를 좀 더 협소한 영역으로 한정하는 방식으로 민주주의 통념 자체를 재정의하는 것이다. 따라서 브레진스키는 "사회로부터 정치 체계를 더욱 더 분리하고 그 둘을 분리된 실체로서 간주하기 시작할" 것을 제안한다.[31] 그 목표는 공적 결정들을 정치적 통제로부터 더욱 떨어트려 놓고, 그 결정들

---

29 R. Nozick, *Anarchy, State and Utopia*, New York, 1974[『아나키에서 유토피아로』, 남경희 옮김, 문학과지성사, 1983] 참조.

30 그들의 입장에 대해서는 M. N. Rothbard, *For a New Liberty, The Libertarian Manifesto*, New York, 1973 참조.

31 P. Steinfelds, *The Neo-Conservatives*, New York, 1979, p. 269에서 인용.

을 전문가의 배타적 책임으로 만드는 데 있다. 그와 같은 경우, 이는 사회·정치적 수준뿐만 아니라 경제적 수준에서도 근본적인 결정들을 탈정치화하는 효과를 낳을 것이다. 그의 관점에서 보면, 이런 사회는 "자유지상주의적인" 의미에서 민주적이다. 여기서 민주적이라는 말은 "정책 결정에 관한 기본적인 선택권을 행사한다는 의미에서가 아니라, 개인적 자기표현을 위한 일정한 자율성의 영역을 유지한다는 의미"이다.[32] 비록 민주주의적 이상이 공개적으로 비판받지는 않지만, 그것의 모든 실체를 비워내고 민주주의를 새롭게 정의하려는 시도가 이루어지고 있는 것이다. 실제로 이는 정치 참여가 사실상 존재하지 않을 수 있는 정체를 정당화하는 데 기여할 것이다.

프랑스에서, 신우파의 이론가들은 민주주의에 대해 훨씬 더 대담하고 전면적인 비판을 제기해 왔다. 그 주요 대변자인 알랭 드 브누아는, 프랑스혁명이 서구 문명의 타락 — 기독교, 즉 '고대의 볼셰비즘'과 더불어 시작된 타락 — 의 근본적인 단계들 가운데 하나를 나타낸다고 공공연하게 이야기한다. 나아가 그는 1789년 인권선언의 정신 그 자체가 기각되어야 한다고 주장한다. 알랭 드 브누아는 1968년 운동으로부터 일련의 자유지상주의적 주제들을 교묘하게 재포착하면서, 보통선거권에 근본적인 역할을 부여하는 경우, 민주주의는 모든 개인을 동일한 수준에 놓게 되고, 이로 말미암아 개인들 사이에 존재하는 중요한 차이들을 인식하지 못하게 될 것이라고 이야기한다. 뒤이어 시민들의 획일화와 대중화가 나타나며

---

32 같은 책, p. 270.

이들에게는 단일한 규범이 부과될 것인데, 이는 민주주의가 필연적으로 가지게 되는 전체주의적 성격을 보여 준다는 것이다. 평등=동일성=전체 주의라는 등가 사슬에 맞서, 신우파는 '차이의 권리'를 찬양하며 차이=불 평등=자유의 연쇄를 주장한다. 그러면서 드 브누아는 다음과 같이 지적 한다. "나는 세계의 다양성을, 그리고 이에 따라서 불평등을 선으로 간주 하고, 2천 년간 이어져 온 전체주의적 이데올로기 담론이 선호하고 야기 한 세계의 점진적 동질화를 악으로 여기는 태도를 '우파'라고 부른다."[33]

'자유,' '평등,' '정의,' 그리고 '민주주의' 같은 통념들을 재정의하려는 이런 시도들의 중요성을 과소평가하는 것은 잘못일 것이다. 좌파의 전통 적 독단은, 정치철학의 중심에 있는 문제들을 그다지 중요하게 여기지 않 으며, 그 문제들이 '상부구조적' 성격을 갖는다고 생각했다. 결국 좌파는 하부구조 및 하부구조 안에서 구성되는 주체들과 연결된 한정된 범위의 쟁점들에만 관심을 가졌을 뿐, 광범위한 문화의 영역 전체, 그것에 기반 을 두고 만들어진 현실에 대한 정의, 그리고 다양한 담론 구성체들의 헤 게모니적 재접합을 위한 모든 노력 등에서 우파가 주도권을 잡도록 방기 했다. 게다가 사실, 국가에 대한 자유-민주주의적 개념화 전체를, 우파와 연관된, 부르주아 지배의 상부구조적 형태로 간주한다면, 다른 태도 — 어리석은 기회주의에 빠지지 않은 채 — 가 가능하다고 생각하기는 어려 웠다. 그러나 토대/상부구조 구분을 포기하고, 해방적인 정치 실천을 시 작할 수 있는 특권적 지점이 있다는 관점을 기각한다면, 헤게모니적인 좌

---

33 A. de Benoist, *Les idées à l'endroit*, Paris 1979, p. 81.

파적 대안의 구성은 수렴과 정치적 구축이라는 복잡한 과정으로부터만 나올 수 있다는 것이 분명해질 것이다. 사회적 실재의 영역에서 구축된 그 어떤 헤게모니적 접합도 이런 복잡한 과정과 무관할 수 없다. 자유, 평등, 민주주의, 정의 등이 정치철학의 수준에서 정의되는 형식은 여타의 다양한 담론 수준에 중요한 결과를 가져올 수 있을 뿐만 아니라, 대중들의 상식을 형성하는 데에도 결정적인 공헌을 할 수 있다. 당연히, 이런 방사 효과는 '관념'의 수준에서 철학적 관점을 채택했기 때문으로 간주될 수는 없다. 그보다는 제도적이고도 이데올로기적인 다양한 측면들을 포괄하는 좀 더 복잡한 담론적이고 헤게모니적 작업 — 이를 통해 일정한 '주제들'은 담론적 구성체(즉, 역사적 블록)의 결절점으로 전화된다 — 의 결과로 간주되어야만 한다. 신자유주의 이념이 확실한 정치적 반향을 획득했다면, 그것은 그 이념이 우리가 앞서 언급한 바 있는 사회적 관계의 점증하는 관료화에 대한 저항들을 접합할 수 있었기 때문이다. 따라서 신보수주의는 복지국가를 해체하려는 자신의 강령을 억압적인 국가에 맞서 개인적 자유를 옹호하는 것으로 표현하는 데 성공했다. 그러나 철학이 '유기적 이데올로기'가 되기 위해서는, 철학이 구축하는 주체 유형과 그 밖의 사회관계들이 구축하는 주체 위치들 사이에 일정한 유비들이 있어야만 한다. 개인의 자유라는 주제가 그처럼 효과적으로 동원될 수 있었던 것은, 자유주의가 민주주의적 상상과의 접합에도 불구하고, 맥퍼슨C. B. Macpherson이 말했던 '소유적 개인주의'possessive individualism를 개인적인 것을 생산하는 모체로 계속 보유했기 때문이다. 소유적 개인주의는 개인들의 권리를 사회에 앞서 존재하는 것으로, 그리고 대체로 사회와는 대립되는 것으로 구축한다. 민주주의 혁명의 틀 안에서, 이런 권리들을 요구하는 주체가 늘어날수록 소유적 개인주의의 모체가 붕괴하는 것은 불가피한데, 이는 어떤 [개인 혹은 집단의] 권리들이 다른 [개인 혹은 집단의] 권리들과 충돌하기 때문이다. 국가의 모든 개입에 대항하고, 평등한 권리와 인민주권에 기반을 둔 민주주의의 구성 요소에 맞서 개인적 자유를 옹호하는 것이 자유주의의 핵심임을 재확인하면서, 자유주의와 민주주의의 접합이 지닌 전복적 잠재력을 해소하려는 공격은 바로 이와 같은 민주적 자유주의의 위기라는 맥락에서 파악해야 한다. 그러나 민주주의 투쟁의 지형을 제한하고, 수많은 사회적 관계에 존재하는 불평등을 보존하려는 이런 시도는 자유주의 그 스스로가 위태롭게 했던 위계적이고 반평등주의적인 원리에 대한 방어를 요구한다. 자유주의자들이 보수주의 철학에서 도출된 일련의 주제들에 점점 더 의존하는 이유도 바로 이 때문으로, 그들은 이 보수주의 철학의 주제들에서 불평등을 정당화하는 데 필요한 구성 요소들을 발견한다. 그리하여 우리는 새로운 헤게모니 기획의 출현, 다시 말해 자유 시장경제에 대한 신자유주의적 방어와 보수주의의 대단히 반평등주의적인 문화적·사회적 전통주의를 접합하고자 하는 자유주의-보수주의 담론의 출현을 목도하고 있는 것이다.

급진 민주주의 : 신좌파를 위한 대안

따라서 보수주의적 반동은 분명히 헤게모니적 성격을 갖고 있다. 보수주의적 반동은 정치 담론의 용어들을 심대하게 변형시키고 '현실에 대한 정의'

를 새롭게 창출하고자 하는데, 이는 '개인적 자유'에 대한 방어라는 구실 아래에서 불평등을 정당화하고 지난 수십 년간에 걸친 투쟁을 통해 파괴되었던 위계적 관계를 복원하는 것이다. 여기에서 문제가 되는 것은 사실상 새로운 역사적 블록의 창출이다. 자유주의적 보수주의는 유기적 이데올로기로 전환된다면, 권리에 대한 개인주의적 정의와 소극적 자유 개념을 중심으로 여러 주체 위치들을 통일시키는 등가 체계를 통해 새로운 헤게모니적 접합을 구축할 것이다. 그럴 경우 우리는 다시 한 번 사회적인 것의 경계가 전치되는 상황에 직면하게 된다. 복지국가에 상응하는 헤게모니 구성체 안에서 정당한 차이들로 받아들여졌던 일련의 주체 위치들이 사회적 실정성의 영역에서 추방되고 부정성 — 이를테면 사회보장제도의 기생충들(대처가 말하는 '등쳐 먹는 자들'), 노동조합의 특권과 결부된 비효율성, 국가 보조금 등 — 으로 구축된다.

결국, 좌파적 대안은 새로운 토대 위에서 사회적 분할을 확립하는 이와 다른 등가 체계를 구축할 수 있을 때에만 구성될 수 있다. 위계 사회를 재구축하려는 기획에 맞서, 좌파의 대안은 민주주의 혁명의 영역에 확고히 위치하고, 억압에 맞서는 다양한 투쟁들 사이의 등가 사슬을 확장하는 것으로 구성되어야 한다. 따라서 좌파의 과제는 자유-민주주의적 이데올로기를 단념하는 것일 수 없으며, 이와 반대로 그것을 급진적이고 다원적인 민주주의의 방향으로 심화하고 확대하는 것이어야만 한다. 우리는 이런 과제의 다양한 차원들을 아래에서 설명하겠지만, 이것이 가능한 것은 개인적 권리에 대한 자유주의 담론의 의미가 완전히 고정되지 않는다는 바로 그 사실로부터 나온다. 그리고 자유주의 담론이 보수주의 담론의 요소들과 접합될 수 있는 것처럼, 민주주의의 계기를 강조하는 형태의 다양한 접합과 재정의 역시 가능하다. 다시 말해, 다른 사회적 요소와 마찬가지로, 자유주의 담론을 구성하는 요소들 역시 결정화된crystallized 것으로 나타나지 않으며, 따라서 헤게모니 투쟁의 장이 될 수 있다. 좌파의 헤게모니 전략은 민주주의 지형의 포기가 아니라, 그와는 반대로, 민주주의적 투쟁의 장을 시민사회와 국가 전체로 확장할 수 있는 가능성에 달려 있다. 그럼에도 불구하고, 좌파의 정치적 상상에 필수적인 급진적 변화의 정도에 대한 이해가 중요하다. 만약 좌파가 민주주의 혁명의 장에 온전히 위치해 있으며 또한 현 정세가 요구하는 헤게모니적 접합의 깊이와 다양성을 의식하는 정치적 실천을 정초하는 데 성공하길 원한다면 말이다. 이와 같은 과제를 풀어 나가는 데 있어 근본적인 장애물은 우리가 이 책의 서두에서부터 주의를 기울여 왔던 본질주의적 선험론, 즉 그 어떤 접합적 실천과도 무관하게 모든 사건의 의미를 고정하는 것이 가능한 어떤 지점에서 사회적인 것이 봉합된다는 확신이다. 이것은 사회구성체를 구조화하는 결절점들의 끊임없는 전치를 이해하지 못하게 했으며, 좌파의 행동 및 정치 분석 역량을 심각하게 제한하는 '선험적인 특권적 지점들'의 논리라는 측면에서 담론을 조직화하도록 했다. 이런 특권적 지점들의 논리는 다양한 방향으로 작동한다. 근본적 적대의 규정이라는 관점에서 보면, 기본적인 장애물은 앞서 보았듯이 계급주의, 즉 노동계급이 사회 변화의 근본적 추동력을 가진 특권적 행위자를 대표한다는 관념 — 이는 노동계급의 정향 orientation 그 자체가 세력들 사이의 정치적 균형 그리고 계급 자체의 외부에서 상당 부분 결정되는 다원적인 민주주의 투쟁의 급진화에 달려 있다는 점을 인식하지 못한다 — 이다. 변화를 수행할 가능성이 집중되는 사회적 수준의 관점에서 보면, 근본적인 장애물은 국가주의 — 국가 역할의 확대가 모든 문제의 만병통치약이라는 관념 — 와 경제주의(특히 그 기술 관료주의적 판본에서) — 성공적인 경제 전략으로부터 연속적인 정치적 효과들이 따라 나오며, 그 효과들은 분명하게 종별화될 수 있다는 관념 — 이다.

그러나 우리가 이와 같은 본질주의적 고정성의 궁극적 핵심을 찾는다면, 좌파의 정치적 상상에 활력을 불어넣어 온 근본적인 결절점 속에서 그것을 발견할 수 있다. 즉, 자코뱅적인 혁명 개념과 같은 유형의 고전적 '혁명' 개념이 바로 그것이다. 물론 우리가 혁명을, 사회조직 전체를 가로질러 확산되는 다양한 효과가 뒤따르는, 어떤 정치적 파열 지점에서의 투쟁들의 과잉 결정으로 이해한다면, '혁명' 개념에서 반대할 만한 것은 없을 것이다. 혁명 개념에 수반되어 있는 것이 이것뿐이라면, 수많은 경우에서 억압적인 정권에 대한 폭력적 전복이 모든 민주주의적 진전의 조건이라는 점은 분명하다. 그러나 이 고전적 혁명 개념은 그 이상을 함의하고 있다. 즉, 그것은 혁명적 행위의 정초적 성격, 즉 사회를 그로부터 '합리적으로' 재조직할 수 있는 권력의 집중점의 설립을 내포한다. 이는 급진 민주주의가 요구하는 다원성 및 개방성과는 양립할 수 없는 관점이다. 다시 한 번 그람시의 일정한 개념들에 대한 급진화를 통해, 우리는 혁명적 행위 그 자체를 재차원화할 수 있는 이론적 도구들을 발견한다. 그람시의 '진지전' 개념은 모든 급진적 전환 — 혁명적 행위는 이 과정의 내적 계기일 뿐이다 — 의 과정적 성격을 정확히 함의한다. 그러므로 정치 공간들을 다수화시키고, 한 지점에 권력이 집중되는 것을 방지하는 것이야말로 사회의 진정한 민주주의적 전환의 전제조건이다. 사회주의에 대한 고전적 개념화는 생산수단에 대한 사적 소유가 사라지면, 역사적 시대 전체에 걸쳐 모든 형태의 종속이 소멸되는, 연쇄적인 효과들이 발생할 것이라고 가정했다. 오늘날 우리는 이것이 그렇지 않다는 점을 알고 있다. 예를 들어 반성차별주의와 반자본주의 사이에는 그 어떤 필연적인 연결도 존재하지 않으며, 그 둘 사이의 통일성은 헤게모니적 접합의 결과일 뿐이다. 따라서 서로 분리된 투쟁들을 토대로 이런 접합을 구축하는 것만이 오직 가능한데, 이런 투쟁들은 자신들의 등가적이고 과잉 결정하는 효과들을 사회적인 것의 일정한 영역들 속에서 행사할 따름이다. 이는 투쟁 영역들의 자율화와 정치 공간의 다수화를 요구하는데, 이와 같은 요구는 고전적인 자코뱅주의와 그것의 다양한 사회주의적 변형태들이 함의하는 권력 및 지식의 집중과는 양립할 수 없다. 물론 급진 민주주의를 위한 모든 기획은 사회주의적인 차원을 함의하는데, 수많은 종속 관계들의 뿌리가 되는 자본주의적 생산관계는 반드시 종식되어야 하기 때문이다. 그러나 사회주의는 급진 민주주의 기획의 여러 구성 요소 가운데 하나일 뿐, 그 역은 성립하지 않는다. 바로 이런 이유 때문에, 급진적이고 다원적인 민주주의 전략의 요소 가운데 하나로 생산수단의 사회화를 말할 때, 그것이 노동자 자주 관리만을 의미할 수는 없음을 강조해야만 한다. 이는 무엇을 어떻게 생산하고, 그 생산물을 어떻게 분배할 것인가를 결정하는 과정에 모든 주체가 진정으로 참여하는 것이 관건이기 때문이다. 오직 그와 같은 조건들에서만, 생산의 사회적 전유가 존재할 수 있다. 그러므로 쟁점을 노동자 자주 관리의 문제로 축소하는 것은, 노동자의 '이해'가 생태학적 요구들 또는 생산자는 아니지만 생산 영역에서 이루어진 결정에 영향을 받는 여타 집단의 요구들을 고려하지 않는 방식으로 구축될 수 있다는 사실을 간과하는 것이다.[34]

결국 헤게모니 정치의 관점에서 볼 때, 전통적인 좌파적 시각의 결정적 한계는 그것이 변화의 행위자, 사회적인 것의 영역에서 효과성의 수준들, 그리고 파열의 특권적 지점들 및 계기들을 **선험적으로** 규정하려고 시도한다는 점이다. 이와 같은 장애물은 모두 하나의 공통적인 핵심, 즉 봉합된 사회라는 가정에 대한 포기를 거부하는 것으로 합쳐진다. 그러나 이와 같은 가정을 폐기하면 우리가 다루어야 할 새로운 문제들이 발생한다. 그것은 우리가 앞으로 차례로 다룰, 다음의 세 가지 문제로 요약될 수 있다. ① 급진 민주주의 기획이 포함해야 하는, 적대들의 **출현 표면**surface of emergence과 **접합 형태**를 어떻게 규정해야 하는가? ② 급진 민주주의에 고유한 다원주의는, 앞서 살펴보았듯이 모든 헤게모니적 접합의 특징인 등가 효과와 어느 정도까지 양립할 수 있는가? ③ 민주주의적 상상의 전치들 속에 함의된 논리는 헤게모니 기획을 정의하기에 얼마나 충분한가?

첫 번째 문제와 관련해, 사회적인 것의 지형학에 내포된 선험론이 옹호될 수 없는 것으로 증명되었듯, 적대들이 구성될 표면을 선험적으로 정의하는 것은 불가능하다는 점이 분명하다. 따라서 몇몇 좌파 정치가 일정한 맥락에서 인식되고 종별화될 수는 있지만, 그 내용들이 모든 맥락적 준거와는 별개로 결정될 수 있는 하나의 좌파 정치는 존재하지 않는다. 바로 이런 이유 때문에, 그와 같은 결정으로 선험적으로 나아가려는 모든 시도들

---

34 이와 같은 우리의 성찰이 매우 상이한 이론적 문제틀에 자리 잡고 있다는 점은 논외로 한다고 해도, 주체 위치의 다수성에 상응해 민주주의의 다원적 형태들을 접합할 필요가 있음을 강조하고 있다는 점에서, 우리의 접근법은 참여 민주주의 이론가들의 접근법과는 구별된다. 비록 우리가 그들과 중요한 관심사를 상당 부분 공유하고 있음에도 말이다. 참여 민주주의에 관해서는 C. B. Macpherson, op. cit., 5장과 C. Pateman, *Participation and Democratic Theory*, Cambridge, England 1970 참조.

은 필연적으로 일방적이고 자의적인 것이 되며, 수많은 상황에서 그 어떤 유효성도 갖지 못한다. 정치적인 것 ― 불균등 결합 발전 현상과 연결되어 있는 ― 의 의미가 가진 고유성의 파열은 좌파와 우파 사이의 분할이라는 측면에서 기의를 고정할 수 있는 모든 가능성을 해소시킨다. 좌파라는 단어가 사용되어 온 모든 맥락들의 기반에 놓여 있는 궁극적 내용을 정의하려 할 때, 우리는 모든 맥락은 예외를 가지고 있다는 것을 발견하게 될 것이다. 우리는 정확히 비트겐슈타인이 말하는 언어 게임 영역 안에 있는 것이다. 즉, 우리가 얻을 수 있는 최대 근사치는 '가족 유사성'을 발견하는 것이다. 몇 가지 사례를 검토해 보자. 최근 수년간 많은 사람들이 국가와 시민사회를 분리하는 경계선을 심화시킬 필요에 대해 이야기해 왔다. 그러나 이런 제안이, 몇몇 제한적인 상황들을 넘어서 일반화될 수 있는, 적대들이 출현하는 표면에 대한 그 어떤 이론도 좌파에게 제공하지 않는다는 점을 깨닫는 것은 어렵지 않다. 그것은 모든 지배 형태가 국가에 구현되어 있다는 것을 함의하는 것처럼 보일 것이다. 그러나 시민사회 또한 수많은 억압 관계들의 장소이며, 결국 적대들과 민주적 투쟁의 장소라는 사실 역시 분명하다. 그 이론적 결론들의 명료성에 다소간의 차이가 있기는 하지만, 알튀세르의 '이데올로기적 국가 장치'에 대한 분석 같은 이론들은 지배 영역에서의 이런 전치 현상들을 생각할 수 있는 개념틀을 창출하고자 했다. 페미니즘 투쟁의 경우, 국가는 종종 시민사회에 맞서, 성차별주의와 싸우는 입법에서의 진전을 이루어 내는 중요한 수단이다. 수많은 저발전 국가들에서, 중앙 국가[정부]state의 기능 확장은 지주 과두 세력의 극단적인 착취 형태에 대한 투쟁 전선을 확립하는 수단이다. 나아가 국가는 하나의 도랑에 의해 시민사회와 분리되어 있는 그런 동질적인 매체가 아니라, 그 안에서 일어나는 헤게모니 실천들에 의해 상대적으로만 통합되는 부문들과 기능들의 불균등한 집합이다. 무엇보다, 국가가 수많은 민주주의적 적대들의 장소가 될 수 있다는 것을 망각해서는 안 되는데, 이는 국가 내에서 일련의 기능들 — 예컨대, 전문적이거나 기술적인 — 이, 바로 그 국가 안에서 그런 기능들을 제한하고 훼손하려고 하는, 권력의 중심들과 적대 관계에 들어갈 수 있는 한 말이다. 물론, 이것이 국가와 시민사회의 분리가 어떤 경우에도 근본적인 정치적 구획선을 구성할 수 없다고 말하는 것은 아니다. 그런 일은 동유럽에서처럼 또는 군사 기구를 통해 독재를 유지한 니카라과의 소모사Anastasio Somoza Garcia 정권에서처럼, 국가가 사회에 강압적으로 부과된 관료제적 돌출물excrescence로 변형되었을 때 발생한다. 어떤 경우에든, 국가나 시민사회 그 어느 것도 선험적으로 민주주의적 적대들이 출현하는 바로 그 표면과 동일시하는 것은 분명히 불가능하다. 이는 좌파 정치의 관점에서 일정한 조직화 형태들의 긍정적이거나 부정적 성격을 결정하는 것이 문제일 때도 마찬가지이다. 예를 들어 '당' 형태에 대해 생각해 보자. 정치제도로서 당은 일정한 상황에서는 대중운동에 제동을 거는 관료제적 결정체의 예가 될 수 있다. 그러나 다른 상황에서 당은 분산되고 정치적으로 경험이 없는 대중들의 조직체가 될 수 있으며, 따라서 민주주의 투쟁을 확장하고 심화하는 도구로 이바지할 수 있다. 여기서 중요한 점은 정치적 분석의 유효한 틀로서 '사회 일반'이란 영역이 사라짐에 따라, 지형학적 범주들 — 즉, 관계적 복합체 내에 위치시킬 수 있는 차이들로서, 어떤 내용의 의미를 영구적인 방식으로 고정하는 범주들 — 을 토대로 일반 정치 이론을 확립할 수 있는 가능성 역시 사라졌다는 것이다.

이런 분석을 통해 도출할 수 있는 결론은 적대의 출현 표면들을 선험적으로 종별화할 수 없다는 것으로, 이는 다른 표면들의 과잉 결정적 효과에 의해 끊임없이 전복되지 않는 그 어떤 표면도 없으며, 또한 그 결과 일정한 영역에 특정적인 사회 논리가 다른 영역으로 끊임없이 전치되기 때문이다. 이는 무엇보다 우리가 민주주의 혁명의 사례에서 작동하는 것으로 보았던 '전시 효과'이다. 민주주의 투쟁은 자신이 전개되는 일정한 공간을 자율화할 수 있으며, 상이한 정치 공간에 있는 다른 투쟁들과 등가 효과를 산출할 수 있다. 급진 민주주의 기획은 바로 이와 같은 사회적인 것의 다원성과 연결되어 있으며, 이 기획의 가능성은 사회적 행위자의 탈중심화된 성격, 그들을 주체로 구성하는 담론적 다원성, 그리고 그와 같은 다원성 내에서 일어나는 전치들로부터 직접적으로 나오는 것이다. 민주주의 사상의 본원적 형태들은 인간 본성에 대한 **실정적이고 통일적인** 개념화와 연결되어 있었으며, 따라서 그 형태들은 인간 본성이 자신의 급진적 자유와 평등의 효과를 발현하도록 하는 단일한 공간을 구성하는 경향이 있다. 즉, 바로 이 때문에 시민권 관념과 연결된 공적 공간이 구성되었던 것이다. 공적인 것/사적인 것의 구분은 시민들이라는 보편적 등가를 통해서 차이들이 지워지는 [공적] 공간과 그 차이들의 완전한 힘이 유지되는 다양한 사적 공간 사이의 분리를 구성했다. 바로 이 지점에서, 민주주의 혁명과 연계되는 효과들의 과잉 결정이 공적인 것과 사적인 것 사이의 구획선을 전치하기 시작하며, 사회관계를 **정치화**하기 시작한다. 다시 말해, 새로운 등가 논리가 사회적인 것의 변별적 실정성을 해소하는 공간들을 증대시키기 시작한다. 즉, 이것은 19세기 노동자 투쟁에서부터 20세기 여성과 다양한 소수 인종, 성적 소수집단, 다양한 주변 집단들의 투쟁 그리고 새로운 반제도anti-institution 투쟁에 이르기까지 계속되는 기나긴 과정이다. 따라서 논파된 것은 정치적인 것을 구성하는 고유한 공간이라는 관념 및 현실 그 자체이다. 우리가 목격하고 있는 것은 우리가 과거에 알고 있던 그 어떤 것보다 더욱 급진적인 정치화이다. 왜냐하면 그 정치화는 어떤 통일된 공적 공간에 의한 사적인 것의 침식이 아니라, 근본적으로 새롭고 상이한 정치 공간의 확장을 통해, 공적인 것과 사적인 것 사이의 구분을 해소하는 경향이 있기 때문이다. 그리하여 우리는 다원적인 주체들의 출현과 대면하는데, 그런 주체들의 구성 형태와 다양성은 오직 통일되고 통일하는 본질로서의 '주체' 범주를 폐기할 때에만 비로소 생각할 수 있다.

그러나 정치적인 것의 이와 같은 다원성은, 우리가 알고 있듯이 적대들의 조건인 등가 효과들로부터 기인하는 통일화와 모순되지 않는가? 다시 말해, 급진 민주주의에 적합한 정치 공간의 증식과, 등가 논리를 토대로 한 집합적 정체성들의 구축은 양립 불가능하지 않은가? 여기서 우리는 다시 한 번 자율성과 헤게모니라는 명백한 이분법과 대면하는데, 이 점은 이미 앞 장에서 지적한 바 있으며, 이제 그 이분법의 정치적 함의와 효과를 고찰해야 한다. 두 가지 관점에서 이 문제를 생각해 보자. ⓐ 이런 이분법이 그 자신을 배타적으로 드러낼 수 있는 지형이라는 관점, ⓑ 그와 같은 배제의 지형이 출현하는 가능성과 역사적 조건이라는 관점.

등가 효과와 자율성이 양립 불가능한 지형을 검토하는 것에서 시작해 보자. 먼저 등가 논리를 검토해 보자. 우리는 앞서 다음과 같이 지적한 바 있다. 즉, 적대는 자신을 구성하는 이분화된 공간에서뿐만 아니라, 언제나 그 공간을 범람하는 사회적인 것의 다원성의 영역에서도 발생하기 때문에, 적대의 두 극점이 가진 정체성은 바로 그 자신으로부터 나와 외적인 요소들을 헤게모니화함으로써만 공고화된다. 따라서 종별적 민주주의 투쟁의 강화는 다른 투쟁들로 확대되는 등가 사슬의 확장을 요구한다. 예를 들어, 반인종주의, 반성차별주의, 반자본주의 사이의 등가적 접합은, 일정한 환경들에서 이런 투쟁들 각각을 공고화하는 조건이 될 수 있는 헤게모니적 구축을 요구한다. 그리하여 등가 논리의 궁극적 귀결은 이 투쟁들 각각이 구성되는 공간이 가진 자율성의 해소를 함의할 것이다. 이는 이 투쟁들 가운데 어떤 것이 다른 것에 필연적으로 종속되기 때문이 아니라, 그 투쟁들이 모두 어떤 고유하고 분리할 수 없는 투쟁의, 엄격히 말하면, 등가적 상징이 되기 때문이다. 따라서 적대는 모든 불균등성이 제거되고, 민주주의적 투쟁들 각각이 구성되는 공간의 변별적 종별성이 해소되는 한에서만, 총체적 투명성의 조건을 획득할 것이다. 두 번째로 자율성의 논리를 검토해 보자. 이런 투쟁들은 각각 다른 것들과 관련해 변별적 종별성을 유지한다. 이 투쟁들 각각이 구성되는 정치 공간은 서로 다르며 서로 소통할 수 없다. 그러나 이와 같은 명백히 자유지상주의적인 논리는 새로운 폐쇄의 기반 위에서만 유지된다는 점을 쉽게 간파할 수 있다. 왜냐하면 각각의 투쟁이 자신의 종별성의 계기를 정체성의 절대적인 원리로 변형시킨다면, 이 투쟁들의 집합은 절대적인 차이들의 체계로만 간주될 수 있을 뿐이며, 그리고 이 체계는 폐쇄된 총체성으로서만 사고될 수 있을 뿐이기 때문이다. 다시 말해, 사회적인 것의 투명성은 등가 체계의 고유성과 명료성에서 차이 체계의 고유성과 명료성으로 단순히 이전되는 것이다. 그러나 두 경우[등가 체계와 차이 체계] 모두에서, 우리가 다루고 있는 담론들은, 자신들이 가지고 있는 범주들을 통해, 총체성으로서 사회적인 것을 지배하려는 담론들이다. 결국, 두 경우 모두에서 총체성의 계기는 지평horizon이기를 멈추고 정초가 된다. 바로 이런 합리적이고 동질적인 공간에서만 등가 논리와 자율성의 논리가 서로 모순적인데, 이는 바로 여기에서만 사회적 정체성들이 이미 획득되고 고정된 것으로 제시되기 때문이며, 따라서 바로 여기에서만 궁극적으로 모순적인 이 두 가지 사회 논리가 그 궁극적인 효과들을 충분히 발전시킬 수 있는 지형을 발견하기 때문이다. 그러나 정의상 이 궁극적인 계기는 결코 도래하지 않기 때문에, 등가와 자율성 사이의 양립불가능성은 사라진다. 각각의 위상은 변한다. 즉, 그것은 더 이상 사회질서를 정초하는 것이 아니라, 모든 사회적 정체성의 구성에 상이한 정도로 개입하며 모든 사회적 정체성의 상호 효과들을 부분적으로 한정하는 사회적 논리가 된다. 여기서부터 우리는 정치에 대한 급진적으로 자유지상주의적인 개념화의 기본적인 전제 조건을 추론해 낼 수 있다. 즉, 사회적인 것을 '궁극적으로 정초'하는 것으로 추정된 모든 것들을 — 지적으로나 정치적으로 — 지배하길 거부하는 것이다. 이와 같은 정초에 대한 지식에 토대를 둔 모든 개념화는 곧 루소적인 역설, 즉 인간은 자유롭게 되도록 강제되어야 한다는 역설에 직면한다.

그 이전에는 사회질서를 정초하는 것들이 사회적 논리로 변형되는, 일정한 개념들이 가졌던 위상의 이와 같은 변화는 민주주의 정치가 기반을 두고 있는 다양한 차원을 이해할 수 있도록 해준다. 우선 이런 변화를 통해 우리는 '민주주의적 등가 원리'라고 불렀던 것의 의미와 한계를 정확히 확인할 수 있다. 우리는 그 의미를 종별화할 수 있는데, 이는 평등주의적 상상의 단순한 전치만으로는 이 전치가 작동하는 집단들의 정체성을 변화시키는 데 충분치 않음이 분명해지기 때문이다. 평등의 원리를 토대로, 조합주의적으로 구성된 집단은 다른 집단들과의 평등한 권리를 요구할 수 있다. 그러나 여러 집단의 요구가 상이하고, 또 많은 경우에 그것들이 서로 양립할 수 없는 한, 이 평등의 원리는 다양한 민주주의 요구들 사이의 그 어떤 실재적인 등가도 유발하지 못한다. 소유적 개인주의의 문제틀이 다양한 집단들의 정체성 생산의 모체로 유지되는 모든 경우에서, 이런 결과는 불가피하다. 왜냐하면 '민주주의적 등가'가 존재하기 위해서는 다른 어떤 것이 필요하기 때문이다. 즉, 각 집단의 요구가 다른 집단의 요구와 등가적으로 접합되는 방식 — 마르크스의 표현으로는 "각각의 자유로운 발전이 모두의 자유로운 발전을 위한 조건이 되어야만 하는" — 으로, 상이한 집단들의 정체성을 변화시키는, 어떤 새로운 '상식'의 구축이 필요하다. 다시 말해, 주어진 이해관계들 사이에서 '동맹'을 확립할 뿐만 아니라, 그와 같은 동맹에 참여하는 세력들의 바로 그 정체성을 변형시키는 한, 등가는 언제나 헤게모니적이다. 노동자들의 이해관계에 대한 방어가 여성, 이주민 또는 소비자들의 권리를 희생하면서 이루어지지 않기 위해서는, 이와 같은 상이한 투쟁들 사이에 등가를 확립하는 것이 필수적이다. 바로 이런 조건에서만 권력에 맞선 투쟁들이 진정으로 민주주의적이되며, 권리에 대한 요구가 개인주의적 문제틀을 토대로 이루어지는 것이 아니라, 여타의 종속 집단들의 평등에 대한 권리를 존중하는 맥락에서 이루어진다. 그러나 만약 이것이 민주주의적 등가 원리의 의미라고 한다면, 그 한계 또한 분명하다. 이런 총체적인 등가는 결코 존재하지 않는다. 사회적인 것의 불균등성으로부터 도출되는, 구성적 불안정성이 모든 등가를 관통하기 때문이다. 이런 한에서, 모든 등가의 불안정성은 자율성의 논리에 의해 보충/한정되는 것을 요구한다. 바로 이런 이유 때문에 평등에 대한 요구는 충분한 것이 아니며, 오히려 **자유**에 대한 요구에 의해 균형을 이룰 필요가 있는데, 이는 우리가 급진적이고 다원적인 민주주의에 대해 언급하도록 이끈다. 급진적이고 비다원적인 민주주의는 등가 논리의 무제한적인 작동을 기초로 하나의 단일한 평등 공간을 구성하는 민주주의, 그리고 공간들의 다원성이라는 환원 불가능한 계기를 인식하지 못하는 민주주의일 것이다. 공간들의 분리라는 이런 원리는 자유에 대한 요구의 기초이다. 바로 이 원리 안에 다원주의의 원리가 자리 잡고 있으며, 그 원리 안에서 다원 민주주의를 위한 기획이 자유주의의 논리와 연결될 수 있다. 문제시되어야 할 것은 자유주의 자체가 아닌데, 왜냐하면 그녀의 또는 그의 인간적 역량을 실행할 수 있는 개인의 자유를 옹호하는 윤리적 원리로서의 자유주의는, 그 어느 때보다 오늘날 더 유효한 것이기 때문이다. 그러나 비록 자유의 이런 차원이 모든 민주주의적이고 해방적인 기획에 구성적이라고 할지라도, 이런 차원이, 일정한 '전체론적' 과잉 holistic excesses에 대한 반작용 속에서, 우리를 '부르주아' 개인주의의 방어로 순수하고 단순하게 되돌아가도록 해서는 안 된다. 이와 관련된 것은 또 다른 개인, 즉 소유적 개인주의의 모체로부터 더는 구축되지 않는 개인의 생산이다. 사회에 선행하는 '자연적' 권리라는 관념 — 그리고 개인/사회라는 허위적 이분법 전체 — 은 폐기되어야만 하고, 권리의 문제를 제기하는 또 다른 방식에 의해 전치되어야만 한다. 개인적 권리는 고립적으로가 아니라, 특정한 주체 위치들을 규정하는 사회관계의 맥락에서만 규정할 수 있다. 그 결과, 그것은 언제나 동일한 사회관계에 참여하는 또 다른 주체들을 포함하는 권리의 문제일 것이다. '민주적 권리'라는 통념은 바로 이런 의미로 이해되어야 하는데, 이 '민주적 권리'는 집합적으로만 행사될 수 있는 권리이며, 타인들에게 동등한 권리가 존재할 것을 가정하는 권리이기 때문이다. 상이한 사회관계에 구성적인 공간들은, 여기에 수반된 관계들이 생산관계인지, 시민 관계인지, 이웃 관계인지, 부부 관계인지 등의 여부에 따라 매우 달라질 수 있다. 따라서 민주주의의 형태들 역시 다원적이어야만 하는데, 이는 그 형태들이 문제가 되는 사회 공간들에 적합하게 변경되어야 한다는 점에서 그러하다 — 직접민주주의는, 축소된 사회적 공간에만 적용될 수 있기 때문에, 유일한 조직화 형태가 될 수 없다.

따라서 '시민권'이라는 제한적이고 전통적인 영역을 넘어, 민주주의적 권리를 행사할 수 있는 영역을 확대하는 것이 필수적이다. 민주주의적 권리들이 고전적인 '정치' 영역에서 경제 영역으로 확대되는 것과 관련해, 이는 종별적으로 반자본주의적인 투쟁의 지형이다. 경제는 '사적' 영역이자 자연권의 장소이며, 이에 따라 민주주의의 범주를 적용할 수 있는 근거가 없다고 단언하는 경제적 자유주의의 옹호자들에 맞서 사회주의 이론은 시민으로서뿐만 아니라 생산자로서 사회적 행위자의 평등과 참여의 권리를 옹호한다. 로버트 달이나 찰스 린드블롬과 같은 다원주의 학파의 이론가에 의해서 이런 방향으로 약간의 진전이 이루어졌는데,[35] 이들은 오늘날과 같은 다국적 법인 기업 시대에 경제를 사적인 것의 영역으로 이야기하는 것은 무의미하며, 따라서 기업 경영에서 노동자의 참여를 일정 부분 수용하는 것이 필수적임을 인정하고 있다. 우리의 관점은 이와는 확실히 다른데, 이는 우리가 '사적'인 것의 자연적 영역이 존재할 수 있다는

---

35 R. Dahl, *Dilemmas of Pluralist Democracy*, New Haven and London, 1982[『다원 민주주의의 딜레마』, 신윤환 옮김, 푸른산, 1992]; C. Lindblom, *Politics and Markets*, New York, 1977[『정치와 시장』, 주성수 옮김, 인간사랑, 1989] 참조.

바로 그 생각을 문제 삼고 있기 때문이다. 공적인 것/사적인 것, 시민사회/정치사회의 구분은 일정 유형의 헤게모니적 접합의 결과일 뿐이며, 그 구분들의 경계는 어떤 주어진 시기에 존재하는 세력 관계에 따라 달라진다. 예를 들어, 오늘날 신보수주의 담론이 정치적인 것의 영역을 제한하고, 다양한 민주주의적 투쟁의 충격 아래에서 최근 수십 년간 축소되었던 사적인 것의 영역을 재확인하려고 분투하고 있다는 점은 분명하다.

　이 지점에서 등가와 자율성 사이에서 이루어지는 상호적이고 필수적인 제한들에 관한 우리의 주장을 다시 한 번 다루어 보자. 정치 공간의 다원성이라는 개념화는 폐쇄 체계라는 가정 위에서만 등가 논리와 양립 불가능하다. 그러나 일단 이런 가정이 폐기되면, 공간의 증식과 사회적인 것의 궁극적인 비결정성으로부터, 그 자신을 총체성으로 의미화하는 ─ 따라서 그 자신을 총체성으로 사유하는 ─ 사회의 불가능성이나, 이런 총체화하는 계기와 급진 민주주의 기획의 양립 불가능성을 도출하는 것은 가능하지 않다. 등가 효과를 갖는 정치 공간의 구축은 민주주의 투쟁과 양립 불가능하지 않을 뿐만 아니라, 많은 경우 민주주의 투쟁의 요건이기도 하다. 예를 들어 신보수주의적 공세에 맞서 민주주의적 등가 사슬을 구축하는 것은 현재의 상황에서 헤게모니를 위한 좌파 투쟁의 조건 가운데 하나이다. 따라서 [자율성과 헤게모니 혹은 정치 공간의 다원성과 등가 논리 사이의] 양립 불가능성은 사회 논리로서의 등가에 놓여 있는 것이 아니다. 양립 불가능성은 이런 등가들의 공간이 여타의 정치 공간들 가운데 하나의 정치 공간으로 더는 간주되지 않고, 다른 모든 공간들을 종속시키고 조직화하는 중심으로 간주되는 바로 그 계기로부터만 발생한다. 즉, 양립 불가능성은, 사회적인 것의 일정한 수준에서 등가들이 구축될 뿐만 아니라,

그 수준을 하나의 통일하는 원리, 즉 여타의 것들을 그 자신에 내재하는 변별적 계기들로 환원시키는 원리로 변형시키는 경우에 발생한다. 그리하여 우리는 역설적으로 개방성의 논리와 차이들의 민주주의적 전복 논리가 오늘날의 사회들에서 과거보다 훨씬 더 급진적인 폐쇄의 가능성을 창출한다는 점을 알고 있다. 즉, 전통적인 차이들의 체계들의 저항력이 붕괴되고, 비결정성과 애매성이 더 많은 사회 요소들을 '떠다니는 기표'로 만드는 한, 자율성의 논리를 급진적으로 제거하는 중심을 설립하려는 그리고 그 자체를 둘러싸고 사회체의 총체성을 재구성하려는 시도로부터 그와 같은 가능성이 발생한다. 19세기의 경우, 폭넓은 사회적 관계 영역을 가로지르며 잔존하고 있던 낡은 종속 형태들로 인해 모든 급진 민주주의적 시도들이 한계를 가지게 되었다면, 오늘날 이런 한계는 바로 그 민주주의 지형 안에서 발생하는 새로운 가능성에 의해 주어진다. 이 새로운 가능성이란 바로 전체주의의 논리이다.

클로드 르포르는, 상징적 수준에서의 심대한 변환을 가정하는 새로운 지형으로서, '민주주의 혁명'이 어떻게 사회적인 것의 새로운 설립 형태를 함의하는지를 보여 준 바 있다. 신학-정치적 논리에 따라 조직화되었던 이전 사회들에서, 권력은 신 ─ 주권적 정의와 주권적 이성 ─ 의 대리인 representative이었던 왕의 인격체에 구현되었다. 사회는 하나의 신체로 간주되었는데, 여기서 그 구성원들 사이의 위계는 무조건적인 질서의 원리에 의존한다. 르포르에 따르면, 민주주의 사회가 도입한 급진적 차이로 말미암아, 권력의 장소는 빈 공간이 되었고, 초월적transcendent 보장자에 대한 준거가 사라졌으며, 이와 더불어 사회의 실질적인 통일성의 표상 역시 사라졌다. 그 결과 권력, 지식, 법의 심급들 사이에서 분열이 발생하며, 그 심급들의 정초는 더는 확실시되지 않는다. 따라서 끝없는 질문(심문) 과정의 가능성이 열렸다. 즉, "고정될 수 있는, 그것의 명령이 그 어떤 다툼에도 휘말리지 않는, 그것의 정초가 의문시될 수 없는 법은 존재하지 않는다. 요컨대 사회의 중심에 대한 표상은 존재하지 않는다. 즉, 통일성은 사회적 분할을 더는 지울 수 없다. 민주주의는 이해되거나 통제될 수 없는 사회를 경험하도록 했는데, 여기서 인민은 주권자로 선포될 것이지만, 그 정체성은 결코 주어지지 않을 것이며, 잠재적인 것으로 남아 있을 것이다."[36] 르포르에 따르면, 바로 이런 맥락에서 전체주의의 출현 가능성을 이해해야 하는데, 전체주의는 바로 민주주의가 파괴한 권력, 법, 지식의 장소들 간의 통일성을 재-확립하려는 시도로 이루어진다. 민주주의 혁명을 통해 사회 외적 권력들에 대한 모든 준거가 폐지되고 나면, 순수한 사회적 권력이 출현할 수 있는데, 그 권력은 자신을 총체적인 것으로 제시하며, 자신에게서만 법과 지식의 원리를 추출해 낸다. 전체주의와 더불어, 권력은 비어 있는 장소를 가리키기보다는, 단일한 인민의 대표임을 자임하는 기관 속에서 자신을 물질화하려 한다. 인민의 통일성을 성취한다는 구실 아래에서, 민주주의 논리에 의해 가시화된 사회적 분할이 바로 부정된다. 이 부정은 전체주의 논리의 중심을 구성하며, 전체주의는 이중적 운동 속에서 효과를 발휘한다. 즉, "국가와 사회의 분리 징후들의 폐지, 그리고 사회 내적인 분리 징후들의 폐지이다. 이것은 곧 정치사회의 구성을 통치하는 심급들의 변별화에 대한 폐지를 함의한다. 권력으로부터 분리된 법의 궁극

---

36 C. Lefort, *L'invention démocratique*, Paris 1981, p. 173.

적 기준도, 지식의 궁극적 기준도 더는 존재하지 않는다."[37]

　　우리의 문제틀에 비추어 이를 검토해 보면, 우리가 앞서 헤게모니적 실천의 영역으로 특징지은 것과 이 분석들을 연결시킬 수 있다. 초월적transcendent 질서에서 나오는 확실한 정초들이 더는 존재하지 않으며, 권력과 법 그리고 지식을 묶어 주는 중심이 더는 존재하지 않기 때문에, 헤게모니적 접합들을 통해서 일정한 정치적 공간을 통합하는 것이 가능한 동시에 필수적으로 되었다. 그러나 이런 접합들은 언제나 부분적이며 언제나 다툼에 휘말린다. 왜냐하면 최고 보증인이 더는 존재하지 않기 때문이다. 최종적인 봉합을 확립하려는 그리고 사회적인 것이 가진 급진적으로 개방적인 성격을 부정하려는 모든 시도는, 르포르가 '전체주의'라고 명명한 것으로 이어진다. 즉, 사회를 완벽하게 제어할 수 있고 알 수 있는 출발점을 확립하는 것으로 구성되는 정치적인 것의 구축 논리로 말이다. 이것이 정치적 논리이지 사회적 조직화의 유형이 아니라는 점은, 그것이 특정한 정치적 정향에 귀속될 수 없다는 사실을 통해 증명된다. 즉, 그것[전체주의]은 '좌파' 정치의 결과일 수 있는데, 이에 따르면 모든 적대는 제거될 수 있으며 사회는 완전히 투명한 것이 된다. 또는 국가가 확립한 위계들 안에 사회적인 것을 권위주의적으로 고정시킨 결과일 수도 있는데, 이는 파시즘의 경우에 그러하다. 그러나 두 경우 모두 국가는, 프롤레타리아라는 이름으로든 민족이라는 이름으로든, 사회질서에 대한 진리의 유일한 소유자로 자신의 지위를 승격시키며, 사회성sociability의 모든 네트워크를 통제하고

---

37 같은 책, p. 100.

자 한다. 민주주의가 열어 놓은 급진적 비결정성에 맞서, 전체주의는 절대적 중심을 재부과하고, 따라서 통일성을 회복할 폐쇄를 재확립하려는 시도를 수반한다.

그러나 비록 민주주의를 위협하는 위험들 가운데 하나가 적대의 구성적 성격을 넘어서려는 그리고 통일성을 회복하기 위해 다원성을 부정하려는 전체주의적 시도임은 분명하지만, 이런 통일성에 대한 모든 준거의 결여라는 정반대의 위험 역시 존재한다. 왜냐하면, 비록 불가능하지만, 이는 [통일성은/통일성에 대한 준거는] 여전히, 사회적 관계들의 접합이 부재하는 상황에서, 사회적인 것이 내파implosion되고 공통적인 준거점이 부재하는 것을 막기 위해 필요한 지평이기 때문이다. 상징적 틀의 파괴에 기인하는 사회조직의 이런 풀림 현상unraveling은 정치적인 것의 또 다른 소멸 형태이다. 여기서 문제가 되는 것은, 권위주의적인 방식으로 변환 불가능한immutable 접합들을 부과하는 전체주의의 위험과는 대조적으로, 여러 상이한 사회 주체들에 공통적인 의미의 확립을 가능케 하는 접합들의 부재이다. 완전한 동일성의 논리와 순수한 차이의 논리 사이에서, 민주주의의 경험은 사회적 논리의 접합의 필요성과 함께 사회적 논리의 다수성에 대한 인정을 통해 이루어져야 한다. 그러나 이런 접합은 끊임없이 재창조되고 재협상되어야 하며, 동일성과 차이 사이의 최종 균형점은 존재하지 않는다.

이것이 우리를 세 번째 문제, 즉 민주주의 논리와 헤게모니 기획 사이의 관계라는 문제로 이끈다. 우리가 지금까지 말해 온 모든 것에 비추어 볼 때, 민주주의 논리가 헤게모니 기획의 정식화를 위한 충분조건이 될 수 없음은 분명하다. 이는 민주주의 논리란 평등주의적 상상을 그 어느 때보다 광범위한 사회적 관계로 등가적으로 전치시킨 것일 뿐이며, 그리고 그런 민주주의 논리는 그 자체로 종속 관계와 불평등 관계를 제거하는 논리일 뿐이기 때문이다. 민주주의 논리는 사회적인 것의 실정성에 관한 논리가 아니며, 따라서 자신의 주위에 사회조직을 재구성할 수 있는 그 어떤 종류의 결절점도 정초할 수 없다. 그러나 민주주의 논리의 전복적 계기와 사회적인 것을 설립하는 실정적 계기가 양자를 단일한 과정의 앞면과 뒷면으로 전환시키는 어떤 인간학적 정초에 의해 더는 통일되지 않는다면, 그 둘 사이에서 이루어질 수 있는 통일의 형태는 모두 우연적이며, 따라서 그 자체가 접합 과정의 결과라는 점이 명백히 뒤따른다. 이것이 맞는다면, 그 어떤 헤게모니 기획도 배타적으로 민주주의 논리에만 기반을 둘 수 없으며, 오히려 사회적인 것의 실정적 조직화를 위한 일련의 제안들로 구성되어야 한다. 종속 집단의 요구들이 종별적 사회 영역들의 재구축을 위해 실행 가능한 기획과 연결되지 않은 채 순전히 일정한 질서에 전복적인 부정적negative 요구들로 제시된다면, 이 요구들이 헤게모니적으로 작동할 수 있는 역량은 처음부터 배제될 것이다. 이것이 바로 이른바 '반대 전략'과 '새로운 질서의 구축 전략' 사이의 차이다. 전자의 경우에는 일정한 사회적·정치적 질서에 대한 부정negation의 요소가 지배적이지만, 이런 부정성negativity의 요소는 사회조직의 상이하고 실정적인 재구축 과정을 설립할 수 있는 다양한 결절점들을 확립하려는 그 어떤 실재적 노력도 수반하지 않는다 ― 그 결과, 이 전략은 주변적인 것이 되어 버린다. '고립화 정치'enclave politics의 다양한 판본들이, 이데올로기적이든 조합적이든 간에, 여기에 해당한다. 이와 대조적으로 새로운 질서의 구축 전략의 경우, 사회적 실정성의 요소가 지배적이지만, 바로 이런 사실로 말미암아 민주주의의 전복 논리와의 불안정한 균형 및 지속적인 긴장을 창출한다.

헤게모니의 상황은 사회적인 것의 실정성의 관리와 다양한 민주주의 요구의 접합이 최대한 통합되는 상황일 것이다 — 사회적 부정성이 차이들의 모든 안정적인 체계를 해체하는 정반대의 상황은 유기적 위기organic crisis와 상응할 것이다. 바로 여기에서 우리가 급진 민주주의 기획을 좌파를 위한 대안이라고 말하는 의미를 이해할 수 있을 것이다. 그러나 그것이 주변성marginality의 위치에서, 일련의 반-체계적 요구에 대한 긍정으로 구성될 수는 없다. 이와 반대로, 급진 민주주의 기획은 광범위한 영역에서 민주주의 혁명을 향한 최대한의 진전 그리고 종속 집단들 편에서 이런 영역들을 헤게모니적으로 지도하고 실정적으로 재구축할 수 있는 역량 사이의 균형점을 모색하려는 노력에 기초해야 한다.

따라서 모든 헤게모니적 위치는 불안정한 균형 위에 토대를 두고 있다. 즉, 구축은 부정에서 시작하지만, 이는 사회적인 것의 실정성을 성공적으로 구성하는 한에서만 공고화된다. 이 두 계기는 이론적으로 접합되지 않는다. 즉, 이 두 계기는 상이한 정치적 정세들의 종별성을 구성하는 모순적 긴장의 공간에 대한 윤곽을 그려 낸다(우리가 살펴본 바와 같이, 이 두 계기의 모순적 성격이 우리의 논변에서 모순을 의미하는 것은 아니다. 왜냐하면 논리적 관점에서 볼 때, 이 상이하고 모순적인 두 가지 사회 논리의 공존이 완전히 가능하기 때문인데, 이는 효과들을 상호 제약하는 형태로 존재한다). 그러나 사회 논리들의 이런 다원성이 긴장을 특징으로 한다면, 그것은 또한 사회적 논리들이 구성될 공간들의 다원성을 요구한다. 새로운 질서를 구축하는 전략의 경우, 사회적 실정성에 도입될 수 있는 변화는 그와 같은 전략을 추구하는 세력들의 얼마간의 민주적 성격뿐만 아니라, 국가기구, 경제 등과 같은 수준에서 다른 논리에 의해 확립된 일련의 구조적 한계들에도 달려 있을 것이다. 여기서 다양한 형태의 유토피아주의나 비정치주의로 빠지지 않는 것이 중요하다. 유토피아주의는 그와 같은 구조적 한계들을 구성하는 다양한 공간을 간과하려고 하며, 비정치주의는 그 안으로부터 시행될 수 있는 변화들의 제한적 성격 때문에 정치적인 것의 전통적인 영역을 기각한다. 그러나 무엇보다 가장 중요한 것은 정치적인 것의 영역을 사회적 실정성에 대한 관리로 한정하려 하지 않고, 또한 현재 시행될 수 있는 변화들만을 받아들이려 하지 않는 것으로, 이는 부정성이 가진 모든 과제(이는 현재 시행될 수 있는 변화들을 넘어선다)를 기각하는 것이다. 예를 들어, 최근 '정치의 세속화'laicization of politics의 필요성에 대해 많은 논의가 있다. 이 '정치의 세속화'를 '그 대문자 당'the Party, '바로 그 대문자 계급'the Class, '바로 그 대문자 혁명'the Revolution과 같은 유형의 절대적 범주를 고집하는 전통 좌파의 본질주의에 대한 비판으로 이해한다면 누구도 반대하지 않을 것이다. 그러나 흔히 이런 '세속화'는 매우 다른 어떤 것, 즉 정치적인 것의 영역으로부터 유토피아를 총체적으로 축출하는 것을 의미해 왔다. 그런데, '유토피아'가 없다면, 또한 우리가 위협할 수 있는 지점 이상으로 질서를 부정하는 것이 가능하지 않다면, 급진적 상상 — 민주주의적 유형이든 다른 어떤 유형이든 — 을 구성할 수는 없다. 어떤 사회질서를 부정성으로서 전체화하는 일련의 상징적 의미로서의 이런 상상의 현존은 모든 좌파 사상의 구성을 위해 절대적으로 본질적이다. 우리는 헤게모니적 정치형태들은 언제나 이런 상상과 사회적 실정성의 관리 사이의 불안정한 균형을 상정하고 있지만, 투명한 사회의 불가능성이 발현되는 형태 가운데 하나인 이 긴장은 긍정되고 옹호되어야만 한다고 이미 지적한 바 있다. 모든 급진 민주주의 정치는, 이상 도시Ideal City라는 전체주의적 신화와 아무런 기획 없는 개혁주의자의 실증주의가 대표하는 두 극단을 피해야만 한다.

모든 급진 민주주의 기획은, 사회적인 것에 대해 본질적으로 불완전하고 불안정한 성격을 부여하는, 이런 긴장과 개방성의 계기를 제도화하는 작업에 착수해야 한다. 민주주의 사회를 특징짓는 제도적인 다양성과 복잡성은 복합적인 관료 체계에 적합한 기능의 다양화와는 아주 상이한 방식으로 간주되어야 한다. 관료 체계에서 기능의 다양화는 언제나 실정성으로서의 사회적인 것을 관리하는 문제일 뿐이며, 그 결과 모든 다양화는 전체 영역 및 기능을 지배하는 합리성 내에서 일어난다. 보편 계급으로서 관료제라는 헤겔주의적 개념화는 이런 관점의 완전한 이론적 결정화crystallization이다. 관료제에 대한 이와 같은 개념화는 사회학적 평면으로 전이되었는데, 사회적인 것 내에서 수준들의 다양화 — 기능주의건 구조주의건 또는 다른 어떤 유사한 관점을 따르건 간에 — 가 이런 각각의 수준들을 명료한 총체성의 계기들(이런 수준들을 지배하고 각각에 의미를 부여하는)을 구성하는 것으로서 개념화하는 것과 연결되는 한 그러하다. 그러나 급진 민주주의에 적합한 다원주의의 경우에 다양화는 다양성으로 변화되었다. 왜냐하면 이 다양한 요소와 수준 각각이 이제 더는 그 각각을 초월하는 어떤 총체성의 표출이 아니기 때문이다. 공간의 다수화 및 그것에 수반되는 제도적인 다양화는 더 이상 기능들의 합리적 전개로 이루어져 있지 않으며, 모든 변화의 합리적 원리를 구성하는 저 아래에 숨겨진 논리에도 복종하지 않는다. 오히려 이것들은 정확히 정반대를 표현한다. 즉, 이 다양성과 다원성의 환원 불가능한 성격을 통해, 사회는 그 자신의 불가능성이라는 이미지를 구축하고 관리해 나간다는 것이다. 타협, 모든 배열의 불안정한 특성, 적대 등은 주요한 사실이며, 바로 이런 불안정성 내에서만 실정성의 계기와 그에 대한 관리가 일어난다. 따라서 급진 민주주의 기획의 진전은 합리적이고 투명한 사회라는 신화가 점진적으로 사회적인 것의 지평으로 후퇴하도록 강제함을 의미한다. 이것이 바로 그런 사회 자체의 불가능성에 대한 상징인 '비공간'nonplace이 되는 것이다.

그러나 이런 이유 때문에 좌파의 **통일된 담론**의 가능성 또한 지워진다. 다양한 주체 위치들과 상이한 적대들 및 파열 지점들이 **다양화**가 아니라 다양성을 구성하게 된다면, 하나의 담론으로 모두를 포괄하고 설명할 수 있을 지점으로 그것들이 되돌아 갈 수 없음은 분명하다. 담론적 불연속성은 기본적이고 구성적인 것이 된다. 급진 민주주의 담론은 더 이상 보편적인 것의 담론이 아니다. '보편' 계급들과 주체들이 말하는 인식론적 자리epistemological niche는 완전히 제거되고, 그 영역은 다양한 목소리들로 대체되었으며, 각각의 다른 목소리는 환원될 수 없는 자신의 담론적 정체성을 구축한다. 이 점이 결정적이다. 즉, 보편적인 것의 담론 그리고 한정된 수의 주체들만이 도달할 수 있는 '진리'에 대한 특권적인 접근점에 대한 그것의 암묵적인 가정을 폐기하지 않고는, 급진적이고 다원적인 민주주의는 존재하지 않는다. 정치적으로 말하면 이는 곧 다음을 의미한다. 적대들이 출현하는 선험적으로 특권화된 어떤 표면이 존재하지 않는 것과 마찬가지로, 급진 민주주의 강령이 가능한 투쟁 영역에서 선험적으로 배제해야 하는 담론적 지역들 역시 존재하지 않는다는 것이다. 사법 제도, 교육 체계, 주변적 주민들의 저항 담론 등은 본원적이고 환원 불가능한 사회 저항의 형태를 구축하며, 그럼으로써 급진 민주주의 강령이 정초해야 하는 모든 담론적 복잡성과 풍부함에 기여한다. 고전적 사회주의 담론은 이와는 매우 다른 유형이었다. 즉, 그것은 보편적인 것의 담론으로, 그 담론은 일정한 사회적 범주들을 정치적·인식론적 특권들의 보관소로 변형시켰다. 그것은 사회적인 것 내의 효과성의 변별적인 수준들에 관한 선험적인 담론이었다 ─ 그것은 작동이 가능하고 정당하다고 생각하는 담론적 표면을 위축시켰다. 마지막으로 그것은 역사 변동을 작동시키는 특권화된 지점에 관한 담론이었다 ─ 대문자 혁명Revolution, 대문자 총파업General Strike, 또는 부분적인 진보들을 누적적이고 역전 불가능한 성격으로 통일하는 범주로서의 '진화' 등이 그런 특권적 지점들이다. 급진 민주주의 기획은, 앞서 지적했듯이, 반드시 사회주의적 차원 ─ 즉, 자본주의적 생산관계의 폐지 ─ 을 포함한다. 그러나 이 기획은 이런 폐지로부터 여타의 불평등이 필연적으로 제거된다는 관념은 기각한다. 그 결과 상이한 담론들과 투쟁들의 탈중심화와 자율성, 적대의 증대와 적대가 확증되고 전개될 수 있는 다원적인 공간의 구성 등은, 고전적 사회주의가 가지는 전혀 다른 이상들이 ─ 물론 확대되고 재정식화되어야 하는 ─ 성취될 수 있는 가능성의 필수 조건이다. 그리고 우리가 이 책에서 수없이 주장해 왔듯이, 이런 공간의 다원성은 일정한 수준에서 그 효과들의 과잉 결정과 이 결정에 따라 그 효과들 사이에서 나타나는 헤게모니적 접합을 부정하는 것이 아니라 오히려 이를 필요로 한다.

　이제 결론을 내려 보자. 이 책은 헤게모니 개념의 변화들과 그 개념에 내재하는 사회적인 것이 가진 새로운 논리의 변천, 그리고 레닌에서 그람시까지 그 개념이 가진 급진적인 정치적·이론적 잠재력의 포착을 저해한 '인식론적 장애물'의 변천을 중심으로 구축되었다. 사회적인 것의 개방적이고 비봉합적 성격이 충분히 승인될 때만, 총체성의 본질주의와 요소들의 본질주의가 기각될 때에만, 비로소 이런 잠재력이 분명하게 가시화되며, '헤게모니'가 좌파에 관한 정치 분석의 근본 도구를 구성할 수 있을 것이다. 이런 조건들은 우리가 '민주주의 혁명'이라고 부른 것의 영역에서 본원적으로 발생하지만, 오직 급진 민주주의 기획, 또는 바꿔 말하면 '사회적인 것의 본질'에 대한 독단적인 가정에 정초하는 것이 아니라, 이와는 반대로 모든 '본질'의 우연성과 애매성에 대한 긍정 및 사회적 분할과 적대의 구성적 성격에 정초한 정치형태의 모든 탈구축적 효과들 안에서만 극대화된다. 자신의 근본 성격에 대한 부정을 통해서만 살아 있는 '지반'에 대한 긍정, 무질서에 대한 부분적 제한으로서만 존재하는 '질서'에 대한 긍정, 무의미성과의 대면 속에서 과잉과 역설로서만 구축되는 '의미'에 대한 긍정 — 다시 말해서, 규칙과 경기자들이 충분히 명시적이지 않기 때문에, 결코 영합적zero-sum이지 않은 게임의 공간으로서의 정치적인 것의 영역. 이 게임은, 개념을 피해 가지만, 적어도 하나의 이름은 가지고 있다. 그것은 곧 '헤게모니'이다.

옮긴이 후기

1

1985년 『헤게모니와 사회주의 전략』이 출간된 이래 이 책은 (저자들이 원했든 그렇지 않았든) 마르크스주의 연구 지평을 넘어서 커다란 이론적·실천적 효과들을 만들어 냈다. 사실 그 효과들은 두 저자에게 명성 이상으로 높은 악명을 가져다주었다. 이 책이 영미권 독자들에게 처음 소개되었을 당시만 해도, 라클라우와 무페는 마르크스주의 연구자들로부터 언어적 유희 속에서 꿈꾸는 추상적이고 반유물론적인 배신자라는 소리를 적지 않게 들어야 했다. 오랫동안 종속이론, 포퓰리즘, 마르크스주의적 국가론과 계급론에 대해 함께 논의했던 지적 동지들의 입장에서 보면, 이들의 급진적 전환은 당연히 쉽게 받아들이기 어려운 일이었을 것이다.

그러나 2001년에 새롭게 쓴 이 책의 제2판 서문에서 알 수 있듯이, 이 책이 출간된 이후의 상황은, 마르크스주의 진영의 전망과는 달랐다. 이 책이 지적했던 마르크스주의 이론의 위기는 현실 사회주의 붕괴와 노동운동의 후퇴와 같은 마르크스주의 현실 정치의 위기로 확장되었을 뿐이었다. 두 저자들은 이런 현실을 지켜보면서 옛 동지들의 비판에 대해 자신들의 논리와 주장을 발전시키며 적극적으로 응대했다.

물론 비판만 있었던 것은 아니었다. 또 다른 곳에서는 이들을 지지하는 이들도 생겨났다. 특히 이 책은 다양한 정체성과 이해관계를 중심으로 갈등하는 여러 사회집단들의 저항과 실천을 뒷받침하는 이론적 교과서로 읽혀 나갔다. 이와 같은 적극적 독해는 자본주의 체제에서뿐만 아니라 마르크스주의의 틀 속에서조차 주변부에 배치되고 인식되지 못했던 가치 — 생태, 생명, 일상, 페미니즘, 탈핵, 반전 등의 가치 — 와 집단들 — 하위 주체, 룸펜 프롤레타리아트로 '대충' 분류되었던 노숙인, 장애인, 성적·이념적 소수자, 비정규직 노동자와 같은 집단들 — 을 정치의 지평 위로 불러들였다. 그리고 마르크스주의의 틀에서 좀 더 자유로워진 이런 '새로운 사회운동들'이 드러낸 다양한 가치와 전례 없는 운동 양식은 기존 질서와 세력 관계를 과거보다 더욱 문제시하도록 만드는 '급진적' 효과를 낳았다.

그러나 한편으로 이와 같은 급진적 효과는 그들을 계급 중심성을 강조하는 마르크스주의 판본들과 더욱 멀어지도록 만드는 계기가 되었다. 특히 정치적 구심점과 규범적 가치가 소멸한 지점에서 출현한 새로운 사회운동들은 그 내부에서 발생하는 다양한 갈등들을 스스로 해결하지 못했고, 이는 운동의 새로운 위기를 만들어 냈다. 결국 이런 내적 위기에 직면한 새로운 사회운동들은 탈정치화되거나 개량화되면서 체제 내로 편입되거나, 자신들의 출발 지점과 반대되는 지점으로 돌아서 버리기까지 했다.

그리고 또 다른 한편으로, 그 이전까지 종종 지배 체제를 인정하는 체제 내 개량 운동으로 폄하되었던 새로운 사회운동들은, 1990년대 중반 이후, 전 지구적으로는 멕시코의 사파티스타 운동, 시애틀의 반세계화 운동에서부터 최근 이슬람 국가들에서 발생한 자스민 혁명과 뉴욕 주코티 공원에서 시작된 월가 '점령' 운동으로, 지역적으로는 복잡한 사회관계 속에 침투해 있는 권위주의를 해체하려는 다양한 급진적 저항과 실험으로 전환되었다. 이런 전환은 자본주의적 축적 과정을 중심으로 일상의 모든 가치와 대상들을 연결하는 가장 폭력적이고 억압적인 고리들의 유기적 한계를 드러내는 '탈구'로서의 정치적 사건들로 확장되었다.

그러나 그 정반대에서는 전환을 위협하는 여러 정치적 위기들이 연쇄적으로 발생했다. 신자유주의 체제가 강화되면서 노동에 대한 자본의 통제는 급진적 저항을 사육제라는 제한된 축제로 변질시킨 엘리트 중심 선거제도, 욕망의 실현으로서의 소비주의, 자유주의에 기반을 둔 탈규제, 테러라는 보이지 않는 적을 향한 군사적 개입의 정당화 등의 전방위적인 방식을 통해 그 효과를 극대화하고 있다. 결국 이런 위협은 현실 사회주의의 붕괴에서 출발해 초국적 자본과 국가의 유기적 결합을 통한 전 지구적 보수 정치의 강화로 이어지면서 노동운동의 파편화와 고립화, 그리고 새로운 사회운동의 탈정치화를 초래했다.

2

말 그대로 이 책은 지금으로부터 약 25여 년 전의 위기에 대한 당대의 이론적 대응이었다. 그럼에도 불구하고 우리는 이 책에서 그 혼란과 불안을 극복할 수 있는 어떤 명료한 이론적 실마리 혹은 정치 실천의 과제를 찾을 수 있을지 모른다. 그 이유 가운데 하나는, 마르크스주의의 여러 이론적 판본들이 계급 정체성을 중심으로 '적과 친구'의 전선을 더욱 분명히 하고, 지배와 피지배 관계를 유지하는 메커니즘에 대한 분석에 집중하는 동안, 이 책은 '헤게모니'라는 개념을 중심으로 그 전선과 메커니즘이 유지되고 작동하는 이유를 설명하려 했기 때문이다. 이것이 바로 이 책에서 다루는 하나의 확실한 주제이자 이 책의 제목이 '헤게모니'인 까닭이다. 특히 그들의 헤게모니 개념이 정치 현상에 대한 포괄적이면서도 구체적인 분석 효과를 만들어 낼 수 있는 이유는, 무엇보다 그 개념이 노동계급이나 좌파의 전유물이 아니라, 바로 정치적으로 갈등하는 모든 집단들과 세력들 사이에서 탄생하고 작동하는 '정치 일반의 논리'이기 때문이다. 오늘날 '민주주의'라는 기표가 모든 정치적 주체들에게 가장 중요한 '정당화'의 논리라고 한다면, 헤게모니는 바로 모든 정치적 주체가 그 실체와 상관없이 오직 전략적으로 대중적 지지와 정치적 방어 능력으로서 '민주주의'라는 기표를 전유하도록 '정당화'하는 정치적 실천이라 할 수 있다.

이와 같은 점에서 볼 때, 라클라우와 무페가 이 책을 통해서 도달하고자 하는 지적 목표는 크게 두 가지 지점에서 찾아볼 수 있다. 하나는 마르크스 이후 다양한 마르크스주의 판본들을 자신들의 방식으로 해부해 가면서 마르크스주의를 넘어서는 '해방'의 정치 논리를 세워 가는 것이다. 이를 위해 그들이 지적으로 취한 태도는 마르크스주의적 권위, 혹은 모든 논쟁을 '마르크스'에 대한 준거로 환원하는 지적 교조성에서 벗어나는 것이었다. 즉, 그들은 새롭게 변화한 현실에 맞게 마르크스주의 이론의 판본을 고쳐 나가기보다는, 어떤 이론적 권위의 사용도 배제한 채, 마르크스주의가 현실과 조우했던 유럽의 서로 다른 시공간들을 찾아가 당시 이론과 현실 사이의 불편함과 어색함을 드러냈다. 이 과정에서 그들은 헤게모니라는 개념과 함께 '급진 민주주의'라는 정치 논리를 제기하는데, 이는 정치 일반의 논리로서의 헤게모니가 '해방'에 대한 내용을 결핍하고 있는 문제에 대한 해결책이자, 좌파가 추구해야 할 시대적 과제에 대한 전략적 답변이라 할 수 있다.

그들의 또 다른 지적 목표는 바로 마르크스주의가 주도해 온 '해방'의 정치가 역설적으로 드러낸 권위주의의 문제를 극복하는 것이었다. 그들이 마르크스주의 판본을 해부하려는 까닭도 바로 여기에 있다. 백 년 이상 지속되어 온 마르크스주의의 분석과 실천 능력에도 불구하고, 그것이 위기에 빠진 이유는 이론 그 자체 때문만은 아니다. 오히려 그 이유는 바로 이론화와 정치적 실천에 대한 특정 마르크스주의 판본을 특권화하고, '정치적인 것들'을 그 판본 속에 가두면서, 그것이 갖고 있는 다양한 가능성들을 차단하고 삭제해 왔던 마르크스주의 내부의 권위주의이다. 이것이 바로 저자들이 마르크스주의 판본들의 해부를 통해서 부딪치려 하는 실체인 것이다. 그래서 그들은 헤게모니가 단지 마르크스주의만이 소유할 수 있는 유일한 정치 논리가 아니라, 모든 정치 세력들이 유용하게 사용할 수 있는 정치 일반의 논리이며, 따라서 '누가 헤게모니의 주체여야 하는가?'가 아니라, '급진 민주주의적 상상과 실천은 무엇을 넘어 어디로 향해야 하는가?'가 오늘날 좌파를 정의하는 정체성이라고 주장한다. 따라서 그들이 비판하려는 파시즘과 권위주의는 단지 역사적 지배 세력들에게서만 발견되는 것이 아니라, '좌파'를 주도해 왔고 나아가 계속해서 그 이름을 독점하려는 특정 세력들에서도 발견된다. 라클라우와 무페의 이런 지적 목표는 오늘날 한국의 정치 현실에서도 시사하는 바가 크다.

이 책을 번역하면서, 옮긴이가 저자들로부터 배운 지적 성찰은 단지 위에서 언급한 두 가지 목적만이 아니다. 이후의 저작들에서 좀 더 분명하게 드러나듯이, 『헤게모니와 사회주의 전략』을 출간한 이후 그들이 설정한 또 다른 지적 과제는 서구 중심주의적 이성주의에 대한 도전이다. 그들은 이후 연구를 통해서 오늘날 우리가 극복해야 할 문제는 단지 '좌파의 특권화', '권위주의', '민주주의의 보수화' 등과 같은 정치적인 것뿐만 아니라, 우리가 사는 정치사회 질서의 에피스테메로 작동하는 '보편적 인간 이성에 기반을 둔 합리주의'와 '근대성'이라는 서구 중심주의의 지적 생산물이라 주장하고 있으며, 이를 극복하기 위한 이론적 실천을 전개하고 있다. 이들로부터 우리가 배워야 할 점 중 하나는 바로 아주 오랫동안 지속되어 온 권력관계의 지적 근간에 대한 자유로우면서도 치밀한 분석과 성찰을 뒷받침하는 열정과 성실함일 것이다.

3

『헤게모니와 사회주의 전략』은 1990년 김성기 등의 번역으로 『사회변혁과 헤게모니』라는 제목과 함께 우리나라에 처음 소개되었다. 그러나 그 이전 영미권에서처럼 국내에서도 이 책의 탄생은 쉽게 환영받지 못했으며, 오히려 좌파 위기의 이론적 원인으로 폄하되기도 했다. 그러나 이 책에 대한 이런 반응은 책 자체보다는 당시의 정치적 상황이 더 큰 이유일 것이다. 1987년 6월 항쟁과 1991년 5월 투쟁을 거쳐 모든 정치적인 것들을 블랙홀처럼 위협적으로 빨아들인 민주주의의 보수화를 바라보면서 어떤 이들은 경쟁의 논리 속으로 순응해 들어가 더 이상 어떤 전략과 대안도 필요하지 않게 되었고, 또 어떤 이들은 그 정반대의 입장에서 자신들의 전략적 판본 이외의 다른 어떤 것들과도 타협하지 않는 것으로 기존의 정체성을 지켜가려고 했기 때문이다.

첫 출간 이후 20년 이상이 지난 지금 이 책을 재출간하게 된 이유는, 국내에서 이제 새롭게 시작되고 있는 '정치적인 것의 귀환', '정치철학의 귀환'과 더불어, 한국의 좌파 혹은 민주주의 정치 세력들이 다시 한 번 정치적인 것의 논리와 헤게모니를 진지하게 사고할 필요가 있음을 제안하기 위해서다. 또한 이 책을 번역한 이유는 이전의 판본이 어떤 커다란 오역이나 누락을 가지고 있기 때문이 아니다. 오히려 옮긴이는 20여 년 전, 이 책을 번역했던 당시의 옮긴이들이 보여 준 진지함과 성실함에 대해 시간의 간격을 넘어서 경의를 표하고 싶다. 재번역의 이유는 시간이 흐르면서 우리의 학문 세계에서 사용되는 수많은 개념어들의 변형이 있었고, 원서의 행간들을 좀 더 직접적이면서 풍부하게 해석할 수 있는 지적 성장에 대한 고려가 필요했기 때문이다. 따라서 옮긴이는 이 책의 의미를 좀 더 생산적인 지점에서 만들어 가기 위해서 이 책에 반영된 그런 변형과 지적 성장들이 현학적이거나 훈고학적 논쟁 속에서 다뤄지기보다는, 폭넓은 연대를 위한 다양성과 상상의 측면에서 논의되기를 바란다.

사실 옮긴이는 이 책의 출간을 위한 하나의 이름에 불과할 뿐, 기나긴 번역 작업은 집단적으로 이뤄졌다. 특히 안중철 편집장과 이진실 편집자를 비롯한 후마니타스 편집진에 감사의 마음을 전한다. 그들은 저 변형과 지적 성장들을 함께 논의하면서 옮긴이의 부족함을 채워 주었다. 이와 함께, 이 책의 재출간 의의를 함께 공유하면서 번역에 큰 도움을 주신 서영표, 장훈교, 이병주, 이보경, 진태원 선생님께도 깊은 감사의 마음을 전하고자 한다. 마지막으로 부족한 옮긴이의 번역을 마무리하도록 많은 것들을 희생한 아내에게도 고마움을 전한다.

찾아보기

ㄱ